Ungarn

Anne Kotzan

Inhalt

Im Schnittpunkt der Kulturen

Magyarország, ein kleines Land mit vielen Gesichtern	12
Tipp Höhepunkte einer Reise nach Ungarn	14
Landeskunde im Schnelldurchgang – Ungarn (Magyarország)	15
Landschaft und Natur	16
Tipp Willkommen auf dem Dorf! – Die andere Art des Reisens	20
Hollywood und andere Wahlheimaten – Berühmte Ungarn in der Welt	22
Geschichte und Identität – Spurensuche	23
Ein langer Weg bis zur Republik Ungarn – Personen und Episoden aus der Geschichte	24
Zeittafel	32
Kunst und Architektur im Spiegel der Zeit	38
Volkskunst und Kunsthandwerk	45
Tipp Blau-weiße Stoffe von Meister Sárdi	46
Musik und Literatur – Lebensadern der Magyaren	47
Thema »Trink Brüderlein trink« – Mythos und Realität der Zigeunermusik	48
Thema »Hódmezővásárhelykutasipuszta« – Eine verflixte Sprache!	52
Ungarische Gaumenfreuden	54

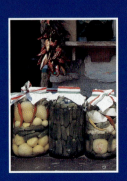

Unterwegs in Ungarn

Budapest – Charme der Gegensätze

Geschichte	61
Budapest für Einsteiger	66
Buda	66
Tipp Sozialistisches Erbe – Ein Skulpturenpark besonderer Art	76
Pest	77
Tipp Einst revolutionär, heute vernachlässigt: Die Wekerle-Siedlung	80

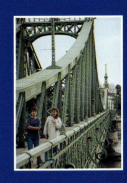

Die mittlere Donauregion – Rund um Budapest

Das Donauknie	90
Szentendre – Stadt der Kirchen und Künstler	90
Visegrád und Esztergom – Vergangene Macht und morbider Glanz	95
Rundfahrt um das Börzsöny-Gebirge	99
Barockstadt Vác	100
Ausflug in Budapests Osten und Süden	102
Gödölő – Barock pur	102
Thema »Sissis« Ungarnliebe	103
Ráckeve – Perle der Csepel-Insel	104
Székesfehérvár – Ein edler Zungenbrecher	105

| *Thema* | Beethovens rätselhafte »Unsterblich Geliebte« | 110 |
| *Tipp* | Wie einst der Kaiser … – Übernachten im Schloss Zichy-Hadik | 113 |

Nördliches Transdanubien

Durch die Kleine Tiefebene nach Budapest — 116

Mosonmagyaróvár, die »Porta Hungarica«	117
Győr – ein Opus in Barock	118
Pannonhalma – grandioses Weltkulturerbe	122
Auf dem Weg nach Tata	124
Tata – »Stadt des Wassers«	125
Ausflüge ins Vértes-Gebirge	129

Westliches Transdanubien

Entlang Ungarns Westgrenze — 132

| Sopron, die schöne Wahlungarin | 132 |
| Auf Umwegen zu den Schlössern von Fertőd und Nagycenk | 138 |

| *Thema* | Graf István Széchenyi, der »Größte Ungar« | 140 |

Kőszeg – Erwachen aus dem Dornröschenschlaf	142
Szombathely – von der Kultstätte zum Shoppingparadies	144
Umgebung Szombathelys	147
Szentgotthárd, die Őrseg und Rainer Maria Rilke	150

Das »Ungarische Meer« – Der Balaton

| *Thema* | Ein Balanceakt zwischen Natur- und Freizeitparadies | 156 |

Vielseitiges Nordufer	157
Mondäne Badeorte: Keszthely und Hévíz	157
Szigligeter Burg und Badacsonyer Blaustengler	162
Thema Die »ungarische Toscana«	164
Von Zanka nach Tihany	166
Naturparadies Tihany	168
Traditionsbad Balatonfüred	171
Umgebung von Balatonfüred	173
Ausflüge ins Hinterland des Balaton-Nordufers	173
Veszprém – Stadt der Königinnen	173
Tipp Herender Porzellan	177
Thema Jóska Savanyó, ein ungarischer Robin Hood?	178
Im Bakony-Gebirge: Räuber, Burgen und edles Geschirr	179
Pápa, »Athen Transdanubiens«	181
Somló und Sümeg – Zwei einsame Kegel auf dem Weg nach Tapo	183
Tipp Kahnfahrt in der Teichgrotte	185
Das Südufer – »Ungarns Adria«	186
Von Siófok nach Balatonszentgyörgy – Ein gigantischer Badestrand	187
Kis-Balaton – Heimat von Reiher und Seeadler	189
Ausflüge ins Hinterland des Balaton-Südufers	190
Imaginäres Künstlertreffen in Kaposvár	190
Zurück in Richtung Balaton	193

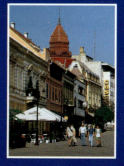

Donau abwärts in den Süden

Von Százhalombatta nach Paks – Von der Eisenzeit ins 20. Jahrhundert — 196

Auf den Spuren der Vergangenheit in Százhalombatta — 196
Zu Gast in einer Stahlstadt, beim Nikolaus und an sonnigen Weinhängen — 197

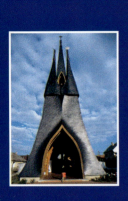

Östlich der Donau: Paprika, Wein und Fisch — 200

Kalocsa und die »roten Schoten« — 200

Tipp »Pingálás« – Kalocsaer Graffitikunst — 201

Abstecher nach Hajós — 203
Vielvölkerstadt Baja — 203

Tipp Gigantische Suppenküche unter freiem Himmel — 204

Westlich der Donau bis zur kroatischen Grenze — 206

Gemencer Wald und Szekszárd – Schwarze Störche und Kadarka — 206

Thema Der »Buscho-Gang« — 208

Mohács und das Schicksalsjahr 1526 — 210

Südliches Transdanubien

Pécs – Großstadt mit mediterranem Flair — 214

Tour durch das Mecsek-Gebirge — 221

»Weiniger« Süden — 223

Thema Die »Schwäbische Türkei« — 224

Alföld (Große Tiefebene)

Die südliche Tiefebene 232

    Auf nach Kecskemét – Marillen und Musik 233

Thema Die Puszta – Mythos und Wirklichkeit 234

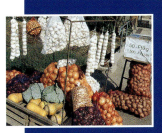

    Rund um den Kiskunsági Nemzeti Park 239
    Szeged – die Sonnenstadt 243

Thema Teuflische Schärfe – Himmlisches Aroma 244

    An Theiß und Marós 247
    Von Békéscsaba nach Szarvas 250

Tipp Nicht nur für Naschkatzen 252

Die nördliche Tiefebene 253

    Von Jászberény zum Tisza-tó 253

Thema Ungarns reicher Schatz
an Geschichten und Legenden 254

Tipp Die Meerjungfrau empfiehlt:
Stachelige Früchte in köstlicher Soße 256

    Debrecen – Graurinder, Heiducken und
    Debreziner 256
    Hortobágy-Puszta und Heiduckenstädte 261

Thema Haustiere der Puszta 262

    Die Nyírség – Land der Äpfel und Kirschen 267
    Unbekanntes Szatmár 269

Thema Theiß – Segen und Fluch 272

Der Norden – Reizvolle Mittelgebirge

**Rund um Hollokő – Schmuckkästchen
im Cserhát-Gebirge** 277

Thema Traditionsbewusst: Die Palozen	278
Gyöngyös – Tor zum Mátra-Gebirge	279
Tipp Heiße Quellen in Egerszalók	282
Eger – Üppiger Barock und mutige Frauen	284
Thema Wie das Erlauer Stierblut zu seinem Namen kam	288
Durch die Bükker Bergwelt	291
Miskolc – Metropole mit verhaltenem Reiz	293
Tipp Ein Bad im Herzen des Berges	296
Durchlöchert wie ein Schweizer Käse – Der Aggteleker Nationalpark	296
Tokaj und Umgebung	298
Tokaj – Gemütlichkeit trotz Weltrang	298
Wein, Porzellan und Burgen	299
Thema Tokajer – die »Goldwährung« der Rákóczi-Ära	301

Serviceteil

Adressen und Tipps von Ort zu Ort	308
Reiseinformationen von A bis Z	373
Kleiner Sprachführer	388
Abbildungsnachweis	391
Register	391
Impressum	400

Ungarn, mehr als wilde Reiter und scharfe Schoten!

Im Schnittpunkt der Kulturen – Paprika, Puszta und Piroschka

Eine weite, tischebene, in der Sonne flimmernde Steppe, ein einsamer Ziehbrunnen, Staub aufwirbelnde Pferde, Paprikaschnüre vor einer weißen Hauswand, und in der Ferne winkt Piroschka (ungar. Piroska) dem Reisenden zu. Klischee oder Wirklichkeit? Ich würde sagen beides. In einem Teil des Landes findet man dieses von Reisemagazinen heraufbeschworene Ungarn, mit dem schnurrbärtigen Hirten, gestützt auf seinen langen Stab, einem strubbeligen Hund zur Seite und orientalisch anmutenden Graurindern, wo Pferdewagen noch zum Alltag gehören, auch wenn Piroschka ihren weiten, bunten Baumwollrock längst gegen die neueste Mode eingetauscht hat. Dies alles gehört ebenso zu Ungarn wie der Kreml zu Moskau, der Eiffelturm zu Paris und der Dom zu Köln, doch ist das romantische Pusztabild nur ein kleiner Ausschnitt von dem, was Ungarn zu bieten hat.

Ungarn ist zwar ein kleines Land, aber recht vielseitig. Sein Herz ist die Hauptstadt Budapest, »das New York der Puszta«, so Péter Esterházy: Hier laufen alle Lebensadern zusammen, hier schlägt der Puls am schnellsten. Budapest, die Grande Dame an der schönen blauen Donau, ist manchmal ein fröhliches kleines Mädchen, eine müde Arbeiterin, ein schillerndes Glamourgirl, eine weise Alte vergangener Zeiten oder eine zarte Märchenfee. Zwischen pompösen Bauten der vorletzten Jahrhundertwende, verspieltem Jugendstil, eleganten Boulevards, abenteuerlichen Hinterhöfen und altertümlichen Gassen des Burgviertels lohnt es sich, auf Entdeckungsreise zu gehen. Bäderfans, Kunstbesessene, Gourmets, Schnäppchenjäger und Stadtwanderer – sie alle kommen auf ihre Kosten.

Das übrige Ungarn präsentiert sich mit ländlicher Gelassenheit, hübschen Barockstädtchen, kleinen Dörfern, altehrwürdigen Abteien, majestätischen Burgen und Ruinen sowie zahlreichen Heilbädern und Schlössern, die z. T. heute als Hotels dienen. Natur wird in Ungarn groß geschrieben. Es gibt neun Nationalparks, zahlreiche Naturschutzgebiete und Biosphärenreservate. Selbst den Balaton (Plattensee), das »Ungarische Meer«, müssen sich Badelustige mit Flora und Fauna teilen. Weitere Paradiese für Wassersportler sind der Velence- und der Tisza-See.

In der Regel ist die erste Begegnung mit Ungarn eine Überraschung. Statt der erwarteten Ebene heißt den von Westen Kommenden eine fruchtbare, leicht gewellte Landschaft willkommen, in deren Mitte sich der Balaton erstreckt. Der seine Farbe wie ein Chamäleon wechselnde See ist bekannt für seinen Fischreichtum, seine weiten, flachen Sandstrände im Süden und die bizarre Kette aus Vulkanhügeln am Nordufer. Außerdem gehört er mit seinen kleinen, aber feinen Weinbaugebieten zu den bedeutendsten Weinregionen des Landes. Drei kleine Mittelgebirge, Bakony-, Vértes und Mecsek, bereichern diesen westlich der Donau liegenden Teil Ungarns, Transdanubien, um dichte, wildreiche Wälder und Betyaren-Räubergeschichten. Berge sind es auch, die das traumhaft schöne Donauknie prägen. Im Süden, unter dem Schutz des Mecsek-Massivs, entfaltet sich eine mediterrane Vegetation mit Feigen- und Mandelbäumen.

Nordungarns Reiz liegt ebenso in den bewaldeten Höhen des Mátra- und Bükk-Gebirges wie in dem von Höhlen durchzogenen Aggteleker Karst und in den sanft geschwungenen Weingärten von Eger und Tokaj. Von den Bergen fällt der Blick nach Süden weit in die faszinierend flache und dünn besiedelte Landschaft der Großen Tiefebene (Alföld), die nur von den beiden Flüssen Duna (Donau) und Tisza (Theiß) strukturiert wird. Hier ist die Heimat von Puszta und Paprika. Die Ebene lässt sich hervorragend mit dem Fahrrad oder dem Planwagen erkunden. Die beiden Zentren, Szeged, die Sonnenstadt an der Theiß, und Debrecen, das »calvinistische Rom«, sind zwei sehr unterschiedliche, charmante Persönlichkeiten. Gemeinsam ist ihnen lediglich der Unterschied zu den Städten Transdanubiens und ihre relative Lebendigkeit, während die kleinen, ausgedehnten Landstädtchen in der Sommerhitze den Tag im Schatten eines grünen Blätterdachs verdösen.

So unterschiedlich wie Ungarns Landschaftstypen sind auch seine Bewohner. Zweimal in seiner Geschichte wurde das Land nahezu entvölkert, und zweimal besiedelte man es mit den unterschiedlichsten Einwanderergruppen

Paprika – obwohl eigentlich ein Import – gehört zu Ungarn wie...

neu. Doch die ungarische Sprache hat überlebt – das einzige verlässliche Erkennungsmerkmal in dem ethnischen Schmelztiegel. Warum die Ungarn sich selbst Magyar (sprich: *modjar*) nennen, ist nicht eindeutig belegt. Eine Geschichte erzählt, dass ihr Eigenname von dem finno-ugrischen Wort *megyer* (»reden« und »Mann«) abstamme. Da außer ihnen niemand ihre Sprache beherrschte, kamen ihnen die anderen »stumm« vor: Nur sie waren »redende Männer«.

Von dem jahrhundertelangen Zusammenleben verschiedener Völker zeugen außer dem unterschiedlichen Aussehen der Menschen Baudenkmäler verschiedenster Kulturen und Konfessionen. Neben katholischen, reformierten und orthodoxen Kirchen findet man vereinzelt Synagogen und Moscheen. Italiener, Deutsche und Franzosen förderten den Ausbau der von den Römern angepflanzten Reben; heute ist Ungarn ein bedeutendes Weinland mit rund 20 Regionen. Die Türken »importierten« Paprika und die Bäderkultur, und die Roma machten sich um die ungarische Musik verdient.

Die Ungarn sind sich selbst ihre größten Kritiker, jedoch nicht ohne heimlichen Stolz. Eine kleine Kostprobe erhält man beispielsweise, wenn man auf die Standardfrage, wie es einem in Ungarn gefalle, mit »gut« antwortet. Dann werden sie sogleich beginnen, die Nachteile aufzuzählen und zu erklären, dass es in der Heimat des anderen doch viel besser sei. Sie behaupten das ernsthaft, obwohl sie gleichzeitig aus tiefstem Herzen davon überzeugt sind, dass es in Ungarn doch am schönsten ist. Auf die Gegenfrage, ob bei ihnen schon der Balkan anfängt, bezeichnen sie sich gerne als das westlichste Volk des Ostens und das östlichste Volk des Westens. Machen Sie sich selbst ein Bild, Ungarn beginnt gleich hinter Wien, und die Hauptstadt Budapest liegt keine zwei Flugstunden von Hamburg entfernt.

Magyarország, ein kleines Land mit vielen Gesichtern

»Ungar bin ich! und ernst
ist meine Natur,
So wie die tiefen Töne
uns'rer Geigen sind.
Wenn auch ein Lächeln
meinen Mund umspielt,

Zum frohen Lachen
bring ich's nie geschwind.
Zur höchsten Lust,
die aus dem Aug' mir strahlt,
Stellt gerne sich eine stille Träne ein;
Ich trage auch gelassen jedes Leid,
Bedauert will ich nie und nimmer
sein!«

Sándor Petőfi

Mit diesen Worten bekannte sich Sándor Petőfi 1847 zum Ungarntum. Erbittert kämpfte er mit Feder und Schwert für Ungarns Befreiung vom Habsburger Reich und starb schließlich 1849 auf dem Schlachtfeld. Geboren wurde der bis heute verehrte Nationaldichter 1823 als Sohn des Slowaken Petrovics und der Maria Hruz, die laut Überlieferung nicht gut Ungarisch sprach. Es scheint ungewöhnlich, dass sich ein Kind nicht ungarischer Eltern mit Leib und Seele für das Geschick Ungarns einsetzt, ist aber recht typisch für das Land. Viele Ungarn können auf einen donauschwäbischen Großvater zurückblicken, die Mutter war mütterlicherseits Slowakin oder der Vater Paloze (s. S. 278f.). Die Ungarn sind im Grunde ein buntes Völkergemisch. Bis heute leben sie in dem kleinen Land mit Roma, Donauschwaben, Slowaken, Rumänen, Kroaten, Serben, Juden, Bulgaren, Griechen und zunehmend mehr Chinesen friedlich zusammen. Seit einigen Jahren gibt es allerdings einen gut sichtbaren, dunklen Fleck auf dieser scheinbar weißen Weste. Mit der Parole »Ungarn den Ungarn« wirbt die Partei MIÉP um die Wählergunst und profitiert dabei vor allem von den sozialen Unterschieden im Land.

Das Zusammenleben in Ungarn hat Tradition. Schon die landnehmenden Magyaren mussten sich mit den bereits im Karpatenbecken siedelnden Slawen

... die Puszta

und Awaren arrangieren, und seit dem 13. Jh. kamen Fremde in mehreren großen Einwanderungswellen oder als Flüchtlinge. Viele der Immigranten haben einen Teil ihrer alten Kultur bewahrt und geben auf die Frage nach ihrer Muttersprache die Sprache ihrer Eltern bzw. eines Elternteils an. Doch auf die Frage nach der Nationszugehörigkeit wird man in den meisten Fällen, manchmal sogar mit erstauntem Unterton, als Antwort bekommen: »Ungarn.«

Für das Zusammengehörigkeitsgefühl in Ungarn gibt es mehrere Gründe. Zum einen haben die Ungarn selbst lange Zeit unter der Fremdherrschaft von Türken und Habsburgern gelitten. Außerdem leben viele ungarische Muttersprachler heute außerhalb der Landesgrenzen, denn Gebiete, die früher ungarisch waren, gehören heute zu Rumänien, der Slowakei oder zum Burgenland. Ein weiterer Punkt ist sicherlich, dass sich in Ungarn die Idee vom »reinvölkischen«, nationalen Staat nie durchgesetzt hat, auch wenn es immer wieder Probleme mit Minderheiten gab und gibt, insbesondere mit Roma und Juden und nach dem Zweiten Weltkrieg mit den Ungarn deutscher Abstammung. Stattdessen haben sie es schon immer verstanden, andere Völker trotz ihrer schwierigen und eigentümlichen Sprache zu assimilieren, ohne selbst assimiliert zu werden. Denn bis Ende des 19. Jh. blieben die Magyaren im alten Ungarn sogar in der Minderheit. Vielleicht haben sie sich auch die Worte ihres ersten Königs, István I. (Stephan I.), zu Herzen genommen, der um 1030 seinen Sohn Imre lehrte, dass nur viele Kulturen ein Land zum Blühen bringen: »Ein Land, das nur einerlei Sprache und einerlei Sitten hat, ist schwach und gebrechlich«.

Um allen zu ihren Rechten zu verhelfen, verabschiedete das Parlament in den letzten Jahren ein neues Minderhei-

Höhepunkte einer Reise nach Ungarn

- **Hévíz:** Ein fantastisches Erlebnis bietet ein Bad im größten Thermalwasser-See Europas, in dessen Mitte ein altes Badehaus mit Charme thront. Von April bis Oktober kann man zwischen Seerosen schwimmen (S. 161).
- **Balaton-Panorama:** Wenn die Sonne zwischen den Kegelbergen am Nordufer des Balaton versinkt und das Wasser in wogendes Gold verwandelt, dann sollte man dieses einmalig schöne Schauspiel vom Panoramaweg auf dem Hügel von Fonyód (S. 188) beobachten. – Für den Sonnenaufgang und auch tagsüber eignet sich der Aussichtspunkt südlich von Balatonederics an der Straße 84 (S. 162).
- **Gorsium:** Eingebettet in eine mediterran anmutende Parklandschaft liegt die beeindruckende Ausgrabungsstätte der Römerstadt Gorsium-Herculia (S. 109f.).
- **Weißes Kamel:** Im Frühjahr 2001 wurde im Budapester Zoo, der auch für seine schönen Jugendstilbauten bekannt ist, das weiße Kamelbaby Jázmin geboren, eine Weltseltenheit. Durchschnittlich werden weiße Kamele nur alle 20–30 Jahre geboren. Die weiße Farbe des Fells haben sie von den mongolischen Vorfahren geerbt (S. 319).
- **Das Minarett von Eger:** Das gut 40 m hohe schlanke Minarett aus dem 17. Jh. ist das nördlichste und älteste erhaltene Bauwerk aus der Türkenzeit. Heute ist es umgeben von einer zauberhaften Barockaltstadt, über der die Überreste der einst mächtigen Burg thronen (S. 288).
- **Zander und Tokajer:** Eine kulinarische Köstlichkeit ist frischer Zander, einfach vom Rost oder paniert, als Filet oder ganzer Fisch, wenn er von einem trockenen Tokajer Wein, Furmint, Hárslevelű oder Szamorodni, begleitet wird. Am besten vor Ort, nach einem Spaziergang durch das kleine, hübsche Tokaj, z. B. im Taverna, einem weit verzweigten, uralten Weinkeller (S. 298ff.).
- **Gemencer Wald:** Eine Traumreise für Naturbegeisterte ist die Fahrt mit der Kleinbahn von Pörböly durch den Nationalpark Gemencer Wald, einem wildromantischen Auwald an der Donau (S. 206).
- **Ják:** Das kleine Dorf nahe der österreichischen Grenze besitzt ein regelrechtes Kleinod romanischer Baukunst. Schon von weitem sieht man die als Sippenkirche erbaute Basilika (S. 148).
- **Csongrád:** Mit einem gediegenen Mittelklassewagen über die Pontonbrücke von Csongrád zu fahren ist ein prickelndes Abenteuer – aber keine Sorge, die Brücke hält (S. 248).
- **Kutschfahrt durch die Puszta:** So informativ wie erlebnisreich ist eine Kutschfahrt durch den Hortobágyer Nationalpark vom Wachhaus Szálkahalom an der Straße 33 von Hortobágy nach Debrecen bei Kilometerstein 79. Außerdem gibt es hier eine kleine Werkstatt für schwarze Keramik (S. 261ff., 384).

tengesetz. Die einzelnen Gruppen können nun regionale Selbstverwaltungen wählen, die sich für ihre Rechte und die Lösung von Problemen einsetzen.

Eine weitere kleine Gruppe von Ungarn sind die »Rückkehrer«, die einst ins westliche Ausland emigrierten. Allein nach 1956 waren es 200 000 Auswanderer. Bereits zehn Jahre später hatte Kádár den Geflohenen Generalamnestie erteilt, und so konnten sie endlich ihre magyarische Heimat und damit Eltern und Freunde besuchen. Seit der Öffnung der Grenzen gehen einige wenige auch ganz zurück. Im Großen und Ganzen werden sie oft mehr beneidet als geliebt, da sie meistens nicht nur mehr Geld in der Tasche haben, sondern weil sie gerne vorgeben, alles besser zu wissen. – Dennoch sind sie alle Ungarn und Ungarinnen, vor allem einem Dritten gegenüber oder in der Fremde. Sie zeichnen sich durch ihren mit Melancholie gepaarten Stolz, Charme und Witz aus.

Landeskunde im Schnelldurchgang – Ungarn (Magyarország)

Amtliche Bezeichnung: Magyar Köztársaság (Ungarische Republik)
Fläche: 93 030 km^2
Einwohner: 10 092 000 (Stand 1999)
Bevölkerungsdichte: 108,5 Ew. pro km^2
Hauptstadt: Budapest
Amtssprache: Ungarisch
Währung: 1 Forint (Ft) = 100 Fillér (Fl)
Zeit: Mitteleuropäische Zeit
Geografie: Ungarn liegt im Pannonischen Becken (auch Karpatenbecken), das von den Ausläufern der Alpen und Dinariden sowie den Karpaten umschlossen wird, und erstreckt sich zwischen 45°44′ und 48°35′ nördlicher Breite und 16°07′ und 22°54′ östlicher Länge. Seine maximale Ausdehnung beträgt 528 km in west-östlicher Richtung und 319 km in nord-südlicher Richtung. Die Staatsgrenze ist insgesamt 2213 km lang, davon 651 km mit der Slowakei, 356 km mit Österreich, 621 km mit den jugoslawischen Nachfolgestaaten, 448 km mit Rumänien und 137 km mit der Ukraine.
Bevölkerung: Rund 90 % der Bevölkerung sind Ungarn mit ungarischer Herkunft. Nach Erhebungen der Nationalitätenorganisationen leben in Ungarn etwa 200 000–220 000 Personen mit deutscher, 100 000–110 000 mit slowakischer, 80 000–90 000 mit kroatischer, 25 000 mit rumänischer, 5000 mit serbischer und 5000 mit slowenischer Herkunft. Die polnische Minderheit wird auf 10 000, die griechische auf 4000, die armenische auf 3500 und die bulgarische auf 3000–5000 Personen geschätzt. Dazu kommen etwa 400 000–600 000 »Zigeuner« (Roma und Sinti), die keinen anderen Mutterstaat haben. Die Zahl der Chinesen im Land ist steigend. Nicht alle Angehörigen der nationalen Minderheiten sprechen noch ihre Muttersprache.

Etwa 63 % der Bevölkerung leben in Städten, davon rund 20 % in Budapest. Rund 1,5 Mio. Ungarn leben im Ausland.

Religionen: Anfang 1999 gab es in Ungarn 94 staatlich registrierte Kirchen und beinahe ebenso viele religiöse Gemeinschaften. In Prozenten sieht das Ergebnis (1998) folgendermaßen aus: Während sich 57,8 % zum römisch-katholischen Glauben bekennen (davon 228 000 griech.-orth.), sind es nur 17,7 % reformierte (Calvinisten) und 3,9 % evangelische Gläubige (Lutheraner). Mosaischen Glaubens sind nur 0,2 % (1930 5,1 %), sonstige und unbekannte 1,9 % (darunter 40 000 Orthodoxe) und Konfessionslose 18,5 % (1992 4,8 %). Die buddhistische Mission ist seit 1960 in Ungarn tätig, und 1997 eröffnete das Internationale Islamcenter in Budapest.

Politik: Nach der Ausrufung der Republik am 23. Oktober 1989 ist Ungarn eine parlamentarische Republik. Staatsoberhaupt ist der vom Parlament gewählte Präsident. Das Parlament setzt sich aus 386 Abgeordneten zusammen, die nach einem gemischten Wahlrecht bestimmt werden. In individuellen Wahlkreisen werden 176 Mandate entschieden, auf 20 regionalen Listen (Komitate, Hauptstadt) 152 Mandate und auf der Landesliste 58. Die Wähler haben zwei Stimmen, die Erststimme für ein Direktmandat und die Zweitstimme für eine Partei. Die Legislative hat das Parlament, während die Exekutivgewalt bei der Regierung unter dem Vorsitz des Ministerpräsidenten liegt. Die wichtigsten Parteien sind: Fidesz – Ungarische Bürgerliche Partei (Fidesz-MPP), Ungarische Sozialistische Partei (MSZP), Unabhängige Kleinlandwirte-Partei (FKGP), Bund Freier Demokraten (SZDSZ), Ungarisch Demokratisches Forum (MDF) und Ungarische Wahrheit und Lebenspartei (MIÉP).

Verwaltung: Verwaltungsmäßig gliedert sich Ungarn in die Hauptstadt und ihre 23 Stadtbezirke sowie in 19 Komitate (vergleichbar etwa mit Bezirken): Baranya, Bács-Kiskun, Békés, Borsod-Abaúj-Zemplén, Csongrád, Fejér, Győr-Moson-Sopron, Hajdú-Bihar, Heves, Jász-Nagykun-Szolnok, Komárom-Esztergom, Nógrád, Pest, Somogy, Szabolcs-Szatmár-Bereg, Tolna, Vas, Veszprém und Zala. 1999 wurden 222 Stadtgemeinden, darunter 23 Städte mit Komitatsrecht, und 2909 Gemeinden ohne Stadtrecht registriert.

Wirtschaft: 1990 setzte eine marktwirtschaftliche Umstrukturierung der teilweise bereits reformierten zentral verwalteten Planwirtschaft ein. Die Privatisierung erfolgte schrittweise. Ein bedeutender wirtschaftlicher Faktor ist die Landwirtschaft, die ca. 70 % der Landesfläche nutzt und einen Exportanteil von rund 30 % erbringt. Die Industrie (Maschinen- und Fahrzeugbau, Nahrungsmittel-, Textil-, Baustoff-, Holz- und Papierindustrie) konzentriert sich rund um Budapest. Ungarn ist eher arm an Bodenschätzen, neben Bauxit, Kohle und Erzen gibt es jedoch auch kleine Mengen an Erdgas und Erdöl. Ein wichtiger Wirtschaftsfaktor ist der Tourismus.

Landschaft und Natur

Ungarns Landschaftsbild ist ebenso voller Überraschungen wie seine Bewohner. Obwohl seine Landschaftsform im Allgemeinen als Synonym für eine tischebene, karge Fläche gilt, besteht das kleine Land in der Mitte des Pannonischen Beckens aus bedeutend mehr. Nur 60 % des Landes sind wirklich flach, und die verbleibenden 40 % bieten dem Betrachter abwechslungsreiche Hügelgebiete und Bergwelten, Flusslandschaften und Seen.

Erdgeschichtlich ist Ungarn ein recht junges Land. Noch vor rund 25 Mio. Jahren war dieses Becken von einem Meer bedeckt, von dem heute noch zahlreiche Ablagerungen zeugen. Durch Bewegungen der Erdkruste wurde das ganze Becken über den Meeresspiegel angehoben, sodass das Wasser abfloss. Die gleichzeitige Vulkantätigkeit hinterließ bis heute ihre Spuren in Form von Kegelbergen, Kratern sowie Basaltsäulen und bildet für den Weinbau eine ausgezeichnete Grundlage. In dieser Zeit wurde der Steppensee Balaton (Plattensee) geboren, heute eines der Hauptreiseziele. Ihren letzten Schliff erhielt die Landschaft im Wesentlichen vor rund 2,5 Mio. Jahren (Quartär) und von den letzten Eiszeiten im Pleistozän.

Ungarn besitzt keinen Meereszugang, dafür aber im Balaton den größten Binnensee Europas. Mit einer Wasseroberfläche von 596 km^2 erstreckt er sich in einer Länge von 77 km und in einer Breite zwischen 1,5 und 11 km. Der zweitgrößte See, der Velence tó, ist mit einer Fläche von 26 km^2 beträchtlich kleiner. Vom Neusiedler See (Fertő tó) gehört nur der südliche Teil (87 km^2) zu Ungarn. Der bedeutendste Fluss ist die Donau (Duna). Von ihren 2860 km Gesamtlänge entfallen 417 km auf Ungarn. Alle Flüsse des Landes münden direkt oder indirekt in die Donau, die das Land regelrecht in zwei Hälften teilt. Der zweite große Fluß ist die Theiß (Tisza), die sich in einer Länge von 597 km durch die Große Tiefebene schlängelt. Die wichtigsten Nebenflüsse der Donau sind die Drau (Dráva), Leitha (Lajta), Rabnitz (Rábca), Raab (Rába) und der nördliche Grenzfluss Ipoly. In die Theiß münden die Szamos, Hernád, Sajó, die Körös-Flüsse und die Maros.

Insgesamt werden sechs geografische Großregionen voneinander unterschieden. Die größte Region ist die Große Ungarische Tiefebene (Alföld) mit 52 000 km^2. Sie liegt im Durchschnitt nur 108,5 m über dem Meeresspiegel und

Mohnfeld im Balaton-Oberland

erstreckt sich im Westen vom Donauufer bis zur Landesgrenze östlich der Theiß (Tisza). Im Norden wird sie begrenzt von den Nordungarischen Mittelgebirgen (Börzsöny-, Matra-, Bükk- und Zemplén-Gebirge), deren höchster Gipfel, Kékes, 1014 m erreicht. Westlich der Donau erstreckt sich das Transdanubische Mittelgebirge (Bakony-Hügelland, Balatonoberland, Vértes-, Gerencseund Pilis-Gebirge) vom Balaton bis an die von der Donau gebildete Grenze zur Slowakei. Das Transdanubische Hügelland reicht vom Balaton bis an die von

Die vielen Sonnenstunden ermöglichen Weinanbau im großen Stil

der Drau (Dráva) gebildete südliche Grenze. Um die Stadt Győr befindet sich die zweitgrößte Ebene Ungarns, die Kleine Tiefebene (Kisalföld). Die Grenze zu Österreich bildet das Westungarische Randgebiet, das auch als Alpenvorland bezeichnet wird. Im Herzen des Landes liegt Budapest.

Flora & Fauna

In Ungarns Flora und Fauna treffen mediterrane, zentraleuropäische und sogar osteuropäisch-zentralasiatische Verbreitungsgebiete zusammen. Statt der für Deutschland typischen Nadelwälder gedeihen vor allem Laubwälder, die mit ihrem bunten Blattwerk besonders im Herbst einen reizvollen Anblick bieten. In höheren Lagen findet man überwiegend Buchen, während sonst verschiedene Eichenarten, von denen die Zerr-Eiche die häufigste ist, und Eschen vertreten sind. Charakteristisch sind Akazien, deren Blüten Ende Mai das Land mit einem süßen Duft überziehen. Zu dieser Zeit schwirren auch die Maikäfer aus und lassen ihr sonores Brummen hören. Die in einsamen Bergen lebenden Adler und Würgfalken sind streng geschützt. Im Dickicht der Wälder verbergen sich kapitale Hirsche ebenso wie Rehe und Wildschweine. Selten lassen sich auch Luchse und Wildkatzen sehen. Dafür sind Störche umso häufiger; Dort wo es in der Nähe eines Dorfes Feuchtgebiete gibt, nistet Meister Adebar auf Strommasten und Schornsteinen. Eine Vielzahl von Fröschen und Echsen, unter denen die bis zu 40 cm lange Smaragdeidechse sicher zu den Prachtexemplaren zählt, dienen ihm als Speisezettel. Auch der Reichtum an verschiedenartigsten Singvögeln und Schmetterlingen sowie den bunt blühenden Feldern und Wiesen begeistert nicht nur Naturfreunde. Wichtig: Von den in Ungarn vorkommenden Schlangen sind nur die seltenen und scheuen Wiesen- und Kreuzottern gefährlich, zu erkennen an ihrem Zickzackband auf dem Rücken. Nachts sind die in Höhlen oder auf alten Dachböden wohnenden Fledermäuse aktiv, musikalisch begleitet vom Ruf des Kuckucks und dem Zirpen der Grillen. Mit viel Glück kann man sogar eine Nachtigall hören.

Flora & Fauna

In den Tieflandregionen wurde die karge Grassteppe mit ihren einst unzähligen Graurinder-, Zackelschaf- und Pferdeherden weitgehend in die Nationalparks (Bugac und Hortobágy) verdrängt. Heute zeugen ausgedehnte Sonnenblumen-, Raps-, Mais- oder Getreidefelder von einer groß angelegten landwirtschaftlichen Nutzung. Fischteiche, Sumpfgebiete und vor allem der Tisza-Stausee sind ein Paradies für Reiher, Kormorane, Stelzenläufer, Bekassine und andere Zugvögel. Auch Schildkröten, Otter und natürlich Abertausende von Fröschen sind hier zu Hause. Außerdem gibt es mit submediterranen Pflanzen bewachsene Sandböden, die je nach Versalzungsgrad völlig vegetationslos sein können. Eine Besonderheit ist die vom Aussterben bedrohte Großtrappe, ein scherzhaft als »europäischer Strauß« bezeichneter Laufvogel.

Die waldreichen Bergregionen bieten gute Wander-, Kletter- und Jagdmöglichkeiten sowie Höhlenabenteuer im Karstgestein, während große Ödlandflächen ideal für Reitfans sind. Die großen Seen eignen sich zum Schwimmen, Se-

Richtig Reisen Tipp

Willkommen auf dem Dorf! – Die andere Art des Reisens

Nach Statistiken der Welttourismusorganisation (WTO) gehört Ungarn zu den beliebtesten Reisezielen in Mittel- und Osteuropa. Rund 15 Mio. ausländische Besucher kamen 1998, um ihre Ferien im Land der Magyaren zu verbringen. Hauptreiseziele sind der Plattensee (Balaton) oder die Hauptstadt Budapest. Beliebt sind außerdem Ausflüge in die Puszta, an das Donauknie, in die Barock- und Weinstadt Eger sowie Reiterferien. Der Kontakt zur örtlichen Bevölkerung bleibt in der Regel auf Hotels und Restaurants beschränkt.

Nicht so beim »Dorftourismus«, wo sich in- und ausländische Besucher mit geln und Surfen. Angler kommen hier ebenso auf ihre Kosten wie an dem dichten Netz von Flüssen und Flussarmen. Außerdem besitzt Ungarn überaus reiche Vorkommen an Thermalwasser. Derzeit liefern rund 1000 Brunnen Thermalwasser über 30 °C, das zum größten Teil als Heilwasser für Trink- oder Badekuren geeignet ist. International berühmte Bäder gibt es in Budapest, Hévíz, Harkány, Hajdúszoboszló und Gyula. Im Jahr 1998 wurden 233 Mio. l Mineralwasser produziert.

Klima

Ungarns Wetter, das so launisch wie eine Diva sein kann, bestimmen ein osteuropäisches kontinentales Klima, kalte Polarluft, feucht-kühle atlantische Luftmassen sowie mediterran warme Luftströmungen. Obwohl Ungarn somit in einer gemäßigten Wetterzone liegt, ist es an Sonnenschein reicher als vergleichbare Länder in diesen Breitengraden. Im Jahresdurchschnitt gibt es 1700–2200 Sonnenstunden. Die sonnigste Region liegt in der Großen Tiefebene (Alföld) mit der Stadt Szeged. Am sonnenärmsten sind das Alpenvorland und die Nordungarischen Mittelgebirge. Der wärmste Monat ist der Juli mit einer Durchschnittstemperatur von 20 °C. An den heißesten Sommertagen kann das Thermometer auf 33–38 °C klettern. Charakteristisch ist auch der

der Kultur und Lebensweise einer ländlichen Region vertraut machen können. Ein gelungenes Beispiel für diese in Ungarn neue Art des Reisens bietet das Engagement von Magdi Béres-Deák. Die ehemalige Managerin für den Vertrieb von Trinkheilwässern hat vor zwölf Jahren in ihrem Heimatdorf Gyöngyöspata ein Bauernhaus mit Weinkeller gekauft und im alten Stil renoviert.

Heute betreibt sie eine gemütliche Pension und ermöglicht ihren Gästen das Eintauchen ins Dorfleben. Magdi zeigt ihnen nicht nur die gotische Dorfkirche mit der einzigartigen Wurzel Jesse, sondern ermöglicht Besuche bei traditionellen Handwerksmeistern, in Weinkellern, lädt Musiker zu typischen Grillabenden mit Speckspießen ein und gibt gute Tipps für Ausflüge in die Umgebung. Dabei entsteht ein lebendiges Bild über die hier ansässige Volksgruppe der Palozen. Auf der anderen Seite möchte sie den Dorfbewohnern neben dem kulturellen Austausch auch neue Erwerbsmöglichkeiten bieten und somit alte Traditionen bewahren helfen. Gleichzeitig arbeitet sie als Pressesprecherin der aus dem Zusammenschluss von 15 Dörfern gegründeten Weinstraße des Mátra-Gebirges.

Mittlerweile hat sich der Dorftourismus zu einem wichtigen Anliegen des Ministeriums für Fremdenverkehr entwickelt. Wie in der Region um die Stadt Gyöngyös sind in den meisten ländlichen Gebieten Organisationen des Dorftourismus entstanden, eine gute Möglichkeit, vor allem für abgelegene Landesteile, am Touristenstrom zu partizipieren, und gleichzeitig eine hervorragende Möglichkeit, Land und Leute kennen zu lernen.

Charakteristisch ist die Vermittlung von ausgesuchten Privatunterkünften, die manchmal ihre Gäste sogar traditionell bekochen (Info bei Tourinform oder H-1077 Budapest, Király utca 93, Tel. 00 36/1/352-9804, Fax 268-0592).

»Altweibersommer« im September und Oktober. Der April kann schon sehr frühlingshaft warm sein, während im Mai die »Eisheiligen« von den Bauern gefürchtet sind.

Da das Klima im Karpatenbecken ohnehin zur Trockenheit neigt, ist die seit einiger Zeit laufend abnehmende Niederschlagsmenge zu einem Risikofaktor für die Landwirtschaft geworden. In der Regel fällt der meiste Regen gegen Herbstende und zu Beginn des Winters. Die Schneemenge unterliegt starken Schwankungen, doch erfreuen sich die Skigebiete im Bükk-Gebirge großer Beliebtheit. Im Jahresmittel ist der Januar mit $-2,1$ °C der kälteste Monat, doch können an besonders eisigen Tagen sogar bis -30 °C gemessen werden.

Obwohl das angenehme Klima eine Reisezeit von April bis Oktober nahe legen würde, konzentriert sich die Saison auf die Monate Juli und August. Am Balaton gleichen einige Orte dann einem Rummelplatz, während man im übrigen Ungarn durchaus stille Plätzchen finden kann. Vor allem für Weinliebhaber und Kulturinteressierte bieten Frühling und Herbst die schönste Reisezeit, wenngleich mit einigen geschlossenen Lokalen und Unterkünften gerechnet werden muss. Zwischen November und April sind einige Sehenswürdigkeiten und Museen geschlossen. Nur in Budapest ist das ganze Jahr über Saison.

Hollywood und andere Wahlheimaten – Berühmte Ungarn in der Welt

In den 30er Jahren hing an der Wand eines der bedeutendsten Filmstudios in Hollywood ein Schild mit der Aufschrift: »Es genügt nicht, Ungar zu sein.« Die Frage nach dem »warum« erübrigt sich von selbst, bedenkt man, dass Adolph Zukor, Generaldirektor von Paramount, als Filmzar in Hollywood gefeiert, aus dem ungarischen Dorf Ricse bei Sárospatak stammte. Auch William Fox, Gründer der gleichnamigen Filmproduktionsgesellschaft, wurde in Ungarn geboren, in Tolcsva. Bei Metro-Goldwyn-Mayer kamen zwei der drei Firmengründer aus dem Karpatenbecken, Sam Goldwyn und Louis B. Mayer. Der Regisseur Michael Curtiz alias Mihály Kertész ist mit »Casablanca« unvergesslich geworden; den Oberkellner spielte übrigens der Schauspieler und Komiker Szöke Szakáll, eigentlich Jenő Gerő. Toni Curtis wurde bereits als Sohn eines Ungarn in Amerika geboren, und Paul Newman hatte eine Ungarin zur Mutter. Der Vater von Fred Astaire hieß noch Austerlitz und kam aus dem heutigen Burgenland. Der Geburtsname des Tarzan-Darstellers Charles Corvin ist Géza Kárpáti, und auch der glitzernde Stern am Hollywoodhimmel, Zsa Zsa Gábor, ist ein Magyaren-Kind, Tochter eines Budapester Juweliers. Die Schauspieler Paul Lukas, einst Pál Lukács, Peter Lorre, alias Péter Lörincz, und der britische Star Leslie Howard, geboren als László Steiner, waren ebenfalls Ungarn.

Der Filmproduzent und Regisseur Sir Alexander Korda erblickte das Licht der Welt in Pusztatúrpásztó. Das Drehbuch des Klassikers »Der scharlachrote Pimpernell« schrieb Lajos Biró. Der Fernseh-produzent und Gründer von Studio Hamburg, Gyula Trebitsch, ist wie der Medienmogul Josef von Ferenczy Ungar. Auch das recht unterschiedliche weibliche Trio Marika Rökk, Ilona Staller, bekannt als Cicciolina, und die Heilige Elisabeth von Thüringen sind ungarischer Abstammung.

Der internationale Lederdesigner Etienne Aigner starb im November 2000 kurz vor seinem 96. Geburtstag, auch er ein Ungar. Estée Lauder, eine Größe der Kosmetikwelt, hat eine ungarische Mutter. Berühmte Sportler waren Ferenc Puskás, ein brillanter Fussballer, und László Papp, als Boxer dreifacher Olympiasieger. Kaum bekannt sind die Namen derjenigen Ungarn, die Dinge des täglichen Gebrauchs erfunden haben: So entflammte Johann Irinyi das erste Zündholz, und die Brüder György und László Biró bauten den ersten Kugelschreiber. Die Pläne für das erste lenkbare Luftschiff soll Graf Zeppelin von der Witwe des Konstrukteurs David Schwarz aus Keszthely samt Patent gekauft haben. Während die Erfindung der Wasserstoffbombe durch den nach Amerika ausgewanderten Atomphysiker Edward Teller gemischte Gefühle hervorrief, fand die Entdeckung des Kindbettfiebers durch Ignaz Semmelweis (1818–1865) weltweite Anerkennung. Unter den Nobelpreisträgern ist Albert von Szent-György, Entdecker des Vitamin C im Paprika, hervorzuheben (1937 Nobelpreis). Hinter dem satirischen Schriftsteller Ephraim Kishon verbirgt sich der 1924 in Budapest geborene Ferenc Hoffmann. Und der aus Pécs stammende Victor Vasarély, Begründer der Op-Art, wurde in Paris berühmt.

Geschichte und Identität – Spurensuche

»Was ist das Ungarische? – Ein Witz, der über Katastrophen tanzt.«

Tibor Déry

Die Suche nach der Vergangenheit Ungarns ist für die Ungarn selbst immer auch eine Spurensuche nach ihrer Herkunft, eine Frage nach ihrer Identität. Vielleicht ist Geschichte deshalb in Ungarn überall allgegenwärtig, beispielsweise in den Namen von Straßen, Plätzen und Gebäuden. Das, was die Ungarn überdies zusammenhält, ist vor allem ihre Sprache, die bei den meisten Europäern ein Gefühl von Ratlosigkeit hervorruft. Beides, die Urheimat der Magyaren sowie die Wurzeln ihrer Sprache, sind bis heute nicht eindeutig geklärt.

Der Publizist Paul Lendvai charakterisiert die Ungarn treffend als Genies, Verlierer und Lebenskünstler. »Der Widerspruch zwischen genialen individuellen Leistungen und dem wiederholten nationalen Scheitern ist einer der faszinierendsten Züge in der turbulenten Geschichte der Magyaren zwischen Deutschen und Russen, Österreichern und Südslawen, zwischen Unabhängigkeit und Fremdherrschaft. Wie die Existenz, ja das Überleben ihres Nationalstaats als Wunder gelten darf, so haben sich die Ungarn bis heute als Sieger in Niederlagen entpuppt.«

Das kleine Volk der Ungarn ist trotz verheerender Verwüstungen und wiederholter Zerschlagung seiner Befreiungsbestrebungen nicht untergegangen bzw. von den Nachbarvölkern assimiliert worden, sondern hat sich mit der

Traditionelle Volkskunst ist in Ungarn sehr beliebt, so die Kalocsaer Blumenmalerei

Unverwüstlichkeit eines Stehaufmännchens immer wieder aufgerichtet, so nach dem Mongoleneinfall von 1241, nach 150 Jahren türkischer Herrschaft im 16./17. Jh., nach der Niederschlagung des Kuruzenaufstands 1711, nach der Niederlage des Nationalaufstands 1848/49, nach der Abtrennung von zwei Dritteln des historischen Staatsgebiets 1920 und nach der Niederschlagung des Volksaufstands von 1956. Ihre Zähigkeit und Ausdauer ist vor allem einer leidenschaftlichen Heimatliebe zu verdanken und sicherlich auch ihrem eigenartigen Humor, gewürzt mit einer Prise Opportunismus. Sie verstehen es nicht nur, Katastrophen zu ertragen, sondern auch das Beste daraus zu machen. Nicht grundlos wurde das kommunistische Ungarn als »die lustigste Baracke des sozialistischen Lagers« bezeichnet, in der »Salamitaktik« oder »Gulaschkommunismus« regierten.

Aber auch heute, zehn Jahre nach der Einführung von Demokratie und Marktwirtschaft, ist das Leben für den größten Teil der Bevölkerung eine Gratwanderung. Die Beschreibung des neuen ungarischen Paradoxons von István Lázár hat ihre Gültigkeit behalten. »Besuchern aus dem Ausland ... werden die Bürger Ungarns mit dem Fortschreiten der 1990er Jahre vielleicht wohlhabender und lebensfreudiger erscheinen, als sie sind, während die Ungarn selbst ihre Lage als einen beklemmenden Tiefpunkt empfinden ... Fast jeder Beobachter von außen fällt ein relativ günstiges Urteil über Ungarn, doch die Bevölkerung des Landes, die die Last der Umwälzungen tragen muss und zunächst fast nur die Schattenseiten des erst jetzt oder erneut kennen gelernten Kapitalismus wahrnimmt, übt Zurückhaltung und ist von Pessimismus erfüllt.« Es gilt zu hoffen, dass die Ungarn trotz aller Schwierigkeiten auch diese Situation meistern werden, so wie sie es in der Geschichte immer wieder getan haben. Der Schriftsteller und Historiker György Dalos sieht eine Chance: »Eine Gesellschaft kann aus der Not, dass sie ihre Probleme allein lösen muss, auch eine Tugend entwickeln. Zum ersten Mal seit dem Zweiten Weltkrieg gibt es nun für Ungarn eine Chance, sich der europäischen Zivilisation anzuschließen, ohne auf seine Tradition und Kultur zu verzichten.«

Ein langer Weg bis zur Republik Ungarn – Personen und Episoden aus der Geschichte

Die Arpadendynastie – Herrscher, Heilige und Halunken

Im ausgehenden 9. Jh. drangen magyarische Stämme aus der Gegend zwischen Ural und Wolga in das damals dünn besiedelte Karpatenbecken vor. Bis heute ist es umstritten, ob sie von Westen, also der europäischen Seite des Ural kamen oder von der östlichen, der asiatischen Seite. Die Mehrheit der Wissenschaftler glaubt, dass die Ungarn zur finno-ugrischen Sprachgruppe gehören und Ostjaken und Wogulen ihre nächsten Sprachverwandten sind.

Das zentrale Ereignis ist die Eroberung des Karpatenbeckens im Jahr 896, die so genannte Landnahme (Honfoglalás). Laut Anonymus (12. Jh.) soll Árpád, der namengebend für ein ganzes Herrschergeschlecht wurde, die Magyarenstämme mit verbündeten Chasaren angeführt haben. Unter seinem Vorsitz legten die sieben Stammesfürsten beim heutigen Ópusztaszer die Gesetze fest. In den folgenden Jahren assimilierten die zahlenmäßig überlegenen Magyaren die übrigen germanischen, slawischen und dakoromanischen Stammesreste.

Bereits ab 898 unternahmen sie Raubzüge in die deutschen Länder, nach

Oberitalien und bis in große Teile Frankreichs. Ihre schnellen Pfeile und ihr (mit Hilfe von damals unüblichen Steigbügeln) akrobatischer Reitstil machten die »heidnischen Barbaren« weithin gefürchtet, bis das von Kaiser Otto I. aufgestellte Heer sie 955 in der Schlacht auf dem Lechfeld vernichtend schlug. Árpáds Urenkel, Fürst Géza, erkannte 972, dass sein kleines heidnisches Reich zwischen den beiden christlichen Glaubensblöcken gefährdet war. So musste er sich für die byzantinische oder die römische Kirche entscheiden. Seine Wahl fiel auf Rom, und bereits 975 ließ er seine Familie taufen.

Sein Sohn Vajk setzte die Christianisierungspolitik des Vaters fort. Um den Jahreswechsel 1000/1001 erhielt er als Stephan I. (István) von Papst Silvester II. die Königswürde. Esztergom wurde erste Residenzstadt. Von hier aus festigte er seine Macht, teilte das Land in Burgkomitate und gründete ein Netz von Bistümern. Aus der Ehe mit Gisela von Bayern ging Stephans einziger Sohn Emmerich (Imre) hervor, der 1031 bei einem Jagdunfall ums Leben kam. Den rechtmäßigen Nachfolger Vászoly ließ Stephan blenden und seine Ohren mit Blei ausgießen, weil er ihn als Heiden verdächtigte. Nach Stephans Tod 1038 kam es zu Thronstreitigkeiten.

Erst 1077 bestieg den Thron wieder ein starker, umsichtiger Herrscher, Ladislaus I. (László). Er setzte sich beim Papst für die Toleranz der Ostkirche ein, eroberte Transsylvanien und Teile Kroatiens und erwirkte 1083 die Heiligsprechung von König Stephan, dessen Sohn Imre und Imres Erzieher Bischof Gerhardus (Gellért). Mit diplomatischem Geschick verheiratete er seine eigene Tochter Piroschka als Kaiserin von Byzanz, wo sie später von der orthodoxen Kirche als Irene heilig gesprochen wurde. Er selbst wurde etwa 100 Jahre nach seinem Tod (1095) von der römischen Kirche heilig gesprochen.

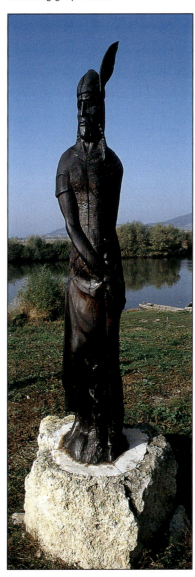

In West- und Südeuropa waren die Arpaden gefürchtet: »Vor den Pfeilen der Ungarn errette uns, o Herrr«

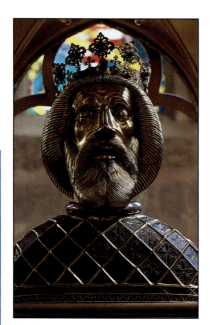

Kopfreliquiar von König Ladislaus I. (László)

Das Land erlebte unter Béla III. eine kurze Blütezeit und wurde um Galizien vergrößert. Sein Chronist Anonymus verfasste um 1200 die »Gesta Hungarorum«, die erste Geschichte Ungarns, ein Flechtwerk von Mythen, historischen Ereignissen und dichterischer Fantasie. Seine Berichte über den vom Turulvogel gezeugten Stammvater Álmos und dessen Sohn Árpád prägten ein verklärtes, ungarisches Geschichtsbild.

Der Adel zwang König Andreas II. (András) 1222 zur Anerkennung der Goldenen Bulle, was zukünftig die Rechte des Adels gegenüber der Krone stärkte. Mit Gertrud von Andechs-Meranien zeugte er eine Tochter, Elisabeth von Thüringen. Während die Tochter später für ihre aufopfernde Nächstenliebe heilig gesprochen wurde, fiel die Mutter wegen ihrer Verschwendungssucht und moralischen Leichtlebigkeit einem Mordanschlag Adeliger zum Opfer.

1241 zeigte sich Europa zersplittert und ließ König Béla IV. im Angesicht der herannahenden Mongolen allein. So zogen unter der Führung von Batu Khan, dem Enkel des gefürchteten Dschingis Khan, mongolische Reiterhorden brandschatzend und plündernd durch das ungeschützte Land. Die Nachricht vom Tod des Groß-Khans rettete wahrscheinlich Ungarn und das restliche Abendland vor weiteren Verheerungen und Unterjochung, denn Batu Khan trat kurzerhand mit reicher Beute den Rückzug an. In sein nahezu entvölkertes Land holte Béla IV. Deutsche, Slowaken, Polen, Ruthenen, Rumänen, Italiener, Griechen und Juden. In der Großen Tiefebene siedelte er Kumanen und Jazygen an. Aus Angst vor einem erneuten Überfall ließ er zahlreiche Steinburgen und Stadtbefestigungen errichten. Ein in der Not gegebenes Gelübde ließ seine Tochter Margarete, später die Heilige, ins Kloster auf der Budapester Margareteninsel gehen.

Friedrich II. von Österreich sah seine Chance, als er 1246 einen Eroberungsfeldzug gegen das geschwächte Ungarn unternahm, der wider Erwarten tödlich für ihn endete. Als König Béla IV. starb, hatte er den ungarischen Staat im Grunde zum zweiten Mal aufgebaut. Leider folgten auf seinen Thron nur schwache Könige, und mit Andreas III. (András) endete die männliche Linie der Arpadendynastie.

Glanzzeit unter dem »Rabenkönig«

Elisabeth, Kaiser Sigismunds Tochter, entwendete 1439 nach dem Tod ihres Gatten Albrecht von Habsburg für ihren noch ungeborenen Sohn Ladislaus V. Posthumus die ungarische Krone. Der kleine Ladislaus wurde während der daraufhin entbrannten Machtkämpfe samt Krone am Wiener Hof von Friedrich III. festgehalten, da dieser selbst auf den Thron spekulierte.

In dieser herrscherlosen Zeit, in der ständig Einfälle der Türken drohten, setzten die Stände 1445 den genialen, aus rumänischem Kleinadel stammenden Heerführer János Hunyadi als Reichsverweser ein. Bereits ein Jahr später errang sein Heer mit Hilfe des »wortgewaltigen« Franziskanermönchs Johannes von Capistrano bei Belgrad den entscheidenden Sieg über eine türkische Übermacht. An diesen Sieg erinnert in Europa bis heute das mittägliche Läuten der Kirchenglocken. Doch der heldenhafte Feldherr starb an der Pest, was erneute Machtkämpfe auslöste.

Schließlich gelangte Ladislaus V. mit Hilfe der Habsburger auf den Thron, die 1457 seinen Konkurrenten, den ältesten Sohn Hunyadis, enthauptet und den jüngeren Sohn Matthias (Mátyás) nach Prag entführt hatten. Doch das Schicksal kam Matthias zu Hilfe. Sein Widersacher starb im Jahr darauf, und er selbst wurde erst 15-jährig 1458 von den ungarischen Ständen zum König »ohne Krone« gewählt. Nach seinem Wappenvogel erhält er den Beinamen Corvinus (Rabe). 1462 gelang es ihm für einen hohen Preis endlich, die Krone von Friedrich III. freizukaufen.

Ungarns erster »Volkskönig« – er genießt bis heute große Beliebtheit im Volk – entwickelte sich nicht nur zu einem ausgezeichneten Feldherrn und weit blickenden Politiker, sondern auch zu einem großen Mäzen der Künste und Wissenschaften. Er gründete z. B. die für ihre illuminierten Handschriften berühmte Bibliotheca Corviniana. Mit seiner Frau Beatrix von Aragon förderte er den Einzug der italienischen Renaissance; die Paläste von Buda und Visegrád ließ er verschwenderisch ausbauen.

Als der König 1490 starb, gehörten Mähren, Schlesien und Niederösterreich zu Ungarn. Sein einziger »Makel«: er hatte nur einen illegitimen Sohn. Nach seinem Tod versank das Land im Chaos.

Unter der Herrschaft des Halbmondes

Die Auswirkungen des niedergeschlagenen Bauernaufstands 1514 sowie die schnell um sich greifenden Ideen der Reformation trugen zur Spaltung der Nation bei. Diese Zeit schien Sulejman II. dem Prächtigen geeignet für seinen Feldzug gen Wien – und er sollte Recht behalten.

Der 29. August 1526 ist in das Bewusstsein der Ungarn als »nationale Katastrophe« eingegangen: An diesem Tag stellte sich der 20-jährige Ludwig II. an der Spitze eines in Folge des Bauernaufstands schlecht ausgerüsteten rund 26 000 Mann starken Heeres auf einem Feld bei Mohács einer türkischen Übermacht entgegen. Die Schlacht endete in einem blutigen Gemetzel: Mehr als 10 000 Soldaten fielen, darunter Barone und Bischöfe; der König selbst soll auf der Flucht ertrunken sein. Seine Frau Maria floh mit den größten Schätzen aus der Budaer Burg zu ihrem Bruder Ferdinand I. nach Wien.

Daraufhin kam es zu Thronstreitigkeiten zwischen dem von den Magnaten unterstützten Ferdinand I. von Habsburg und dem vom niederen Adel gewählten János Zápolya, der auf die Hilfe des Sultans setzte. Der Landtag wählte 1540 Zápolyas einjährigen Sohn zum König. Unter dem Vorwand, das Kind schützen

Türkenherrschaft

27

zu wollen, fiel der Sultan 1541 erneut in Buda ein. Die Folge war eine Dreiteilung des Landes: Oberungarn wurde mit einem westlichen Gebietsstreifen das Königreich Ungarn und von Wien wie eine österreichische Provinz verwaltet; ungarische Hauptstadt wurde Pozsony (Bratislava). Das übrige Transdanubien kam mit der Tiefebene unter türkische Herrschaft und die Zápolyas erhielten Siebenbürgen als selbstständiges Fürstentum. – Die Türkenzeit war geprägt von Glaubens-, Macht- und Freiheitskämpfen. In den türkisch besetzten Gebieten herrschten jedoch nicht nur Zerstörung und Willkür. Die dem Sultan unterstellten Khas-Städte *(khas* = »sultaneigene«) entwickelten sich zu bedeutenden Marktzentren; Basare, Bäder und Moscheen wurden errichtet, wovon heute noch Baudenkmäler in Pécs, Siklós, Eger und Budapest zeugen. Die nun zugestandene Religionsfreiheit bewirkte, dass der Protestantismus sich ausbreiten konnte.

Wien wurde unter Rudolf II. (1572–1608) zum Zentrum der Gegenreformation. Kardinalprimas Péter Pázmany brachte sie mit Hilfe der Jesuiten nach Ungarn. Viele Protestanten flüchteten ins tolerante Siebenbürgen. Mit Gewalt trachteten die Habsburger auch dort eine Rekatholisierung durchzusetzen, was ihre Beliebtheit im dreigeteilten Ungarn nicht gerade steigerte. Es kam zur so genannten Wesselényi-Verschwörung ungarischer Adliger gegen den

Von der Herrschaft des Halbmondes zeugen im Land zahlreiche Hinterlassenschaften

von der Herrschaft des Halbmondes unter die des Doppeladlers.

Trianon – ein Trauma und die Folgen

Nach dem verlorenen Ersten Weltkrieg brach die k.u.k.-Monarchie zusammen. Wirtschaftliche und politische Krisen erschütterten das Land. Außerdem verfügte der Friedensvertrag (1920) von Trianon die Neugliederung des Gebiets der einstigen Donaumonarchie. Für die Ungarn bedeutete das die Aufteilung des historischen Ungarn, das über zwei Drittel seines Staatsgebiets und ein Drittel seiner ungarischen Bevölkerung an die Nachbarstaaten verlor. So kam Siebenbürgen an Rumänien, Oberungarn an die Tschechoslowakei, das Burgenland an Österreich und Teile Südungarns und Kroatien an das frühere Jugoslawien. Damit büßte das Land den größten Teil seiner Rohstoffvorkommen ein, zusätzlich belastet durch Reparationsforderungen. Über 3 Mio. Ungarn lebten plötzlich unter fremder Herrschaft und waren sozusagen über Nacht für ihre im Kernland verbliebenen Freunde und Familienangehörigen zu Ausländern geworden.

In der Presse, in Schulen, in der Kirche, ja überall wurde der Gedanke an die Rückgewinnung der verlorenen Gebiete wachgehalten, was sich verhängnisvoll auf den weiteren Verlauf der Geschichte auswirken sollte. Im März 1920 ließ sich Admiral Miklós Horthy mit Unterstützung der Armee von der Nationalversammlung als Reichsverweser wählen. Seine diktatorische, antikommunistische und antisemitische Politik ging als

Wiener Hof, die 1671 brutal niedergeschlagen wurde. Enteignete Adlige, Protestanten und entlassene Söldner schlossen sich dem siebenbürgischen Kuruzenaufstand an, dessen Anführer Imre Thököly von Leopold I. die Anerkennung der ungarischen Verfassung und der Religionsfreiheit erwirkte.

Als die Türken vor den Toren Wiens standen, schloss sich das christliche Europa unter dem Protektorat von Papst Innozenz XI. zusammen und drängte die Angreifer zurück. 1686 eroberte ihr Heer Buda und in wenigen Jahren das ganze Land. Bereits 1687 wurde Siebenbürgen an Ungarn angeschlossen und der Habsburger Joseph I. zum ungarischen König gekrönt. So gerieten die Ungarn

»weißer Terror« in die Geschichte ein. Letztendlich gab man zunehmend den »jüdischen Bolschewisten« die Schuld an Trianon (»Dolchstoßlegende«). Ministerpräsidenten waren der liberal-konservative Graf István Bethlen (1921–31) und der rechtsextreme Gyula Gömbös (1931–36). Das Regierungsziel blieb die Rückgewinnung der verlorenen Gebiete, weshalb Ungarn sich zuerst dem faschistischen Italien, dann »Hitler-Deutschland« zuwendete. Der Preis lautete militärische Unterstützung: Junge Männer wurden als Soldaten nach Deutschland und damit in den Russlandfeldzug geschickt.

Um einen eventuellen Sonderfrieden des kriegsmüden Ungarn zu verhindern, besetzte die deutsche Wehrmacht das Land am 19. März 1944. Horthy wurde gezwungen, den Okkupanten freie Hand zu sichern. Trotzdem versuchte er »auszusteigen«. Nach dem Scheitern dieser Aktion wurde das Haupt der Pfeilkreuzler (ungar. Faschisten), F. Szálasi, zum »Nationalführer« ernannt. Unter Adolf Eichmann begann der barbarische, systematische Abtransport der ungarischen Juden.

Vom 23. September 1944 bis zum 4. April 1945 befreiten sowjetische Truppen Ungarn schrittweise von den Faschisten. In Debrecen wurde am 22. Dezember 1944 eine provisorische Nationalregierung gebildet, die Deutschland bereits sechs Tage später den Krieg erklärte und einen knappen Monat später (20.1.1945) mit den Alliierten Waffenstillstand schloss. Bei ihrem Rückzug richtete die deutsche Wehrmacht unsägliche Schäden an, so sprengte sie alle Budapester Brücken. Von etwa 600 000 in sowjetische Gefangenschaft verschleppten Ungarn kehrten nur rund ein Drittel zurück. Von den überlebenden Juden wanderte ein großer Teil nach Israel, Amerika und Kanada aus. Viele Ungarndeutschen wurden nach Deutschland ausgesiedelt.

Ungarn wurde wieder in die Grenzen von 1920 verwiesen, und bis heute ist Trianon ein nationales Trauma.

Imre Nagy, ein Hoffnungsträger

Nach Stalins Tod 1953 wurde der zu wirtschaftlichen und politischen Reformen bereite Imre Nagy Ministerpräsident. Nur zwei Jahre konnte er seinen »weichen Kurs« realisieren, dann wurde er von der stalinistischen Rákosi-Partei des Amtes enthoben und aus der Partei geworfen. Doch der einmal in Gang gekommene Gärungsprozess ließ sich nicht mehr aufhalten. Am 23. Oktober 1956 marschierten rund 200 000 Budapester – den ursprünglich demonstrierenden Studenten hatten sich immer mehr Bürger angeschlossen – zum Parlament und anschließend zum Ungarischen Rundfunk, um ihren Forderungen Nachdruck zu verleihen. Sie forderten u. a. Pressefreiheit, freie Wahlen, den Abzug der Sowjettruppen, eine liberalere Wirtschaftspolitik sowie die Bildung einer neuen Regierung unter Imre Nagy. Die Staatssicherheitspolizei schoss in die Menge, und die Eroberung des Funkhauses begann. Es kam zum ungarischen Volksaufstand.

Bevor der Morgen graute, war die gewaltige Stalinstatue vom Sockel gestürzt. Imre Nagy wurde erneut Ministerpräsident und verkündete die Einführung eines »unabhängigen nationalen Sozialismus«. Unter Moskauer Schirmherrschaft wurde János Kádár am 25. Oktober neuer Parteichef. Trotz des zunehmenden sowjetischen Drucks bildete Imre Nagy am 27. Oktober eine

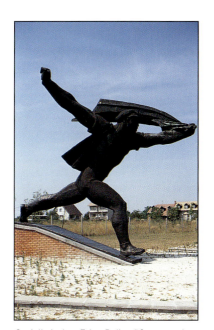

Sozialistisches Erbe: Politgrößen von einst – heute im Budapester Skulpturenpark

Vom Gulaschkommunismus zur Republik

Kádár, der gut 30 Jahre Ungarns Schicksal lenkte, zeigte sich außenpolitisch als treuer Vasall Moskaus – als Beweis schickte er Truppen zur Niederschlagung des Prager Frühlings. Innenpolitisch hingegen vertrat er zögerlich einen von wirtschaftlichen und politischen Lockerungen gekennzeichneten »Gulaschkommunismus«. Die Folge waren ökonomische und soziale Verbesserungen sowie eine gewisse Liberalisierung. Jeder erwachsene ungarische Staatsbürger konnte alle drei Jahre einen Reisepass zur Ausreise ins westliche Ausland beantragen und nach mehrjähriger Wartezeit einen Pkw erwerben, privater Hausbau wurde gefördert, und auch Normalbürger besaßen ein Wochenendhaus; die Frage nach der Herkunft des Baumaterials wurde in der Regel taktvoll übergangen. Politisch renitenten Bürgern drohten immer seltener Gefängnisstrafen; stattdessen wurde ihre berufliche Karriere behindert oder Vergünstigungen gestrichen.

neue Regierung und verkündete am 1. November den Austritt aus dem Warschauer Pakt. Drei Tage später überrollte die Rote Armee Ungarn und schlug den Volksaufstand brutal nieder. János Kádár wurde als Chef der selbsternannten »revolutionären Arbeiter- und Bauernregierung« eingesetzt. Die westliche Welt reagierte mit Tatenlosigkeit auf die ungarischen Hilferufe. Tausende kamen um, wurden interniert oder hingerichtet. Es folgte eine beispiellose Terrorwelle. Etwa 200 000 Ungarn emigrierten.

Unter den Opfern war auch Imre Nagy, der 1958 erhängt und ehrenlos verscharrt wurde. Erst am 16. Juni 1989 gab es in Anwesenheit einer großen Menschenmenge ein feierliches Staatsbegräbnis auf dem Budapester Zentralfriedhof für die Opfer von 1956; die abgelegene, einst verwilderte Parzelle 301 ist heute ein nationales Ehrenmal.

Das Tauwetter der von Michail Gorbatschow eingeleiteten sowjetischen »Perestroika« beschleunigte auch in Ungarn die politische Wende. Noch bevor Károly Grósz Kádár 1988 an der Spitze der kommunistischen Staatspartei ablöste, entstand die erste Oppositionspartei, weitere folgten.

Außenminister Gyula Horn öffnete am 11. September 1989 die Grenze zur freien Ausreise für DDR-Bürger in den Westen. Dieses Ereignis erschütterte nicht nur das politische System in der DDR, sondern in ganz Osteuropa. Bereits im März 1990 fanden in Ungarn die ersten freien Parlamentswahlen statt. Aus der Sozialistischen Volksrepublik ist die Republik Ungarn geworden.

Zeittafel

500 000 v. Chr.	Die Funde einer menschlichen Lagerstätte in Vértesszőlős (um 370 000 Jahre alt) sind die ersten Besiedlungsspuren im Karpatenbecken und ganz Europas.
um 4000 v. Chr.	Ansiedlungen und Hügelgräber der Illyrer entstehen, z. B. in Százhalombatta. Das kostbarste Fundstück dieser Zeit ist die steinerne Venusstatuette von Kökénydomb.
6. Jh. v. Chr.	Die Skythen, ein Reitervolk aus östlichen Steppengebieten, übernehmen die Macht im Karpatenbecken, die sie ab 400 v. Chr an keltische Stämme abtreten müssen.
1. Jh. n. Chr.	Die Römer bestimmen gut 400 Jahre die Geschicke Pannoniens. Sie machen die Donau zu einem Teil des Limes und gründen z. B. am Balaton, bei Sopron und in Villány hervorragende Weinbaugebiete.
2. Jh.	Aquincum (heute Óbuda, Stadtteil von Budapest) wird Hauptstadt von Pannonien inferior und Gorsium bei Tác religiöses Zentrum.
433–454	Die Hunnen setzen sich unter der Führung des gefürchteten Attila als Herrscher im Karpatenbecken durch.

Neue Ausgrabungen in Gorsium

454	Pannonien gerät in den Strudel der Völkerwanderung (Goten, Langobarden, Heruler und Gepiden), bis sich schließlich die Awaren für 200 Jahre behaupten können.
um 794	Das Awarenreich wird von Kaiser Karl dem Großen zerschlagen, Pannonien dem Ostfränkischen Reich angegliedert und die Große Tiefebene (Alföld) von bulgarischen Fürsten beherrscht.
896	Landnahme: Geführt von Árpád, besetzen sieben Magyarenstämme das Karpatenbecken, legen die Gesetze fest.
955	Otto I. besiegt die Magyaren auf dem Lechfeld (Augsburg).
972	Fürst Géza wird neuer Herrscher, wendet sich 975 der römischen Kirche zu und gründet die Erzabtei Pannonhalma.
996	Stephan (István) heiratet Gisela von Bayern und erhält am 1. Januar 1001 von Papst Silvester II. die Königswürde. Esztergom wird Residenz und Bischofssitz; die Bistümer Győr, Eger, Kalocsa, Vác, Veszprém und Pécs werden gegründet.
1038	Nach Stephans Tod gefährden Thronstreitigkeiten und Einfälle östlicher Reiterstämme das Bestehen des Reichs.
1077–95	Ladislaus I. (László) festigt erneut den christlichen Feudalstaat und erobert Transsylvanien und Teile Kroatiens.
1083	König Stephan I. wird heilig gesprochen.
1172–96	Das Land erlebt unter Béla III. eine kurze Blütezeit. Die französische Hofhaltung dominiert in Esztergom.
um 1200	Der Chronist Anonymus verfasst die erste Geschichte Ungarns, die »Gesta Hungarorum«.
1222	Der Adel zwingt Andreas II. (Endre) zur Anerkennung der Goldenen Bulle.
1235–70	In die Herrschaft von Béla IV. fällt der alles verheerende Mongolensturm 1240/41. Für den Wiederaufbau holt er Einwanderer aus vielen Ländern (u. a. Kumanen und Jazygen) ins Land. Ungarn wird zum Vielvölkerstaat.
1301	Mit Andreas III. (Endre) endet die Linie der Arpaden.
1308	Aus Nachfolgestreitigkeiten geht der vom Papst unterstützte Karl Robert von Anjou als Sieger hervor. Er verlegt seine Residenz nach Visegrád. Neben dem Handel bringen reiche Edelmetalllager Ungarn großen Wohlstand. Etwa 80 % des europäischen Goldbedarfs werden aus oberungarischen Gruben gedeckt. Karl I. lässt Goldmünzen (Forint) nach florentinischem Muster prägen.
1342–82	Sein Sohn Ludwig der Große (Lajos I.) verlegt die Residenz von Visegrád nach Buda (Stadtteil von Budapest), lässt die Burg ausbauen und verleiht der Stadt das Stapelrecht, finanziert ein starkes Heer und kulturelle Projekte; 1367 gründet er die Pécser Universität.

Zeittafel

1387	Die Nachfolge übernimmt König (ab 1410 Kaiser) Sigismund von Luxemburg durch die erzwungene Heirat mit der elfjährigen Erbin Mária, ein harter, ehrgeiziger Mann, der die Einberufung des berüchtigten Konzils von Konstanz betreibt.
1437	Durch die Ehe mit Sigismunds Tochter Elisabeth gelangt Albrecht von Habsburg in den Besitz der ungarischen Krone.
1440	Nach Albrechts Tod wird sein erst einjähriger Sohn Ladislaus Posthumus auf den Thron gehoben.
1456	János Hunyadi, seit 1445 Reichsverweser, erringt bei Belgrad einen entscheidenden Sieg über die Türken.
1458–90	Mit der Herrschaft von König Matthias I. Corvinus beginnt eine erneute Blütezeit des Landes. Er macht Buda und Visegrád zu bedeutenden Zentren des Humanismus und der Renaissance. Mit seinem Tod zerfällt die starke Zentralmacht.
1514	Der von György Dózsa geführte Bauernaufstand wird blutig niedergeschlagen.
29. August 1526	Bei Mohács wird das ungarische Heer unter König Ludwig II. Jagiello von der osmanischen Übermacht unter Sultan Sulejman II. dem Prächtigen vernichtend geschlagen. Der König stirbt. Die Folge sind rund 150 Jahre Türkenherrschaft.
1526	Es kommt zu Machtkämpfen zwischen Ferdinand I. von Habsburg und János Zápolya.
1541	Nach der türkischen Eroberung von Buda wird Ungarn dreigeteilt: Oberungarn wird mit einem westlichen Gebietsstreifen das Königreich Ungarn und von Wien wie eine österreichische Provinz verwaltet; ungarische Hauptstadt wird Pozsony (Bratislava). Das übrige Transdanubien kommt mit der Tiefebene unter türkische Herrschaft, und die Zápolyas erhalten Siebenbürgen als selbstständiges Fürstentum.
1572–1608	Wien wird unter Rudolf II. zum Zentrum der Gegenreformation.
1606	Der siebenbürgische Fürst István Bocskay verteidigt die Religionsfreiheit erfolgreich gegen das habsburgische Heer.
1657	Als der siebenbürgische Fürst György Rákóczi auch nach der polnischen Krone greift, wird er vom Sultan gestoppt; damit ist auch Siebenbürgens Unabhängigkeit beendet.
1671	Die so genannte Wesselényi-Verschwörung ungarischer Adliger gegen den Wiener Hof wird brutal niedergeschlagen.

1672	Beginn der gegen die Habsburger gerichteten Kuruzen-aufstände.
1678	Kuruzenführer Imre Thököly (1677–84) vertreibt die Habsburger aus Oberungarn.
1683	Die Türken werden vor Wien zurückgeschlagen.
1686	Buda wird von den Türken befreit.
1687	Proklamation des habsburgischen Erbkönigtums; Joseph I. wird zum ungarischen König gekrönt.
1697	Prinz Eugen von Savoyen besiegt die Türken bei Zenta.
1699	Friede von Karlowitz. Österreich wird Großmacht.
1703–11	Der nationale Freiheitskampf (Kuruzenkrieg) des Siebenbürger Fürsten Ferenc II. Rákóczi wird zerschlagen, doch erlangt Ungarn im Friedensvertrag von Szatmár die Wiederherstellung seines Rechtsstatus vor 1686, z. B. Religionsfreiheit. Rákóczi stirbt 1735 im türkischen Exil.
1741	Maria Theresia wird zur Königin von Ungarn gekrönt. In das schwer beschädigte Land holt man deutsche, slowakische, süd- und nordslawische Siedler.
1780	Mit Kaiser Joseph II. beginnt eine Ära des aufgeklärten Absolutismus. Im Toleranzpatent duldet er eine eingeschränkte Religionsfreiheit. Den Unmut von Adel und Kirche erweckt er durch eine Reform der Leibeigenschaft und die Säkularisierung. Als er schließlich die ungarische Sprache der deutschen opfern will, wendet sich auch die ungarische Intelligenzia gegen ihn. Der ungarische Nationalismus ist erwacht.
1792	Franz I. nimmt alle reformatorischen Tendenzen zurück. Blutig reagiert er auf die ungarische Jakobinerbewegung; ihre Anführer, darunter der Franziskanermönch Ignác Martinovics, werden hingerichtet.
1809	Napoleon siegt bei Győr vernichtend.
1825	»Reformära«: Herausragendste Figuren sind Graf István Széchenyi, Lajos Kossuth und der Dichter Sándor Petőfi.
15. März 1848	In Pest bricht der Volksaufstand aus. In einem ersten Akt panischer Fassungslosigkeit erkennt Kaiser Ferdinand I. die erste konstitutionelle Regierung an.
1849	Mit Hilfe zaristischer Truppen gelingt es den Habsburgern, den Freiheitskampf niederzuschlagen. Die Vergeltung ist fürchterlich: 13 Generäle und Ministerpräsident Batthyány werden hingerichtet und Ungarn der Willkürherrschaft von General Haynau, der »Hyäne von Brescia«, ausgeliefert.
1867	Geburtsstunde der Doppelmonarchie Österreich-Ungarn. Das Blatt hat sich gewendet. Das nun selbst außenpolitisch in Bedrängnis geratene Wien stimmt dem von

Zeittafel

Ferenc Deák vorbereiteten »Ausgleich« zu. Gemeinsame Ressorts bleiben Außenpolitik, Verteidigung und Finanzen. Durch die Vereinigung von Buda, Óbuda und Pest bekommt Ungarn eine würdige Hauptstadt, Budapest. Gründerzeitarchitektur prägt bis heute das Stadtbild. Zu den Millenniumsfeierlichkeiten 1896 nimmt die erste U-Bahn des europäischen Kontinents ihren Betrieb auf.

1914 An der Seite des Deutschen Reichs tritt Ungarn als Teil der Doppelmonarchie in den Ersten Weltkrieg ein.

1918/19 Kriegsende und Zusammenbruch der Doppelmonarchie (k.u.k.-Monarchie).

21. März 1919 Unter Béla Kun kommt es für 133 Tage zur Räterepublik. Letztendlich führt eine von rumänischen Truppen durchgeführte Intervention der Entente zu ihrem Sturz.

1920 Mit Unterstützung der Armee lässt sich Admiral Horthy zum Reichsverweser ausrufen. – Im Friedensvertrag von Trianon verliert Ungarn zwei Drittel seines Staatsgebiets.

1941 Ungarn tritt an der Seite Deutschlands in den Krieg gegen die Sowjetunion ein.

19. März 1944 Die deutsche Wehrmacht besetzt Ungarn. Noch im gleichen Jahr erreicht die Rote Armee Ungarns Grenzen und die Befreiung beginnt.

1945 Bei den Wahlen erreicht die Partei der Kleinbauern wegen einer vorhergehenden Landreform 57 % der Stimmen.

1946 Am 1. Februar wird die Republik ausgerufen.

1947 Der Pariser Friede stellt die Grenzen von 1920 wieder her.

1949 Mit Hilfe der »Salamitaktik« kommen die Kommunisten unter der Führung von Mátyás Rákosi im Schutz der Roten Armee an die Macht. Alle Widersacher werden ausgeschaltet. Umerziehung, Säuberungsaktionen und Kollektivierung steigern den Unmut der Bevölkerung.

1953 Nach Stalins Tod wird der zu wirtschaftlichen und politischen Reformen bereite Imre Nagy Ministerpräsident.

1955 Die Rákosi-Partei stürzt Imre Nagy.

23. Oktober 1956 Ausbruch des ungarischen Volksaufstands. Imre Nagy wird erneut Ministerpräsident.

4. November 1956 János Kádár bildet eine Gegenregierung und schlägt mit Hilfe der Roten Armee den Volksaufstand brutal nieder. Imre Nagy wird verhaftet und später hingerichtet. Etwa 200 000 Ungarn emigrieren ins westliche Ausland.

1961 Parteichef Kádár wird wieder Regierungschef und lenkt für gut 30 Jahre Ungarns Schicksal.

1968	Militärische Beteiligung an der Niederschlagung des Prager Frühlings bei gleichzeitiger innerer Liberalisierung.
1978	Rückgabe der Stephanskrone und der Krönungsinsignien durch die USA
1987	Károly Grósz wird Ministerpräsident.
1988	Grósz wird Generalsekretär, Miklós Németh Ministerpräsident.
1989	16. Juni: Feierliches Staatsbegräbnis für die Opfer von 1956, darunter Imre Nagy. 11. September: Außenminister Gyula Horn öffnet die Grenze zur freien Ausreise für DDR-Bürger in den Westen. 23. Oktober: Die Republik Ungarn wird ausgerufen.
März 1990	Erste freie Parlamentswahlen: Ministerpräsident wird der Vorsitzende des Demokratischen Forums (MDF) József Antall, Staatspräsident der Schriftsteller Árpád Göncz aus den Reihen der Freien Demokraten (SZDSZ).
1991	Abzug der sowjetischen Truppen, Ungarns Souveränität ist wieder hergestellt.
1994	Aus den Wahlen geht die sozialistische Nachfolgepartei (MSZP) als Sieger hervor; sie schließt eine Koalition mit dem SZDSZ; Ministerpräsident wird Gyula Horn. Árpád Göncz wird 1995 in seinem Amt bestätigt. Aufnahmeantrag in die EU.
1. Oktober 1995	Gyula Horn wird für seinen Einsatz für die Freiheit mit dem Kasseler Bürgerpreis geehrt.
1997	NATO-Kampfeinsatz in Bosnien. Viele serbische Intellektuelle fliehen derzeit nach Budapest.
1998	Aufnahme von EU-Beitrittsverhandlungen.
Mai 1998	Der erst 32-jährige Viktor Orbán, Vorsitzender der Fidesz-Partei, wird Ministerpräsident. Die Koalition der Mitte-Rechts-Regierung bildet er mit der Partei der Kleinen Landwirte (FKGP).
13. März 1999	Ungarn wird in den Nordatlantikpakt (NATO) aufgenommen.
2000	Nach zehnjähriger Amtszeit wird Árpád Göncz durch Ferenc Mádl als Staatspräsident abgelöst.
2001	Ungarn hofft auf die EU-Mitgliedschaft bis Ende 2002. Der Schriftsteller György Konrád wird mit dem Aachener Karlspreis geehrt.
2002	Ungarische Parlamentswahlen.

Zeittafel

Kunst und Architektur im Spiegel der Zeit

Einem Überblick über die Kunst in Ungarn sollte vorausgeschickt werden, dass sich zum einen etliche Baudenkmäler und Kunstwerke des historischen Ungarn seit 1920 in den Nachbarstaaten befinden und zum anderen, dass während der zahlreichen das Land heimsuchenden Katastrophen vieles zerstört wurde, was insbesondere für die Große Tiefebene zutrifft.

Aus der Anfangszeit der Besiedlung des Karpatenbeckens gibt es Siedlungsreste, Funde von Gebrauchsgegenständen – Keramik, Schmuck, Waffen – und interessante römische Ausgrabungen wie in Budapest (Aquincum), bei Székesfehérvár (Gorsium- Herculia), bei Veszprém (die Villa Baláca-Puszta) und in Szombathely, dem römischen Savaria. Im Herbst des Jahres 2000 wurden die frühchristlichen, mit Fresken geschmückten Grabkammern in Pécs zum Weltkulturerbe erklärt.

Spuren der Vergangenheit: römische Säulen in Obuda

Romanik und Gotik – Steinerne Erbstücke

Die Kunst der landnehmenden Magyaren ist in ihrer Formensprache in den **Traditionen iranischer Steppenvölker** verhaftet. Von den alten schamanistischen Darstellungen überlebten der »Weltenbaum« als Vermittler zwischen Himmel und Erde und »Sonnenräder« in der Volkskunst. Das Baummotiv findet sich vor allem in Stickereien, während das Sonnensymbol in Tore, Giebel oder Grabhölzer geschnitzt wurde. Mit der Christianisierung um 1000 begann in Ungarn die **Romanik**. Unter König Stephan wurden die ersten Bischofs- und Klosterkirchen (Pannonhalma, Pécsvárad, Győr) sowie die Krönungsbasilika in Székesfehérvár errichtet. Ornamentik und Freskenreste lassen byzantinischen Einfluss erkennen. So ist auch der untere Teil der Heiligen Krone, der größten nationalen Kostbarkeit, byzantinischen Ursprungs.

Ende des 12. Jh. nahm die Zahl der für die Sippe eines Fürsten oder Großgrundbesitzers errichteten **Geschlechterkirchen** zu. Sie dienten vor allem zur Demonstration von Macht und Reichtum. Meistens waren sie als dreischiffige Basilika ohne Querschiff konzipiert. Charakteristisch sind wuchtige Westtürme, zwischen denen sich im Kircheninneren die Herrschaftsempore befindet. Besonders eindrucksvoll sind die Kirchen in Ják und Lébény. Kleinere Familienkirchen dieses Typs findet man u. a. in Csaroda, Felsőörs und Mánfa. Einzigartig, allein wegen ihres Alters, sind Freskenfragmente in der Veszprémer Giselakapelle, in den Kirchen von Csaroda, Felsőörs, Szalonna und Vizsoly.

Exemplarisch für den Übergang von der monumentalen, sich an römischen Prinzipien orientierenden Romanik zur himmelwärts strebenden **Gotik** sind die Ordenskirchen von Bélapátfalva und Ócsa. Als Bautyp setzten sich **Hallenkirchen** durch (Sárospatak, Kőszeg), von denen die von Nyírbátor ein beeindruckend schönes Netzrippengewölbe

besitzt. Mit Karl Robert von Anjou begann 1308 die Herrschaft des italienischen Stils, wie die Fresken in den Burgkapellen von Esztergom und Siklós sowie in der Dorfkirche von Velemér zeigen. Meister der **gotischen Tafelmalerei** waren Kolozsvári Tamás (Thomas von Klausenburg, heute rumänisch Cluj) um 1427 und der anonyme M. S. um 1510. Die im Christlichen Museum in Esztergom und in der Nationalgalerie von Budapest ausgestellten Flügelaltäre stammen fast alle aus Oberungarn (Slowakei).

Von den einst gewaltigen **Burganlagen** zeugen mannigfaltige Ruinen. Wenige wurden nahezu vollständig restauriert, wie Sárospatak mit dem mächtigen Wohnturm, Siklós und Hollókő. Als einziges intaktes Bauwerk seiner Art ist die wuchtige Ziegelburg von Gyula besonders hervorzuheben. Anschaulich vermitteln trotz starker Beschädigungen auch die auf Bergkuppen thronenden Burgen von Sümeg, Csesznek und Füzér sowie die in der Ebene gelegenen Wehranlagen von Kisnána, Nagyvázsony und Simontornya einen Eindruck vom abenteuerlichen Leben der Ritter. Gotische Bürgerhäuser mit Sitznischen und Rippengewölbe über dem Torweg sind vor allem auf der Budaer Burg und in Sopon erhalten.

Die kurze Blüte der Renaissance

Mit König Matthias Corvinus und seiner Gemahlin Beatrix von Neapel-Aragonien hielt am Königshof um 1480 bereits die **florentinische Frührenaissance** ihren Einzug. Das Paar ließ die Paläste von Buda (heute Teil des Historischen Museums) und Visegrád (größtenteils zerstört) im Stil der neuen Zeit prachtvoll ausbauen.

Aus Angst vor den Türken lenkte man den Blick auf den Ausbau der Burgen, wozu man italienische Festungsbaumeister zu Rate zog (Eger, Győr und Sárvár). Dennoch siegten die Türken 1526, und unter ihrer Herrschaft kam die Renaissancekunst in Ungarn fast gänzlich zum Erliegen. Die Porta Speciosa in Pannonhalma und die Lorántffy-Loggia in Sárospatak zählen zu den bedeutendsten Baudenkmälern der ungarischen **Spätrenaissance.** Währenddessen errichteten die Türken Moscheen, Grabkapellen, Minarette und Bäder, von denen in Budapest, Pécs und Eger die schönsten zu sehen sind.

Barock – Von Putten, Putz und Pracht

Nach der Türkenvertreibung und mit der Konsolidierung der Habsburger in Ungarn setzte sich als Stil der Gegenreformation und des Wiederaufbaus im zweiten Drittel des 17. Jh. der **Barock** durch. Gegliederte, manchmal wogende Fassaden, dramatische Licht- und Schattenwirkungen, plastisch gestalteter Stuck, viel Gold und illusionistische Malereien repräsentierten den Sieg der katholischen Liga. Doch wurde der Bauboom bis 1711 von Freiheits- und Glaubenskämpfen gebremst. Lediglich im Königlichen Ungarn, das schon während der Türkenzeit unter österreichischer Obhut gestanden hatte, finden sich auch Bauten des Frühbarock, so die Jesuitenkirche in Győr und das Schloss Savoyen in Ráckeve. Ansonsten dominieren vor allem Spätbarock und Zopfstil, die Schlösser und Bürgerhäuser ebenso prägten wie Kirchen und Bischofsresidenzen. Für den Anstrich bevorzugte man »Kaiser-«

bzw. »Habsburger-Gelb«. In der Mitte des 18. Jh. entstanden prächtige Barockstädte wie Eger, Győr, Kalocsa, Szentendre und Veszprém. Zu den berühmtesten in Ungarn tätigen Barockbaumeistern zählen Kilian Ignaz Dientzenhofer, Franz Anton Pilgram, Andreas Mayerhoffer, Giovanni Battista Carlone und Johann Lukas von Hildebrandt. Ein Meisterwerk des **Rokoko** schuf Melchior Hefele im berühmten Schloss Esterházy in Fertőd. Der führende Architekt des ungarischen Zopfstils, eine Art »spätbarocker Frühklassizismus«, war Jakob Fellner. Unter den Malern sind Johann Lukas Kracker, Franz Anton Maulbertsch, Paul Troger und Stephan Dorffmeister die bekanntesten. Bedeutenden Einfluss auf die Bildhauerei hatte Georg Raphael Donner.

Selbst die Bauern ließen sich von den üppigen, oft spielerischen Formen des Barock beeinflussen, sodass diese Stilelemente ein typischer Bestandteil der **Volksarchitektur** geworden sind. Noch heute findet man in den Dörfern Häuser mit geschwungenen Giebeln, Stuckaturen und flachen Wandverzierungen, nicht selten in der »adligen« Farbkombination Gelb-Weiß.

Klassizismus und Eklektizismus – Das Erwachen des ungarischen Nationalstolzes

Ähnlich wie in Frankreich und Deutschland bereitete die Aufklärung auch in Ungarn den Boden für das Erwachen des Nationalgedankens. Architektonischer Träger dieses neuen Zeitgeistes war die Antike mit ihren klaren, streng gegliederten Strukturen und eleganten Säulenportalen. Obwohl dieser Baustil vor allem vom Bürgertum und von protestantischen Kreisen bereitwillig aufgenommen wurde, ist das erste bedeutende klassizistische Bauwerk Ungarns Isidore Canevales Dom im katholischen Vác. Auch die größten Kathedralen des Landes (Eger, Esztergom) sind klassizistisch gestaltet, federführend war hier József Hild. Zu den Meistern zählt auch Mihály Pollack, Architekt des Budapester Nationalmuseums, der durch das mit Säulen und Tympanon versehene Komitatshaus von Szekszárd (1836) ein Vorbild für zahlreiche Rathäuser und Landsitze geschaffen hat.

Auch nach Niederschlagung der Revolution von 1848/49 blieb die nationale Idee in Kunst und Architektur wach. Ein schönes Beispiel für den **romantischen Stil** ist die Pester Redoute (Vigadó). Frigyes Feszl ließ bereits orientalische Stilelemente in den Bau einfließen, die als Ausdruck der Herkunft der Magyaren später zu einem Markenzeichen ungarischer Architektur der Jahrhundertwende wurden. Mit dem die Gründerzeit repräsentierenden **Historismus** wurden die alten, bekannten Stilrichtungen von der Antike bis zum Rokoko wiederbelebt und gaben öffentlichen Gebäuden, Geschäfts- und Bürgerhäusern sowie den Palais des Großbürgertums ein würdiges Erscheinungsbild. Bedeutendster Vertreter dieser Entwicklung ist der Architekt und Stadtplaner Miklós Ybl. Die Millenniumsfeierlichkeiten von 1896 stachelten die Architekten zu immer neuen Leistungen an. Indem sie alle Stile fantasievoll zusammenwürfelten, errichteten sie Meisterwerke des **Eklektizismus**, so die Wahrzeichen des damals noch jungen Budapest, Fischerbastei und Parlament. Zu den bekanntesten, im ganzen Land tätigen Baumeistern gehören Frigyes Schulek, Imre Steindl und Alajos Hauszmann. Um 1935 schrieb der Museumsdirektor

Elek Petrovics über die ungarische Kunst des 19. Jh.: »In diesem Jahrhundert wurde die Kunst organischer Bestandteil des Geisteslebens der Nation ... Die erste Hälfte des 19. Jh. war dazu berufen, das schlummernde Kunstleben wieder zu erwecken ... Der zweiten Hälfte des Jahrhunderts kam die Aufgabe zu, die ungarische Kunst vom Provinzialismus zu befreien und auf europäisches Niveau zu heben.«

Der Gedanke der Schaffung einer **Nationalkunst** verbindet sich unmittelbar mit der »Jungen Schäferin« des Bildhauers István Ferenczy (1822), heute in der Budapester Nationalgalerie zu sehen. Bedeutende Maler des Reformzeitalters sind Miklós Barabás, József Borsos, Gyula Benczúr und Károly Lotz sowie der sich besonders mit nationalen Themen befassende Historienmaler Bertalan Székely. International erlangte Mihály Munkácsy (1844–1900) die größte Bedeutung. Er vertrat neben seinen religiösen, historischen und genrehaften Arbeiten eine sozialkritische, realistische Malerei. Auch sein Schüler, der Spätimpressionist József Rippl-Rónai (1861–1927), erlangte große Anerkennung. Dagegen wurde der Historienmaler Mihály Zichy (1827–1906) in seiner Heimat lange Zeit kaum gewürdigt.

Vom ungarischen Jugendstil bis 1950

Höhepunkt der neuen, typisch ungarischen Architektur sind die Werke des Jugendstilarchitekten Ödön Lechner (1845–1914). Einzigartig und bahnbrechend ist seine Verwendung von farbigem Pyrogranit und glasierten, wetterbeständigen Keramiken bei der Fassadengestaltung. Die Anfertigung des Dekors übernahm die Pécser Manufaktur Zsolnay. Herausragende Beispiele seiner Kunst sind in Budapest Kunstgewerbemuseum und Postsparkasse sowie das Rathaus in Kecskemét. Zu seinen bekanntesten Nachfolgern zählen Géza Márkus, Károly Kós, Béla Lajta und István Medgyaszay.

Merse (1845–1920) auf eigenwillige Weise mit der **Pleinairmalerei.** Sein Hauptwerk »Frühstück im Freien« (1872/1873) zählt zu den Spitzenleistungen der europäischen Kunst. Eine Brücke zwischen dem 19. und 20. Jh. bildet der zu den großen Talenten zählende Mihály Tivadar Csontváry Kosztka (1853–1919)

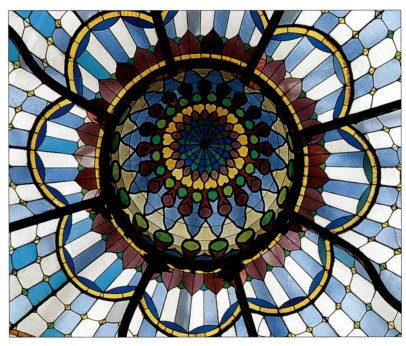

Jugendstil-Glaskuppel des Kunstgewerbemuseums in Budapest

Beseelt von dem Wunsch, eine moderne ungarische Malerei zu kreieren, kehrte eine Gruppe von Malern von ihren Studien in München in die Heimat zurück und gründete 1896 die Künstlerkolonie von Nagybánya (heute Baia Mare, Rumänien). Von den sich vorerst um eine **naturnahe Sehweise** bemühenden Künstlern ist der Impressionist Károly Ferenczy (1862–1917), einer der bekanntesten. Bereits in den 60er Jahren beschäftigte sich Pál Szinyei mit seiner visionär-expressiven Malerei. Unter französischem Einfluss entwickelten sich die ersten Avantgardebewegungen, von denen die **Gruppe der Acht** (1909), darunter Béla Czóbel, Robert Berény und Dezső Orbán, ihre Hinwendung zu einer konstruktivistischen und kubistischen Formensprache am deutlichsten formulierten. Aus dem Kreis der Aktivisten um Lajos Kassák (1887–1967) gingen bedeutende Künstler wie Béla Uitz und Sándor Bortnyik hervor; letzterer war Lehrer von Victor Vasarély (1908–97), dem Begründer der Op-Art. Nach dem Sturz der Räterepublik war dieser Kreis zur Emigration gezwungen. Mit einigen Künstlerkollegen schloss sich László Moholy-Nagy der Bauhausbewegung von Gropius in Dessau an. Aus dem Bereich der **Fotografie** kennt man die Namen Brassäi, Capa und André Kertész. Zu der Zeit nahm die Kunst in Ungarn eine konservative Wende, zu deren Vertretern Vilmos Aba-Novák und Gyula Derkovits gehörten. Letzterer entwickelte sich jedoch zu einem karikierenden Kritiker in der Manier von Georg Grosz.

Im Gegensatz zur Malerei blieb die **Bildhauerei** des ausgehenden 19. Jh. den Prinzipien des Klassizismus verhaftet. Geschätzte Künstler dieser Stilrichtung sind Béni Ferenczy (1890–1967) und Pál Pátzay (1896–1978); Ferenc Medgyessy (1881–1958) schuf mit einem Gefühl für Skurriles einen »volkstümlich-bäuerlichen Klassizismus«.

Auch in der **Architektur** setzte nach dem Ersten Weltkrieg eine Rückbesinnung auf »Altbewährtes« ein; der Neobarock wurde zur führenden Stilrichtung. Nur wenige Architekten bekannten sich wie Lajos Kozma zur funktionalistischen Moderne mit ihren »Würfelhäusern«.

Sozialistischer Realismus

Die ersten Jahre nach dem Zweiten Weltkrieg waren vom Wiederaufbau geprägt. Für die Architekten hieß das, entweder den Originalzustand wieder herzustellen (z. B. Kettenbrücke) oder sich bei Neubauten am von Moskau vorgegebenen Stil des sozialistischen Realismus zu orientieren. Der sich damals im westlichen Europa durchsetzende Funktionalismus wurde als Werkzeug des Imperia-

lismus verdammt. Stattdessen errichtete man klassizistisch anmutende, monumentale öffentliche Gebäude, Wohn- und Geschäftshäuser. Die Fassaden wurden gerne mit Reliefs, Bildern oder Mosaiken versehen, die das Leben der Bauern und Arbeiter verherrlichten. Während das Stalindenkmal bereits 1956 niedergerissen wurde und Marx und Lenin nur zum kleinen Teil im sozialistischen Museumspark in Budapest oder auf Flohmärkten überdauern, sind zahlreiche Plastiken, die das allgemeine Leben betreffen, auch nach der politischen Wende 1989/90 auf Plätzen und in Grünflächen bestehen geblieben. Zu den bedeutenden **Bildhauern** zählen u. a. Imre Varga, Miklós Borsos, József Somogyi, Erzsébt Schaár und László Marton. Mit Sztálinváros (= Stalinstadt), heute Dunaújváros, entstand Anfang der 50er Jahre des 20. Jh. aus einem Fischerdorf an der Donau eine ganze Stadt im sozialistisch-realistischen Stil. Doch bereits nach 1956 fasste der Geist des **Funktionalismus** auch in Ungarn Fuß. In den 60er und 70er Jahren wurde das Land mit den üblichen Wohnvierteln in Plattenbauweise überzogen.

Für die **heutige ungarische Architektur** haben sich zwei Stilrichtungen durchgesetzt, einmal die Zweckbauten von József Finta, zum anderen die organischen Bauten von Imre Makovecz. Letzterer verbindet unter Besinnung auf die Herkunft der Magyaren die runden Formen von Jurten mit volkstümlichen Traditionen, Holz als natürlichem Baumaterial mit der Anthroposophie des Rudolf Steiner.

Auch in der **bildenden Kunst** wurden ab 1948/49 avantgardistische Bestrebungen durch die kommunistische Ideologie verdrängt, so die Gründung der Europäischen Schule von Lajos Vajda. »Es begann die Periode des sozialistischen Realismus, die bis 1956 anhielt und dann in etwas modifizierter Form als die Herrschaft der drei ›T‹ bis zur Wende 1989/1990 weiterging. Die damalige Kulturpolitik behandelte die Künstler aufgrund von drei Kategorien, in welche sie sie einordnete, daher die drei »T«: *tűrni* (dulden), *tiltani* (verbieten) und *támogatni* (fördern)« – so László Beke, Direktor der Kunsthalle in Budapest.

In praktischer Hinsicht bedeutete dies für die ungarischen Künstler, anders als in der DDR, dass sie sich dem offiziellen Stil des sozialistischen Realismus im »Untergrund« widersetzen konnten. Sie wurden zwar nicht staatlich ausgestellt und konnten auch keine Professoren an der Akademie werden, doch besaßen viele ein Sommer-Atelierhaus in den staatlich geförderten Künstlerkolonien oder reisten als Stipendiaten noch lange vor Grenzöffnung ins westliche Ausland. Vor allem die halblegalen **Iparterv-Ausstellungen** 1968–70 zogen große Aufmerksamkeit auf sich. Neokonstruktivisten (Imre Bak und Tamás Hencze), frühe Anhänger der Pop-Art (László Lakner) und Expressionisten (Ákos Birkás und István Nádler), der von der Concept-Art beeinflusste György Jovánovics, Dóra Maurer und Károly Klimó, »der bedeutendste ungarische Vertreter des Informel« (L. F. Földényi) fanden vor allem bei ausländischen Sammlern und Museen die im eigenen Land verwehrte positive Resonanz. Zu der jüngeren Künstlergeneration der 70er Jahre gehören die Bildhauer Valéria Sass und Tamás Trombitás sowie die Performance-Künstler Péter Forgács und János Sugár.

Károly Klimó in seinem Atelier

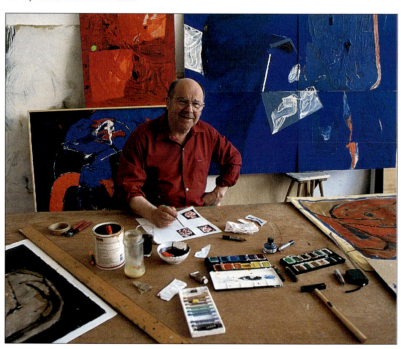

Volkskunst und Kunsthandwerk

In Ungarn begegnen dem Besucher an Marktständen, in Antiquitätengeschäften und Souvenirläden überall die farbenfrohen Produkte der Volkskunst. Dabei handelt es sich überwiegend um Keramiken, Textilien, Lederwaren und Holzschnitzereien. Man könnte meinen, dass all diese Sachen nur für die nach Mitbringseln suchenden Augen der Touristen geschaffen werden, doch erfreuen sich diese traditionellen Gegenstände trotz einer allgemeinen Modernisierung auch in Ungarn großer Beliebtheit. Volksfeste wie der Busó-Karneval in Mohács, das Fischsuppenfestival in Baja oder das Weinlesefest von Mór sind ohne Handwerkermärkte, von denen der Hortobágyer Brückenmarkt der größte des Landes ist, kaum denkbar.

Für die identitätssuchenden Ungarn hat die Volkskunst eine Art nationalsymbolische Bedeutung. Die regionalen Trachten, Gebrauchs- und Zierstücke sowie Baustile sind als Sprachrohr der verschiedenen Volksgruppen gleichzeitig auch Ausdruck der ungarischen Nation. Heute gibt es kaum ein Dorf, das kein in einem alten Bauernhaus liebevoll eingerichtetes Museum besitzt. In regionalen Freilichtmuseen (Skanzen) wurden die typischen alten Bauern- und Handwerkerhäuser zusammengetragen und originalgetreu wieder hergerichtet.

Die in Nordungarn in den Bergen des Cserhát, Mátra und Bükk lebenden Palozen zeichnen sich durch ihre kunstvoll geschnitzten Laubenganghäuser, besondere Trachten und eigene Bräuche aus. Für Kalocsa stehen bunte Lochstickereien und die »Malenden Frauen«, die Wände, Möbel, Öfen und Hausrat mit floralen Motiven überziehen. Die Stickereien der um Mezőkövesd lebenden Matyó-Volksgruppe sind ebenso bunt, aber auf schwarzem Grund. Am kostbarsten sind jedoch die feinen weißen Nadelspitzen von Kiskunhalas. Schwarze Keramik aus der Hortobágy-Region (Nádudvar) unterscheidet sich von den braun-grün-gelb glasierten Gefäßen aus Hódmezővásárhely, den mit Vogelmustern verzierten Tellern aus Tiszafüred und den in Menschengestalt geformten Miska-Krügen, um nur einige wenige Beispiele zu nennen.

Auch wenn die traditionellen Berufe selten geworden sind, so gibt es noch einige Blaufärber, Maskenschnitzer und Lebkuchenmacher.

Typische Accessoires der Pusztahirten sind Lederpeitschen, eine mit Leder bespannte Feldflasche (Kulacs), Tabakbeutel, Pfeife, geschnitzter Hirtenstab und der Cifraszűr, ein reich verzierter Bauernmantel aus gewalktem weißen Wolltuch. In manchen Gegenden durfte ein junger Mann nicht eher auf Brautschau gehen, bevor er solch ein kostbares Stück besaß.

Bei den außerhalb der Landesgrenzen lebenden ungarischen Volksgruppen ist die Bindung an alte Traditionen oft noch stärker verbreitet.

Richtig Reisen Thema

Blau-weiße Stoffe von Meister Sárdi

Insgesamt gibt es noch vier Blaufärber in Ungarn, einer davon ist Meister Sárdi, ein freundlicher Herr von weit über 70 Jahren. Nicht immer ging das Geschäft so gut wie heute, erzählt er während der Besichtigung seiner Werkstatt. Von 1933 bis 1939 hat er das Handwerk in Bóly gelernt, dann kamen der Krieg und mit der kommunistischen Ära weitere schwere Zeiten. Seinen schwäbischen Namen Staub hat er damals gegen den ungarischen eingetauscht. Auf Märkten durfte er seine Ware nicht mehr verkaufen, und eine in Budapest gegründete Fabrik machte mit ihrer qualitativ schlechteren, aber billigen Massenware die Preise kaputt. Auch die Mode der 60er/70er Jahre, ausgewaschene Jeans zu tragen, war für sein Handwerk nicht gerade belebend.

Obwohl er sich mit allerlei Berufen über Wasser gehalten hat, hat Herr Sárdi an der Kunst des Blaufärbens festgehalten, alte Maschinen und traditionelle Muster gesammelt. Trotz seines Alters fertigt er die aus kleinen Nägelchen filigran gearbeiteten Druckstöcke nach Vorlagen oder eigenen Entwürfen selbst an. Einen industriell hergestellten Stoff kann man leicht an der geringen Farbtiefe und der Perfektion des Musters erkennen, dessen Gleichförmigkeit sich von individueller Handarbeit unterscheidet.

Bei der Indigo-Kaltfärbung wird der Stoff zuerst ausgewaschen und dann imprägniert. Auf den Druckstock wird eine Paste aufgetragen und der Stoff damit per Hand oder Maschine bedruckt. Die so bedruckten Stellen nehmen später keine Farbe an, sie bleiben weiß. Den trockenen Stoff taucht der Färber dann rund 16-mal jeweils 15 Minuten in das tiefblaue Indigo-Bad. Durch diesen aufwändigen Wechsel von Färben und Trocknen (Oxidation) wird der Stoff licht- und waschecht. Anschließend wird die Paste entfernt. Durch das Gewicht tonnenschwerer Walzen erhält das Material seinen besonderen Glanz. Die so gefertigten Tischdecken, Schürzen, Tücher oder auch Meterware kann man in der Werkstatt von Herrn Sárdi käuflich erwerben. Am letzten Juliwochenende findet in seinem Dorf Nagynyárád (Großnaarad; s. S. 223) alljährlich ein Blaufärberfestival statt.

Optimistisch blickt Herr Sárdi in die Zukunft, sein Enkel wird sein Handwerk fortsetzen (János Sárdi, 7784 Nagynyárád, Tel. 69/374-142).

Musik und Literatur –
Lebensadern der Magyaren

Die meisten Leute verbinden Ungarn mit Musik, mit feurigen Zigeunerliedern, dem Csárdás (ungarischer Nationaltanz) und Komponistengrößen wie Liszt, Kodaly und Bartók. Obwohl Ungarn 1999 im Mittelpunkt der Frankfurter Buchmesse stand, ist es noch immer weit weniger bekannt, dass die Ungarn auch ein lese- und schreibfreudiges Volk sind.

Musik

»Ich mag die ungarische Seele, das Temperament, das Talent und den Stolz der Menschen. Die ungarische Musik und die Musiker faszinieren mich immer. Was für eine Kraft strahlt von ihnen aus! Sie gehen mit den Noten um wie der Bildhauer mit seinem Material.«

Yehudi Menuhin

Vorgeschichte

Der ungarischen Musik liegt in den ältesten Gesängen die Pentatonik zugrunde, eine fünf Töne umfassende Tonleiter ohne Halbtonschritte. Sie bildet die Basis der klanglich orientierten Musik Ostasiens, Afrikas und der Südsee. Die **ungarische Volksmusik** zeigt in ihrer Melodik außerdem eine enge Verwandtschaft mit der Musik der Tscheremissen und anderer ugrischer Völker am Ob sowie Einflüsse von in Asien lebenden türkischen Volksgruppen. Ihre alten Lieder erzählen von den Sorgen und Freuden des Volkes, von Hunger, Trauer und Unterdrückung, von Liebe und Frühlingserwachen. Teilweise

sind auch Spuren der heidnisch-rituellen Gesänge der Schamanen im alten Brauchtum bewahrt geblieben.

Mit der Christianisierung um 1000 beginnt die **ungarische Kunstmusik**, in lateinischer Sprache gesungene gregorianische Gesänge und Hymnen. Vertreter einer **weltlichen Musikkultur** waren die am Königshof musizierenden Spielleute, die die Sagenwelt der Hunnen und Magyaren in eine volkssprachliche Epik fassten. Zu den bekanntesten zählen die Minnesänger Peire Vidal und Walther von der Vogelweide. Vor allem König Matthias Corvinus, Förderer der Renaissance in Ungarn, berief zahlreiche berühmte Musiker an seinen Hof, darunter Pietro Bono.

Bereits im 14. Jh. begannen sich neue Strömungen in der ungarischen Musik bemerkbar zu machen. Die höfische trennte sich allmählich von der Volksmusik und die **Instrumente** begannen der Stimme ihre Dominanz streitig zu machen. In Oberungarn und Siebenbürgen ließ die Reformation das **Kirchenlied** entstehen.

Barock und Klassik

Aus den Unabhängigkeitskämpfen gegen die Habsburger gingen die **Kuruzenlieder** und **Heiduckentänze** in die ungarische Volksmusik ein. Die Kuruzen, heißblütige Kämpfer, die sich selbst mit patriotischen Liedern zum Kampf anfeuerten, hielten für die Kaisertreuen Spottlieder parat.

Der Sieg Habsburgs brachte vor allem in den bischöflichen Residenzstädten Győr und Eger den **Hochbarock** zur Blüte. Joseph Haydn stand rund 30

Musik / Literatur

»Trink Brüderlein trink« – Mythos und Realität der Zigeunermusik

Vor allem im Sommer ertönen aus etlichen Restaurants die süßen und feurigen Klänge live spielender Zigeunerkapellen. Wie in alten, romantischen Filmen geht der mit roter Weste und weißem Hemd folkloristisch gekleidete Primas mit seiner Geige von Tisch zu Tisch und spielt auf. Schmachtende Lieder wie »Magyar Nóta« (»Ungarisches Lied«), ein weit verbreitetes volkstümliches Kunstlied, gehört meistens zum Programm. Extrawünsche können angemeldet werden, Trinkgeld sollte sein. Aufgrund des erheblichen Anteils ausländischer, zumeist deutschsprachiger Feriengäste beherrschen die Musiker oft auch ein Repertoire an deutschen Trinkliedern und Operettenmelodien.

Bei den zu deftigen Paprikaspeisen konsumierten wehmütigen Geigenklängen oder fröhlichen Tanzrhythmen handelt es sich jedoch weder um alte ungarische Volksmusik noch um echte Zigeunerlieder. Die Geschichte dieser Musik reicht ins 19. Jh. zurück, als Zigeuner in der Rolle von Berufsmusikern in Wirtshäusern, auf Festen und in Kaffeehäusern volkstümliche Weisen zur Unterhaltung vortrugen. Fälschlicherweise wurde diese »Salonmusik« ebenso zum Synonym für ungarische Volksmusik wie der Csárdás spielende Zigeuner. Kaum ein ungarischer Reiseprospekt, der nicht mit dem Bild eines schmucken Primas mit der Geige unter dem Kinn oder einer flotten Zigeunerkapelle wirbt. Selbst Ferenc Liszt unterlag diesem Irrtum, indem er die ungarische Volksmusik mit der Zigeunermusik theoretisch und musikalisch gleichsetzte. Erst Béla Bartók und Zoltán Kodály förderten durch die Studien alter Bauernlieder letztendlich eindeutige Unterschiede zutage.

Die Kunst der traditionell aus erster und zweiter Geige, Bassist, Zimbalspieler, Cellist und Klarinettist bestehenden Zigeunerkapelle, angeführt vom ersten Geiger, dem Primas, ist durchaus ein Bestandteil der ungarischen Kultur, doch tragen die Roma, die sich selbst in Ungarn als *cigány* (Zigeuner) bezeichnen, weiterhin das traurige Schicksal einer mit Vorurteilen belasteten Minderheit. Man begegnet ihnen einst wie heute mit ambivalenten Gefühlen, indem man den Mythos der tanzenden und singenden Zigeuner romantisch verklärt, während man sie im Alltag mit Misstrauen und Ausgrenzung straft. (Nach amtlichen Schätzungen liegt der Anteil der Roma zwischen 5,2 und 7,3 % der Bevölkerung.)

Die aus dem indischen Raum stammenden, ursprünglichen Nomaden kamen ab dem 15. Jh. in mehreren Einwanderungswellen nach Ungarn. Auf ihrer Wanderschaft haben sie ihre Musik jeweils den Stilen des Gastlandes angepasst und damit Traditionsmusiken wie den spanischen Flamenco, den ungarischen Csárdás und Verbunkos am Leben erhalten – ein nicht unbedeutender Verdienst.

Musik

In Ungarn entwickelten die Musikanten aus alten Volksweisen und eigenen Kompositionen eine volkstümlich-städtische Unterhaltungsmusik, die durch die Verwendung einer siebenstufigen Tonleiter für europäische Ohren einen angenehm exotischen Klang bekam, die »Salonmusik«.

Doch neben den professionellen Weisen haben sich die Zigeuner ihre eigene Musik bewahrt, die sie fast ausschließlich im Freundes- und Familienkreis spielen. Die Lieder handeln von ihrem alltäglichen Leben, oft von Armut, Ausgestoßensein und Sorgen. Haushaltsgegenstände wie Krug und Löffel dienen als Perkussionsinstrumente, manchmal setzen sie Bratsche oder Gitarre als Begleitinstrument ein. Als Bewahrer der alten Romakultur haben die heute professionellen Gruppen »Kályi Jag« (»Schwarzes Feuer«) und »Ando Drom« (»Unterwegs«) bereits um 1980 erfolgreich begonnen, für ihre traditionelle Musik ein breiteres Publikum zu finden. Und in 25-jähriger Arbeit hat Károly Bari auf Märkten, in Kneipen, auf der Straße und in Wohnungen alte Zigeunerlieder aufgenommen, gesammelt und schließlich als CD herausgegeben und so ein einzigartiges Dokument der Musik der ungarischen und rumänischen Roma geschaffen.

Obwohl man während des Sozialismus versuchte, die Roma sesshaft zu machen und zu integrieren, kam dies einer Diskriminierung gleich, da man sie von den traditionellen Formen des Broterwerbs als Kesselflicker oder Pferdehändler mit Gewalt entfernte und in ein ungewolltes, fremdes Leben zwang.

Heute gibt es in Ungarn assimilierte und nicht-assimilierte Zigeuner; die einen sprechen noch die Romasprache, andere nicht. Die meisten üben Hilfsarbeiterberufe aus, doch gibt es auch erfolgreiche Unternehmer. Eine neue Erwerbsquelle stellen die in vielen Städten zur ständigen Einrichtung gewordenen Flohmärkte dar. Die wenigsten, schätzungsweise nur 3 %, arbeiten heute noch offiziell als Musiker. Politisch werden die Interessen der Roma u. a. von einem Beauftragten für Minderheitenrechte vertreten.

Jahre in Fertőd als Hofkapellmeister im Dienst des Hauses Eszterházy.

Die Musikbedürfnisse des einfachen Volkes befriedigten zunehmend »Zigeunermusiker«. Obwohl im **Verbunkos,** dem von den Husaren improvisierten Rekrutierungstanz, Stilelemente der Polonaise und der Zigeunermusik einflossen, wurde die Musik vor allem im Ausland als typisch ungarisch empfunden.

Das Jahrhundert der Romantik
In der ersten Hälfte des 19. Jh. war die Entwicklung des Verbunkos zur Nationalmusik nicht mehr aufzuhalten. Ihrem berühmtesten Interpreten, dem Zigeunerprimas János Bihari (1764–1822), ist in Budapest eine Straße gewidmet. Ab den 20er Jahren des 19. Jh. begann der Csárdás (im Gegensatz zu csárda = »Schenke«) sich durchzusetzen und zum Synonym für den ungarischen Volkstanz zu avancieren.

In der Tonkunst schufen Ferenc Erkel (1810–93), Mihály Mosonyi (1815–70) und Ferenc Liszt (1811–86) eine **ungarische Nationalmusik.** Erkel legte den Grundstein für die ungarische Nationaloper, komponierte die ungarische Nationalhymne und mehrere Opern. Zu Mosonyis wichtigsten Bühnenwerken gehören »Die schöne Ilonka« und »Álmos«. International erlangte Liszt die größte Bedeutung, der zwar nur zeitweilig in Ungarn lebte, sich aber als Ungar bekannte. Zusammen mit Erkel engagierte er sich bei der Gründung der Musikakademie. Seiner Heimat widmete er die »Ungarischen Rhapsodien«, die »Ungarische Krönungsmesse«, die sinfonische Dichtung »Hungaria« und das Oratorium »Legende der hl. Elisabeth«. Zu nennen sind außerdem Karl Goldmark (1830–1915), Komponist der »Königin von Saba«, sowie die Operettenkomponisten Imre Kálmán (1882–1953), bekannt für die »Csárdás-Fürstin« und »Gräfin Mariza«, sowie Franz Léhar (1870–1948) mit »Die lustige Witwe« und »Zigeunerliebe«.

Gehört zum Ungarnbild: Volkstanzaufführung mit »fliegenden Röcken«

Die Moderne

Die **Budapester Musikakademie** brachte zahlreiche große Talente hervor, darunter die Dirigenten Ferenc Fricsay, Antal Dórati, Eugen Ormándy, Georg Széll, Fritz Reiner, János Ferencsik und Sir Georg Solti, den Pianisten Ernő Dohnányi, den Komponisten, Lehrer und Dirigenten György Ligeti sowie die die Musikkultur nachhaltig beeinflussenden Komponisten Béla Bartók und Zoltán Kodály.

Béla Bartók (1881–1945) und **Zoltán Kodály** (1882–1967), beide Professoren an der Budapester Musikakademie, verband trotz ihres grundlegend verschiedenen Tonschaffens das Interesse an der ursprünglichen, unverfälschten Bauernmusik. Auf ihren oft auch gemeinsamen Reisen in Dörfer Ungarns, Siebenbürgens, Rumäniens und der Slowakei sammelten sie von den Bauern deren alte Volkslieder, die sie auch als Tonkonserven aufzeichneten. Bartóks Lebenswerk lässt sich in drei große Abschnitte gliedern, einen spätromantisch-impressionistischen, einen expressionistischen und einen klassizistischen. Außerdem war er ein hervorragender Pianist. Über seinen Kollegen Kodály sagte er: »Seine Musik ist ein Glaubensbekenntnis an den ungarischen Geist.« Im Gegensatz zu Bartók verließ Kodály die Grenzen der Tonalität nur äußerst selten. Zu seinen bekanntesten Werken zählen »Tänze aus Galánta«, »Psalmus Hungaricus« und das mit ungarischen Volksliedern durchsetzte Singspiel »Háry János«. Zudem tat er sich als ausgezeichneter Musikpädagoge hervor.

Zur neueren Generation zählen die international renommierten Komponisten György Kurtág, Zsolt Durkó und Péter Eötvös, der 2000 mit seiner Tschechov-Oper »Die drei Schwestern« Furore machte, die Pianisten Zoltán Kocsis und András Schiff. Mit der Inszenierung von Imre Madachs »Tragödie des Menschen« zählten László Hudi und seine Theatergruppe »Mozgó Ház« zu den Highlights der Bonner Biennale 2000.

In den 60er Jahren des letzten Jahrhunderts entwickelte sich auch eine **Jazz- und Popkultur,** die anfangs als westlich dekadent geächtet wurde. Heute spielen ungarische Gruppen alle Stilrichtungen von Folk bis Techno und Rap. Zu den beliebtesten gehörte »Fekete vonat«, die sich jüngst aufgelöst haben. Eine der wichtigsten Persönlichkeiten des ungarischen Jazz ist der Bassist Aladár Pege. Ebenso gelten György Szabados und der Gitarrist Ferenc Snétberger als wichtige Jazzmusiker. Interessanterweise stammen einige bedeutende Jazzer aus Zigeunermusikerfamilien, z. B. Béla Szakcsi-Lakatos aus der berühmten Lakatos-Familie. Die ungarische Folkloregruppe »Muzsikás« hat sich mit ihrer Sängerin Márta Sebestyen auch einen Namen im Ausland gemacht; mehrfach waren sie Gäste des Westdeutschen Rundfunks.

Literatur

Die Anfänge der ungarischen Literatur gehen zurück auf eine mündliche Überlieferung von Mythen und Legenden (s. auch S. 254f.).

Die ersten **ungarischen Sprachzeugnisse** sind die Gründungsurkunde der Abtei Tihany (1055) mit insgesamt 58 ungarischen Wörtern, eine Grabrede vom Ende des 12. Jh. und eine um 1300 verfasste Altungarische Marienklage. Im Lauf der Christianisierung war die ungarische Sprache weitgehend aus dem Schrifttum verdrängt worden, sodass auch der erste große Dichter des Landes, **Janus Pannonius** (1434–72), seine Verse auf Lateinisch verfasste. Erst der

»Hódmezővásárhelykutasipuszta« – Eine verflixte Sprache!

Spätestens seit Hugo Hartungs »Ich denke oft an Piroschka« ist klar: Ungarisch kann man nicht lernen. Dabei kann man den Ort des Handlungsschauplatzes des Films schon viel leichter aussprechen, wenn man weiß, wo man das elend lange Wortgebilde segmentieren muss und dass die Einzelteile wie bei einem deutschen zusammengesetzten Wort eine Bedeutung haben. Übersetzt heißt »Hód-mező-vásár-hely-kutasi-puszta« so etwas wie »Biber-feld-markt-platz-brunnen-heide« – zugegeben, auch nicht gerade einfach. Doch die scheinbar unaussprechliche Wortlänge ist nicht die einzige Hürde des Ungarischen, auch auf die richtige Aussprache kommt es an.

Versucht man beispielsweise höflich, den ungarischen Trinkspruch »egészségedre« (»Auf Deine Gesundheit!«) nachzusprechen, stolpert man schnell über »e« und »é«. Statt »ägesschegädrä« sagt man leicht ein »ägesschägädrä«, ein für sprachfremde Ohren kaum wahrnehmbarer Unterschied. Das ungarische Gegenüber wird sich entweder vor Lachen verbiegen oder höflich grinsen. Man hat nämlich – mühsam, aber doch – die Worte »Auf Deinen ganzen Arsch!« herausgebracht. Die Akzente haben eine unterscheidende Bedeutung, wenngleich nicht immer eine derartig tiefgreifende (s. auch S. 388).

Übrigens, sollten Sie auf Ihrer Landkarte den überall ausgeschilderten Ort »Vasútállomás« suchen, geben Sie auf: Das Wort heißt nämlich »Bahnhof« …

sich zur Zeit der Reformation in Ungarn verbreitende Calvinismus förderte die ungarische Sprache. Einen Höhepunkt erreichte die Renaissancelyrik im ungarischsprachigen Bálint Balassi (1554–94), der sich vornehmlich mit patriotischen Gefühlen, Liebe und soldatischem Heldentum befasste. Der in polemischen Schriften die Gegenreformation vorantreibende Erzbischof Péter Pázmány (1570–1637) schuf eine »kräftige, wunderbare, ungarische Literatursprache«. Insgesamt war die Zeit überschattet von den Türkenkriegen, denen Miklós Zrínyi (1620–64) in seinem Heldenepos »Die Belagerung von Szigetvár« ein barockes Sprachdenkmal setzte.

Mit der **Aufklärung** kam neuer Wind in die ungarische Literatur, u. a. von dem sich mit Innerlichkeit und Patriotismus beschäftigenden Dichter György Bessenyei (1747–1811) und dem bereits Anregungen aus der Volkspoesie beziehenden Mihály Csokonai Vitéz (1773–1805). Aus der Feder von Ferenc Kölcsey (1790–1838) stammt die später von Ferenc Erkel vertonte Nationalhymne. Das Haupt der literarischen Bewegung dieser Epoche war der klassizistischen Idealen anhängende Spracherneuerer Ferenc Kazinczy (1759–1831).

Für die in der ersten Hälfte des 19. Jh. entstehenden **Theater** schrieben Mihály Vörösmarty (1800–55), der »Dichterfürst des Reformzeitalters«, Károly Kisfaludy (1788–1830) und József Katona (1791–1830), Verfasser des ersten ungarischen Nationaldramas »Bánk bán«.

Eine neue Stilepoche leitete der einzige weltweit bekannte ungarische Dichter Sándor Petőfi (1823–49) mit seinem volkstümlichen Stil ein. Zu seinem Œuvre zählen einfache Lieder, Liebeslyrik, das Märchenepos »Held János« (»János Vitéz«) sowie radikal revolutionäre, kämpferische Verse. Als glühender Verfechter der Freiheit stellte er seine Dichtkunst ebenso wie seine Person ganz in den Dienst der Revolution von 1848. Im Alter von 25 Jahren starb er im Juli 1849 im Kampf. Seinem Dichterfreund János Arany (1817–82) blieb mehr Zeit, ein herausragendes Werk der Sprach- und Dichtkunst zu schaffen; am berühmtesten ist die »Toldi-Trilogie«.

Der größte Prosaschriftsteller der ungarischen Romantik, Mór Jókai (1825–1904), war der erste Autor des Landes, der von seinen Tantiemen ein großbürgerliches Leben führen konnte. Kálmán Mikszáth (1847–1910), »der letzte große Romantiker und der erste kritische Realist«, gilt als Meister der Ironie und zugleich als enttäuschter Zyniker. Seine Helden sind Bauern, einfache Leute oder Typen der untergehenden Gentry. Für das Theater verfasste der Hegelianer Imre Madách (1823–64) »Die Tragödie des Menschen«, eine bedeutende dramatische Dichtung, der der Gedanke der Verderblichkeit der menschlichen Existenz zugrunde liegt.

Anfang des 20. Jh. setzte die Zeitschrift »Nyugat« (»Westen«) einen neuen Pfeiler in der ungarischen Literatur; sie war das Sprachrohr von Impressionismus, Symbolismus, Naturalismus, Sezession und Realismus. Zu den führenden Köpfen gehörten u. a. Endre Ady (1877–1918), Zsigmond Móricz (1879–1942), Gyula Krúdy (1878–1933) und Dezső Kosztolányi (1885–1936). Zur gleichen Zeit entwickelte sich Lajos Kassák (1887–1967) zur Leitfigur der **ungarischen Avantgarde.**

Die größte Gestalt der **modernen Lyrik** wurde Attila József (1905–37), ein kämpferischer Humanist, ein Poet der Einsamkeit und Sehnsucht. Mit seiner literarischen Soziografie »Pusztavolk« (»Puszták népe«) ist Gyula Illyés (1902–1983) 1936 ein bedeutendes Werk gelungen. Der viel versprechende Lyriker Miklós Radnóti (1909–44), Opfer des Faschismus, verfasste seine letzten Gedichte unter unmenschlichen Lagerbedingungen.

Nach dem Zweiten Weltkrieg veränderte die Machtübernahme der Kommunisten auch das geistige Leben. Viele Autoren wurden zum Schweigen gezwungen. Erst in den 60er Jahren setzte eine gewisse Entspannung ein. Es entstand eine **neue Autorengeneration,** deren Werke auch heute einen Platz in der Weltliteratur haben. Zu den bekanntesten Autoren gehören Tibor Déry (1894–1977), Géza Ottlik (1912–90), Magda Szabó (1917), Miklós Mészöly (1921), die Lyriker Ferenc Juhász (1928) und Sándor Weöres (1913–1989) sowie István Örkény (1912–79), dessen Bühnenwerke internationale Anerkennung erlangten.

Als Vertreter der oft auch im Ausland publizierten Gegenwartsliteratur sei hier nur eine Auswahl genannt: Péter Esterházy, Péter Nadas, Imre Kertész und György Konrád, der Essayist László F. Földényi und vor allem der zurzeit zum Bestsellerautor avancierte Sándor Márai.

Literatur

Ungarische Gaumenfreuden

Die assoziative Verbindung von Ungarn und Küche ist beinahe so eng wie bei Frankreich oder Italien. Wer an Ungarn denkt, dem fällt ebenso schnell Paprika, Gulasch, Gänsebraten und Wein ein wie schattige Csárdas und Zigeunermusik. Dabei findet der Paprika in Ungarn erst seit dem 18. Jh. eine größere Verwen-

Die ungarische Kochtradition lässt sich anhand des bis heute beliebten *bográcsgulyás* (Kesselgulasch) und der leicht zu konservierenden *tárhonya* (Eiergraupen) bis in die Zeit der Nomaden zurückverfolgen. Über den Wiener Hof kam im 17. Jh. schließlich die französische Kochkunst ins Karpatenbecken. Im

dung, obschon er von den Ungarn derart verfeinert wurde, dass man heute sehr unterschiedliche Sorten Gewürzpaprika findet, etwa Rosen- *(rózsa),* Delikatess- *(csemege),* Edelsüß- *(édes-nemes)* und scharfen Paprika *(csípős).* Auch beim Gulasch unterliegt man leicht einem Irrtum. Schon auf so manchem Touristengesicht lag basses Erstaunen, wenn auf die Bestellung von »gulyás« ein Suppenteller oder, stilvoller, ein kleiner Kessel vor dem Gast aufgestellt wurde. In Ungarn bedeutet »Gulasch« eine im Kessel – traditionell über dem offenen Feuer – gegarte, deftige Fleischsuppe, wie sie die Rinderhirten *(gulyás)* zubereiten. Dagegen verbirgt sich ein Ragout aus Fleisch, Fisch oder Pilzen hinter dem Namen *pörkölt,* verfeinert mit Crème fraîche heißt es *paprikás*.

Gegenzug gingen ungarische Köche ins Ausland, um ihr Handwerk zu verfeinern, nicht ohne ihrerseits Spuren zu hinterlassen. Die an Crêpes erinnernden *palacsinta* (Palatschinken) wurden im alten Habsburgerreich so begeistert aufgenommen, dass man sie in Wien und Prag fälschlicherweise zur jeweiligen Nationalküche zählt. Nicht zuletzt ist die Vielfalt der Rezepte den Hausfrauen zu verdanken, die ihren ganzen Ehrgeiz in die Kochkunst legten und sich gegenseitig in der Feinheit von Pasteten, Eingemachtem und Kuchen zu überbieten trachteten.

Ungarn besitzt eine abwechslungsreiche Landschaft, und jede Region hat ihren eigenen Charakter, der sich auch in der Kochkunst niederschlägt. Im Balaton tummeln sich außergewöhnlich viele Süßwasserfische, darunter Hecht, Wels und Zander. Diese Edelfische bestimmen auch den Speisezettel an Donau und Theiß. Die jeweils zu den örtlichen Spezialitäten zählende *halászlé* (Fischsuppe) zeichnet sich sowohl durch ihre regionalen Eigenheiten wie durch ihre Schmackhaftigkeit aus und kann durchaus mit einer Bouillabaisse konkurrieren. Dagegen bereichern die waldreichen Soproner und Bakonyer Berge die ungarische Küche um köstliche Pilz- und Wildgerichte. Ihre sanften Hänge bedecken Weinstöcke, Obstbäume und Kastanien.

Bis heute zeigt sich in traditionellen Rezepten, dass sich das nahe der rumänischen Grenze liegende Debrecen als calvinistische Stadt Siebenbürgen (Erdély) zugetan fühlte; fein gewürzte Speisen wie Debrecener Kraut oder Weinblattrouladen lassen die geschulte Verwendung von jenseits der Grenze üblichen Gewürzkräutern ahnen. Als Debreziner erlangten ihre pikanten Würstchen Weltruhm.

Ungarn ist außerdem ein Weinland. Jede Region hat ihre von Klima und Bodenbeschaffenheit abhängigen Spezialitäten, die man in kleinen privaten Kellern ebenso verkosten kann wie auf angesehenen Weingütern. Da gibt es z. B. die auf vulkanischer Erde gewachsenen Reben am Nordufer des Balaton oder die Sandweine der Tiefebene. Weine wie die von Tokaj und Eger sind weltbekannt, andere warten auf ihre Entdeckung, so die feurigen Rotweine von Villány und Szekszárd oder der traditionelle Lämmerschwanz (Juhfark) aus Somló, Mórer Tausendgut (Móri Ezerjó) und der Debrőer Lindenblättrige (Debrői Hárslevelű). Eine Besonderheit sind die Rebsorten Othello und Isabella, die, meist als Verschnitt, tiefrote, fruchtige Weine ergeben. Trotz ihrer poetischen Namen

handelt es sich um einfache Landweine, die man ausschließlich beim Weinbauern privat probieren kann. Beim Ochsenbraten auf einem Volksfest, bei einer traditionellen ungarischen Hochzeit, am Holztisch vor einem Weinkeller, im Laubengang einer gemütlichen Csárda, im Jugendstilambiente mit schwarz befrackten Kellnern, im eleganten Gourmetlokal oder auf der romantisch beleuchteten Terrasse eines Fischrestaurants kann man die Vielfalt der ungarischen Küche erleben, die einfache Speisen wie Bohnensuppe *(babgulyás),* Paprikagemüse *(lecsó)* und Gulasch ebenso sorgsam zuzubereiten weiß wie Gänseleber *(libamaj),* Hirschbraten *(szarvaspecsenye)* und Zanderfilet *(fogas).*

»Kommen Sie nach Ungarn, so oft wie möglich, und beurteilen Sie die ungarische Küche hier an der Quelle, in ihrer Heimat. Wir heißen Sie herzlich willkommen! Kommen Sie, und kosten Sie auch die ungarischen Weine. Versuchen Sie die ungarische Zigeunermusik, die tausendjährige Vergangenheit Ungarns, die Erfolge und Probleme des Landes von heute zu verstehen.« Diese einladenden Worte formulierte der ungarische Meisterkoch Károly Gundel (1883–1956), und noch heute wird die Gastfreundschaft in Ungarn groß geschrieben. Ob von Meisterköchen zubereitet oder von Bäuerinnen auf dem traditionellen Holzofen, die zumeist deftigen Speisen zeichnen sich durch eine besondere Schmackhaftigkeit aus, die nicht zuletzt der hervorragenden Qualität der Produkte zu verdanken ist. Dort, wo der Rinderhirte noch mit seiner Herde über weite kräuterbewachsene Wiesen zieht, sonnengereifte Tomaten duften und der Paprika seine ganze Geschmacksvielfalt entwickelt, ist Essen eine nationale Leidenschaft, die auch die Gäste in ihren Bann zieht. Guten Appetit! – Jó étvágyat!

Unterwegs in Ungarn

Budapest –
Charme der Gegensätze

Karten: S. 64/65, 67, 86
Tipps & Adressen: S. 314ff.

Ihr Ruf, zu den schönsten Städten an der Donau zu gehören, zieht jedes Jahr Tausende von Besuchern in Ungarns Hauptstadt. Sie möchten sich selbst davon überzeugen, ob Budapest zu Recht als »Königin an der Donau«, als »Perle des Ostens«, als »altehrwürdige Dame« oder »pulsierende Weltstadt« bezeichnet wird.

Die beidseitig der Donau liegenden, bis 1873 selbstständigen Städte Buda und Pest sind ganz unterschiedlich. Das links der Donau liegende Buda erstreckt sich über zum Teil unterhöhlte Berge, deren mit Villen und Bungalows dicht bebaute Hänge von der Budapester Burg bekrönt werden. Das sich am rechten Ufer erstreckende Pest ist dagegen völlig flach und scheint bis zum Horizont ausufernd grenzenlos. Das Stadtbild lebt von seinen Gegensätzen, sie machen seinen Charme aus.

Von den Budaer Bergen eröffnen sich herrliche Ausblicke auf das Dächermeer der Stadt, die Donaubrücken und die Margareteninsel. Am Pester Ufer ist die Abendstimmung besonders romantisch, wenn die Kettenbrücke vor dem Burgpanorama im Licht von unzähligen Birnchen erstrahlt. Der breite Strom der Donau liegt dazwischen, er trennt und verbindet, ist Lebensader, Verkehrsweg, Schmuckstück. Mit dem Burgviertel als Sitz der Monarchie, der Aristokraten und hochrangigen Offiziere symbolisierte Buda den eleganten, hochherrschaftlichen Stadtteil, während Pest mit seinen

◁ Blick auf das Budapester Parlament

an Pariser Boulevards erinnernden Ringstraßen vom Bürgertum geprägt wurde. Bis heute repräsentiert Buda das Historische, das Altehrwürdige, das Feine. Dagegen steht Pest für Jugend, Fortschritt und pulsierendes Leben; hier befinden sich die geschäftige Innenstadt, die meisten Kaffeehäuser, Vergnügungseinrichtungen jeglicher Art und Industriebetriebe.

Die Gegensätzlichkeit beschränkt sich nicht allein auf Buda und Pest, sie ist überall gegenwärtig. Verwinkelte enge Gassen, großzügig angelegte Prachtstraßen, dunkle Hinterhöfe, Glaspaläste und Jugendstil, üppigster Eklektizismus und nüchternes Bauhaus bieten dem Betrachter ständig neue Reize. Römische Ruinen neben sozialistischen Wohnblocks, die Patina bröckelnder Fassaden neben strahlendem Hochglanz stehen für Vergangenheit und Gegenwart der Stadt.

Der Fortschritt scheint unaufhaltsam und willkommen, doch werden die alten Baudenkmäler konserviert, selbst die einst Straßen und Plätze zierenden sozialistischen Skulpturen haben ein eigenes Museum. Trabbis und Skodas liefern sich trotz verstopfter Straßen Rennen mit polierten Westschlitten. Unter bunt bestickten Decken und Paprikaschnüren – beliebten und überall feilgebotenen Souvenirs – sind Coladosen, schwarze Sonnenbrillen und Zigarettenstangen aufgebahrt. In alten Ladenlokalen üben noch Hut- und Bürstenmacher ihren Beruf aus, während im Schaukasten nebenan Reizwäsche, Piercing-Schmuck oder eine Werbung für Versicherungen Kunden anlocken sollen. Die ungarischen Eszpresszó-Schilder werden allmählich durch den Schriftzug Espresso ersetzt. Der Supermarkt heißt nicht mehr ABC, sondern Spar oder Meindl. Die Verwestlichung greift um sich. Man sieht es nicht nur an bunten Reklametafeln und exklusivem Überfluss, sondern auch an einer neuen Armut.

Dabei ist es nicht ausreichend, den scharfen Kontrast von Arm und Reich als typisch osteuropäisch zu erklären. Weltstädte wie Paris und New York leiden nicht weniger an dem Auseinanderklaffen der sozialen Schere. Doch für Budapest kommt erschwerend hinzu, dass als Folge des plötzlichen Systemwechsels ganze Gesellschaftsschichten unter das Existenzminimum abgesunken sind, vor allem Randgruppen wie Roma und Rentner.

Und auch wenn die Budapester viel über ihre Stadt schimpfen, über Unzulänglichkeiten, Dreck und Parkplatzmangel klagen, halten sie sie im Grunde genommen für eine der schönsten Städte der Welt – wenn nicht sogar für die schönste.

»... Gabst mir Leben, wirst mich zu
Grabe tragen
Mein Schöpfer und mein Mörder
wirst du sein
Budapest, Du meine Pracht und Pein«

Gábor Garai

Geschichte

Archäologischen Ausgrabungen zufolge wussten schon die Menschen des Paläolithikums die günstigen Gegebenheiten des heutigen Budapest zu nutzen. Seit dem 4. Jh. v. Chr. siedelten hier Kelten. Im heutigen Stadtteil Óbuda errichteten die Römer um die Zeitenwende anstelle der keltischen Siedlung Ak Ink (»wasserreich«) das Militärlager Aquincum, des-

sen Überreste einen guten Eindruck von der Größe der einstigen Hauptstadt der römischen Provinz Pannonia Inferior geben. Anfang des 5. Jh. kamen die Hunnen, denen verschiedene germanische und slawische Stämme folgten.

Nach der Landnahme unter Fürst Árpád 896 ließen sich die Magyaren im Stadtgebiet nieder. Béla IV. verlegte nach dem Mongoleneinfall 1241/42 seinen Sitz auf das Hügelplateau des heutigen Burgbergs. Er holte italienische, französische, jüdische und deutsche Siedler in das nahezu entvölkerte Land. Die neu gegründete Stadt hieß fortan Buda (»dt. Ofen«), die ältere, das römische Aquincum, Óbuda (»Alt-Ofen«). In Óbuda wurde 1395 nach Pécs die zweite Universität des Landes gegründet.

Die beiden aufstrebenden Städte Buda und Pest erlebten ihre größte Blütezeit während der Herrschaft von König Matthias I. Corvinus, der den ungarischen Hof zu einem der bedeutendsten in Europa machte. Getreide- und Viehhandel der Großen Tiefebene mehrten auch den Wohlstand des 1467 zur Freistadt erhobenen Pest. Nach der Niederlage bei Mohács (1526; s. S. 210) gerieten Buda, Óbuda und Pest für fast 150 Jahre unter osmanische Herrschaft. Aus dieser Zeit der Moscheen und bunten Basare sind nur wenige Bäder, einige Grabsteine und die Türbe des Gül Baba erhalten geblieben. Ungarn verlegte seinen Hauptstadtsitz bis 1783 nach Pozsony, dem heutigen Bratislava. Wiederholte Rückeroberungsversuche führten zu verheerenden Zerstörungen, sodass es heute kaum mittelalterliche Baudenkmäler in Budapest gibt.

Nach dem Sieg der christlichen Liga unter der Führung von Karl von Lothringen 1686 sollen die befreiten Städte laut einem zeitgenössischen Bericht »nur noch Schutthaufen« gewesen sein.

Geschichte

61

Kaum 1000 Menschen wohnten hier noch, und so wurden ungarische, deutsche, serbische und slowakische Zuwanderer neu angesiedelt. Erst während der Herrschaft Maria Theresias gab es einen sichtbaren Aufschwung. Der zerstörte Königspalast wurde durch ein Barockschloss ersetzt, und 1766 verband eine erste Pontonbrücke Buda und Pest. Die furchtbaren Überschwemmungen von 1838 hatten in Pest schwere Zerstörungen angerichtet. Auf Anregung des Grafen István Széchenyi (s. S. 140f.) entstanden 1825 die Ungarische Akademie der Wissenschaften und 1849 die Kettenbrücke als erste feste Donauüberquerung, öffnete 1837 das Ungarische Nationaltheater dem Publikum seine Türen und zehn Jahre später das Ungarische Nationalmuseum.

Am 15. März 1848 schließlich brach in Pest unter der Führung von Lajos Kossuth der ungarische Freiheitskampf aus. Nach der Niederschlagung 1849 folgten Jahre der Unterdrückung. Nach Gründung der k.u.k.-Monarchie 1867 schloss man 1873 als Gegengewicht zu Wien die Städte Buda, Pest und Óbuda zur unga-

Budapest verbindet Altes und Neues miteinander: Die berühmte Fischerbastei spiegelt sich auf einer polierten Glasfassade

ten U-Bahn auf dem europäischen Kontinent.

Die Bevölkerungszahl lag 1873 noch unter 300 000, doch bereits 1910 war Budapest die achtgrößte Stadt Europas. Nach der Befreiung von den deutschen und ungarischen Faschisten durch die Rote Armee am 13. Februar 1945 glich die Stadt abermals einem Trümmerfeld. Auf ihrem Rückzug hatten die noch heftig Widerstand leistenden Nationalsozialisten u. a. alle Brücken gesprengt. Die ersten Nachkriegsjahre waren vom Wiederaufbau und der Umwandlung Ungarns in eine sozialistische Volksrepublik nach sowjetischem Muster geprägt, Straßen und Plätze wurden systemkonform umbenannt.

Nach der brutalen Niederschlagung des Volksaufstands von 1956 folgte eine Zeit politischer Unterdrückung und Verfolgungen. Gleichzeitig wurde der Ausbau Budapests stetig vorangetrieben. Außer Hochhaussiedlungen in Plattenbauweise entstanden die Elisabethbrücke, das Metronetz und zahlreiche neue Hotels am Donauufer. 1989, als Folge der »Öffnung des Eisernen Vorhangs«, wurde Imre Nagy, als Ministerpräsident des Volksaufstands von 1956 vom damaligen Regime hingerichtet, rehabilitiert und feierlich auf dem Budapester Zentralfriedhof beigesetzt. Es entstanden neue Geschäfte und Banken; internationale Ketten dominieren den Schilderwald. Nach 40 Jahren eröffnete 1990 die Budapester Wertpapierbörse, und der Autoverkehr droht zu kollabieren.

Derzeit lähmt ein Konflikt zwischen der Regierungspartei und dem zur Opposition zählenden Oberbürgermeister

rischen Hauptstadt Budapest zusammen. Die beruhigte politische Atmosphäre leitete eine neue Blütezeit ein. Die Stadt erhielt eine zentrale Kanalisation, Wasser- und Gasversorgung; 1884 wurde das Opernhaus erbaut und 1887 fuhr bereits die erste Straßenbahn. Anlässlich des Millenniums der ungarischen Staatsgründung 1896 bekam Budapest eine großstädtische Bebauung mit Ringstraßen, eleganten Boulevards, Wohn- und Geschäftshäusern im Stil des Eklektizismus. Höhepunkt war die Inbetriebnahme der Metro, der ers-

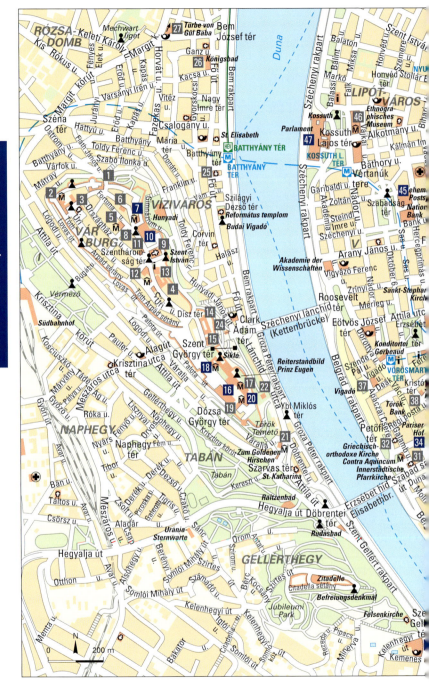

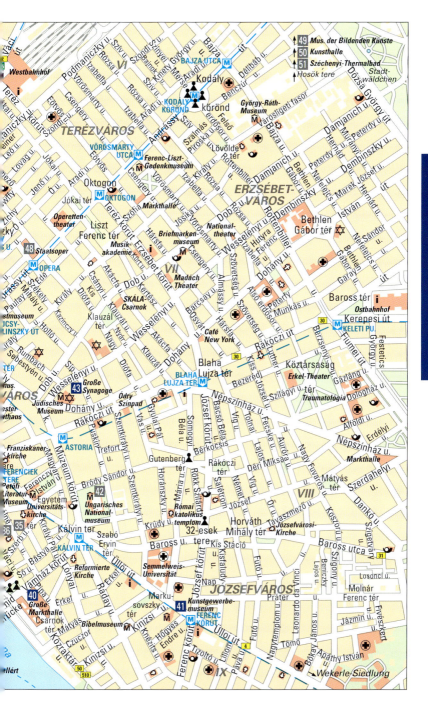

Demszky die Stadtentwicklung. So verhindert die Fidesz-Regierung beispielsweise die von ihrem Vorgänger beschlossene neue Metrolinie auf der Budaer Seite ebenso wie den Bau des neuen Nationaltheaters auf dem zentralen Erzsebét tér, das nun außerhalb des Zentrums inmitten eines Konferenzzentrums an der Soroksári út entsteht.

Budapest für Einsteiger

Wer die Stadt zum ersten Mal besucht, sollte einen Spaziergang durch das zum Teil mittelalterliche Viertel auf dem Burgberg nicht versäumen. Verträumte Gassen, eine Kutschfahrt, eine mächtige Kathedrale, noble Restaurants, Museen, unterirdische Labyrinthe sowie eine fantastische Aussicht bieten mehr als ein Tagesprogramm. Von der Burgmauer eröffnen sich herrliche Ausblicke auf die Donaubrücken und Pest. Anschließend kann man mit der Standseilbahn hinunterfahren, über die Kettenbrücke in die Innenstadt spazieren und auf der Váci-Straße oder an der Donaupromenade flanieren.

Für die nächsten Tage bieten sich ein Besuch der Großen Markthalle, der Synagoge oder eines der berühmten Bäder an. Zum »Pflichtprogramm« gehört auch ein Bummel über die Andrássy-Straße zum Heldenplatz mit dem dahinter liegenden Stadtwäldchen. Für Großstadtwanderer bieten die Ringstraßen vielerlei Abwechslung. Hinter den Hauseingängen verbergen sich oft schöne Innenhöfe mit Umgängen und kleinen Läden oder prächtige Hausflure.

Ruhe findet man auf der Margareteninsel, in den Budaer Bergen und auf dem Kerepeser Friedhof. Kunstliebhabern seien das Ludwig Museum auf der Burg, die Galerie alter Meister des Museums der Bildenden Künste, der Jugendstilbau

des Kunstgewerbemuseums, das Foto-Haus Manó-Mai und das in einem Kloster eingerichtete Kiscelli-Museum empfohlen. »Altertümchen« findet man in der Römersiedlung Aquincum oder auf dem Ecseri-Flohmarkt. Die Anfang des 20. Jh. für die Arbeiterklasse erbaute Wekerle-Siedlung ist nicht nur für Architekturfans ein Leckerbissen. Für Tagesausflüge – auch ohne Auto – bieten sich Szentendre (s. S. 90ff.), Schloss Gödöllő (s. S. 102ff.) oder das Donauknie an.

Buda

Der Burghügel (Várhegy)

Die **Burg (Vár)** erreicht man zu Fuß über ein ausgedehntes Treppensystem, mit dem Bus über die Hunyadi János utca, am bequemsten mit der Standseilbahn (Sikló; s. S. 71) vom Clark Ádám tér und per Minibus oder auch zu Fuß vom Verkehrsknotenpunkt Moszkva tér. Seit 1987 steht die Anlage auf der UNESCO-Liste des Kulturerbes der Menschheit.

Der Rundgang beginnt am **Wiener Tor (Bécsi kapu)** **1** an der Nordspitze des Burgviertels. Rechter Hand liegt der Kapisztrán tér, dessen Nordwestecke das **Kriegshistorische Museum (Hadtörténeti Múzeum**; Eingang um die Ecke) **2** einnimmt. Der sich einsam erhebende spätgotische Turm ist das einzige Relikt der im Zweiten Weltkrieg zerstörten **Maria-Magdalena-Kirche** **3** (13.–15. Jh.). Aus dem heute als Aussichtsturm genutzten Gebäude ertönt alle 15 Minuten ein aus 24 Glocken bestehendes Glockenspiel. Ein hübsches Detail ist die durch das Eckhaus schräg gegenüber fliegende Nonnenfigur; sie erinnert an ein ehemaliges Klarissinnenkloster.

Vom nördlichen Eingang führen vier kleine Gassen durch das Burgviertel zum

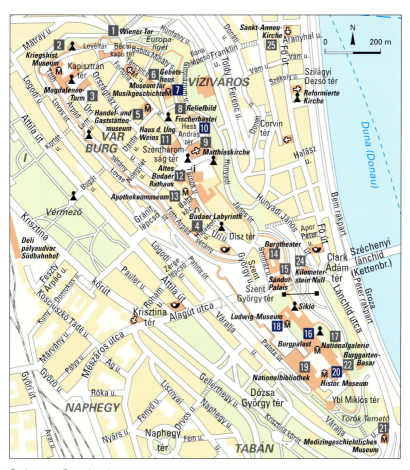

Budapester Burgviertel

eigentlichen Burgkomplex. Es lohnt sich beim Spaziergang, die mit Ornamenten verzierten Fassaden und Erker zu betrachten oder einen Blick in Höfe und Einfahrten zu werfen, wo mittelalterliche Sitznischen und Arkaden freigelegt wurden. Für das leibliche Wohl sorgen Cafés und Restaurants sowie ein kleiner Lebensmittelladen in der Tárnok utca.

In der Úri utca (Herrengasse) Nr. 9 befindet sich der Eingang zum **Budaer Labyrinth** 4, einem durch unterirdische Wasserläufe entstandenen, 1200 m langen Höhlensystem in 16 m Tiefe. Seit dem Mittelalter wurde es wiederholt zu Verteidigungszwecken genutzt. Heute zieren die Wände Kopien der bedeutendsten Werke der europäischen Höhlenmalerei; nachgestellte Szenen aus der Geschichte und urgeschichtliche Gesteinsabdrücke sind zu besichtigen. Außerdem werden gespenstische Rundgänge mit der Öllampe angeboten. – In der Seitenstraße Szentháromság utca (Dreifaltigkeitsgasse) empfängt die viel gerühmte **Konditorei Ruszwurm** ihre

Gäste seit 1827 mit köstlichen Kuchen im feinen Biedermeier-Ambiente.

Die **Országház utca (Landtagsgasse)** heißt nach den Anfang des 19. Jh. im einstigen Klarissinnenkloster (Nr. 28) abgehaltenen Landtagen. Ein schönes mittelalterliches Ensemble bilden die Häuser Nr. 18–22. Am Haus Nr. 2, heute das elegante Restaurant Albárdos, sind die Sedilen in der Toreinfahrt sowie Arkaden aus dem 15. Jh. bemerkenswert. An der Ecke Darda utca befindet sich ein zweiter Abstieg in die »Unterwelt« der Burg. In den **Höhlen** *(várbarlang)* fanden während des Zweiten Weltkriegs etwa 10 000 Budapester Schutz. Eine Ausstellung erinnert an die Zerstörung des Burgviertels.

Die Fortuna utca erhielt ihren Namen im ausgehenden 18. Jh. nach der ehemaligen Gaststätte Fortuna (Nr. 4), wo heute das **Ungarische Museum für Handel und Gaststättengewerbe** 5 (Magyar Kereskedelmi és Vendéglátóipari Múzeum) untergebracht ist. Außer interessanten Objekten aus der Geschichte des Gastgewerbes zeigt die 1996 eröffnete Ausstellung »Budapest bewirtet seine Gäste« gelungene Nachbildungen von Räumlichkeiten eleganter Hotels und Kaffeehäuser.

In der **Táncsics Mihály utca** gab es bereits Ende des 14. Jh. eine große jüdische Gemeinde. Im Garten von Nr. 21–23 wurden die Grundmauern einer spätgotischen Synagoge freigelegt. Das Haus Nr. 26, im Mittelalter Wohnhaus des Präfekten der Budaer Juden und im 16./17. Jh. Gebetsraum, beherbergt heute die Überreste des einstigen **Gebetshauses (Középkori Zsidó Imaház)** 6. Ältestes Exponat ist

Als Pfarrkirche der deutschen Bürgerschaft von Ofen gegründet: die Matthiaskirche

ein Grabstein von 1278. In Budapests schönstem Barockgebäude, dem **Palais Erdődy** (Nr. 7), befindet sich heute das Musikwissenschaftliche Institut. Um 1800 weilte Beethoven während einer Konzertreise in diesen Räumen, die man beim Besuch des **Museums für Musikgeschichte (Zene-Törteneti-Múzeum)** 7 besichtigen kann.

Der dreieckige **Hess András tér** trägt den Namen des Nürnberger Buchdruckers Andreas Hess, in dessen Budaer Druckerei 1473 die lateinische »Budaer Chronik« erschien. Das Igelrelief über Nr. 3 erinnert an einen ehemaligen Gasthof von 1696. Im Süden ragt die filigrane Turmspitze der Matthiaskirche empor, während die Ostseite von dem 1976 in die alte Bausubstanz eines Jesuitenkollegs gezwängten Glas-Beton-Palast des Hilton Hotels dominiert wird. Über dem Turmsockel der ehemaligen Dominikanerkirche verdient das **Reliefbild von König Matthias I. Corvinus** Beachtung 8, weil es ein authentisches Portrait sein soll (Kopie).

Der anschließende Szentháromság tér erhielt seinen Namen nach der opulenten Dreifaltigkeitssäule von 1736 in der Mitte. Den Platz dominiert die **Matthiaskirche (Mátyás templom)** 9, benannt nach Matthias Corvinus, der ihr Portal auf dem Weg zum Traualtar gleich zweimal durchschritten hat. Erbaut um 1250 als Liebfrauenkirche der deutschen Bürger Budas wurde sie im 14. Jh. zu einer dreischiffigen gotischen Hallenkirche ausgebaut. Aus dieser Zeit ist das südliche Marienportal erhalten. Die von den Türken als Moschee genutzte Kirche wurde nach der christlichen Rückeroberung im Barockstil erneuert. Lediglich zwei Krönungszeremonien fanden in dem auch »Krönungskirche« genannten Gotteshaus statt, 1867 für Franz Joseph I. und 1916 für Karl IV. Man erzählt,

Buda

69

Franz Joseph I. habe den Jubel des Volkes beim Verlassen der Kirche wohlwollend entgegengenommen, ohne jedoch zu bemerken, dass die Begeisterung Ferenc Liszt galt, der die »Krönungsmesse« komponiert hatte.

Ihr neogotisches Äußeres erhielt die Matthiaskirche nach den historisierenden Vorstellungen von Frigyes Schulek 1874–96. Auch das bunte Majolikadach entstand nach seinen Entwürfen. Hat man sich an die im Inneren herrschende Dunkelheit gewöhnt, erkennt man die feine, nach alten Vorlagen von Bertalan Székely und Károly Lotz geschaffene Wandbemalung. Die Bilder halten Stationen der ungarischen Geschichte fest. Ob Kitsch oder Kunst – eine beeindruckende Wirkung lässt sich nicht leugnen. Bekannt ist die Kirche auch für ihre gute Akustik; 1936 war sie Schauplatz der Uraufführung von Zoltán Kodálys »Te Deum« und auch heute finden regelmäßig Konzerte statt. In der Krypta ist der **Kirchenschatz** ausgestellt, darunter die Krönungsinsignien (Originale im Nationalmuseum).

Die **Fischerbastei (Halászbástya)** 10, eines der häufigsten Postkartenmotive, erstreckt sich als romantische Aussichtsterrasse mit gewaltigen Mauern

Unverwechselbar: das Majolikadach der Matthiaskirche

und mehreren Türmen hinter dem Kirchenchor. Auch diese verspielte Architektur wurde auf Schuleks Reißbrett geboren. Ihren Namen erhielt sie wohl nach dem Festungsabschnitt, den einst die Fischerzunft zu schützen hatte. Das 1906 von Alajos Stróbl aus Bronze gegossene Reiterstandbild des Landesheiligen und Staatsgründers Stephan I. bildet ihren krönenden Abschluss.

Zurück auf dem Szentháromság tér bietet sich eine Verschnaufpause im **Haus des Ungarischen Weins (Magyar Borok Háza)** 11 an, das 1997 in den Kellern des ehemaligen Finanzministeriums eingerichtet wurde. Gegen einen Unkostenbeitrag gibt es eine Kellerführung (auch auf Deutsch) und eine Weinprobe (Eingang gegenüber vom Hilton). Das 1710–1873 als **Budaer Rathaus** 12 dienende Eckgebäude beherbergt heute das Collegium Budapest, ein Institut für Nachwuchswissenschaftler. In der Cafeteria finden wechselnde Kunstausstellungen statt (Eingang Szentháromság utca 2).

In der Tradition einer seit 1750 existierenden Apotheke wurde in der Tárnok utca das Haus Nr. 18 als **Apothekenmuseum** 13 eingerichtet. Die ehemalige Geschäftsstraße schwäbischer Einwanderer mündet auf den Dísz tér (Paradeplatz), das einstige Zentrum des Burgviertels. Namensgeber der von hier abzweigenden Színház utca ist das 1784 eingerichtete **Burgtheater (Várszínház)** 14, heute Kammerbühne des Nationaltheaters. Ein Stückchen weiter liegt das 1821 für den Grafen Sándor von Szlawnicza entworfene klassizistische **Sándor-Palais (Sándor-palota)** 15, 1867–1944 Sitz des Ministerpräsidenten.

Mit dem Betreten des Szent György tér, benannt nach einer früheren Georgskirche, ändert sich der Charakter des Burgviertels abrupt. Statt enger, verwinkelter Gassen breitet sich am Ende des Platzes, abgetrennt durch ein prächtiges barockes Prunktor, der mächtige Burgkomplex aus. Den Blick zum Fluss gewandt, thront der sagenumwobene Turulvogel wie ein Torwächter auf einer Säule, das Schwert König Árpáds in den Klauen (1905). Die Legende über den Ursprung der Magyaren erzählt, dass der Urvater der Arpaden, Fürst Álmos, 819 unter mysteriösen Umständen gezeugt worden sei. Seiner Mutter soll im Traum der Turulvogel erschienen sein, der sie schwängerte. Später wurde wiederum Álmos' Sohn Árpád von dem vorausflie-

genden Turul ins Karpatenbecken, ins heutige Ungarn, geführt. Der Turul wurde zum Totemtier des Fürstengeschlechts der Arpaden, aus dem die ersten ungarischen Könige hervorgingen.

Vor dem Eingangstor zum **Burgpalast (Király Palota)** 16 befindet sich der Pavillon der **Standseilbahn (Sikló)**. Die 1870 eröffnete Bahn überwand die Steigung von 48 % ursprünglich mit Dampfkraft. – Das einheitliche Äußere des Palastkomplexes verrät nichts über seine von Zerstörung und Wiederaufbau geprägte wechselvolle Geschichte. Seine imposante Größe auf einer Länge von rund 304 m erhielt er erst 1904 nach den Plänen von Miklós Ybl und Alajos Hauszmann. Nach schweren Kriegsschäden wurde die Anlage ab 1950 in ihrer vollen Monumentalität erneuert, wobei die Kuppel ein neues klassizistisches Erscheinungsbild erhielt. Bei den Bauarbeiten wurden Reste der mittelalterlichen Burg freigelegt, über denen sich heute das Historische Museum erhebt.

Das 1900 von József Róna geschaffene **Reiterstandbild** auf der Aussichtsterrasse zeigt Prinz Eugen von Savoyen, der maßgeblich an der Vertreibung der Türken beteiligt war. In dem dahinter liegenden Trakt ist die **Ungarische Nationalgalerie (Magyar Nemzeti Galéria)** 17 untergebracht. Angefangen bei alten Meistern des 11. Jh., umfasst die Sammlung alle Epochen bis zur Moderne. Im westlichen Ausland leider allgemein noch wenig bekannt sind die ungarischen Maler des 19. Jh., die den Impressionismus und andere Stilrichtungen begeistert aufgriffen und ihnen eine eigene Note gaben.

Ein Durchgang zwischen den Gebäuden führt auf den äußeren Palasthof mit dem **Matthiasbrunnen**. Alajos Stróbl schuf die Jagdszene 1904 nach folgen-

Buda

Aushängeschild der Bäderstadt Budapest: das Gellert-Bad

der Anekdote. Matthias I. Corvinus begegnete auf der Jagd der schönen Ilonka, einem Mädchen von niederem Stand, das sich unsterblich in den Jüngling verliebte. Als es in ihm den König erkannte, starb es aus Kummer über die Hoffnungslosigkeit seiner Liebe ... Auf der gegenüberliegenden Hofseite wurde 1991 die **Sammlung Ludwig (Ludwig gyűjtemény)** [18] eingerichtet. Die Ausstellung zeigt Werke zeitgenössischer Künstler, darunter Pablo Picasso, Wolf Vostell und Andy Warhol, sowie als ungarische Vertreter u. a. János Sugár und Károly Klimó.

Hinter dem Löwenportal eröffnet sich der Innenhof mit der **Nationalbibliothek** [19] und dem **Historischen Museum (Történeti Múzeum)** [20]. Den Eingang flankieren die von Károly Senyei geschaffenen Allegorien Krieg und Frieden. Auf rund 1000 m² befindet sich eine liebevoll zusammengestellte Dokumentation über die 2000-jährige Geschichte Budapests. Sie ist darauf abgestellt, Zusammenhänge aufzuzeigen, statt Einzelobjekte zu präsentieren. Der Barockhof erhielt jüngst eine Glasüberdachung. Im Souterrain befinden sich die nach 1950 freigelegten und rekonstruierten Räume des mittelalterlichen Königspalastes, der seinerzeit für seine Pracht berühmt war.

Durch die Halle des Museums gelangt man in den südlichen Palasthof; von hier führt ein romantischer Treppenweg vorbei am Keulenturm und einigen erhaltenenen türkischen Grabsteinen ins alte Viertel Tabán.

Tabán und Gellért-hegy
Das Viertel Tabán, zwischen dem Burgberg und dem Gellert-Berg gelegen, war dicht bebaut mit kleinen Häuschen und Weinkellern, die sich den Hang des Gellért-Berges hinaufzogen. Bis zu seinem Abriss 1933–35 war es ein viel besuchtes Vergnügungsviertel. Von der alten Atmosphäre zeugt noch das am Szarvas tér erhalten gebliebene traditionsreiche **Gasthaus Arany Szarvas (Zum Goldenen Hirschen),** bis heute ein für seine Wildspezialitäten bekanntes Restaurant. In dem gelben Gebäude gegenüber wurde 1818 der Entdecker des Kindbettfiebers Ignác Semmelweis geboren, heute ist hier ein **Medizingeschichtliches Museum (Orvostörté-**

neti Múzeum) 21 eingerichtet. Unterhalb der Burg, direkt am Donauufer, fällt der restaurierungsbedürftige, von zwei eleganten Löwen bewachte **Burggarten-Basar** 22 ins Auge, erbaut 1872 von Miklós Ybl. Die einstigen Läden dienen heute als Künstlerateliers.

Die Hänge des 235 m hohen, über reizvolle Fußwege zu besteigenden Gellért-Berges bedeckten bis zur großen Reblausplage gegen Ende des 19. Jh. Weinstöcke (Aufstieg bei der Erzsébet-Brücke oder gegenüber vom Gellért-Hotel). Der in alten Geschichten als He-

xentreffpunkt bezeichnete Berg trägt den Namen des Abtes Gerhardus, der 1046 als Märtyrer starb. Die sich gegen die Christianisierung wehrende Bevölkerung soll ihn in einem mit Nägeln beschlagenen Fass in die Donau gestoßen haben. An der vermeintlichen Unglücksstelle blickt sein überlebensgroßes Standbild seit 1904 in die Fluten.

Die 14 m hohe **Frauenfigur mit dem Palmzweig** von Zsigmond Kisfaludy Strobl (1947) auf der Bergspitze gedenkt der Befreiung vom Faschismus durch die Rote Armee. Unterhalb der heutigen

Statue errichteten die Habsburger nach 1849 eine mächtige Zitadelle, jetzt Hotel, zur Einschüchterung der Ungarn. Von hier hat man einen herrlichen Blick auf den Burgberg und das ganze Donaupanorama. – Weit über die Landesgrenzen bekannt ist das **Thermalbad und Hotel Gellért** 23, ein 1911–18 von Artur Sebestyén, Ármin Hegedus und Izidor Sterk projektierter Jugendstilbau. Die prächtige Einrichtung mit Säulen, Mosaiken und Skulpturen, die gute Heilwirkung des Wassers und der über allem liegende Hauch der glänzenden Budapester Jahre ziehen Scharen von Besuchern an. Gegenüber befindet sich in einer ausgebauten Höhle die 1926 für eine Marienstatue aus Lourdes gebaute Felsenkirche. Das sich durch den Berg windende Höhlensystem diente früher als Weinkeller. Später entstand ein kleines Paulinerkloster, 1951 aufgelöst und 1989 wiederbelebt.

Am Fuß des Berges befinden sich zwei weitere Heilbäder, das **Rudas Gyógyfürdő** von 1566 und das **Rác Gyógyfürdő**.

Víziváros und Rózsadomb
Der sich nordöstlich unterhalb der Burg erstreckende Stadtteil Víziváros (Wasserstadt) war im Mittelalter überwiegend von Fischern bewohnt. Die südliche Begrenzung bildet der nach dem englischen Brückenbaumeister benannte Clark Ádám tér. Der Engländer leitete 1853 den Bau des 350 m langen Alagút-Tunnels durch den Burgberg sowie den Bau der **Kettenbrücke (Lánchhíd)**, der ersten festen Donauüberquerung. Quasi als »Vornamen« trägt die 1849 eingeweihte Brücke den Namen ihres Initiators Graf István Széchenyi. Zwischen zwei mächtige Tore gespannte Eisenketten tragen die 380 m lange Konstruktion.

Fremden erzählt man, der **Alagút** sei nur gebaut worden, damit man bei Regen die teure Brücke hineinschieben könne. Die von den Nazis gesprengte Brücke wurde 1949 rekonstruiert. Auf dem Rasen vor der Standseilbahn steht der 1975 von Miklós Borsos geschaffene **Kilometerstein Null** 24, Ausgangs-

Sie ist Budapests erste Steinbrücke über die Donau: die Kettenbrücke

punkt für die Entfernungsmessung in ganz Ungarn. Die das Viertel durchschneidende Fő utca folgt der einstigen Römerstraße nach Óbuda, ins damalige Aquincum. Am besten spaziert man sonntags durch die in der Regel vom Verkehr verstopfte schmale Hauptstraße, von der einige romantische Treppenwege den Berg hinauf führen. Von der alten Bebauung ist z. B. das Haus Nr. 20 mit dem Türmchenerker erhalten. Wie alle älteren Häuser liegt es unter dem jetzigen Straßenniveau.

Vorbei an dem ehemaligen Kapuzinerkloster, dem hübschen Corvin tér und der reformierten Kirche mit den bunt glasierten Dachziegeln gelangt man zum früheren Marktplatz, dem Batthyány tér, heute ein wichtiger Verkehrsknoten. Dominiert wird er von der 1740–62 erbauten doppeltürmigen barocken **Sankt Annen-Kirche** 25. Die zu den schönsten Barockbauten des Landes zählende Kirche besitzt einen für Ungarn ungewöhnlichen ovalen Kuppelraum. – Neben der kleinen Markthalle stehen das mit Allegorien der vier Jahreszeiten geschmückte Haus Nr. 3 von 1795 und die Rokokofassade des einstigen Gasthofs »Zum Weißen Kreuz« (Nr. 4), in dem Kaiser Joseph II. und Casanova logierten.

Zu den bekanntesten Budapester Bädern zählt das bereits im feinen Viertel Rózsadomb (Rosenhügel) gelegene **Königsbad (Király Gyógyfürdő)** 26, leicht an dem Halbmond auf seiner Kuppel zu erkennen. Das 1566–70 von den Türken erbaute Badehaus wurde im 18. Jh. erneuert und 1827 klassizistisch erweitert. Seinen Namen erhielt es nach der Familie König, in deren Besitz es kurze Zeit war. Das Beeindruckendste an dem urtümlichen Dampfbad ist der von märchenhaftem Licht durchflutete Kuppelraum. – Nicht weit entfernt befindet sich ein weiteres türkisches Bauwerk, die **Türbe von Gül Baba** 27, einem Derwisch, dem »Vater der Rosen«, der 1541 in Buda verstarb. Die achteckige Grabkapelle erreicht man über die steil ansteigende, gepflasterte Gül Baba utca nördlich der Margaretenbrücke (Mecset utca 14). Die heilige islamische Pilgerstätte wird auf Kosten der Türkei gepflegt.

Óbuda

Schmuckstück von Alt-Buda – obwohl vom Stadtzentrum recht weit entfernt, mit der Vorortbahn (HÉV) z. B. vom Batthyány tér schnell und einfach zu erreichen – ist der von schön restaurierten Gebäuden umrahmte, gepflasterte **Fő tér.** Der Hauptplatz und seine nächste Umgebung vermitteln noch ein wenig vom kleinstädtischen Charakter des einstigen Óbuda. Etwas versteckt in einem Innenhof (Nr. 1) liegt das 1746–57 erbaute **Barockschloss Zichy** 28, heute ein Kulturzentrum. Für Liebhaber der Avantgarde ist die Ausstellung des ungarischen Konstruktivisten Lajos Kassák ein Muss. Außerdem gibt es Wechselausstellungen und ein **Heimatmuseum.** In einem Nebengebäude am Szentlélek tér 1 ist dem Begründer der Op-Art, Victor Vasarély, eine Ausstellung gewidmet und in der Laktanya utca 7 dem Bildhauer Imre Varga, dessen »Menschen mit Schirmen« den Hauptplatz bei jedem Wetter bevölkern.

Ein pittoreskes Ensemble bilden auch **Sankt-Peter-und-Paul-Kirche** (1744–49) und das Pfarrhaus. An die einstmals große jüdische Gemeinde erinnert lediglich die klassizistische Fassade der ehemaligen Synagoge (Lajos utca 16).

Nachdem man sich in einem der guten, aber nicht ganz günstigen Restaurants gestärkt hat, geht es weiter auf den Spuren der über ganz Óbuda verstreut liegenden Reste der Römerstadt **Aquincum.** Ein erstes Römerlager ist hier bereits 19 n. Chr. beurkundet. Anfang des 3. Jh. zählte es, zum Militärlager ausgebaut, bereits 30 000 Einwohner. Weiter nördlich befand sich die Zivilstadt mit 20 000 Einwohnern. Ein Flair von Italien umgibt das **Ruinenfeld der einstigen Zivilstadt** 29 an der Szentendrei út 139 (HÉV Aquincum). Die eine Fläche von 400 x 600 m bedeckende antike Stadt war mit einer Mauer umgeben und von einem rechtwinkligen Straßennetz durchzogen. Es gab Läden, Werkstätten

Sozialistisches »Erbe« – Ein Skulpturenpark besonderer Art

Obwohl der Skulpturenpark (Szoborpark) weit außerhalb am Stadtrand an der Fernstraße Richtung Balaton liegt, lohnt sich sein Besuch. In einem einzigartigen Freilichtmuseum wurden jene Skulpturen zusammengetragen, die während des Sozialismus öffentliche Plätze und Gebäude schmückten. In der Tat war es nach der politischen Wende von 1989 ein viel diskutiertes Thema, was mit all den Skulpturen geschehen sollte, die teilweise sogar von anerkannten Künstlern stammten. Ihre Zerstörung hätte den kläglichen Versuch der Tilgung eines Abschnitts der Geschichte bedeutet, eine Flucht vor der Auseinandersetzung. – Nur Stalin ist hier nicht vertreten, er wurde bereits beim Volksaufstand von 1956 vom Sockel gestürzt.

Der Architekt Ákos Eleöd entwarf die um einen roten Stern gruppierte Anlage, an deren Eingang Lenin, Marx und Engels die Besucher zum Klang der Internationalen begrüßen. »Dieser Park handelt von Diktatur. Und zur selben Zeit, weil man darüber sprechen, beschreiben, bauen kann, handelt dieser Park von Demokratie. Nach allem ist nur die Demokratie fähig, uns die Möglichkeit zu geben, frei über Diktatur zu denken.« Nach der Besichtigung kann man sich bei einem Kim-Ir-Sandwich und einem Molotov-Cocktail stärken.

Der Skulpturenpark (tgl. 10–18 Uhr) ist mit dem Pkw über die Straße 70 in Richtung Érd bzw. Balaton bis Ecke Balatoni út/Szabadkai út zu erreichen; mit der Buslinie 3 ab Móricz Zsigmond körtér, dann weiter mit der 50 ab Jókai Mór utca bis zur Endstation oder mit der Buslinie 7 vom Astoria zum Kosztolányi Dezső tér (Busbahnhof) und dort mit dem gelben Bus an der Station 6 weiter bis zum Park.

---

und Wohnhäuser, eine Gerichtshalle, eine Therme und ein prächtiges Mithras-Heiligtum. Erkennbar sind Kanalisation, Wasserleitungen und Fußbodenheizung. Im Museum findet man Kult- und Gebrauchsgegenstände, Steinmetzarbeiten, Mosaiken und Fresken.

Reste eines kleinen Amphitheaters für ca. 8000 Zuschauer liegen auf der anderen Straßenseite (auf der Höhe des Római tér). Wesentlich größer war das Amphitheater der Militärstadt (Ecke Pacsirtamező und Nagyszombat utca), in dem bei Hetzjagden und Gladiatorenkämpfen bis zu 16 000 Zuschauer Platz fanden. Ausgrabungsfunde des großen Militärbades sind in der Fußgängerunterführung am Flórián tér zu sehen. Sehenswert sind auch die Mosaikfußböden der **Herkules-Villa** (Meggyfa utca 19–21).

Abseits von Touristenpfaden liegt das **Kiscelli-Museum** 30, die neuzeitliche Abteilung des Historischen Museums, auf einer Anhöhe in Óbuda. Allein der barocke Gebäudekomplex des 1783 säkularisierten Trinitarierklosters verdient, erwähnt zu werden. Das von den Grafen Zichy gestiftete Kloster erhielt seinen Namen »Klein-Zell« nach der in einer Kapelle aufgestellten Kopie des steirischen Gnadenbildes Maria-Zell (heute in der Óbudaer Pfarrkirche). Nach der Auflösung riss man die Kirchtürme nieder, unterteilte das Schiff in Etagen und machte es zum Lazarett. Heute sind die Decken wieder entfernt und die Kirche dient als einzigartiger Ausstellungssaal. Zum Museum gehören eine sehenswerte Gemäldegalerie, historische Sammlungen (u. a. Möbel, Textilien, Druckerpressen), eine Poster-, Fotografie-, und Spielzeugsammlung, Uhren, Porzellan und technische Geräte.

Pest

Das am östlichen Donauufer gelegene Pest ist ungleich größer als Buda und aufgrund der flachen Landschaft völlig anders angelegt. Die weite Ebene machte eine großzügige Stadtplanung möglich, und so entstanden im 19. Jh. ringförmig angelegte Prachtstraßen, radiale Ausfallstraßen und elegante Boulevards.

Belváros (Innenstadt)

Die innere Ringstraße (Kiskörút) umschließt das mittelalterliche Pest, die heutige Innenstadt, und verläuft vom Brückenkopf der Szabadság híd bis zum Deák Ferenc tér und in der Fortsetzung bis zur Kettenbrücke (Lánchíd).

Den Mittelpunkt bildet die **Innerstädtische Pfarrkirche (Belvárosi Plébánia templom)** 31 am Március 15. tér. Die im Schatten der Elisabethbrücke stehende und unter ihrem grauen Putz völlig unscheinbar wirkende zweitürmige Hallenkirche ist das einzige mittel-

alterliche Zeugnis Pests. Von der romanischen Kirche aus dem 12. Jh. überdauerten nur wenige Fragmente im Südturm. Der Chor hat sein gotisches Gepräge bewahrt, eine moslemische Gebetsnische (Mihrab) verrät die Nutzung als Moschee, und die barocke Doppelturmfassade mit dem gleichzeitig entstandenen Schiff zeugt von der christlichen Rückeroberung.

Auf dem Március 15. tér sind noch Grundmauern der einstigen Römerfestung Contra Aquincum zu sehen. Den anschließenden Platz schmückt ein Standbild des im Freiheitskampf gefallenen Dichters Sándor Petőfi. Hinter ihm erhebt sich einer der nach 1944 übrig gebliebenen Türme der **Griechisch-orthodoxen Kirche (Görögkeleti templom)** 32; die prächtige Ikonostase stammt von 1799 (Gottesdienst Sa 18, So 10 Uhr).

Die **Váci utca,** Budapests bekannteste Flaniermeile, hatte bis vor kurzem noch zwei sehr unterschiedliche Gesichter, spaßhaft bezeichnet als das einer »aufgeputzten Primadonna« und das einer »bescheidenen Hausfrau«. Im Gegensatz zum eleganten nördlichen Teil war der südliche eher ruhig und etwas vernachlässigt. Nun hat der Süden aufgeholt und lockt mit Straßencafés und noblen Geschäften. »Auf der Váci utca ist immer Frühling. Sie ist die schönste Straße in Ungarn, auf der ganzen Erdkugel gibt es nichts Vergleichbares. Hier produzieren die aus dem Osten stammenden Ungarn westliche Eleganz, die Feinheiten und Schönheiten der Mode sind hier vielleicht besser entworfen und ins Licht gesetzt als an den Plätzen ihrer Geburt, im Westen … Pariserischer als Paris ist ein Hut, wenn er nach Pest gelangt.« (Gyula Krúdy)

Von der einstigen Eleganz zeugen auch die beiden 1902 wie ein Tor vor die

Elisabethbrücke gebauten, beinahe identischen **Klothilden-Palais** 33 und die mit orientalischen Elementen gestaltete Passage des **Pariser Hofes (Párizsi udvar)** 34. – Durch die Unterführung unter der Szabadsajtó út – sehenswert an den Wänden die Stadtfotografien der Jahrhundertwende von György Klösz – und vorbei an der barocken Franziskanerkirche gelangt man ins Universitätsviertel mit seinen schmalen Straßen und der **Universitätskirche (Egyetemi templom)** 35. Die von Andreas Mayerhoffer 1725–42 ursprünglich als Klosterkirche der Pauliner erbaute Kirche zählt zu den schönsten Barockdenkmälern Budapests. Der Freskenschmuck (1776) stammt von Johann Bergl, einem Schüler von Paul Troger. Mayerhoffer entwarf wahrscheinlich auch die in einem kleinen Garten stehende **Serbisch-orthodoxe Kirche (Görögkeleti szerb templom)** 36 in der Szerb utca. – Zurück auf der Váci utca erreicht man in nördlicher Richtung den nach dem Dichter Mihály Vörösmarty benannten Platz. Am Vörösmarty tér befindet sich seit 1870 die berühmte **Konditorei Gerbeaud,** die 1884 von Émile Gerbeaud, einem Schweizer Konditor und Erfinder der Weinbrandkirsche, übernommen wurde. In einem der noch original eingerichteten Räume scheint sein Portrait noch stets den Kaffeehausbetrieb zu überwachen.

Von hier sind es wenige Minuten bis zur **Donaupromenade.** In Budapest schrieb Hans Christian Andersen die viel zitierten Worte: »Was für eine Aussicht! Wie könnte man das nur mit Worten beschreiben?« Der Blick auf die Budaer Burg ist geblieben – doch statt Bäumen säumen heute große Hotelbauten das Ufer. Cafés laden zum Verweilen ein. Ins Gruppenfoto mit Donaukulisse wird die auf dem Geländer sitzende »Kleine Prin-

zessin« von László Marton (1989) oft einbezogen. Schönstes Gebäude ist das romanische, orientalische und byzantinische Stilelemente in sich vereinigende **Vigadó** 37. Die Pester Redoute entstand 1859–64; hier gastierten neben Liszt, Bartók, Rubinstein und Casals viele bekannte Interpreten und Komponisten. Heute werden Folklore und Opern aufgeführt. Der 640 Zuschauer fassende Große Saal und der prächtige Treppenaufgang sind nur bei Veranstaltungen zugänglich.

Östlich der Váci-Straße sollte man nicht versäumen, über den dicht bebauten **Szervita tér** zu spazieren, im 19. Jh. noch Markt und Rindersammelstelle. Nach der spätbarocken Servitenkirche benannt, ist der Platz vor allem für das 1906 erbaute Jugendstilgebäude der ehemaligen **Török-Bank** 38 mit dem herrlichen Glasmosaik »Huldigung der Patrona Hungariae« bekannt. Das ebenfalls unter Denkmalschutz stehende frühfunktionalistische Nachbarhaus ist ein Werk von Béla Lajta (1912). Im Erdgeschoss befindet sich eine gut sortierte Musikhandlung. Im 1924 gegründeten **Haus des Stoffes,** Merino-Sövetek, ist nicht nur das Warenangebot ausgezeichnet: Die originale Mahagoni-Einrichtung unterstreicht die Feinheit der Stoffe bestens. Nur einen Steinwurf entfernt liegt mit 189 m Länge das größte Barockgebäude der Stadt (Városház utca 9–11). Anton Erhard Martinelli entwarf es 1727 im Auftrag Karls III. als Invalidenheim für die Opfer der Türkenkriege. Erst 1894 wurde es zentrales **Rathaus (Városház) von Budapest** 39.

Rund um den Kleinen Ring (Kiskörút)
Am südlichen Ende der Váci utca beein-

Im Pariser Hof mischen sich venezianische mit maurischen Stilelementen

Einst revolutionär, heute vernachlässigt: Die Wekerle-Siedlung

Dass der Wekerle-Siedlung erst in jüngster Zeit der Schutz und die Pflege zuteil wird, die ihr gebührt, ist erstaunlich, zumal es sich um eine Arbeitersiedlung handelt. Zur Zeit ihrer Entstehung am Anfang des 20. Jh. herrschten in Budapest katastrophale Wohnverhältnisse. Vom Land drängten immer mehr Arbeitsuchende in die Hauptstadt, die Mietpreise explodierten, sodass sich die meisten nur noch ein Bett in Massenquartieren leisten konnten. Um den sozialen und auch hygienischen Problemen Abhilfe zu schaffen, setzten sich der damalige Bürgermeister István Bárczy sowie Finanzminister und Ministerpräsident Sándor Wekerle dafür ein, eine neue Siedlung nach britischem Vorbild zu bauen. Vorausgegangen waren im gesamten industrialisierten Europa des 19. Jh. durch Verelendung der Arbeiterschaft ausgelöste revolutionäre Auseinandersetzungen, als deren Ergebnis man auch den Bau sozialer Wohnviertel ansehen kann.

Beinahe tollkühn waren die Ideen der Budapester, die ein gesamtes Stadtviertel mit eigenen Schulen, Geschäften kulturellen Einrichtungen und sogar

---

druckt unter einem bunt glasierten Majolikadach der Bau der **Zentralen Markthalle (Központi vásárcsarnok)** 40. Den 150 m langen und 80 m breiten Ziegelbau am Vámház körút (Zollhaus-Ring) entwarf Samu Pecz 1894. Über einen unterirdischen Kanal konnte der Markt direkt von der Donau aus beliefert werden. In der von einer filigranen Eisenkonstruktion durchzogenen Halle findet sich von asiatischen Lebensmitteln im Keller über Paprika, Barack pálinka (Aprikosenbrand) und Salami bis zu Kunsthandwerk- und Imbissständen auf der Galerie denkbar alles. – Wieder draußen, sieht man links die grüne Eisenkonstruktion der 1896 gebauten und 1946 erneuerten Szabadság híd (Freiheitsbrücke). Rechter Hand liegt der Kálvin tér. Der einstige Heumarkt, heute Vehrkehrsknotenpunkt, erhielt seinen Namen nach der klassizistischen Reformierten Kirche.

Von hier ist es nur eine Metrostation bis zum **Kunstgewerbemuseum (Iparművészeti Múzeum)** 41. Das 1893–96 nach den Plänen von Ödön Lechner in der Üllői út 33–37 entstandene Jugendstilgebäude gilt als beispielhaft für den eigenwillig verspielten Stil des Architekten. Die mit farbigen Pyrogranitziegeln verkleidete Fassade bekrönt ein buntes Majolika-Kuppeldach. Farbenfroh begrüßt das Vestibül seine Besucher mit roten, gemusterten Kacheln, grünen Keramikgirlanden und gelbem Geländer. Alle Keramiken stammen aus der Pécser Manufaktur Zsolnay (s. S. 216). Die von einer bunten Glaskuppel überwölbte Halle und die

einem selbstständigen Wasserleitungsnetz errichten wollten. Die Häuser sollten nicht nur funktional, sondern auch kunstvoll und abwechslungsreich gestaltet sein; man entwarf mehr als 40 verschiedene Musterbauten unter Einbeziehung traditioneller ungarischer Stilelemente. Unter der Beteiligung zahlreicher Architekten, darunter Róbert Fleischl, Alajos Hauszmann, Aladár Árkay, Dezső Vásárhelyi und Károly Kós entstand in Kispest ein bedeutendes Musterviertel jener Bewegung, die es sich zum Ziel gemacht hatte, für die Arbeiterschaft nicht nur Wohnraum, sondern lebensfreundliche Siedlungen zu schaffen.

Auf einem flachen, unbebauten Gelände jenseits der Határ út, der damaligen Stadtgrenze, legte man ein ringförmiges Straßennetz an, gegliedert durch auf einem großen Platz zusammenlaufende Diagonalen. Es wurden Alleen gepflanzt, Gärten und Plätze angelegt. So entstanden in den Jahren 1909–26 Wohnungen für rund 20 000 Menschen auf einem im Verhältnis zur späteren Plattenbauweise riesigen Gelände. Den zentralen, parkartig begrünten Kós Károly tér umgeben stilvolle Torbauten.

Leider verkam die Siedlung nach dem Zweiten Weltkrieg und es entstanden willkürliche Neu- und Umbauten, die das charakteristische Profil der Siedlung bedrohen. Derzeit versucht man die Wekerle-Siedlung als einzigartiges Kulturdenkmal in ihrer alten Form zu erhalten und zu restaurieren. Nach einem Spaziergang oder besser noch einer Radtour kann man sich im örtlichen Restaurant Wekerle Étterem (Pannónia utca 15) z. B. bei »Árpáds Schwert« ausgezeichnet stärken.

Zu erreichen mit der blauen U-Bahn-Linie M3. An der Station Határ út aussteigen und zu Fuß über die Pannonia út zum zentralen Kós Károly tér.

anderen Ausstellungsräume erstrahlen seit den 20er Jahren in reinem Weiß. Die Sammlung umfasst fünf Abteilungen: Möbel und Einrichtungsgegenstände, Textilien, Goldschmiedekunst, Glas und Keramiken.

Zurück auf dem Kálvin-Platz, gibt es sogleich ein weiteres Museum zu besichtigen. Zurückgesetzt in einem kleinen Park, hinter dem Denkmal des Dichters János Arany, steht das mit Freitreppe und Portikus 1837–47 von Mihály Pollack würdig ausgestattete **Ungarische Nationalmuseum (Magyar Nemzeti Múzeum)** 42. Die größte Kostbarkeit der ausgestellten archäologischen und historischen Exponate sind die Krönungsinsignien.

Dort, wo die kleine Dohány utca auf den Károly körút mündet, erheben sich die beiden 43 m hohen, von zwiebelförmigen Kuppeln bekrönten Türme der **Großen Synagoge (Nagy zsinagóga)** 43. Die Pläne für das im maurischen Stil gestaltete Gebäude lieferte Ludwig Förster. Das 1858 fertig gestellte Gebäude zählt mit rund 3000 Plätzen zu den weltgrößten Synagogen. Neben der Synagoge, anstelle des 1930 angebauten Jüdischen Museums, befand sich das Elternhaus von Theodor Herzl (1860–1904), dem Begründer der Zionistenbewegung. 1944 entstand hinter dem Gebäude das jüdische Ghetto. Im rückwärtigen Garten befinden sich Massengräber der Opfer des Ghettos. Hier wurde 1990 eine **Gedenkstätte** eingeweiht (Zugang über die Wesselényi utca). Das Werk des Bildhauers Imre Varga stellt eine Trauerweide dar, auf

Dominiert die Donau: die Sankt-Stephans-Basilika

deren Blätter die Namen der Holocaust-Opfer eingraviert sind.

Ganz in der Nähe, vor dem Haus Dob utca 12, erinnert ein Denkmal an den schweizerischen Konsul Carl Lutz, der wie der schwedische Botschafter Raoul Wallenberg zahlreiche Juden vor dem Holocaust retten konnte. Ihm ist auch zu verdanken, dass die geplante Sprengung des Ghettos aufgehoben wurde. Obwohl der größte Teil der Budapester Juden – ihr Bevölkerungsanteil ist von 5 % vor dem Krieg auf 0,5 % zurückgegangen – nicht mehr hier lebt, ist um den Klauzál tér und die Kazinczy utca noch immer etwas von der Atmosphäre des alten jüdischen Viertels spürbar. Auf ihre Restaurierung wartet die von Otto Wagner und Mór Kallina erbaute Synagoge in der Rumbach utca 11–13. Auf dem auch Judenplatz genannten Mádach Imre tér befand sich einst der jüdische Markt, und in der Király utca hatten zahlreiche jüdische Handwerker ihre Läden.

Auch heute entdeckt man noch Bürsten- oder Hutmacher, deren Geschäfte zum Teil versteckt in den Hinterhöfen liegen.

Den nach dem Politiker des Ausgleichs (1867) benannten Deák Ferenc tér beherrscht das eklektische Repräsentationsgebäude der einstigen Anker-Versicherung. Gegenüber erhebt sich die klassizistische **Evangelische Kirche** mit dem anschließenden **Evangelischen Landesmuseum (Ev. Országos Múzeum).** Wertvollstes Exponat ist das Testament Martin Luthers. – Im U-Bahn-Eingang gibt es ein kleines Museum über die **Millenniums-Untergrundbahn (Földalatti Vasúti Múzeum).**

Lipótváros (Leopoldstadt)

Die Leopoldstadt nördlich des alten Pest entstand Anfang des 19. Jh. als Finanz- und Verwaltungszentrum mit stattlichen Jahrhundertwendebauten um großzügige Plätze. »Hier wohnt die Creme jeder Klasse, die oberen Zehntausend der Industrie, des Handels, der Behörden und der Privaten.« Was Jenő Rákosi 1893 schrieb, gilt in gewisser Weise auch heute noch. Erstes Beispiel ist der Roosevelt tér am östlichen Brückenkopf der Kettenbrücke. Die Nordseite nimmt der 1864 von Friedrich A. Stüler vollendete Prachtbau der Ungarischen Akademie der Wissenschaften ein. Die üppig gestaltete Jugendstilfassade gehört zum **Gresham-Palais,** dem ehemaligen ungarischen Stammhaus der gleichnamigen Londoner Versicherung.

Einer der ersten Prunkbauten war die weithin sichtbare **Sankt-Stephans-Basilika (Szent István bazilika)** 44. Der bereits 1848 begonnene mächtige Kuppelbau konnte aufgrund zahlreicher Probleme wie dem vorzeitigen Tod der Architekten József Hild und Miklós Ybl sowie dem Einsturz der ersten Kuppel erst 1905 eingeweiht werden. Aufgrund ihrer Größe nannte man die 8500 Personen fassende Kirche schon immer Basilika. Erst 1931 erhielt sie offiziell den Rang einer »Basilica minor« und heute ist sie Sitz des Erzbischofs von Esztergom. Die prächtig ausgeschmückte Kirche, deren Grundriss einem griechischen Kreuz entspricht, erhebt sich auf einer Grundfläche von 4147 m². Ihr größter Schatz ist die in einem kostbaren Schrein aufbewahrte Reliquie des Heiligen und Landesvaters Stephan (István), seine rechte Hand. Über 302 Treppenstufen gelangt man zur Aussichtsterrasse (Fahrstuhl vorhanden).

Das Herz des Viertels ist der hufeisenförmige **Szabadság tér.** Der Freiheitsplatz, bis 1898 noch mit Kasernen bestückt, wurde nach deren Abriss mit den umliegenden Straßen einheitlich gestaltet. Größtes Gebäude ist das Ungarische Fernsehen, die alte Börse. Kaum ein Reiseführer, der die ehemalige **Postsparkasse** 45 (1900) nicht als herausragendes Beispiel des ungarischen Jugendstils nennt. Das mit Majoliken verzierte Gebäude, das an volkstümliche Stickereien erinnert, eine Arbeit des bedeutenden Ödön Lechner, hat seine Hauptfront zur Hold utca hin. – Auf dem nahen Vértanúk tere steht seit 1996 ein Denkmal für Imre Nagy, den Ministerpräsidenten der 56er Revolution. – Weiter nördlich befindet sich das 1893 von Alajos Hauszmann entworfene **Ethnografische Museum (Néprajzi Múzeum)** 46, einst Oberster Gerichtshof. Auch wenn man keine Zeit hat, sich die umfassenden Sammlungen über ungarische und außereuropäische Alltagskultur anzusehen, lohnt ein Blick in die pompöse Eingangshalle.

Unmittelbar am Donauufer, auf dem Kossuth Lajos tér, erstreckt sich auf einer Länge von 268 m und einer Breite von 118 m das neben der Kettenbrücke bekannteste Bauwerk Budapests, das **Parlament (Országház)** 47. Rund 1000 Menschen arbeiteten 17 Jahre lang an dem 1885 nach den Plänen von Imre

»Literarisches« Café: das Eckermann

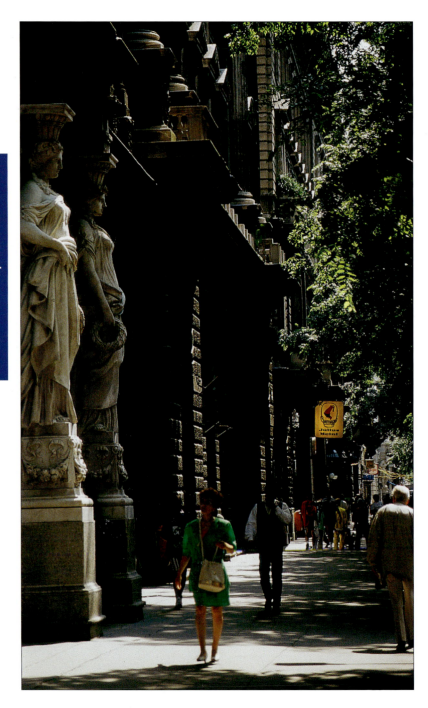

Steindl begonnenen Kuppelbau im Stil der Tudorgotik. Wo es so pompös zugeht, fehlt selten die Ironie: Der Dichter Gyula Illyés bezeichnete das romantische Bauwerk als »Kreuzung aus türkischem Bad und gotischer Kathedrale«. Von der repräsentativen Innenausstattung der 691 Räume ist das Gemälde »Landnahme« von Mihály Munkácsy hervorzuheben (nur per Führung). Heute ist das Parlament der Arbeitsplatz von 386 Abgeordneten, dem Staatspräsidenten, Ministerpräsidenten und zahlreichen Mitarbeitern.

Die zum Szent István körút, Teil des Großen Rings, führende Falk Miksa utca ist von exklusiven Antiquitätengeschäften gesäumt.

Über die Andrássy út nach Városliget – Flaniermeile ins Grüne

Die nach dem rigorosen Freiheitskämpfer und späteren Ministerpräsidenten (1867) Gyula Graf Andrássy benannte **Andrássy út** führt in gerader Linie zum Hősök tere, während unter ihr die 1896 eingeweihte Millenniums-U-Bahn verläuft. Sehenswert sind die altertümlichen Stationen und das **Postmuseum** in Haus Nr. 3 (1. Stock). Nach dem Vorbild der Pariser Champs-Élysées entwarf Miklós Ybl die Pläne für die 2,5 km lange Prachtstraße sowie für die **Staatsoper (Magyar Állami Operaház)** 48. Das wohlproportionierte Neorenaissance-Gebäude (1884) besitzt im plüschigen Inneren 1289 Plätze und reichen Freskenschmuck. Außer Ferenc Erkel wirkten hier Gustav Mahler und Otto Klemperer. Gut besucht ist das nahe **Café Eckermann** des Goethe-Instituts (Nr. 24). Außer gutem Kaffee gibt es eine Auswahl an deutschen und ungarischen Zei-

Sie ist eine der elegantesten Straßen Budapests: die Andrássy út

tungen, Internet-Anschluss ist vorhanden. Beachtenswert sind auch die Ausstellungen in der Galerie nebenan.

Hier und am Liszt Ferenc tér, ganz in der Nähe der Musikakademie (Vestibül und Konzertsaal sehr sehenswert), finden sich zahlreiche Kneipen und Cafés. Nach einem stärkenden Schluck Kaffee lohnt ein Besuch des **Hauses der Fotografie,** das 1894 für den kaiserlich-königlichen Hoffotografen Manó Mai in der Nagymező utca 20 gebaut wurde. Wechselausstellungen, eine Bibliothek und ein Antiquariat stehen dem Publikum offen. Kurz darauf mündet die Andrássy út in einem achteckigen Platz, dem Oktogon, auf dem Großen Ring (Nagy körút). – Folgt man der Ringstraße in Richtung Donau, erreicht man die komplizierte Stahl-Glas-Konstruktion des 1874–77 durch die Pariser Firma Gustave Eiffel realisierten Westbahnhofs (Nyugati pályaudvár). In der entgegengesetzten Richtung erreicht man am Erzsébet körút 9–11 das **Traditionscafé New York** mit seiner schwülstig-eklektischen Einrichtung. – Ab dem **Oktogon** verbreitert sich die Straße zur von eleganten Villen gesäumten Allee. Links und rechts davon war es einst weniger fein: »In den inneren Gassen stößt man auf verwahrloste, öffentliche Lokale, man sieht struppige Frauen, unordentlich gehaltene Kinder und wenig anziehende Mannsleute. Hier sind die Schlupfwinkel der internationalen Kaffeehausmuse.« (Jenő Rákosi) Auf dem »Rondeau« genannten **Kódaly körönd** bewohnte der Komponist Zoltán Kodály das Haus Nr. 1, das heute als Museum dient. Ganz in der Nähe lebte Ferenc Liszt (Vörösmarty utca 35; ebenfalls Museum).

Den krönenden Abschluss bildet der anlässlich der Jahrtausendfeier der Landnahme 1896 geplante **Hősök tere** (Heldenplatz). Das imposante Millenni-

Pest

85

Margareteninsel

der Antike bis ins 20. Jh. reicht, kann sich durchaus mit den großen internationalen Museen messen. Ein Höhepunkt sind die Werke von El Greco. Das neoklassizistische Gebäude entwarfen Albert Schickedanz und Philipp Herzog 1906 als Gegenstück zu der bereits 1895 von ihnen entworfenen **Kunsthalle (Műcsarnok)** 50, dem größten Forum für wechselnde Kunstausstellungen in Ungarn.

Hinter dem Heldenplatz breitet sich auf 1 km^2 die grüne Lunge Budapests aus, das **Stadtwäldchen (Városliget).** Das von schönen Spazierwegen durchzogene Gelände mit seinen vielseitigen Erholungs- und Vergnügungsmöglichkeiten entstand um 1810 nach den Plänen des französischen Landschaftsarchitekten Henrik Nebbion. Auf einer künstlichen Insel erhebt sich die romantische Anlage der **Burg Vajdahunyad,** die zu den Feierlichkeiten von 1896 als Demonstrationsobjekt traditioneller ungarischer Baustile von Ignác Alpár konzipiert wurde. Im Barockflügel ist das Landwirtschaftsmuseum (Mezőgazdasági Múzeum) untergebracht.

Der neobarocke Kuppelbau des **Széchenyi-Thermalbades (Széchenyi Gyógyfürdő)** 51 wird aus einer bis zu 76 °C heißen Thermalquelle gespeist. Schach spielen ist hier im 38 °C warmen Wasser des Freibeckens eine beliebte Beschäftigung. – In der Nähe des noblen wie traditionsreichen Feinschmeckerlokals Gundel befindet sich der 1864 gegründete **Zoo (Álatkert),** der allein wegen seiner heiter gestalteten Jugendstil-Tierhäuser einen Besuch lohnt. Daneben liegen der Große Zirkus und der Lunapark (Vidám Park). Jeden Sonntagvormittag findet an der Petőfi csarnok (Halle) ein bunter Flohmarkt statt.

umsdenkmal in seiner Mitte konnte jedoch erst 1929 vollendet werden. Als Architekt zeichnet Albert Schickedanz verantwortlich, als Bildhauer György Zala. Unter einer 36 m hohen Säule reitet Fürst Árpád mit seinen Heerführern. Der auf der Spitze thronende Erzengel Gabriel soll Stephan I. im Traum erschienen sein und die Krone überreicht haben. Davor steht das Denkmal des Unbekannten Soldaten, und dahinter haben sich in einem Kolonnadenbogen bedeutende Herrscher und Politiker der ungarischen Geschichte »versammelt«. Das den Platz säumende **Museum der bildenden Künste (Szépművészeti Múzeum)** 49, dessen Sammlung von

Ein weiterer autofreier Freizeitpark ist die seit der Römerzeit bewohnte **Mar-**

gareteninsel (Margitsziget). Weite Grünanlagen, deren Bestand an alten Eichen auf einen Ende des 18. Jh. für den Erzherzog Joseph angelegten Landschaftspark zurückgeht, mittelalterliche Klosterruinen, ein Japanischer Garten, ein Wildpark und das Palatinusbad mit Wellen- und Thermalbad bieten vielseitige Abwechslung.

Eine weitere Möglichkeit des Spazierens fernab vom Großstadtverkehr bieten Budapests Friedhöfe. Auf dem zentralen **Kerepesi-Friedhof** *(temető)* an der Fiumei út haben die großen Politiker, Künstler und Architekten der Nation ihre letzte Ruhestätte gefunden. Die Opfer des Aufstands von 1956, darunter auch Imre Nagy, sind auf dem **Neuen Zentralfriedhof (Új köztemető)** an der Kozma utca in Köbánya beigesetzt. Ein 1989 feierlich aufgestelltes Denkmal auf der Parzelle 301 gedenkt den Märtyrern des Jahres 1956. Die Säule in der Mitte ist genau 1956 mm hoch (am Eingang fragen; Rad oder Pkw nötig). Auf dem angrenzenden **Jüdischen Friedhof** befindet sich das bekannte, blau-türkise Jugendstilmausoleum der Familie Schmidl von Ödön Lechner und Béla Lajta.

Die **Umgebung von Budapest** eignet sich hervorragend für Tagesausflüge oder längere Erkundungstouren. Im Norden zieht das Donauknie mit seinen mittelalterlichen Städten in reizvoller Berglandschaft unzählige Besucher an. Im Osten liegt das Barockschloss Gödöllő und im Westen die alte Stadt Székesfehérvár mit dem Velence-See. Südlich von Budapest befindet sich die von zwei Donauarmen umarmte Csepel-Insel mit der Serbenstadt Ráckeve.

Zeit für ein Spielchen – Besucher des Széchenyi-Bades

Die mittlere Donauregion – Rund um Budapest

Das Donauknie

Bei einem Blick auf die Landkarte wird man das Donauknie leicht finden, obwohl es sich nicht um eine kartografisch korrekte Bezeichnung handelt. Ungefähr 20 km nördlich von Budapest scheint der Fluss die Konturen eines Knies nachzuzeichnen. Von Esztergom bis Szentendre windet sich der Strom in kleinen Bögen durch die waldreiche Landschaft von Pilis- und Börzsöny-Gebirge, wobei er auf der Höhe von Vác scharf nach Süden abknickt. Manch einer bezeichnet die Gegend als »Ungarische Wachau«, andere vergleichen ihre Reize mit dem Rheintal. Die Arpadenkönige, die sich einst hier niederließen, überzeugte jedoch vor allem die günstige strategische Lage dieser Ecke. Die über dem engen Donautal thronenden Berge eigneten sich ideal zum Burgenbau; sie waren leicht zu verteidigen und ermöglichten eine Kontrolle des Schiffsverkehrs sowie der Flussfurten. Nicht nur die Magyaren kamen hierher, italienische, französische und deutsche Bildhauer, schwäbische, serbische und slowakische Siedler. Heute besuchen Touristen aus aller Welt diese an Natur- und Kulturschätzen reiche Region, in den Sommermonaten auch per Ausflugsschiff von der Hauptstadt aus.

Szentendre – Stadt der Kirchen und Künstler

Karte: S. 91
Tipps & Adressen: S. 363f.

■ Am rechten Donauufer liegt das malerische Städtchen Szentendre, das »Südliche Tor« des Donauknies, mit sei-

◁ *Donauknie bei Visegrád*

nen schmalen Gassen, zierlichen Barockhäusern, 11 Kirchen, 16 Museen, unzähligen Souvenirläden, einer Insel und einem Freilichtmuseum.

Anstelle des römischen Militärlagers Ulcisia Castra entwickelte sich das ungarische Wehrdorf Sanctus Andreas (Szent Endre). Im 14. Jh. kamen die ersten serbischen Einwanderer auf der Flucht vor den Türken, doch fiel Szentendre selbst unter osmanische Herrschaft und wurde verwüstet. Die zweite serbische Einwanderungswelle erfolgte, nachdem Belgrad 1690 erneut von den Türken erobert worden war. Rund 6000 Menschen blieben in Szentendre und begannen mit dem Bau eigener Kirchen. Im 18. Jh. war Szentendre eine blühende Handwerks- und Handelsstadt mit Donauhafen. Der Bau der Eisenbahn ließ die Hafenstadt in eine Art Dornröschenschlaf fallen, aus der sie um 1920 von zahllosen Künstlern geweckt wurde. Der Charme des mediterran anmutenden Morbiden hatte sie angelockt. Die sich daraus entwickelnde Künstlerkolonie wurde in den 70er Jahren unter den Kommunisten fortgesetzt, die rund 50 Ateliers einrichten ließen. Schließlich kamen Touristen in immer größeren Zahlen, und einige Künstler gingen trotz der malerischen, autofreien Altstadt auf die Suche nach ruhigeren Plätzen (von Budapest mit der Vorortbahn HÉV).

Stadtrundgang

Die Silhouette der kleinen Donaustadt dominieren barocke Kirchtürme, ihre engen Gassen säumen freundlich gestrichene, vielfach denkmalgeschützte Häuser. Am **Fő tér**, dem von serbischen Handelshäusern umgebenen Haupt-

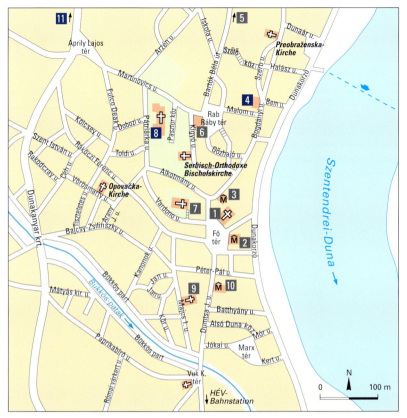

Szentendre 1 Blagoveščenska-Kirche 2 Margit-Kovács-Sammlung 3 Ferenczy-Museum 4 Kulturzentrum Kunstmühle 5 Papiermühle 6 Szánto-Gedenkstätte 7 Belgrader Dom 8 Kirche von Johannes dem Täufer 9 Čiprovačka-Kirche 10 Marzipan-Museum 11 Freilichtmuseum

platz, konkurrieren Straßencafés, Kunstausstellungen, Portraitmaler, Souvenirläden und eine Pferdekutsche um die Gunst der Besucher. So sind viele der hübschen Barockhäuschen wieder zu »Handelshäusern« geworden.

Der in der Nordwestecke emporragende Barockturm gehört zu der 1752–54 von Andreas Mayerhoffer erbauten orthodoxen **Blagoveščenska-Kirche** 1. Rot, Gold und Schwarz dominieren die prächtige Rokoko-Ikonostase von 1803. An der zur Donau führenden Görög utca (Griechengasse) lohnt in einem früheren Salzhaus aus dem 18. Jh. die Keramikausstellung der **Margit-Kovács-Sammlung** 2 (Eingang um die Ecke) den Besuch. Die vor allem in Ungarn bekannte Margit Kovács (1902–77), Mitglied der Künstlerkolonie, hat auf sehr persönliche Weise versucht, moderne Formen mit ungarischer Volkskunst zu verschmelzen. Die nördlich weiterführende Bogdányi út ist geprägt von Kunst und Kirche. Gleich zu Anfang (Adresse: Fő tér 6) stößt man auf das **Ferenczy-**

Museum 3 mit Arbeiten dieser Künstlerfamilie. Károly Ferenczy, einer der bedeutendsten ungarischen Vertreter des Impressionismus, war Mitglied der Pleinairschule von Nagybánya (s. S. 42). Seine Frau Olga, geborene Fialka, malte ebenso wie der Sohn Valér, Béni war Bildhauer und seine Zwillingsschwester Gobelinkünstlerin. Eine Besonderheit sind die unverputzt belassenen Räumlichkeiten im kürzlich eingerichteten **Kulturzentrum Kunstmühle** 4 (Nr. 32), ein schöner Ort für Veranstaltungen sowie Ausstellungen. Die **Müvésztelepi-Galerie** (Nr. 51) zeigt aktuelle Arbeiten aus der Künstlerkolonie. Weitere Aus-

Die Blagoveščenska-Kirche mit der 1763 gestifteten Pestsäule

stellungsräume und Galerien sind überall in der Stadt verstreut. In der Angyal utca 5 findet sich eine **Papiermühle** 5, in der auf traditionelle Weise Büttenpapier hergestellt wird. – Lohnend ist ein Spaziergang durch die steilen Gassen abseits des Touristenstroms.

In der Hunyadi utca 2 wurde 1998 die **Szánto-Gedenkstätte** 6 in einer kleinen Synagoge eingeweiht. Sie konnte schließlich vom Enkel Lajos Szántos und seiner Frau verwirklicht werden. Das Ehepaar war unter den 250 Juden der Stadt, die 1944 deportiert wurden. Nur 35 »überlebten das Unüberlebbare«.

Ganz in der Nähe entstand 1756–64 die von einem Mauerring eingeschlossene Serbisch-orthodoxe Bischofskirche, kurz **Belgrader Dom** 7 genannt. Die jüngst renovierte Ikonostase erstrahlt in neuem Glanz. Im Garten kann man eine Pause einlegen, bevor man die **Serbisch-orthodoxe Kirchenkunstsammlung** (Szerb Egyházművészeti Gyűjtemeny) mit wertvollen Ikonen, Textilien und Schmiedearbeiten besichtigt.

Südlich, auf dem ehemaligen Burghügel, erhebt sich anstelle der von Türken zerstörten alten gotischen Kirche eine von Kroaten im Barockstil erneuerte, die **Kirche von Johannes dem Täufer** 8. Auf dem Templom tér vor der Kirche gibt es im Sommer einen Kunsthandwerkermarkt. Von hier oben eröffnet sich ein reizvoller Ausblick auf die engen Gassen, Gärten und ein Ziegelmeer. Zurück auf den Fő tér führt eine schmale, von Schwibbögen überspannte Treppe, vorbei an der Lángos (Fladen)-Bäckerei.

Auch in der südlichen Altstadt setzen Kunst und Kirche die Akzente. Gegenüber des einem Maler gewidmeten (1900-88) **Jenő-Barcsay-Museums,** in der Dumtsa Jenő utca 10, erhebt sich die von Serben erbaute ehemalige **Čiprovačka-Kirche** 9, heute Peter und Paul

geweiht. Nicht nur für Schleckermäuler ein Tipp: das **Marzipan-Museum** 10. Hier haben Meisterkonditoren aus Marzipan und Schokolade regelrechte Kunstwerke geschaffen, darunter das Budapester Parlament, »Sissi«, Michael Jackson, Schneewittchen mit den sieben Zwergen und vieles mehr. Ist man einmal inspiriert, kann man sich im Café nebenan so richtig verführen lassen (Dumtsa Jenő utca 7).

Ausflüge

Selbst in den Sommermonaten findet man auf der vorgelagerten Insel *(sziget)* noch ruhige Ecken (per Autofähre/*komp* zu erreichen). Weiter nördlich gelangt man wieder per Fähre nach Vác oder man genießt von der Fähr-Csárda aus das schöne Stadtpanorama.

Einen Tag füllt allein der Besuch des am Nordrand der Stadt gelegenen **Freilichtmuseums (Skanzen)** 11. Seit seiner Gründung 1965 bis zur Eröffnung vergingen fast zehn Jahre. Ziel ist es, nicht nur einzelne Gebäude zu zeigen, sondern ihre Integration in eine traditionelle Siedlungsstruktur. So kann man auf einem 46 ha großen Gelände abwechselnd durch Dörfer aus der Kleinen Tiefebene, Südtransdanubien oder Marktflecken in Nordungarn spazieren. Die originalgetreu aufgebauten Häuser können natürlich auch von innen besichtigt werden. Besonderheiten sind die Evangelische Kirche aus Mánd, Grabhölzer aus Szatmárcseke, eine von Pferden betriebene Mühle, eine Gerberei und der hölzerne Glockenstuhl aus Nemesborzova. Um das Museum zu beleben, werden alte Handwerke und Volksbräuche vorgestellt (zu erreichen über die Straße 11 Richtung Visegrád, dann auf der Höhe der kleinen Hold utca links in die Sztaravodai út bis zum Parkplatz oder per Bus ab Busbahnhof).

Szentendre

93

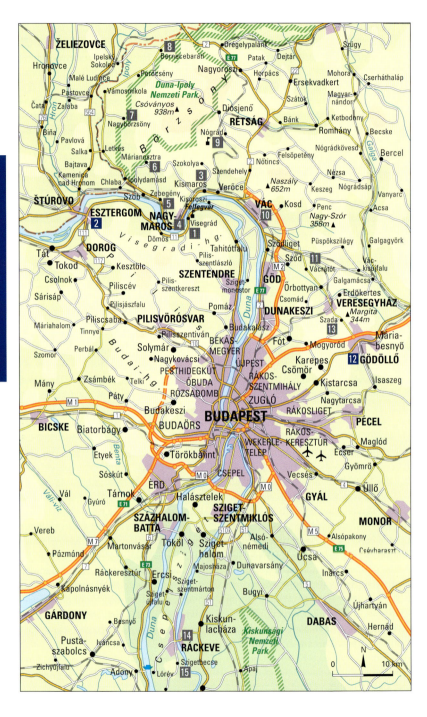

Visegrád und Esztergom – Vergangene Macht und morbider Glanz

Karten: S. 94; Esztergom S. 98
Tipps & Adressen: Visegrád S.371f., Esztergom S. 330f.

Spektakulär wird die Landschaft erst bei Visegrád, wo sich das Tal verengt und die Donau in einen scharfen Bogen gezwungen wird. »Eine königliche Gegend!« – soll ein englischer Reisender des 19. Jh. schwärmerisch über diesen Landstrich bis Esztergom geäußert haben. Hier liegt der kleine Ort Visegrád, einst Residenz der ungarischen Könige und Sitz eines der berühmtesten Renaissancepaläste seiner Zeit.

Visegrád

1 »... aus Visegrád, dem irdischen Paradies« schrieb Bischof Castelli, der Gesandte von Papst Sixtus IV., 1483 nach Rom. Heute ist es eher ein großes, verträumtes Dorf, über dem die Ruinen der einst so mächtigen Burg und des Königspalastes thronen. Auf dem 176 m hohen Sibirik-Hügel errichteten die Römer zum Schutz des Limes eine Festung, die nach der Völkerwanderung im 9./10. Jh. in den Besitz slawischer Siedler gelangte. Stephan I. machte Visegrád zum Komitats- und Kirchenzentrum und übernahm den slawischen Namen Visegrád (Hohe Burg). Nach dem Mongoleneinfall ließ Béla IV. um 1250 aus Angst vor weiteren Übergriffen die terrassenartig angelegte Untere Burg ausbauen, von der nur ein Wohnturm und Reste der **Wasserbastei** erhalten sind. Im so genannten **Salomon-Turm** befindet sich ein Lapidarium (Salomon

Das Donauknie
Ausflug in Budapests Osten und Süden

torony utca; zu erreichen über die Fő utca aus der Ortsmitte Richtung Norden oder an der Straße 11 auf Höhe des Matthiasdenkmals abbiegen).

Ebenfalls im 13. Jh. begann man mit dem Bau der **Oberen Burg** (**Fellegvár;** »Wolkenburg«), die in den folgenden 200 Jahren durch starke Mauern mit der Unteren Burg verbunden wurde. Als 1316 die königliche Residenz Karls I. von Esztergom nach Visegrád verlegt wurde, war ein sicheres Befestigungssystem erforderlich, zumal die Krönungsinsignien im Donjon der Oberen Burg aufbewahrt wurden. Von ihren eindrucksvollen Ruinen hat man einen fantastischen Ausblick auf das Donauknie. (Zu erreichen über die Panoráma Autóút aus dem Ort – als Műemlék ausgeschildert – oder von der Straße 11; über die Panoramastraße erreicht man auch einen Aussichtsturm *(torony)* mit Restaurant sowie eine Sommerrodelbahn auf dem 378 m hohen Nagy-Villám-Berg.)

Abseits wurde ein repräsentativer **Königspalast (Királyi palota)** errichtet, wo der Herrscher rauschende Feste feierte. Die zweite Glanzzeit fällt in die Regierungsperiode von König Matthias I. Corvinus, der, obwohl er bereits in Buda residierte, den Palast zu einem der prächtigsten Renaissanceschlösser seiner Zeit ausbauen ließ. Miklós Oláh, Erzbischof von Esztergom, berichtet 1536: »So viele Reiche ich auch bis auf den heutigen Tag durchwandelt, habe ich doch nirgends so prachtvoll eingerichtete Gebäude gesehen.« Vielleicht hilft das Zitat, sich den einstigen Pomp und Prunk auf 123 x 123 m und in 350 Gemächern vorzustellen, wenn man durch die spärlichen Überreste der einstigen Königsresidenz wandelt. Freigelegt wurden vier Terrassen mit Brunnen und der einst von Arkaden umgebene Ehrenhof. Gelungen ist die Kopie des kunstvollen

Der Nebel über Esztergom scheint Erzbischöfliches Palais und Sankt-Ignatius-Kirche verschlucken zu wollen

Löwenbrunnens. Aus der Türkenzeit zerstört hervorgegangen, wurde der Königspalast von einem Erdrutsch völlig begraben, bis man 1934 mit der Freilegung begann.

Esztergom (Gran)

2 Den besten Eindruck macht Esztergom, nähert man sich ihm mit dem Strom von Westen – nicht ohne Grund wird die Stadt auch als das »Westliche Tor« des Donauknies bezeichnet. »Auf einmal scheint die Donau jedoch auf einen Felsen aufzulaufen. Eine Kuppel, so groß, dass man sie zuerst für eine Halluzination, eine Luftspiegelung am Horizont, hält, blockiert Sicht und Strom. Langsam entwirren sich die Konturen aus dem gleichmacherischen Dunst. Man hat sich nicht geirrt. Die Kuppel ist Wirklichkeit, grün schimmert der Dom, hell leuchten die hohen Säulen, die ihn tragen, eine ungarische Peterskirche ...« (Ernst Trost) In der Tat: Esztergom ist das Zentrum der ungarischen katholischen Kirche, Sitz des Erzbischofs, des höchsten Würdenträgers. König Stephan I. der Heilige wurde hier geboren, gekrönt und zu Grabe getragen. Er machte die Stadt zur ersten Königs- und Bischofsresidenz.

Stadtrundgang

Auf dem **Burgberg (Várhegy)** ist die Stadtgeschichte zu Stein geworden. Anstelle des heutigen klassizistischen Monumentalbaus der **Basilika** stand die von Stephan I. 1010 gegründete romanische Domkirche, die im 16. Jh. von den Türken schwer beschädigt wurde. Erst als der 1543 nach Nagyszombat (heute Trnava, Slowakei) geflohene Erzbischof 1820 zurückkehrte, wurde mit der Planung der heute größten Kirche Ungarns begonnen. Für die Einweihungsfeierlichkeiten der halb fertigen Kirche 1856 komponierte Ferenc Liszt die »Graner Festmesse«. Den Portikus tragen acht 22 m hohe Säulen, und 24 Säulen bilden den Blickfang der 107 m hohen Kuppel. Über dem Hauptaltar befindet sich das weltweit größte Altarbild (13 x 6,5 m), eine Kopie von Tizians »Mariä Himmelfahrt«. Größte Kostbarkeit des mit Kunstmarmor verkleideten Inneren ist die **Bákócz-Kapelle.** Die 1506 aus rotem Marmor gearbeitete Grabkapelle gilt als herausragende Arbeit der Früh-

renaissance in Ungarn. Tamás Bakócz (1442–1521) war eine ebenso herausragende Persönlichkeit seiner Zeit. Von einfachem Stand, schaffte er es bis zum Bischof. Die Kapelle wurde 1823 in 1600 Teile zerlegt, nummeriert und in der neuen Kirche wieder aufgebaut. Rechts vom Chor gelangt man in die Schatzkammer (Kincstár), die trotz mehrfacher Plünderungen die reichste Sammlung liturgischer Geräte und Gewänder in Ungarn besitzt. Mühsam, aber lohnend ist der Aufstieg zur Kuppel.

Unmittelbar neben der Basilika steht der nach archäologischen Ausgrabungen zugängliche **Königspalast (Királyi palota)** mit dem pünktlich zum Millennium 2000 erweiterten Burgmuseum. Fürst Géza, Vater des späteren Stephan I., verlegte bereits um 973 seinen Sitz von Székesfehérvár nach Esztergom. Die einst verschütteten Räume haben auch nach ihrer Restaurierung ihr geheimnisvolles Flair bewahrt. Besonders beeindrucken die Renaissancefresken der vier Kardinalstugenden (Klugheit, Stärke, Mäßigkeit, Gerechtigkeit) im einstigen Arbeitszimmer des Humanisten und Erzbischofs János Vitéz und die im 12. Jh. erbaute Burgkapelle. Der in die Sitznischen gemalte bartlose Lockenkopf und der bärtige Strubbel-

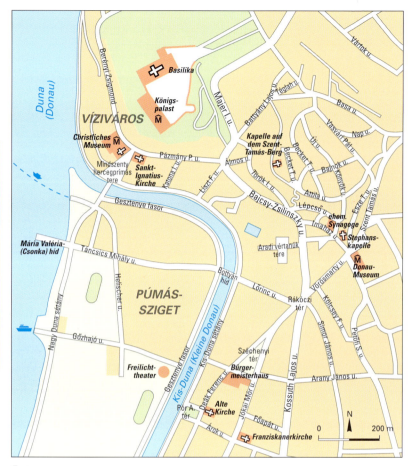

Esztergom

kopf symbolisieren den Kampf zwischen Christen- und Heidentum. Gut rekonstruiert wurde der ehemalige Krönungssaal in einem Seitenflügel.

Von der **Burgterrasse** hat man einen weiten Blick über die Donau zum slowakischen Štúrovo (ungar. Párkány). Die 1944 von der deutschen Wehrmacht gesprengte Maria-Valéria-Brücke liegt als Torso im Wasser. Bis heute verbindet nur eine Fähre die beiden Städte, und das, obwohl auf der slowakischen Seite eine große ungarische Minderheit lebt.

Mit finanzieller Unterstützung der EU soll die Brücke bis zum Frühjahr 2002 wieder aufgebaut sein.

Von der unterhalb des Burgbergs gelegenen **Wasserstadt (Víziváros)** sind die Doppeltürme der barocken **Sankt-Ignatius-Kirche** besonders markant. Neben der Kirche befindet sich im einstigen Bischofspalais das **Christliche Museum (Keresztény Múzeum).** Nach dem Budapester Museum besitzt es die zweitreichste kunstgeschichtliche Sammlung des Landes. Sie umfasst kostbare Flügelaltäre aus dem Mittelalter, eine bedeutende Gemäldegalerie mit Werken namhafter Künstler wie Duccio di Buoninsegna und Vecchietta. Ausgestellt sind kostbare Gobelins, kunstgewerbliche und volkskundliche Stücke. Zu den ältesten Exponaten gehört die Holzskulptur der Maria Magdalena eines Kölner Meisters (um 1270).

Zum bürgerlich geprägten Stadtzentrum um den Széchenyi tér gelangt man über den idyllischen Uferweg Kis-Duna sétány oder über die Bajcsy-Zsilinszky út, wo sich ein Abstecher zum manieristischen Gebäude der ehemaligen **Synagoge** in der Imaház utca empfiehlt. Von hier zieht sich ein System kleiner Gassen den Szent-Tamás-Berg hinauf, auf dessen Spitze eine **Kapelle** steht. Von hier bietet der Burgberg einen besonders schönen Anblick (zu erreichen über die Batthyány utca vorbei an Kreuzwegstationen oder von der Bajcsy-Zsilinsky utca über steile Treppen).

Den dreieckigen **Széchényi tér,** gesäumt von einigen bemerkenswerten Bürgerhäusern des 18. Jh., begrenzt an der Südseite das Ende des 17. Jh. entstandene und später im Rokokostil umgestaltete **Bürgermeisterhaus.** Westlich vom Patz gelangt man über die Béke-Brücke auf die Primás-Insel und geradeaus zum Schiffsanleger. Das **Donau-Museum** in der nahen Kölcsey utca 2 dokumentiert die Geschichte der Donau als Lebensraum. Gezeigt werden u. a. Schiffsschrauben, Navigationsinstrumente sowie lehrreiche Modelle aus allen Jahrhunderten über die Wassernutzung.

Nun kann man durch das landschaftlich reizvolle, überwiegend aus Kalkstein bestehende Pilis-Gebirge zurückfahren, das Börzsöny-Gebirge umrunden oder die Stadt Vác am gegenüberliegenden Donauufer besuchen.

Rundfahrt um das Börzsöny-Gebirge

Es ist ein unvergessliches Erlebnis, diese Miniatur-Bergwelt zu umrunden. Das Donauufer, Blumenwiesen, steile Hänge, alte Kirchen und kleine, stille nordungarische Dörfer bieten reichlich Abwechslung – und das abseits der üblichen Touristenpfade. Auch wenn man mit dem Auto unterwegs ist, ist es ratsam, Verpflegung für ein Picknick dabeizuhaben.

Das sich am Nordufer der Duna erhebende Börzsöny-Gebirge ist vulkanischen Ursprungs. Höchster Punkt ist mit 938 m der Csóványos. Dichte Wälder, über 300 Quellen sowie steile Schluchten und bizarre Felsgebilde prägen die Landschaft. Seltene Tiere wie Feuersalamander, Kaiseradler und Uhu haben hier ihre Heimat. Während die nach Norden ausgerichteten Täler von einer subalpinen bis alpinen Flora geprägt sind, findet man im Süden mediterrane Pflanzenarten, beispielsweise alpine Buchenwälder versus Zerreichenwälder.

Insgesamt ist das unter Naturschutz stehende Gebiet gut durch Wanderwege erschlossen, doch sollte man eine detaillierte Karte im Gepäck haben. Ein ca. sechsstündiger Fußweg führt beispielsweise auf den 864 m hohen Gipfel Nagy-Hideg-hegység. Von **Kismaros** 3 gelangt man per Auto oder Bahn nach Királyrét, wo am Parkplatz Kis-Vasfazék der vorerst mit einem roten Kreis, später dann mit einem roten Kreuz bzw. Viereck markierte Wanderweg beginnt.

Slowaken machen in den kleinen Dörfern einen Großteil der Bevölkerung aus, während im Osten vor allem Palozen (s. S. 278f.) leben. Nachstehend sei nur eine Auswahl an Orten genannt: **Nagymaros** 4 bietet eine der schönsten Panorama-Ansichten von Visegrád.

Börzsöny-Gebirge

99

Blick auf Börzsöny-Gebirge ...

In **Zebegény** 5, eine einst bei Künstlern beliebte Sommerresidenz, gilt die Pfarrkirche (Petőfi tér) als einzigartiges Baudenkmal des ungarischen Jugendstils. Das finnische Einflüsse mit ungarischer Volkskunst verbindende Gebäude ist eine Arbeit von Károly Kós und Béla Jánszky (1908/09). Eine steile Straße führt nach **Márianosztra** 6, dessen lateinischer Name bereits den Marienwallfahrtsort andeutet. Das im 14. Jh. zerstörte Paulinerkloster wurde im 18. Jh. wieder aufgebaut. Über einen herrlichen Waldweg erreicht man das Dorf **Nagybörzsöny** 7. Ein Hauch von Nostalgie umgibt heute den einst bedeutenden Bergbauort. Gleich am Dorfeingang steht die von einer Mauer umfriedete romanische Sankt-Stephanus-Kirche. Weitere Attraktionen sind die turmlose gotische Bergarbeiterkirche (Bányásztemplom), eine Wassermühle aus dem 19. Jh. und ein traditionelles Wohnhaus der Region (Museum). In **Bernecebaráti** 8 ist die 1156 erbaute und im 18. Jh. barockisierte Kirche ein Kleinod. Die Hunyadi utca säumen noch einige traditionelle Häuser. Oberhalb des Dorfes **Nógrád** 9 thronen die Ruinen einer einst in den Türkenkriegen bedeutenden Burg. Bis heute ist sie namengebend für das Komitat Nógrád. Auf Slowakisch bedeutet der Ortsname Novohrad (Neue Burg).

Barockstadt Vác (Waitzen)

Karte: S. 94
Tipps & Adressen: S. 369f.

10 Die malerisch zwischen Donauknie und Cserhát-Gebirge gelegene Stadt ist insbesondere für ihre überdimensionierte Domkirche, die schönen Barock-

... und die Donaustadt Vác

bauten, die lange Donaupromenade und die Autofähre *(komp)* bekannt. Anstelle des römischen Castrums gründete Stephan I. 1010 einen Bischofssitz. Der von den Tataren 1241 weitgehend zerstörte Marktflecken wurde von ungarischen und deutschen Siedlern neu bevölkert. Bis zur Eroberung durch die Türken 1544 blühte der Handel in der Renaissancestadt. Nach der Rückkehr der Bischöfe im 18. Jh. setzte eine vehemente Entwicklung ein und die Altstadt erhielt ihr barockes Gesicht.

Stadtrundgang
Der 1760 von Franz Anton Pilgram auf dem Konstantin tér, dem kirchlichen Zentrum der Stadt, begonnene und 1777 von Isidore Canevale vollendete **Dom** gilt in Ungarn als Wegbereiter des Klassizismus. Die Kuppelfresken und das Hauptaltarbild schuf Franz Anton Maulbertsch. Am gegenüberliegenden Platzende steht der **Bischofspalast** (1762) inmitten eines sich bis an die Donaupromenade ausdehnenden Parks. Den dreieckigen, von spätbarocken Häusern gesäumten Hauptplatz Március 15. tér dominiert die 1756 geweihte **Oberstädtische Pfarrkirche.** Bei den Einheimischen heißt sie kurz die »Kirche der Weißen«, was auf die weißen Kutten der einstigen Dominikanermönche zurückzuführen ist. Von der Platzmitte führt eine Treppe hinab in ein mittelalterliches Tonnengewölbe, einst die Krypta einer Kirche, heute ein Lokal.

An der nördlichen Stadtausfahrt, Köztársaság út, wurde 1764 anlässlich eines Besuchs der Kaiserin Maria Theresia der einzige **Triumphbogen (Diadalív)** Ungarns erbaut, heute ein vom Verkehr reichlich mitgenommenes Kuriosum. Links befindet sich die gewaltige Fassade des Gefängnisses, einst von der Kaiserin als Erziehungsanstalt junger Adliger gegründet.

Umgebung
Das 11 km südöstlich von Vác gelegene Dorf **Vácrátót** 11 (s. S.370) ist bekannt für seinen aus einem englischen Garten von 1830 hervorgegangenen Botanischen Garten (Botanikus Kert). Auf 23 ha findet man die größte Pflanzensammlung Ungarns, akzentuiert von künstlichen Ruinen, Wasserfällen, Grotten und einer Wassermühle.

»Sissis« bevorzugte Sommerresidenz: Schloss Grassalkovich

Ausflug in Budapests Osten und Süden

Gödöllő – Barock pur

Karte: S. 94
Tipps & Adressen: S. 333

12 Die östlich von Budapest gelegene Kleinstadt Gödöllő besitzt nach Fertőd (s. S. 140) das zweitschönste **Barockschloss** des Landes. Es entstand 1744–50 nach den Plänen von Andreas Mayerhoffer für Graf Antal Grassalkovich, einen der mächtigsten Magnaten des 18. Jh. und Vertrauten Kaiserin Maria Theresias. Die von einem Park umgebene U-förmige Anlage umfasste Ställe, eine Orangerie, Theater und Kirche. Im Jahr des Ausgleichs 1867 schenkte die ungarische Nation sie dem Habsburger Königspaar Franz Joseph I. und Elisabeth (= »Sissi«) als Lustschloss. Nach dem Zusammenbruch der k.u.k.-Monarchie 1918 wurde es die Sommerresidenz von Reichsverweser Miklós Horthy, der Ungarn an der Seite Deutschlands in den Zweiten Weltkrieg führte. 1944 erst von deutschen, dann von russischen Truppen geplündert und zerstört, wurden die Wirtschaftsgebäude ab 1950 sowjetische Kaserne und das Schloss Altenheim. Die Spuren dieser Zeit sind noch an den Nebengebäuden und im Park erkennbar.

Das Hauptgebäude erstrahlt dagegen in neuem Glanz. Gegenwärtig sind 26

»Sissis« Ungarnliebe

Noch heute findet man überall im Land Plätze und Gebäude, die nach der Herzogin Elisabeth aus Bayern, Königin von Ungarn und Gemahlin Kaiser Josephs I. benannt sind. Darin zeigt sich die bis heute alles überdauernde Verehrung der Ungarn für ihre Königin »Sissi« (auch »Sisi«). Die Ungarn schätzten sie als eine dem Geist des aufgeklärten Absolutismus nahe stehende Herrscherin. Außerdem sprach sie fließend Ungarisch, studierte Ungarns Geschichte, las ungarische Literatur, war eine ausgezeichnete Reiterin und hübsch dazu. Ihre Liebe zu den Ungarn soll in gewisser Weise eine »Trotzreaktion« gegen ihre Schwiegermutter, die Erzherzogin Sophie, eine »Ungarnhasserin«, gewesen sein.

Anfangs war die 1854 zwischen der erst 16-jährigen Elisabeth und Franz Joseph I. geschlossene Ehe eine Liebesheirat. Doch das Paar lebte sich bald auseinander. Elisabeth entwickelte sich zu einer selbstständigen, intellektuell interessierten, warmherzigen Frau mit melancholischen Neigungen, während er zunehmend ein kühler, dogmatischer und pflichtbewusster Herrscher wurde.

Bei der Vorbereitung des Ausgleichs zwischen Österreich und Ungarn hat dementsprechend Elisabeth als habsburgische Kaiserin eine entscheidende Rolle gespielt. In dieser Zeit hatte sie persönlichen Kontakt zu den wichtigsten ungarischen Politikern wie Graf Gyula Andrássy, Baron József Eötvös und Ferenc Deák. Nicht sicher ist, wie weit die Vertraulichkeiten zwischen ihr und dem als sehr anziehend geltenden Andrássy gingen, aber ihre Verehrung des untersetzten, jovialen Ferenc Deák, dem »Weisen des (ungarischen) Vaterlandes«, zeigte sie offen.

Als nach zehnjähriger Kinderlosigkeit im Sommer 1868 ihre Tochter Marie Valerie geboren wurde, nannte man sie liebevoll die »Prinzessin von Gödöllő«.

Spätbyzantinische Fresken der Serbisch-orthodoxen Kirche von Rackéve

rekonstruierte Räume zu besichtigen, zu großen Teilen mit zeitgenössischem Mobiliar anderer Schlösser eingerichtet. Beeindruckend ist der 165 m² große und 9,3 m hohe **Prunksaal,** den die gemeinnützige Schlossverwaltung mit anderen Räumen für feierliche Anlässe und Kongresse vermietet, um die weiteren Renovierungskosten zu decken. Außerdem wurde eine **Königin-Elisabeth-Gedenkausstellung** eingerichtet. Nach der Besichtigung kann man sich im stilvollen Schlosscafé stärken: Kaffee und Kuchen werden auf handbemaltem Porzellan aus Hollóháza serviert.

Umgebung von Gödöllő

Im 5 km nördlich gelegenen Dorf **Szada** 13 lebte und arbeitete der Historienmaler Bertalan Székely. Das von Frigyes Schulek entworfene Atelier beherbergt heute ein Museum.

Ráckeve – Perle der Csepel-Insel

Karte: S. 94
Tipps & Adressen: S. 356

14 Ráckeve ist der größte Ort auf der südlich von Budapest von zwei Donauarmen gebildeten, 54 km langen Csepel-Insel *(-sziget),* die sich durch urtümlich-wilde Flussufer auszeichnet. Benannt wurde das Städtchen nach den im 15. Jh. hier angesiedelten Serben (= *rác*) und ihrem Heimatort Kovin (ungar. Keve). Bereits 1478 konnten sie ihre **Serbisch-orthodoxe Kirche** an der Viola utca 1 einweihen. Die Kirche ist leicht an ihrem hellblauen, separaten Turm zu erkennen. Im Inneren der sie umgebenden Mauer wohnen Leute, die einem bereitwillig das Heiligtum öffnen. Der Innenraum ist über und über mit Fresken im byzantinischen Stil bedeckt. Einige der mittelalterlichen Fresken wurden im 18. Jh. übermalt. Eine Kostbarkeit ist auch die Rokoko-Ikonenwand.

Leider erwies sich auch Ráckeve nicht als sicher vor den Osmanen. Der neue Eigentümer und Türkenbezwinger Prinz Eugen von Savoyen besiedelte den gebrandschatzten Ort Ende des 17. Jh. mit deutschsprachigen Katholiken. 1702 beauftragte er Lukas von Hildebrand mit dem Bau des **Savoyer Schlosses (Savoyai kastély).** Heute kann man das prächtige Barockambiente nur als Hotel- und Restaurantgast genießen. Das nahe **Árpád-Museum** (Kossuth Lajos utca 34) informiert über die einstigen Wassermühlen an der Donau und das Leben der Müller.

Im nahen **Szigetbecse** 15 erwartet Liebhaber der Fotokunst eine Überraschung: Hier treffen sie auf ein kleines, dem weltberühmten André Kertész gewidmetes Museum.

Székesfehérvár – Ein edler Zungenbrecher

Karte: S. 105
Tipps & Adressen: S. 362

■ Ihre Einwohner nennen die im Herzen Mitteltransdanubiens und auf halbem Weg zwischen Balaton und Budapest gelegene Stadt nicht ohne Stolz die »Stadt der Könige«, »Wiege des ungarischen Staates« und »Wirtschaftswunder«. Seit ihrer Gründung um 972 wurden hier im Verlauf von 500 Jahren 37 Könige und 39 Königinnen gekrönt und 15 Herrscher begraben. Hier tagten die Landtage, befanden sich die Krönungsinsignien und

Székesfehérvár 1 Nationale Gedenkstätte Bischofspalast 3 Rathaus 4 Hiemer-Haus 5 Dom 6 Sankt-Anna-Kapelle 7 Budenz-Haus 8 Komitatshaus 9 Jesuitenkloster 10 István-Király-Museum 11 Theater 12 Raitzen- bzw. Serbenstadt

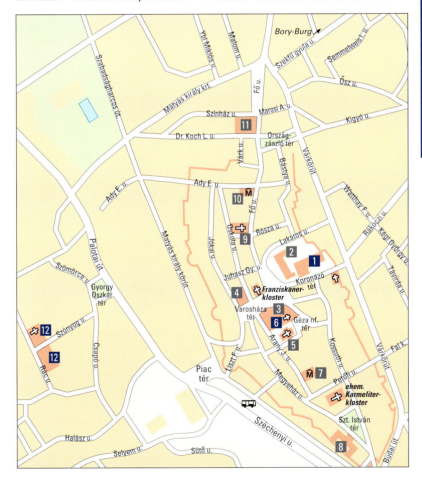

das Staatsarchiv. Székesfehérvár (Stuhl-weißenburg) ist Bischofssitz, Verwaltungszentrum des Komitats Fejér und Sitz eines Zehntels der ungarischen Industrie. In der Umgebung liegen der Velencer See, das kleine, aber feine Weinbaugebiet Mór, die Römerstadt Gorsium und zahlreiche Schlösser.

Die Wiege der Stadt war die um 972 vom Fürsten Géza inmitten eines Sumpfgebiets gegründete Burg, die sein Sohn Stephan I. als Alba Regia zur bedeutendsten Königspfalz neben Esztergom machte. Um 1016 stiftete er eine Basilika als Sippen- und Krönungskirche. Bis zum Sieg der Türken 1543 über die Stadt galt sie als uneinnehmbar. Zuletzt fügte die christliche Rückeroberung der Stadt schwere Schäden zu, von denen sie sich erst ab 1777 durch die Erhebung zum Bistum erholte. Im Zug des Wiederaufbaus entstand die barock geprägte Altstadt. Székesfehérvár ist ein wirtschaftliches Zentrum, Kultur- und Schulstadt.

Stadtrundgang

Den Reisenden begrüßt ein für Ungarn ungewöhnlich städtisches Ambiente mit Einkaufszentren, Kleinindustrie, Plattenbauten und postmodernen Glaspalästen. Dagegen wirkt die von der mittelalterlichen Stadtmauer umschlossene, verkehrsberuhigte Altstadt wie eine stimmungsvolle Insel. Ein guter Ausgangspunkt sind die von einer kunstvollen Glaskonstruktion überdachten Überreste der einstigen Krönungsbasilika in der **Nationalen Gedenkstätte (Nemzeti Emlékhely)** ◼1. Die auf einer Grundfläche von 76 x 38 m Grundfläche errichtete Basilika wurde von den Türken als Pulvermagazin genutzt und explodierte 1601 bei einer Belagerung. Über ihr Ende entschied letztlich Bischof János Milassin, der die Steine später zum Bau seines angrenzenden Bischofspalastes abtragen ließ. Ausgestellt sind im heutigen **Ruinengarten (Romkert)** vor allem Fragmente der Basilika und Grabsteine.

Der die Ostseite des Városház tér einnehmende **Bischofspalast (Püspöki palota)** ◼2 entstand 1801 als monumentaler Zopfstilbau. Der **Reichsapfel-Brunnen** erinnert an den 900. Todestag von Stephan I. 1938. Das **Rathaus (Városháza)** ◼3 besteht aus zwei Häusern, dem 1690 errichteten Teil mit Allegorien der Klugheit und Gerechtigkeit sowie dem Spätbarockpalais Zichy (18. Jh.). Gegenüber erbauten die Franziskaner 1720–42 eine Kirche mit Ordenshaus. Das **Hiemer-Haus** ◼4 mit dem von zwei bärtigen Konsolenköpfen getragenen Erker an der Ecke Jókai utca 1 gilt als schönster Rokokobau der Stadt. Durch schmale Gassen erreicht man den einstigen Burghügel. Anstelle der um 1235 von Béla IV. gegründeten Pfarrkirche steht der massige Spätbarockbau des heutigen **Doms (Székesegyház)** ◼5. Chor und Hochaltar schuf der Wiener Hofarchitekt Franz Anton Hildebrandt. Die Deckenfresken von Johann Cymbal zeigen Szenen aus dem Leben des hl. Stephan. Als einziges mittelalterliches Bauwerk (um 1470) hat die benachbarte kleine **Sankt-Anna-Kapelle (Szent Anna-kápolna)** ◼6 überlebt. Im Inneren erinnern türkische Freskenreste an die osmanische Zeit der Stadt.

Das **Budenz-Haus** ◼7 beherbergt den Nachlass der Familie des Architekten Miklós Ybl, einem bedeutenden Vertreter des ungarischen Historizismus (Arany János utca 12). Den südlichen István tér umrahmen elegante klassizistische Bauten, wie das 1812 von Mihály Pollack erbaute **Komitatshaus (Megyeháza)** ◼8. Vorbei an der eintürmigen **Karmeliterkirche** von 1730, deren In-

Altstadtkulisse von Székesfehérvár

neres Deckenfresken und einige Altarbilder von Franz Anton Maulbertsch schmücken, erreicht man das orientalisch anmutende Kuppelbad in der Kossuth utca 13. Luftig leicht und gleichzeitig romantisch verspielt wirkt die Jugendstilfassade am benachbarten **Pfauen-Haus** (Nr. 10).

Zurück auf dem Fő tér sollte man am Bischofspalais vorbei in die Fő utca, die recht lebendige Hauptstraße, spazieren. Die mächtige Front der Kirche gehört zu einem um 1750 erbauten **Jesuitenkloster** 9, das die Pauliner übernahmen, bis es 1813 in den Besitz der Zisterzienser überging. Detailreich gearbeitet sind die Linden- und Eichenholzschnitzereien der Pauliner in der Sakristei (Eingang János Köz). Im einstigen Ordenshaus (Nr. 6) wurde die Hauptabteilung des **István-Király-Museums** 10, die Zweigstelle liegt am Országzászló tér, eingerichtet. Ausgestellt sind archäologische, orts- und volksgeschichtliche Sammlungen, darunter die wertvollsten Funde aus der nahen Römerstadt Gorsium (s. S. 109f.). In der 1758 im Haus Nr. 5 gegründeten **Apotheke Fekete Sas** (Zum Schwarzen Adler) ist die schöne Rokoko-Einrichtung erhalten, heute dient sie als Museum. Einen hübschen Akzent setzt das eklektische **Theater** 11 am Straßenende.

Außerhalb der Stadtmauern, jenseits der Palotai út, vorbei an dem gläsernen Einkaufscenter und inmitten einer Neubausiedlung, liegt die **Rácváros**, die alte **Raitzen- bzw. Serbenstadt** 12, deren Reste als »lebendes« Freilichtmuseum liebevoll restauriert wurden. Einzige Straße ist die mit alten Pflastersteinen versehene Rác utca, gesäumt von reetgedeckten, weiß getünchten Langhäusern mit Laubengang und der barocken orthodoxen Pfarrkirche. Die ehemalige Schule gegenüber ist heute als Milchmuseum eingerichtet. Außerdem gibt es ein Heimatmuseum und eine

Märchenhafte Bory-Burg

Handwerksausstellung. Die Stadt erhielt für die Restaurierung dieses pittoresken Dorfensembles den Europa-Nostra-Preis für Denkmalschutz.

Wie ein verwunschenes Märchenschloss liegt die **Bory-Burg** *(-vár)* mit ihren unzähligen Türmchen, Balkonen, Terrassen, Arkaden und Skulpturen am Rand von Székesfehérvár in einem zauberhaften Garten. Dieses einzigartige Bauwerk, wo »die Steine sprechen«, ist das Lebenswerk des Bildhauers und Architekten Jenő Bory (1879–1959). Nach seinen eigenen Entwürfen baute er eigenhändig fast 40 Sommer lang an der Realisierung seines künstlerischen Traums – und aus Liebe zu seiner Frau. Er hatte die Malerin Ilona Komocsin (1885–1974) bei ihrem gemeinsamen Lehrer, dem ungarischen Historienmaler Bertalan Székely, kennen gelernt. Außer den Werken der beiden Künstler sind die Burg und der Garten zu besichtigen.

Rund um Székesfehérvár

Karte: S. 109
Tipps & Adressen: Martonvásár S. 347, Velence S. 370, Gorsium S. 333, Mór S. 350

Das **Schloss von Martonvásár** **1** ist für Beethoven-Verehrer längst kein Geheimtipp mehr. Mehrfach verbrachte der Komponist als Gast und Freund der Familie Brunswick längere Zeit in ihrem 1773–75 erbauten und 1875 im Tudorstil umgestalteten, von einem herrlichen englischen Garten umgebenen Landsitz. Hier sollen so gefühlvolle Werke wie die »Appassionata« und die »Mondscheinsonate« entstanden sein. Heute ist im Schloss ein Beethoven-Gedenkmuseum eingerichtet. Die Ausstellung zeigt den Flügel, auf dem Beethoven spielte, Notenblätter, Dokumente und eine Haarlocke. Zur Sammlung zählen auch die nach wie vor Rätsel aufgebenden, nie abgeschickten Briefe Beethovens (1812) an seine »Unsterbliche Geliebte« (s. S. 110f.). – Auf der Freilichtbühne im Park des Schlosses finden im Sommer Beethoven-Konzerte statt.

Weiter südwestlich liegt im Schutz des bis zu 352 m hohen Velencei-hegység (Velence-Gebirge) der **Velencei-tó** 2, der auch als der kleine Bruder des Balaton bezeichnet wird. Der Velence-See erstreckt sich über 26 km² und ist durchschnittlich nur 1,2 m tief, was die Wassertemperatur im Sommer leicht auf 26 °C ansteigen lässt. Das seidenweiche Wasser, das angenehme Klima, die Heilkräfte von Wasser und Schlamm sowie die Nähe zu Budapest und Székesfehérvár ließen schnell eine Ferienregion entstehen. Am Ufer gibt es zahlreiche belebte Strände, die sich zum Baden, Surfen und Paddeln eignen. Das westliche Schilfgebiet ist als Vogelreservat geschützt. Kleine Buchten sind regelrechte Anglerparadiese. Am Südufer reihen sich Feriensiedlungen aneinander, während am Nordufer – durch die Autobahn vom See abgetrennt – ruhigere Weindörfer liegen.

Eingebettet in eine mediterran anmutende Parklandschaft liegt bei dem Dorf Tác, südlich von Székesfehérvár, Ungarns größte römische Ausgrabungsstätte, **Gorsium-Herculia** 3. Aus einem strategisch günstig gelegenen Stützpunkt entwickelte sich die römische Ansiedlung Gorsium, die Kaiser Hadrian 124 in den Rang einer Stadt erhob. Zur Zeit ihrer größten Blüte dürfte sie rund 8000 Einwohner gehabt haben. Nach Zerstörungen durch germanische und sarmantische Stämme ließ Kaiser Diokletian sie unter dem Namen Herculia wieder aufbauen. Nach ihrem endgültigen Untergang während der Völkerwanderungszeit dienten die Steine den Magyaren als Baumaterial für ihre Stadt Alba Regia, heute Székesfehérvár. In dem ausgedehnten Ruinenfeld kann

Rund um Székesfehérvár

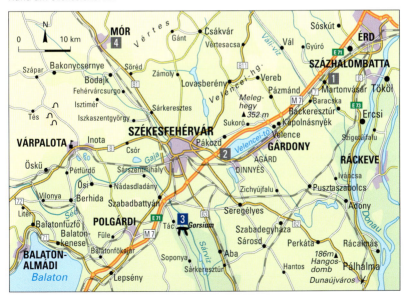

Beethovens rätselhafte »Unsterbliche Geliebte«

Mein Engel, mein alles, mein Ich ...!« – wem haben diese leidenschaftlichen Worte gegolten? Das romantische Schloss von Martonvásár ist sehr wahrscheinlich eng mit Beethovens »Unsterblicher Geliebten« verbunden, deren Identität bis heute ein Geheimnis ist. In der Beethoven-Gedenksammlung ist eine Faksimile-Ausgabe dieser Briefe zu sehen, die nach jüngster Forschung an Josephine von Brunswick gerichtet gewesen sein sollen. Eine offizielle Bestätigung fehlt jedoch noch.

Lange Zeit tappte man auf der Suche nach der »Unsterblichen Geliebten« im Dunkeln, auch eine hübsche Italienerin namens Giulietta Guicciardi, eine Cousine der Brunswick-Schwestern, war im Gespräch. Von anderer Seite wird neuerdings Antonie von Brentano als Beethoven-Geliebte favorisiert. Letztlich dreht sich jedoch alles um den Namen Brunswick. »Der Name Brunswick bleibt für ewig mit dem Beethovens verbunden, der jenen Namen selbst auf das Titelblatt seiner zwei schönsten Werke schrieb« – so urteilt der Beethoven-Biograf Romain Rolland.

Im Mai 1799, sieben Jahre nach dem Tod des Vaters, brachte die Witwe Brunswick ihre beiden Töchter, die 24-jährige Therese und die 20-jährige Josephine, mit der Hoffnung nach Wien, wenigstens eine Tochter zu verheiraten. Zu dieser Zeit besuchten sie den schon bekannten Klavierlehrer Beethoven, um ihn für den Unterricht zu gewinnen, was auch gelang. Das war der Beginn einer langjährigen, wenngleich nicht ungetrübten Freundschaft mit der Familie.

Wahrscheinlich hat sich bereits in den ersten Klavierstunden eine Liebe zwischen dem Komponisten und der schönen Gräfin entwickelt. Er soll die Damen jedenfalls täglich und ausgiebig im Hotel »Zum Goldenen Greifen« besucht haben. Auf Drängen der Mutter verlobte sich Josephine noch im gleichen Monat standesgemäß mit dem Grafen Joseph Deym, einem 47-jährigen Aristokraten mit bewegter Vergangenheit. Die Ehe war unglücklich und die junge Frau schrieb enttäuscht aus Wien an ihre Schwester, dass die einzigen Glanzpunkte ihres Lebens die wöchentlichen Musikabende seien, an denen auch Beethoven teilnehme. Als Deym 1804 an einer Lungenentzündung starb, hatte sie bereits drei Kinder und erwartete das vierte. Aus einem 1957 vom Bonner Beethoven-Haus veröffentlichten Briefwechsel aus den Jahren 1804–07 geht die leidenschaftliche Beziehung der beiden deutlich hervor.

Doch warum heiratete Josephine 1810 den estländischen Aristokraten Baron Christoph von Stackelberg? War hier wieder ihre mit Standesdünkeln behaftete Mutter im Spiel? Auch die Schwester Therese fragt sich in

Beethoven war im Schloss Brunswick in Martonvásár ein gern gesehener Gast

ihrem Tagebuch von 1846 – ihre Schwester war kurz nach der zweiten, völlig zerrütteten Ehe 1821 gestorben – »Warum nahm ihn Josephine nicht als Gatten zu sich, als sie Deyms Witwe war, mit ihm wäre sie glücklicher gewesen als mit Stackelberg.« Beethoven verfasste 1812 im böhmischen Teplice einen dreiteiligen leidenschaftlichen und nie abgeschickten Brief ohne Hinweise auf die Adressatin. Wie einige andere glaubte auch Rolland zuerst an Therese als heimliche Geliebte, übrigens eine selbstbewusste, aufgeklärte Persönlichkeit, die sich für die Gleichberechtigung der Frau in der Bildung und für Kindergärten einsetzte. Später vertrat er wie der Musikwissenschaftler La Mara (1920) die Auffassung, dass Beethovens unsterbliche große Liebe Josephine war, eine mehr und mehr in den Vordergrund rückende These.

Damals machten die unüberbrückbaren Schranken zwischen gesellschaftlichen Klassen diese Liebe unmöglich. »Sie waren für einander geboren und wären beide am Leben, wenn sie sich vermählt hätten«, schrieb Therese von Brunswick 1848.

Richtig Reisen Tipp

Wie einst der Kaiser … – Übernachten im Schloss Zichy-Hadik

In Seregélyes, gut 10 km von der Autobahn M7 (Budapest–Balaton) entfernt, liegt in einer stillen Landschaft inmitten eines weitläufigen Parks das klassizistische Zichy-Hadik-Schloss. Um seine Entstehung rankt sich folgende Anekdote. Kaiser Franz I. soll 1820 zu Graf Ferenc Zichy gesagt haben: »Im kommenden Jahr werden die Truppenübungen im Komitat Fejér durchgeführt. Wie ich höre, haben Sie dort ein schönes Schloss, dort werde ich absteigen.« Zu diesem Zeitpunkt gab es hier aber gar kein Schloss, doch dem Grafen blieb nichts anderes übrig, als schnell eines errichten zu lassen … Diese überstürzte Entscheidung sieht man dem Gebäude allerdings nicht an.

Nach 1944 – von Bomben getroffen und verlassen – drohte das Schloss zu verfallen. Schließlich wurde es von der Taurusgruppe, einem ungarisch-französischen Joint Venture, stilgetreu restauriert und zum Hotel umgebaut. Parkettböden, Lüster, alte Kachelöfen sowie ein gepflegter Park mit Teich geben dem Ganzen einen Hauch des alten Glanzes zurück. Der Pool ist weit genug entfernt, um das edle Erscheinungsbild nicht zu stören.

Taurus Kastély Hotel, Tel. 447-030, Fax 447-032, Kastelyszallo@mail.data-trans.hu, www.hotels.hu/taurus_Kastely, moderat bis teuer. Ausgezeichnete Küche; nobel, aber lockere Atmosphäre.

Bei Székesfehérvár

---

man stundenlang umherwandern, ohne dass Langeweile aufkommt. Zu sehen sind gut erhaltene römische Grabsteine, eine gepflasterte Straße, zahlreiche Grundmauern, Säulen, schöne Mosaiken, ein Museum und ein Friedhof.

Das kleine **Weinbaugebiet Mór** 4, in einer Senke zwischen Bakony- und Vértes-Gebirge gelegen, ist heute im Ausland kaum noch bekannt, belieferte aber früher den Wiener Kaiserhof. Nach der Türkenzeit nahmen schwäbische Einwanderer zu Beginn des 18. Jh. die Weinbaukultur wieder auf, rodeten die Hänge und bepflanzten sie mit der traditionellen ungarischen Rebe Ezerjó (Tausendgut). Im glücklichen Zusammenspiel von Trauben, Klima und Boden reift heute ein einzigartiger, feuriger und spritziger Weißwein heran, der Móri Ezerjó. Im Ort kann man sich im Weinmuseum mit Restaurant über den örtlichen Weinbau informieren und von dem grünlich-gelben Rebensaft kosten. Anschließend empfiehlt sich ein Spaziergang durch die Kellerstraßen Pince utca, Zrínyi utca und Ezerjó utca. Das Zentrum liegt um den Kapucinus tér und den begrünten Szent István tér zwischen der Kapuzinerkirche und der erhöht stehenden Pfarrkirche.

Der wärmste See Europas: der Velencei-tó   *Wiener Torplatz in Győr* ▷

Nördliches Trans-danubien

Durch die Kleine Tiefebene nach Budapest

Die meisten Reisenden, die bei Mosonmagyaróvár die Grenze überschreiten, streben ohne nach links oder rechts zu schauen Richtung Budapest. Dabei bietet die Kleine Tiefebene (Kisalföld) einige interessante Sehenswürdigkeiten wie die zauberhafte Auenlandschaft Szigetköz, die Barockstadt Győr und die mächtige Benediktinerabtei Pannonhalma. Die Kleine Tiefebene erstreckt sich im Nordwesten Ungarns von der Südspitze des Neusiedler Sees bis zum Vértes-Gebirge. Sie ist die zweitgrößte Ebene des Landes. Für die Fruchtbarkeit des Bodens sind außer der Donau vor allem ihr Seitenarm Mosoni-Duna und die Flüsse Rábca (Rabnitz), Rába (Raab) und Marcal verantwortlich. Letztere münden bei Győr, dem Zentrum dieser Region, in die Donau. Immer entlang der Autobahn (M1) geht es weiter über die Seenstadt Tata und durch das Vértes-Gebirge in die Hauptstadt. Während die flache Landschaft der Kleinen Tiefebene dem allgemeinen Ungarnbild entspricht, ist der Anblick der 500 m hohen Berge überraschend: Zerklüftetes Karstgestein wechselt mit einer waldreichen Mittelgebirgslandschaft, durchzogen von schmalen Straßen, die die wenigen kleinen Dörfer

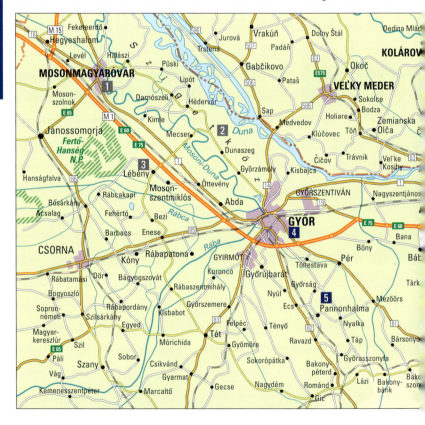

verbinden. Burgruinen wie Várgesztes, die Einsiedelei Majkpuszta und viele Wanderwege machen das Vértes-Gebirge zu einem beliebten Naherholungsgebiet für Budapester. Gestört wird die Idylle nur von den Bergbaustädten Tatabanya und Oroszlány.

Mosonmagyaróvár, die »Porta Hungarica«

Karte: S. 116/117
Tipps & Adressen: S. 350

Das an der Mündung der Lajta (Leitha) in die Mosoni-Donau liegende **Mosonmagyaróvár** 1 ist eine Kleinstadt nahe der Grenzübergänge Nickelsdorf/Hegyeshalom und Rajka. Es entstand erst 1939 durch den Zusammenschluss der Orte Moson (Wieselburg), Magyaróvár (Ungarisch Altenburg) und Lucsony. Die strategisch günstige Lage nutzten bereits die Römer zum Bau des Stützpunktes Ad Flexum, auf dessen Überresten schließlich das »Tor Ungarns« entstand. Die erste Burg wurde um 1000 in Moson errichtet und 1271 vom böhmischen König Ottokar zerstört. Die nächste Festung entstand in Magyaróvár (óvár = »alte Burg«) auf einer Lajta-Insel inmitten von Sümpfen. Herzog Albert von Sachsen-Teschen ließ die in den Türken-

Nördliches Transdanubien

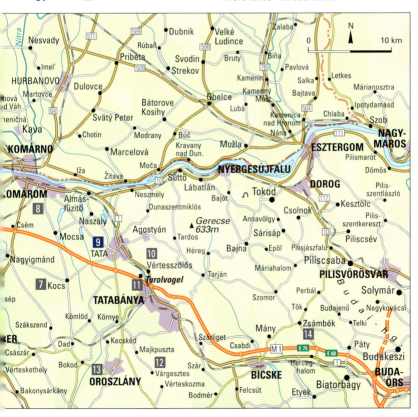

kriegen zerstörte Anlage Ende des 18. Jh. wieder aufbauen. An der 1818 von ihm gegründeten Landwirtschaftlichen Fachschule, einer der ersten Europas, studierte 1822/23 Nikolaus Lenau, bevor er als Dichter Berühmtheit erlangte. Heute beherbergt die Burg die Agrar-Universität und ein Museum zur Berggeschichte.

Das Zentrum liegt um die von schönen barocken und klassizistischen Fassaden gesäumte **Hauptstraße (Fő út)** und die östlich liegende Fußgängerzone um den **Szent Lászlo tér** mit der barocken Pfarrkirche (17. Jh.).

Über die Cserháti S. utca, später Halászi út, gelangt man an der Burg vorbei über die Lajta und die Mosoni-Donau auf die **Kleine Schüttinsel (Szigetköz)** 2 – ein kleiner, aber durchaus reizvoller Umweg. Das von unzähligen toten Flussarmen und Inseln durchzogene Gebiet entstand aus dem von der Ur-Donau aufgeschütteten Sand und Kies. Seit der Flussregulierung im ausgehenden 19. Jh. verwandelt sich die Landschaft zwischen den Deichen alljährlich im Frühjahr in ein »wogendes Meer«. Die dort lebenden Menschen, früher meistens Fischer oder Goldwäscher, errichteten ihre Häuser auf sicheren Halden. Infolge wiederholter Trockenperioden und der Inbetriebnahme des slowakischen Wasserkraftwerks bei Gabčikovo sinkt der Pegel aber ständig, was die einzigartige Flora und Fauna dieses 9158 ha großen Naturschutzgebietes bedroht. Im Dorf **Hédervár** ließ das Adelsgeschlecht Héderváry anstelle einer mittelalterlichen Grenzburg ein befestigtes Renaissanceschloss bauen. Das von einem Park umgebene Gebäude wurde zwar bei späteren Umbauten verändert, bietet aber ein schönes Bild. Blickfang ist der integrierte sechseckige Wohnturm der alten Burg. Das Schloss ist heute ein

stimmungsvolles Nobelhotel (s. Moson-magyaróvár S. 350).

Das unmittelbar an der Autobahn M1 liegende **Lébény** 3 besitzt mit seiner aus weißem Kalkstein erbauten Pfarrkirche die älteste romanische Sippenkirche Westungarns. In der flachen Landschaft sieht man ihre mächtigen Doppeltürme schon von weitem emporragen. Eine Legende erzählt, dass die Bauherren der Kirche weiße Lämmer gaben, die sich dann in Mauersteine verwandelten. Die Grafen Chépan und Pot jedenfalls stifteten die dreischiffige Basilika 1199 den Benediktinern. Von den gegen Wien ziehenden Türken schwer beschädigt, wurde sie 1772 umfassend restauriert und 1838 zur Pfarrkirche erhoben. Erhalten blieben außer den Türmen die Außenmauern mit den drei Ostapsiden und zwei Rundbogenportale sowie im Inneren die mit Knospenkapitellen verzierten Bündelpfeiler und das Kreuzrippengewölbe unter der Herrschaftsempore.

Győr – ein Opus in Barock

Karte: S. 119
Tipps & Adressen: S. 334ff.

4 Zu Recht ist der alte Bischofssitz stolz auf eine der malerischsten Innenstädte Ungarns. Unabhängig davon, ob man mit dem Auto oder per Bahn nach Győr (Raab) kommt, muss man sich erst durch einen Ring von Wohnblocks und Gewerbegebieten zum Zentrum vortasten. Győr ist eine der wichtigsten Handelsstädte des Landes, Komitatssitz, Universitäts- und Kulturstadt.

Geschichte

Die günstige Lage an der Mündung von Rába (Raab), Rábca (Rabnitz) und Marcal in die Mosoni-Donau machte die »Stadt der Flüsse« schon bei Kelten und Rö-

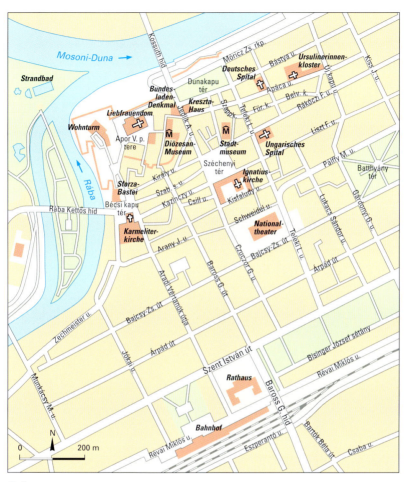

Győr

mern zu einem bedeutenden Handelszentrum mit Namen Arrabona. Im 6. Jh. errichteten die Awaren eine Ringburg *(gyűrű* = »Ring«), von der sich der heutige Name ableitet. Um 1009 erhob Stephan I. Győr zum Bischofssitz. Obwohl die Stadt während der Türkenkriege mehrfach verwüstet wurde, erholte sie sich im 17. Jh. rasch. In dieser Zeit erhielt das Zentrum sein barockes Erscheinungsbild. Außerdem entwickelte sich Győr zur katholischsten Stadt Nordtransdanubiens, zum »ungarischen Rom«. Der Anschluss an die Eisenbahnlinie Wien–Budapest und der Bau des Donauhafens im 19. Jh. ließen hier ein blühendes Wirtschaftszentrum entstehen.

Stadtrundgang

Nahe des Bahnhofs erhebt sich das monumentale neobarocke **Rathaus (Városháza)** mit seinem 60 m hohen Turm. Von hier führen die Baross G. út, Teil der jüngst geschmackvoll renovierten Fußgängerzone, oder die Aradi vértanúk útja zum **Wiener Torplatz (Bécsi kapu tér)**. Das markanteste Gebäude des malerisch am Rába-Ufer gelegenen Platzes ist die in Kaisergelb erstrahlende, 1721 von Martin A. Witwer entworfene **Karmeliterkirche (Karmelita templom)**. Im prächtigen, ellipsenförmigen Inneren stammen die Seitenaltargemälde von Martino Altomonte. Das ehemalige Kloster im italienischen Barockstil dient heute als Hotel. Als schönstes Haus am Platz gilt das **Altabak-Haus** mit seinen zwei markanten Eckerkern, das 1620 für den gleichnamigen Domherrn erbaut wurde. Das Denkmal in der Mitte des Platzes zeigt den Dramatiker Károly Kisfaludy, Bruder des bekannten Dichters Sándor Kisfaludy.

Am eindrucksvollsten ist das Panorama der bischöflichen Burg von der Rába-Brücke, die auf die Insel *(sziget)* am anderen Ufer führt. Hier, außerhalb der alten Stadt, durften die »Anders-

Karmeliterkirche im vornehmen Kaisergelb

gläubigen« ihre Gotteshäuser bauen. So findet man am Petőfi tér die erste evangelische Kirche der Stadt (1784) versteckt im Hof von Haus Nr. 2 sowie den Kuppelbau der Synagoge (Nr. 5).

Zurück auf dem Wiener Torplatz, gelangt man über die Káptalan utca auf den Kapitelhügel (Káptalan-domb). Der Weg führt vorbei an der **Sforza-Bastei** (heute Lapidarium) und den **Kasematten** – beides Werke italienischer Festungsbaumeister im 16. Jh. Nach gewonnener Schlacht ließ Napoleon die Burg 1809 schleifen, sodass vom alten Bischofspalst nur noch ein mittelalterlicher **Wohnturm** erhalten ist. Mittelpunkt der barockisierten Anlage ist der **Liebfrauendom (Székesegyház).** 1996 galt ihm sogar ein Besuch des Papstes. Auf den Fundamenten einer im 11. Jh. gegründeten Kirche entstand zwei Jahrhunderte später eine dreischiffige romanische Basilika, von der die Apsiden und die Grundstruktur im Inneren erhalten blieben. An der Südfassade springt die gotische Ladislauskapelle hervor, in der das kostbarste Stück des Domschatzes aufbewahrt wird, das Kopfreliquiar des Königs und Heiligen Ladislaus (15. Jh.). Mit seinen bereits an die Portraitkunst der Frührenaissance erinnernden naturalistischen Gesichtszügen gilt es als Meisterwerk der mittelalterlichen Goldschmiedekunst. Mit dem Baumeister Giovanni B. Rava zog 1635 die barocke Pracht in die Kirche ein, die Melchior Hefele 1770 im Zopfstil vollendete. Der von Letzterem entworfene Hochaltar trägt das Altarblatt »Mariä Himmelfahrt« von Franz Anton Maulbertsch. Die letzte große Umgestaltung war die klassizistische Verblendung der Westfassade 1823. Auf dem Platz südlich des Doms blickt die Statue des Erzengels Michael mit dem Flammenschwert auf die Grundmauern einer romanischen Michaelskapelle nieder. Im einstigen Palais des bischöflichen Gutsverwalters (Nr. 1–2) sind Skulpturen, Kupferreliefs und Grafiken des zeitgenössischen Bildhauers Miklós Borsos ausgestellt.

In der malerischen Gasse Káptalandomb befindet sich das **Diözesanmuseum** (Egyházmegyei kincstár) mit einer kostbaren Sammlung liturgischer Geräte des 14.–18. Jh. Um das 1731 von Kaiser Karl VI. gestiftete **Bundesladen-Denkmal (Frigláda emlékmű)** auf dem nahen Gutenberg tér rangt sich folgende Legende: Bei der Verfolgung eines Deserteurs rannte die Burgwache den eine Prozession anführenden Priester um, wobei die Monstranz zerbrach. Als Wiedergutmachung soll der Kaiser das Denkmal gestiftet haben. Nach den Entwürfen von Joseph Emanuel Fischer von Erlach hat Antonio Corradini das ungewöhnliche Objekt barocker Sakralkunst gefertigt. Wie ein Mahnmal steht das Monument am Rand des hier beginnenden bürgerlichen Zentrums. Entlang verkehrsberuhigter Gassen, die zum Bummeln einladen, reihen sich Geschäfte, Cafés und Restaurants hinter hübschen Fassaden aneinander.

Im klassizistischen **Kreszta-Haus** (Apáca utca 1) ist der in Győr geborenen Keramikerin Margit Kovács eine Ausstellung gewidmet. Von hier ist es nicht weit zum Ufer der Mosoni-Donau oder zum **Széchenyi tér,** dem mittelalterlichen Haupt- und Marktplatz. Den großzügig angelegten Platz dominiert die um 1640 von den Jesuiten erbaute **Ignatius-Kirche** mit dem Ordenshaus. Bemerkenswert ist die kostbare Ausstattung. Deckenfresken und das Hauptaltarbild schuf der bedeutende Maler Paul Troger. Ein Kleinod ist die seit 1634 betriebene **Apotheke** an der Ecke des Kollegiums. Unter ihrer um 1700 mit

Mariensymbolen bemalten Stuckdecke erleichtert heute ein Computer die Arbeit. Das herrschaftliche Barockpalais (Nr. 5) von 1741 auf der gegenüberliegenden Platzseite diente den Äbten von Pannonhalma als Stadtresidenz. Seit 1949 beherbergen seine Räume das **Stadtmuseum,** das nach dem ungarischen Geografen Jánus Xantus benannt ist. An dem vor dem Nachbarhaus stehenden »Stock im Eisen« verewigten sich durchziehende Wandergesellen mit einem Nagel. Um die Ecke befindet sich die **Imre-Patkó-Sammlung** mit Bildern und Grafiken des 20. Jh. sowie Kult- und Gebrauchsgegenständen aus Ostasien, Afrika und den Südseeinseln.

So man einen Blick in die Innenhöfe werfen kann, sollte man es tun. So verbirgt sich hinter der Zopfstilfassade in der Liszt Ferenc utca 1 eine Renaissanceloggia aus dem 16. Jh. Das 1666 vom Bischof Széchenyi gestiftete **Ungarische Spital** (Rákóczi utca 6) besitzt einen Hof mit toskanischen Säulen. Seine Räume beherbergen heute eine Ausstellung vor allem historischen Mobiliars.

Besonders für Op-Art-Begeisterte interessant ist die Keramik-Wandverkleidung des **Nationaltheaters** (Czuczor Gergely utca). Die Schwarz-Weiß-Komposition entwarf der in Pécs geborene Victor Vasarély.

Pannonhalma – grandioses Weltkulturerbe

Karte: S. 116/117
Tipps & Adressen: S. 353

5 Ungefähr 20 km südöstlich von Győr thront auf einer 282 m hohen Bruchkante der mächtige Gebäudekomplex der Benediktiner-Erzabtei Sankt Martin,

seit 1850 kurz »Pannonhalma« genannt, über dem gleichnamigen Dorf. Anlässlich der Aufnahme des Klosters 1996 in die Liste der UNESCO als Weltkulturerbe im Jahr seines 1000-jährigen Bestehens reiste sogar der Papst an.

Das Klosterleben auf dem »Heiligen Berg von Pannonien« (Mons Sacer Pannoniae) begann im Jahr 996, als Fürst Géza die ersten Benediktinermönche hierher berief. Damit bekundete er seine Hinwendung zum römischen Papst. Sein Sohn Stephan I. setzte diese Politik fort und beendete den von seinem Vater begonnen Klosterbau. Während der Türkenkriege fungierte das Kloster als Schutzburg der Stadt Győr, konnte aber mehrfach eingenommen werden. Kurz nach dem Wiederaufbau wurde der Orden 1786 von Kaiser Joseph II. aufgelöst. Doch bereits 1802 berief Kaiser Franz II. die Benediktiner zurück, damit sie den Lehrbetrieb fortsetzten. Bis heute unterhalten sie ein Altersheim für Geistliche, ein Theologisches Seminar und ein Gymnasium von bestem Ruf mit angeschlossenem Schülerwohnheim. Letztere dienten am Ende des Zweiten Weltkriegs unter dem Schutz des Internationalen Roten Kreuzes als Kinderasyl. Mehr als 70 politisch oder rassisch verfolgte Personen konnten hier vor der Verschleppung gerettet werden.

Die wenigen Reste des **alten Klosters** verstecken sich hinter einem rein klassizistischen Erscheinungsbild. Diesem einheitlichen Gesamteindruck opferte der Architekt Johann Packh 1830 sogar die erhalten gebliebene mittelalterliche Front der Abteikirche. An ihrer Stelle erhebt sich nun der markante 55 m hohe Turm. Das im Stil der Zisterzienser gestaltete dreiteilige **Kirchenschiff** gliedern reich mit Knospen- und Blattkapitellen verzierte Pfeiler, an deren Sockeln Tierfiguren zu erkennen sind.

Die Bibliothek Pannonhalmas gehört zu den größten kirchlichen Bibliotheken Ungarns

Glücklicherweise haben die Türken die Kirche nicht zerstört, sondern als Moschee genutzt und damit die herrliche Architektur bewahrt. Erhalten ist auch die von einem gotischen Kreuzrippengewölbe überspannte dreischiffige **Krypta** (13. Jh.). Dem Altar gegenüber schützt eine rote Marmorverkleidung einen im 13. Jh. eingemauerten Holzthron. Der Legende nach war dies der Sitz von Stephan I.

Vom südlichen Seitenschiff der Kirche gelangt man durch ein Prunkportal, die **Porta Speciosa,** in den Kreuzgang. Das aus rotem ungarischen und weißem italienischen Kalkstein gearbeitete Stufenportal (13. Jh.) ist eines der kostbarsten spätromanischen Baudenkmä-

ler Ungarns. Der spätgotische **Kreuzgang** stammt von 1486. Die Tier- und Menschenfiguren an den Kragsteinen geben ein kleines Ratespiel auf: Wer symbolisiert die Tugenden und wer die Laster?

Zu den Höhepunkten der Klosterbesichtigung gehört sicherlich die **Bibliothek** mit der angeschlossenen Gemäldegalerie. Herzstück ist der T-förmige Prunksaal; von der Decke blickt Pallas Athene herab, die Schutzpatronin der Wissenschaft und der Künste, umrahmt von bedeutenden antiken und ungarischen Persönlichkeiten. In den Bücherschränken aus Kirschbaumholz reiht sich nur ein Teil des enormen Bestands von schätzungsweise 350 000 Bänden aneinander. Außerdem besitzt die Bibliothek zahlreiche Raritäten wie 30 Kodices, ca. 260 Wiegendrucke und wertvolle Handschriften, darunter die Stiftungsurkunde der Abtei Tihany von 1055. Die **Gemäldegalerie** präsentiert vornehmlich italienische, niederländische und deutsche Maler des 14.–18. Jh., darunter Paul Troger, David Teniers und Franz Anton Maulbertsch.

Auf dem Weg nach Tata

Karte: S. 116/117
Tipps & Adressen: Bábolna S. 309, Komárom S. 344

Die Gemeinde **Bábolna** 6, 5 km südlich der Autobahn M1, besuchen vor allem Pferdefreunde. Seit zwei Jahrhunderten werden im barocken Szapáry-Schloss ausgezeichnete englische Vollblutrassen und Vollblutaraber gezüchtet. »Shagyas« Nachkommen haben dem hiesigen Gestüt weltweiten Ruhm gebracht. Im ehemaligen Casino wurde ein Museum über die Gestütsgeschichte, Jagd und Kutschen eingerichtet. Dass man sich hier in der Heimat der Kutschen befindet, wissen übrigens die wenigsten. Ein Wagenbauer im nahen **Kocs** 7 entwickelte im 15. Jh. einen gefederten Reisewagen mit Verdeck für König Matthias Corvinus. So wurde das Dorf namengebend für die Kutsche, englisch *coach* und französisch *coche*.

Die Donauhafenstadt **Komárom** 8 ist eine geteilte Stadt. Bis zum Friedensvertrag von Trianon 1920 (s. S. 29f.) bildete sie mit dem slowakischen **Komárno** eine Einheit. Die beide Teile verbindende Brücke fungiert heute als Grenze, die man zu einem Spaziergang in die nun zur Slowakei gehörende Altstadt überqueren kann (Ausweis erforderlich). In der jenseitigen Altstadt wurden der Operettenkomponist Franz Lehár und Mór Jókai (s. S. 53), der größte Prosaschriftsteller der ungarischen Romantik, geboren.

Während der Napoleonischen Kriege ließ Kaiser Franz I. die Stadt rundum mit Festungsanlagen sichern. Von den erhaltenen Bauten ist die sich auf einer Fläche von 58 ha erstreckende **Monostori-Festung** *(erőd)* allein aufgrund ihrer gigantischen Ausmaße sehenswert. Etwa 21 Jahre lang waren rund 2000 Maurer und 10 000 Hilfsarbeiter mit ihrem Bau beschäftigt. Erst nachdem die Rote Armee ihr dortiges Munitionslager in den 90er Jahren aufgelöst hat, ist der Komplex zur Besichtigung freigegeben. – Bekannt ist die aus einer Tiefe von 1263 m mit einer Temperatur von 58 °C sprudelnde **Thermalquelle,** die sich vor allem zur Behandlung rheumatischer Erkrankungen eignet.

Tata – »Stadt des Wassers«

Karte: S. 125
Tipps & Adressen: S. 366f.

9 »So erreichen wir Tata, welche meiner Meinung nach mit Recht vor andere Burgen dieser Größe gestellt wird. Von einer Schanze werden die Gewässer aus den Bergen gesammelt, gestaut und zu einem See mit der Größe von 7000 Schritt geformt. Die Burg weist eine Würfelform auf, sie wird von Doppelmauern und Gräben verteidigt ...«, schreibt im 15. Jh. der italienische Historiker Bonfini. Obwohl gut fünf Jahrhun-

Tata

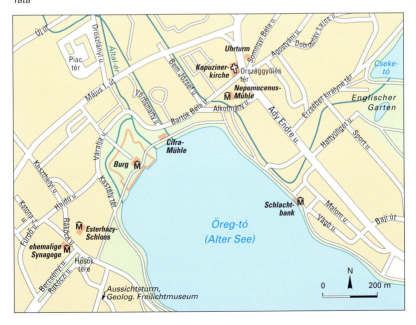

Blick auf den Alten See und die Burg von Tata

derte zwischen dieser Reisebeschreibung und heute liegen, wird man die Stadt **Tata** darin wiedererkennen. Die Burg wurde zwar zwischenzeitlich umgestaltet, zerstört und erneuert, doch ist die an Schweden erinnernde Seenlage ein unverwechselbares Erlebnis.

Stadtrundgang

Die am Fuß des Gerecse-Gebirges liegende Kurstadt verdankt dem bereits im Mittelalter angelegten **Alten See (Öreg-tó)** und den zahlreichen Quellen den Beinamen »Stadt des Wassers«. Die unter Sigismund um 1409 entstandene **Burg** *(vár)* mit vier Ecktürmen ließ König Matthias I. Corvinus in eine prächtige Renaissancefeste verwandeln. Während der Türkenkriege und dem Rákóczi-Freiheitskampf erlitt sie empfindliche Schäden. Der neue Burgherr, Joseph Esterházy, beauftragte 1727 Jakob Fellner mit ihrem Umbau, doch reichten die finanziellen Mittel nur für den Bau eines kleineren Schlosses am westlichen Ufer. Die Burg wurde später neogotisch restauriert.

In ihren Räumen befindet sich das **Domokos-Kuny-Museum,** benannt nach dem Gründer der örtlichen Fayence-Manufaktur (1758). Zu sehen sind alte Fayencen, römische und mittelalterliche Steinmetzarbeiten, Exponate zu Stadtgeschichte und Volkskunst sowie Werke des vom Surrealismus beeinflussten Malers Ferenc Martyn. Bemerkenswert ist der Rittersaal mit seinem gotischen Kreuzgewölbe und einem rekonstruierten Renaissance-Kachelofen.

An der Seepromenade steht die im 16. Jh. erbaute und 1753 barockisierte **Cifra-Mühle** *(malom)*, das älteste erhaltene Baudenkmal der Stadt. Während der Türkenzeit sollen sich ihre fünf Mühlräder an geraden Tagen für die Türken und an ungeraden für die Ungarn gedreht haben. Ein Stückchen weiter bietet ein Sammelsurium von durcheinander hängenden Vorhängeschlössern an einem Zaun einen kuriosen Anblick. Verliebte haben sie als Zeichen ewiger Verbundenheit angebracht und die Schlüssel auf dem Grund des Sees versenkt.

Vorbei an der **Nepomucenus-Mühle**, die heute das Museum der deutschen Minderheit (Német Nemzetiségi Múzeum) beherbergt, gelangt man zum zentralen Országgyűlés tér. Auf dem alten Hauptplatz, heute Verkehrsknotenpunkt, steht der zum Wahrzeichen der Stadt avancierte achteckige hölzerne **Uhrturm**, den Jakob Fellner 1763 erbaute. Der Haus- und Hofarchitekt der Esterházys entwarf auch die **Kapuzinerkirche** mit dem Ordenshaus. Am östlichen Seeufer sind noch einige Mühlen sowie die schilfgedeckte **Schlachtbank (Húsipari)** zu sehen.

Ein Spaziergang führt in den am Cseke-See *(-tó)* angelegten **Englischen Garten.** Echt sind die eingemauerten römischen Grabsteine aus Szombathely sowie romanische und gotische Säulen, Kapitelle und andere Bauelemente.

»Liebesschlösser« am Alten See

Alte Steinmetzarbeiten kann man auch in der **ehemaligen Synagoge** am Hősök tér bewundern, beispielsweise die Venus von Milo oder die Laokoon-Gruppe. Doch handelt es sich hier um Kopien, wenn auch hervorragende. Das nahe **Esterházy-Schloss** *(-kastély)* entstand 1769. In der Kirche auf dem Iskola tér, auch ein Fellner-Bau, wurde der Architekt 1786 beigesetzt.

Von dem 45 m hohen **Aussichtsturm (Kilátótorony)** auf dem Kalvarienhügel hat man eine herrliche Aussicht auf See und Burg. Am Fuß des Hügels lohnt das interessante **Geologi-**

sche Freilichtmuseum (Tatai Geológiai) mit einer Bergbausammlung und einem steinzeitlichen Feuersteinbruch den Besuch.

Ausflüge ins Vértes-Gebirge

Karte: S. 116/117
Tipps & Adressen: Vértesszőlős S. 370, Majkpuszta S. 346, Várgesztes S. 370, Zsámbék S. 372

Rund 5 km südöstlich von Tata (an der Straße 1 ausgeschildert) wurden in der Kalktuffhöhle von **Vértesszőlős** 🔟 Spuren einer 500 000 Jahre alten Siedlung des Urmenschen freigelegt, neben dem »Heidelberger Fund« die älteste Ausgrabung dieser Art in Europa. Zu sehen sind in dem kleinen Museum Knochenreste, Gebrauchsgegenstände und die konservierten Fußabdrücke des Urmenschen. Die wertvollsten Funde wurden ins Budapester Nationalmuseum (s. S. 321) gebracht.

Oberhalb der Autobahn M1 und der vom Bergbau geprägten Industriestadt Tatabánya thront die zur Millenniumsfeier 1896 aufgestellte **Bronzeplastik des Turulvogels** 🔟🔟, des legendären Totemtieres der Arpaden. Im Schutz der mächtigen Flügel – 14 m Spannweite – hat man einen weiten Blick ins Land (Hinweis Turul-Emlékmű an der Straße 1 bei Kilometer 53).

Ein Erlebnis ist der Besuch der an einem See gelegenen **Camaldulenser-Einsiedelei von Majkpuszta** 🔟🔟. Die »Einöde von Majk« liegt östlich der Straße Környe und Oroszlány am Rand des Vértes-Gebirges. Bereits in der Arpadenzeit befand sich hier eine Prämonstratenserabtei, die jedoch während der Türkenkriege völlig zerstört

wurde. An ihrer Stelle gründeten verschiedene Adelsfamilien um 1730 die Eremitage der Camaldulenser. Doch dem Klosterleben war keine lange Dauer beschieden, um 1782 wurde die Abtei Opfer der Säkularisierung und anschließend von den Fürsten Esterházy als Jagdschloss (heute Konferenzzentrum) umgebaut. Erhalten blieb ein einzigartiges Ensemble von 17 strahlend weiß gekalkten Einsiedlerklausen, deren Wände nur die Wappen der Stifter zieren. Jedes der Häuschen besitzt eine Kapelle und einen kleinen Garten, einige werden als Gästezimmer vermietet. Von der spätbarocken Kirche steht nur noch der Turm. Sehenswert sind auch der reich dekorierte Speisesaal und das Jagdzimmer. Die Einsiedelei kann nur im Rahmen einer Führung besichtigt werden.

Wenige Kilometer westlich der kleinen Bergbaustadt **Oroszlány** 🔟🔟 (Russisches Mädchen), einst sozialistische Musterstadt, erhebt sich am Ende einer Stichstraße die Burg **Várgesztes** im gleichnamigen Ort. Von der im 14. Jh. auf einer Bergkuppe erbauten Feste ist ein mächtiger rechteckiger Baukörper erhalten geblieben. In der dortigen kleinen Gaststätte kann man sich nach dem Spaziergang stärken.

Zurück auf der M1 verlockt der Besuch der mächtigen Kirchenruine *(templomrom)* von **Zsámbék** 🔟🔟 zu einem letzten Abstecher, bevor man Budapest erreicht. Der Bau der dreischiffigen Basilika wurde 1220 anstelle einer Sippenkirche der französischen Familie Ainard begonnen. Die im romanisch-gotischen Stil um 1288 fertig gestellte Kirche stürzte 1763 infolge eines Erdbebens ein. Heute dient der romantische Ort als Kulisse für Theateraufführungen und Konzerte (Info bei Tourinform Budapest, s. S. 314).

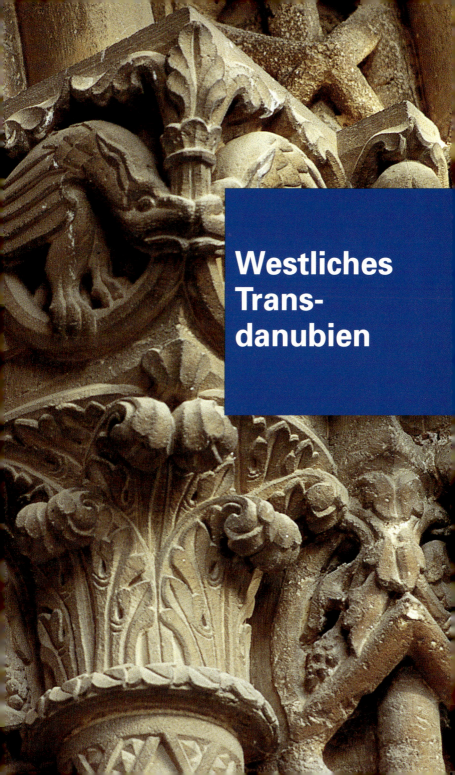

Westliches Trans- danubien

Entlang Ungarns Westgrenze

In der Regel macht man Grenzen nicht zum Reiseziel – man überquert sie lediglich. Außerdem sind Grenzregionen oft dünn besiedelt und wenig interessant. So mag die Reiseempfehlung, Ungarns Westgrenze zu erkunden, befremdlich wirken. Doch besteht der Grenzverlauf erst seit 1920 und ist historisch betrachtet dementsprechend jung. Nach dem Zusammenbruch der Doppelmonarchie Österreich-Ungarn am Ende des Ersten Weltkriegs verlor Ungarn durch den Friedensvertrag von Trianon (s. S. 29f.) zwei Drittel seines Gebiets an die Nachfolgestaaten der Donaumonarchie, und so fiel das Burgenland an Österreich.

Zur Zeit des Habsburgerreiches hat die Nähe zu Wien Wohlstand und Handel gefördert. Der Adel errichtete sich hier herrschaftliche Landsitze. Außerdem ist Westtransdanubien von den Stürmen der Geschichte mehr verschont geblieben als andere Landesteile. Deshalb besitzt Ungarn im Grenzgebiet zu Österreich und Slowenien eine reiche Kulturlandschaft mit historischen Städten, prächtigen Schlössern, sanften pannonischen Hügeln, dichten Wäldern und berühmten Rotweinen.

Zwischen Wien und Plattensee gehört die von zahlreichen Souvenirständen gesäumte Straße 84 zu den meistbefahrenen Strecken. Empfehlenswert ist ein Aufenthalt in der alten Stadt Sopron, ein Abstecher zu den Schlössern von Fertőd und Nagycenk oder der Besuch des Heilbades von Sárvár. Benutzt man den Grenzübergang Schachendorf, sollte man die Besichtigung der Städte Szombathely und Kőszeg nicht versäumen.

◁ *Säulenkapitelle der Kirche von Ják*

Fährt man über Heiligenkreuz, verspricht das waldreiche Landschaftsschutzgebiet Őrség Erholung.

Sopron, die schöne Wahlungarin

Karte: S. 133
Tipps & Adressen: S. 359f.

■ Sopron (Ödenburg), die Schöne an der Grenze, wird bei der Durchreise schnell links liegen gelassen. Sie ist eine der ältesten und schönsten Städte Ungarns. Im Jahr 1975 erhielt sie für ihren Reichtum an einfühlsam restaurierten Kunstdenkmälern den Europa-Preis, eine internationale Auszeichnung der Denkmalpflege. Sopron liegt im Ikva-Tal, im nordwestlichsten Zipfel Ungarns, im Südwesten begrenzt von den Soproner Bergen, den östlichsten Ausläufern der Alpen, und im Osten vom Neusiedler See.

Die günstige geografische Lage und das gemäßigte Klima bewogen vermutlich schon die Kelten zum Weinanbau. Gesichert ist, dass Kaiser Probus in der einstigen römischen Siedlung Scarbantia Weingärten anlegen ließ, und bis in unsere Tage ist vor allem der hiesige Rotwein einer der gefragtesten Exportartikel. Heute ersetzen leider Speisekarten den hübschen Brauch, ein Haus mit Weinausschank durch Lärchenzweige zu kennzeichnen. Angebundene rote und weiße Bänder zeigten seine Farbe an, und mancherorts verwies ein grüner Zweig auf einen jungen und ein Strohgebinde auf einen alten Tropfen.

Nach Meinung des Arztes Johannes de Komárom war der Soproner Wein ein

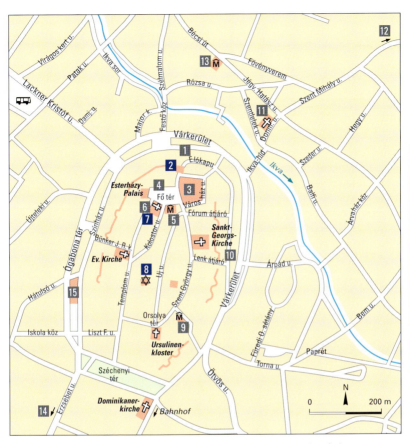

Sopron 1 Vorderes Tor 2 Feuerturm 3 Rathaus 4 Pestsäule 5 Apothekenmuseum
6 Marienkirche 7 Kapitelsaal 8 Alte Synagoge 9 Cézár-Haus 10 Großes Rondell
11 Heiliggeistkirche 12 Sankt-Michaels-Kirche 13 Bäckerei- und Konditoreimuseum
14 Völkerkundemuseum 15 Theater

»Medizinalwein«, der »Fieber und Pest, Skorbut und Hinfälligkeit, Gelbsucht und Kopfschmerz, Schlagfluss und Fallsucht (...) Bauchkrämpfe, Ruhr, Wassersucht, Ischias und noch zahlreiche andere Gebresten heilte«. Selbst wenn davon nur die Hälfte stimmt, ein Grund mehr, die Weine vor Ort zu verkosten! Die bekannteste Rebsorte ist Blaufränkischer (Kékfrankos), ein ausgewogener, rassiger Wein von dunkelroter Farbe und feinem Bukett. Es werden aber auch spritzige Weißweine angebaut wie Tramini, Zöld veltelini (Grüner Veltliner) und Léanyka (Mädchentraube).

Geschichte

Auf uraltem Siedlungsgebiet (5. Jahrtausend v. Chr.) gründeten die Römer an der hier verlaufenden Bernsteinstraße die Stadt Scarbantia. Auf die später hier durchziehenden Hunnen, Goten, Awaren und Slawen folgten Anfang des 10. Jh. die Magyaren. Die Siedlung entwickelte sich schnell zu einem mittelalterlichen Handelszentrum – Freistadt seit 1277 –, die 1469 das Stapelrecht erhielt und 1608 ein Exportmonopol für ihre Weine. Das Schicksal scheint Sopron ebenfalls begünstigt zu haben. Es blieb von Tataren- und Türkeneinfällen verschont, und auch die gegen Habsburg kämpfenden Kuruzen richteten ebenso wenig Schäden an wie später Napoleon. Die einzige Katastrophe war der Brand von 1676, nach dem die Stadt im Barockstil erneuert wurde. Einschneidend war auch der Volksentscheid von 1921, bei dem sich 73 % der Bürger für einen Verbleib bei Ungarn und gegen

Soproner Marien- oder Ziegenkirche

Österreich entschieden haben. Seit der Grenzöffnung 1989 ist Sopron vor allem bei Wienern und Burgenländern zu einem beliebten Ausflugsziel und Einkaufsparadies geworden.

Stadtrundgang

Statt eines Wehrgrabens umgibt heute eine von Geschäften gesäumte Ringstraße die historische Altstadt, deren ovaler Grundriss noch der römischen Stadtanlage entspricht. Die Gassen sind schmal, zum Teil gepflastert und größtenteils autofrei. An vielen Fassaden lassen sich mittelalterliche Details wie Sitznischen, Maßwerkfenster und Torbögen entdecken, aber auch hinter den nach dem Stadtbrand entstandenen Barockfassaden verbirgt sich oft ein mittelalterlicher Kern. Sehenswert sind auch die stimmungsvollen Arkadeninnenhöfe.

Von Norden gelangt man durch das **Vordere Tor (Elő kapu)** ◼1 in die Altstadt. Ausgrabungen förderten Reste eines Römertors und einer Awarenburg (9. Jh.) zutage. Hoch über den Dächern sieht man den 61 m hohen **Feuerturm (Tűztorony)** ◼2 emporragen, das Wahrzeichen der Stadt. Im 13. Jh. auf römischen Grundmauern errichtet, wurde er 1676 Opfer der Flammen und anschließend barock erneuert. Von seiner Galerie hat man einen fantastischen Ausblick auf die Stadt mit den Alpenausläufern im Hintergrund.

Hinter dem Tor, vorbei an dem sich links anschließenden eklektischen **Rathaus** ◼3, erreicht man den von prächtigen Fassaden und Cafés gesäumten **Hauptplatz (Fő tér)** mit der eintürmigen Marienkirche. Die Platzmitte, einst römisches Forum, schmückt eine der schönsten **Pestsäulen** ◼4 Ungarns (1701).

Gleich rechts an der Ecke befindet sich das im 15. Jh. errichtete und mehrfach umgestaltete **Storno-Haus** (Nr. 8).

Namengebend war die Familie Storno, deren Ahnen, Italiener aus der Schweiz, als Schornsteinfeger nach Sopron gekommen waren. Zu vermögenden Bürgern aufgestiegen, kauften sie 1872 das schöne Eckhaus und widmeten sich der Kunst. Ihre in drei Generationen zusammengetragene Privatsammlung ist zu besichtigen, darunter Stilmöbel aus dem 17./18. Jh., Gemälde, Kachelöfen und die historische Abteilung des Stadtmuseums. Eine Tafel erinnert an König Matthias I. Corvinus, der während eines Feldzuges 1482/83 hier logierte.

Das benachbarte **Lackner-Haus** (Nr. 7) erhielt sein Äußeres um 1620 durch den Bürgermeister und Stadtrichter Kristóf Lackner. Im Arkadenhof befinden sich Reste eines mittelalterlichen Wohnturms und barocke Steinplastiken. Das **Fabricius-Haus** (Nr. 6) ist beispielhaft für die in alten Patrizierhäusern eingerichteten, städtischen Weinkeller. Erhalten ist eine Traubenpresse von 1600. Statt mit Wein gefüllte Eichenfässer lagern im gotischen Kellergewölbe Juno, Jupiter und Minerva (2. Jh.), Glanzstücke des römischen Lapidariums. In den ehemaligen Wohnräumen sind archäologische Funde, darunter der kostbare Cunpald-Kelch (um 770), zu sehen. Außerdem wird die Wohnkultur des 17./18. Jh. veranschaulicht. Einen Blick verdient auch die Renaissanceloggia im Hof. Den Platzabschluss bildet das klassizistische **Komitatshaus** (Nr. 5) mit einer Archivausstellung zur Stadtgeschichte. Das Eckhaus (Nr. 2) beherbergt seit 1642 eine Apotheke; im heutigen **Apothekenmuseum (Patikamúzeum)** ◼5 ist eine Ausstellung zur Pharmaziegeschichte seit 1539 untergebracht.

Die **Marienkirche** ◼6 entstand ab 1280 im Auftrag der Franziskaner als dreischiffige Hallenkirche. Nach einer

Sopron

135

Legende heißt sie auch »Ziegenkirche«: Ein Ziegenhirte soll den Goldschatz, den seine Tiere entdeckt hatten, für ihren Bau gestiftet haben. In Wirklichkeit war das Wappentier der Stifterfamilie Geisel eine Ziege. Im 17. Jh. war die Kirche Schauplatz von drei Landtagen und drei Krönungen. 1787 wurde sie säkularisiert

Die Löwenapotheke ist heute Museum

und 1802 den Benediktinern übergeben. Die äußerlich rein gotische Kirche erhielt im Inneren eine Barock- und Rokokoausstattung.

Über die Templom utca (Kirchengasse) gelangt man in den **Kapitelsaal** 7 des angrenzenden Franziskanerklosters, ein Kleinod der gotischen Baukunst (um 1330). Schöne Details sind die figurativen Darstellungen an den Konsolen; die einen symbolisieren die Hauptsünden, während die anderen für die christliche Heilslehre stehen.

In der Templom utca befindet sich im **Esterházy-Palais** das Zentrale Bergbaumuseum (Nr. 2). 1773 begegneten sich hier Fürst Miklós Esterházy, Maria Theresia und der Komponist Joseph Haydn, der 30 Jahre im Dienst der Gastgeber stand.

Der 52 m hohe Turm wurde erst 1860 an die **Evangelische Barockkirche** angefügt, die nach dem Toleranzpatent von 1781 turmlos sein musste. Im benachbarten Haus Nr. 12 gibt es gotische Sitznischen, einen Arkadenhof und ein kleines **Evangelisches Museum** zu sehen. Im Haus Nr. 18 ist die angesehene **Körmendi Galéria** eingerichtet.

In der zum Hauptplatz zurückführenden Kolostor utca (Klostergasse) sind besonders das Treppenhaus von Nr. 11, das alte Kelterhaus (Nr. 5) und das Palais Starhemberg (Nr. 3) hervorzuheben.

In der Új utca (Neue Gasse), der ehemaligen Judengasse, entwickelte sich bereits Ende des 13. Jh. ein jüdisches Viertel. Ein einzigartiges Denkmal bildet die **Alte Synagoge (Ó Zsinagóga; Nr. 22–24)** 8, in Europa nur noch vergleichbar mit den jüdischen Bauten in Prag. Um 1300 errichtet, wurde sie nach der Vertreibung der Juden 1526 zu einem Wohnhaus umgestaltet und blieb derart bis zu ihrer Entdeckung verborgen. Nach den aufwendigen Renovierungsarbeiten konnten von der gotischen Synagoge der große Betsaal, der abgetrennte Frauenbetraum und das Ritualbad (Mikwe) freigelegt werden. Da nicht-katholische Gotteshäuser nicht in einer Straßenfront mit anderen Häusern stehen durften, liegt sie zurückgesetzt in einem Hof, der als Ort der Rechtsprechung und für Handelsbeziehungen mit Christen diente. Interessant ist auch die Ausstellung über das Leben der Soproner Juden. Von der Neuen Synagoge (Új Zsinagóga) in Nr. 11 gibt es nur noch kärgliche Reste. Eine Gedenktafel am Haus Nr. 28 erinnert an die Soproner

Juden, die in dieser Straße vor ihrer Deportation ghettoisiert waren.

Die Gasse mündet auf den stillen Orsolya tér (Ursulinenplatz), den der neogotische Bau der **Ordenskirche** mit dem Kloster dominiert. Im Oratorium befindet sich die Römisch-Katholische Kirchenkunstsammlung. Das aus dem Mittelalter stammende Barockhaus mit dem Renaissance-Erker, das so genannte **Cézár-Haus** 9, beherbergt im Erdgeschoss eine gemütliche Weinstube, die die Tradition des alten Kellerhauses fortsetzt. Bevor man durch die Szent György-Gasse zurück zum Hauptplatz spaziert, lohnt ein kleiner Abstecher zur mittelalterlichen Stadtmauer mit dem **Großen Rondell** 10 an der Ringstraße (Durchgang Nr. 15).

Jenseits des Feuerturms, am anderen Ufer des Ikva-Baches, befindet sich ein kleines romantisches Viertel mit engen Gassen und alten Handwerker- und Bauernhäusern. Nach den früher hier lebenden Bürgern wird es scherzhaft auch **Poncichter-Viertel** (Bohnenzüchter) genannt. Die Soproner Weinbauern hatten schon früh erkannt, dass der Anbau von Bohnen zwischen den Reben in jeder Hinsicht ertragreich war. Die Bohnen gediehen hervorragend und brachten auf den Wiener Märkten gutes Geld. Bis heute sind Bohnen ein wichtiger Bestandteil der traditionellen Soproner Küche. Zwei typische Häuser findet man in der Szentlélek utca Nr. 7 und Nr. 13, nahe der gotischen, 1782 barockisierten **Heiliggeistkirche (Szentlélek templom)** 11. Die Fresken im Inneren stammen von Stephan Dorffmeister. Keine fünf Minuten zu Fuß sind es bis zum **Zettl-Langer-Haus** (Balfi utca 9), in dem es ein bunt zusammengewürfeltes Sammelsurium an Kostbarkeiten und Kuriositäten (Waffen, Porzellan, Schmuck, Stiche etc.) zu sehen gibt.

Eine besondere Spielart des Jugendstils zeigt das Theater am Petőfi tér

Vorbei am barocken Zwei-Mohren-Haus (Szent Mihály utca 9) gelangt man zu der im 13. Jh. begonnenen und zwei Jahrhunderte später gotisch vollendeten **Sankt-Michaels-Kirche** 🔢. Hinter der Adresse Bécsi út 5, nahe der gotischen Johanneskirche, verbirgt sich ein **Bäckerei- und Konditoreimuseum (Pék Múzeum)** 🔢. Außer der historischen Einrichtung der Backstube und Konditorei sind auch die Wohnräume zu besichtigen. Das **Völkerkundemuseum (Négrajzi Gyűjtemény)** 🔢 (Deák tér 1) zeigt Exponate zu Stadtgeschichte, Volkskunst und bildender Kunst. Originell ist das **Theater am Petőfi tér** 🔢, eine besondere Spielart des ungarischen Jugendstils von István Medgyaszay.

Auf Umwegen zu den Schlössern von Fertőd und Nagycenk

Karte: S. 139
Tipps & Adressen: Fertőrákos S. 332, Nagycenk S. 350f., Fertőd S. 331f., Bűk S. 325

Vorbei am Badesee Tómalom gelangt man nach **Fertőrakos** (Kroisbach) 🔢, einem kleinen Ort am Neusiedler See (Fertő tó), der schon den Römern gefiel, wovon der 1992 rekonstruierte römische Tempel eines Mithras-Heiligtums zeugt. Die Attraktion ist der an ägyptische Felsentempel erinnernde Steinbruch am Ortseingang. Bereits die Römer haben den Leitha-Kalkstein abgebaut und damit ihre Siedlung Scarbantia (Sopron) befestigt. Vom Stahlbeton verdrängt, wurde der Steinbruch als unrentabel stillgelegt. Erhalten sind die während des jahrhundertelangen Abbaus entstandenen riesigen Hallen, wahre Felsendome. Ihre gute Akus-

tik macht sie zur bizarren Kulisse für Opern-, Konzert- und Folkloreaufführungen der Sopraner Festwochen. Von oben hat man einen herrlichen Blick auf den Neusiedler See, der größtenteils zu Österreich gehört. Die Ungarn nennen ihren Teil wegen seiner durchschnittlichen Tiefe von nur 60–70 cm Fertő tó (= »Sumpfsee«). Bis auf wenige Strandbäder steht das zahlreichen Vogelarten Schutz bietende dichte Schilfufer unter Naturschutz.

Der unscheinbare Ort **Nagycenk** 🔢 verrät dem Durchreisenden nur mit dem kleinen Hinweisschild »Kastély múzeum« von der Existenz des hiesigen Schlosses. Ein Abstecher lohnt sich in vielerlei Hinsicht. Bei dem Schloss handelt es sich um den Stammsitz der für Ungarn bedeutenden Adelsfamilie Széchenyi. Um 1840 ließ István Széchenyi das barocke Herrenhaus seiner Familie in die heutige Schlossanlage verwandeln und machte aus seiner Domäne eine Musterwirtschaft; er importierte für die Pferdezucht Tiere aus England und führte technische Neuerungen wie die Gasbeleuchtung und die englische WC-Spülung ein. Rund 20 Jahre dauerten die Restaurierungsarbeiten.

Das Erdgeschoss des heutigen Széchenyi-Gedenkmuseums (Emlékmúzeum) gibt einen Eindruck vom Leben der Familie, während die erste Etage und der Westflügel über István Széchenyis Tätigkeit im kulturellen und wirtschaftlichen Leben informieren. Im Ostflügel ist das Gestüt untergebracht; das Rote Schloss beherbergt heute ein Hotel. Zum Schloss gehört eine 1754 angepflanzte Lindenallee, die nach Fertőboz führt. Die Strecke entlang der Baumriesen kann mit der von einer Dampfloko-

Entlang Ungarns Westgrenze

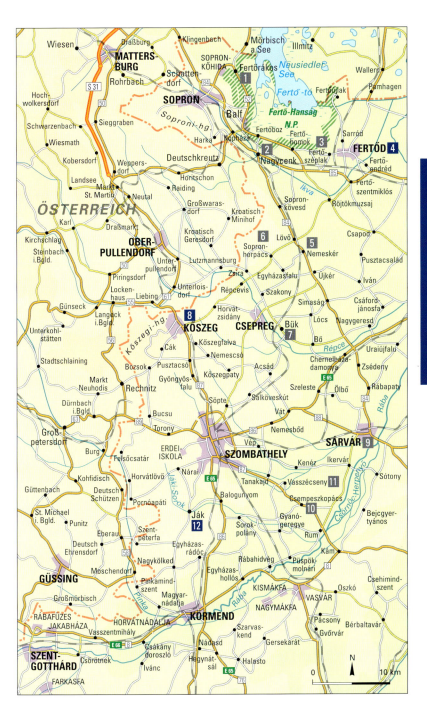

Graf István Széchenyi, der »Größte Ungar«

Noch zu seinen Lebzeiten bezeichnete man Graf István Széchenyi (1791–1860) als den »Größten Ungarn«. Dieses Kompliment verdankte er seinem bis zur Selbstaufgabe reichenden Einsatz für Reformen in der ungarischen Gesellschaft. Sein Name ist weiterhin lebendig. Im ganzen Land gibt es keine Stadt und fast kein Dorf, sei es noch so klein, wo nicht zumindest ein Platz, eine Straße, eine Schule etc. nach ihm benannt ist. Obwohl István Széchenyi aus dem ungarischen Hochadel stammte, war er in aufgeklärtem Geist erzogen worden. Sein Vater, Graf Ferenc Szechényi, begründete bereits 1802 mit der Stiftung seiner Kunst- und Büchersammlung das Budapester Nationalmuseum und die Bibliothek. Graf István Széchenyi trat in die Fußstapfen des Vaters und wurde zum großen bürgerlichen Reformer. Nach seinen Studienjahren in Wien machte er den Wandel der ungarischen Wirtschaft zu einer bürgerlichen Nationalwirtschaft nach englischem Muster zu seinem Lebensziel: »Viele denken: Ungarn – sei gewesen; ich will glauben: Ungarn – wird werden!« Bereits 1825 gründete er aus seinem Privatver-

motive gezogenen **Museums-Schmalspurbahn** zurücklegt werden kann. Wer den Panoramablick über den Neusiedler See genießen möchte, steigt in Fertőboz zur Gloriette hinauf.

Vor der neoromanischen Pfarrkirche von Nagycenk steht ein Denkmal des Reformgrafen; beigesetzt wurde er im Familienmausoleum auf dem nahen Friedhof.

In **Fertőszéplak** 3 lohnt es sich, das aus vier Bauernhäusern bestehende Dorfmuseum (Falumúzeum) zu besichtigen. Jedes der blendend weiß getünchten Häuser ist mit Gegenständen des bäuerlichen Lebens liebevoll eingerichtet.

Die Gemeinde **Fertőd** 4 ist bekannt als »ungarisches Versailles«, denn hier befindet sich das größte und schönste Rokokoschloss des Landes. Nicht zufällig erstrahlt die riesige Anlage in leuchtendem Kaisergelb, soll doch der Bauherr Miklós Esterházy, der »Prachtliebende«, gesagt haben: »Was der Kaiser sich leisten kann, das kann auch ich mir leisten.« Er ließ das einfache Jagdschloss Süttör 1761–66 in ein üppiges, hufeisenförmiges Ensemble verwandeln. Zur Einweihung holte er den Komponisten Joseph Haydn an seinen Hof, der bis zum Tod des Fürsten 1790 Hofkapellmeister der Esterházys blieb.

Von Haydns umfangreichem Werk soll lediglich die legendäre »Abschiedssymphonie« erwähnt werden: Um dem verdienten Wunsch seiner Musiker nach Heimaturlaub Ausdruck zu verleihen, ließ »Papa Haydn« während der Uraufführung einen Musiker nach dem ande-

mögen die Ungarische Akademie der Wissenschaften. Sein 1830 veröffentlichtes Werk »Hitel« (»Kreditwesen«) machte ihn über Nacht zum ersten Mann der ungarischen Nation. Er war Initiator und Förderer der Regulierung von Donau und Theiß, des Baus der Budapester Kettenbrücke, der Gründung der Balatoner Dampfschifffahrt und der Belebung der ungarischen Pferdezucht. Wie seine Tagebücher belegen, machten ihm innere Kämpfe und Zweifel das Leben oft ebenso schwer wie seine Gegner und Neider.

Seine Abkehr vom Wiener Hof zeigte er, indem er sich als erster Magnat im ungarischen Reichstag, dessen Amtssprache Latein war, der ungarischen Sprache bediente. Doch kritisierte er im Gegensatz zu Lajos Kossuth, der ihn von der Spitze der Nationalbewegung bereits verdrängt hatte, den Wiener Hof nur vorsichtig. Während Széchenyi auf ein friedliches Durchsetzen der nationalen Reformen vertraute, war Kossuth bereit, die politische Freiheit auch mit Waffengewalt zu erringen. Als im März 1848 der österreichische Kaiser Ferdinand I. die erste konstitutionelle ungarische Regierung ernannte und Széchenyi zum Minister für öffentliche Arbeiten und Verkehr wurde, schien der Durchbruch erreicht. Doch schon im Sommer des gleichen Jahres, nach der Absetzung Ferdinands, nahm die Habsburger Regierung ihre Zugeständnisse zurück und ging mit Gewalt gegen die Reformer vor.

Nach der Niederschlagung der Revolution 1849 emigrierte Kossuth ins Ausland. Graf István Széchenyi hatte sich bereits am 5. September 1848 in eine Nervenheilanstalt zurückgezogen. Bis auf wenige gegen den Absolutismus gerichtete Schriften hörte man nichts mehr von ihm. Verzweifelt, einsam und enttäuscht nahm er sich 1860 das Leben.

ren das Pultlicht löschen und den Saal verlassen. Diese theatralische Inszenierung soll ihre Wirkung beim Fürsten nicht verfehlt haben.

Die rauschenden Feste und das rege Konzert- und Opernleben machten **Schloss Esterházy** bald zum Gesprächsstoff in den Adelshäusern ganz Europas. Und sicher hätte jeder liebend gerne als Gast seine Kutsche durch das prächtige, schmiedeeiserne Portal in den Cour d'honneur gelenkt …

Das nach dem Tod des Bauherrn verödete Schloss wurde nach Zerstörungen im Zweiten Weltkrieg aufwändig restauriert. Leider waren das Opernhaus und die übrigen Gartenarchitekturen völlig zerstört; das Marionettentheater diente im Kommunismus als Kornspeicher und der Reitstall als Ketchup-Fabrik. Im Schloss ist von den 126 Zimmern nur ein Teil als Museum mit herrschaftlichem Mobiliar eingerichtet. Besonders sehenswert sind die Fresken in der Sala terrena und im Festsaal sowie die Chinoiserie-Malereien.

Im nahen Musikerhaus (Madach sétany 1), dem ehemaligen Wohnhaus Haydns und seiner Musiker, befinden sich das Rathaus und eine Haydn-Gedenkausstellung. Leider muss man sich mit Dokumenten begnügen, denn die Originaleinrichtung haben die Habsburger mitgenommen.

Nemeskér 5 verdient den Besuch wegen seiner einzigartigen Evangelischen Kirche aus dem Jahr 1732. Außen unscheinbar, besteht das Innere aus einer ohne Nägel gearbeiteten Holzkonstruktion (Schlüssel hinter der Kir-

che im gelben Haus). Im Dorf herrschte schon seit 1681 Glaubensfreiheit für Protestanten. – Im benachbarten **Sopronhorpács** 6 ist das romanische Rundbogenportal der Augustinerkirche erhalten.

Nachdem vor rund 30 Jahren eine 58 °C heiße Thermalquelle entdeckt wurde, verwandelte sich das bis dahin unbedeutende Dorf **Bük** 7 in einen modernen Kurort mit Golfplatz. Das einstige, frühbarocke Schloss der Grafen Szapáry ist heute ein Hotel. Im 5 km vom Ort entfernten Badebezirk (Bükfürdő) gibt es neun Frei- und vier Hallenschwimmbäder. Das Heilwasser wird vor allem bei Erkrankungen der Bewegungsorgane und des Verdauungssystems verordnet.

Kőszeg – Erwachen aus dem Dornröschenschlaf

Karte: S.139
Tipps & Adressen: S. 345

8 Manche sprechen von einem Schmuckkästchen, andere von einem Juwel in Pastelltönen oder einem leben-

Erhielt seinen Namen nach dem heldenhaften Retter von Kőszeg: der Jurisics tér

Die auf prähistorischem Siedlungsgebiet im 9. Jh. von Magyaren erbaute Holzburg wurde bei einem Mongolenüberfall niedergebrannt. Auch später war Kőszeg immer wieder heftig umkämpft, einmal als Streitobjekt zwischen Habsburgern und Ungarn, dann als Verteidigungsfeste Wiens gegen die Türken und während der Kuruzenaufstände. Nach 1920 wurde Kőszeg Grenzstadt, und eine bis dahin unbekannte Ruhe machte sich hier bis 1989 breit. Heute sind es Touristenströme, die vor allem an sonnigen Wochenenden in das lange Zeit unbeachtete Provinzstädtchen »einfallen«.

Stadtrundgang

Mittelpunkt der einst mit Mauern umgebenen Innenstadt ist der lang gestreckte **Jurisics-Platz,** benannt nach dem zum Nationalhelden avancierten Hauptmann Miklós Jurisics. Dieser ging als heldenhafter Verteidiger der Kőszeger Burg in die Geschichte ein. Mit einem Häuflein von nur knapp 1000 Kämpfern soll er 1532 25 Tage lang einem 80 000 Mann starken türkischen Heer standgehalten haben. Zum Gedenken an diesen erfolgreichen Widerstand läuten noch heute täglich um 11 Uhr die Glocken. So wurde nicht nur Kőszeg gerettet, sondern auch Wien, das eigentliche Ziel der Angreifer.

Die nordwestlich vom Platz liegende **Burganlage** besteht aus einer von Vorburg und Gräben geschützten Innenburg. Von den ursprünglich fünf Türmen sind nur noch zwei erhalten. Sehenswert sind die Renaissancefenster und der Arkadengang. Heute beherbergen die Räumlichkeiten ein **Museum zur**

digen historischen Bilderbuch. Einig sind sich alle darin, dass Kőszeg (Güns) zu den schönsten altertümlichen Städtchen Mitteleuropas zählt. Am Fuß des Günser Gebirges (Kőszegi hegység) und am Ufer des Flüsschens Gyöngyös gelegen, versetzt das idyllische Provinzstädtchen viele Besucher mit seinen hübschen Häusern, stimmungsvollen Gassen und der mittelalterlichen Burg in eine Märchenwelt. Obschon sein autofreies Zentrum heute einen friedlichen Eindruck macht, ging es in dem Grenzstädtchen früher keineswegs beschaulich zu.

Stadtgeschichte. Ein kurioses wie kostbares Exponat ist das »Reblingsbuch«, in dem seit 1740 die schönsten Triebe der örtlichen Weinfelder als Zeichnungen dokumentiert werden.

Den Platz selbst umrahmt ein malerisches Ensemble von ursprünglich mittelalterlichen Häusern, in deren Mitte sich gleich zwei parallel zueinander stehende Kirchen erheben. Gewöhnlich betritt man ihn durch das 1932 zum 400. Jahrestag der Burgverteidigung errichtete **Heldentor (Hősi kapu).** Links befindet sich das **Generalshaus (Tábornokház;** Nr. 6) mit einer offenen Loggia aus dem 17. Jh. Die Ausstellung über das Zunftwesen erinnert mit original aufgebauten Werkstätten an die ehemals namhafte Kőszeger Handwerkszunft. Vom Turm hat man eine schöne Aussicht auf das Dächermeer der Altstadt. Auffallend ist das in Rot-Weiß erstrahlende **Rathaus** (Nr. 8). Die Bilder in den fünf Ovalen zeigen von links nach rechts das Wappen der Familie Jurisics, Patronae Hungariae, das ungarische Wappen, König Stephan und das Stadtwappen. Die von 1775–1910 betriebene **Apotheke Zum goldenen Einhorn** (Nr. 11) ist heute ein hübsches kleines Museum.

Auf Wunsch der ungarischen Lutheraner erhielt die kaisergelbe **Sankt-Emmerich-Kirche** (1615–20) einen auffallend hohen Fassadenturm. Im Zuge der Gegenreformation fiel sie an die Katholiken, die sie dem hl. Emmerich (Imre) weihten und im Barockstil umgestalteten. Das Hauptaltargemälde schuf Stephan Dorffmeister d. J., das Tafelbild »Heimsuchung« links davon Franz Anton Maulbertsch. Die nur durch eine schmale Gasse getrennte **Sankt-Jakobs-Kirche** entstand als dreischiffige gotische Halle, wurde 1554 zum Gotteshaus von Lutheranern und fiel 1671 an die Katholiken zurück. Trotz ihrer Barockisierung sind im südlichen Seitenschiff noch mittelalterliche Fresken und die Marienstatue auf dem Hochaltar bewahrt geblieben.

Bei einem Blick in die hier beginnende **Rájnis József utca** springt die stufenartige Anordnung der Häuser ins Auge. Diese ungewöhnliche Bauweise diente früher der Verteidigung. Reizvoll ist auch die westlich abzweigende **Chernel utca.**

Szombathely – Von der Kultstätte zum Shoppingparadies

Karte: S. 145
Tipps & Adressen: S. 365f.

■ Als Savaria erblühte Szombathely (Steinamanger) schon unter den Römern; später wurde es als »Königin des Westens« betitelt, da es das kulturelle und wirtschaftliche Zentrum Westtransdanubiens, des Burgenlandes und der slowenischen Mur-Region bildete. So leitet sich der ungarische Name Szombathely (Samstags-Ort) von den seit dem 10. Jh. abgehaltenen Märkten ab. Heute ist die Stadt Sitz des Komitats Vas, einer Region mit eigenen Volksbräuchen, eigener Küche und Lebensart. Hier verschmelzen die Traditionen, Mundarten und Sitten der ungarischen, steirischen und slowenischen Völker zu einem für die Region typischen Konglomerat.

Wirkte sich die Grenznähe in kommunistischen Zeiten eher negativ aus, siedeln sich seit der politischen Wende zahlreiche Firmen und Industriebetriebe in Szombathely an. Insbesondere Besucher aus dem benachbarten Österreich kommen aufgrund des niedrigeren Preisniveaus zum Shoppen.

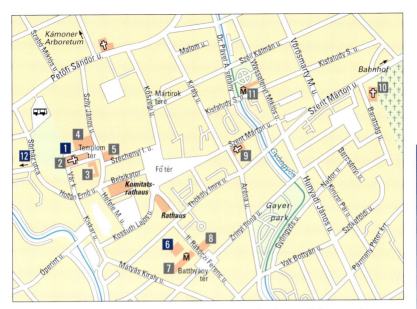

Szombathely 1 Ruinengarten 2 Domkirche 3 Bischofspalast 4 Priesterseminar
5 Eölbey-Haus 6 Iseum 7 Städtische Galerie 8 Synagoge 9 Franziskanerkirche
10 Dominikanerkirche 11 Savaria-Museum 12 Museumsdorf

Geschichte

Den ursprünglich keltischen Handelsplatz an der Bernsteinstraße erhob Kaiser Claudius um 48 n.Chr. zur römischen Kolonie Colonia Claudia Savaria. Noch unter römischer Herrschaft wurde hier um 316 der hl. Martin von Tour geboren, besser bekannt als Sankt Martin, Schutzpatron der Bettler und Gänsezucht. Der deutsche Name »Stein-am-Anger« bezieht sich wahrscheinlich auf die Ruinenfelder der alten Stadt, die Karl der Große Ende des 8. Jh. bei seinem Awarenfeldzug vorfand. Im 11. Jh. fiel Szombathely an die Bischöfe von Győr, deren Bischofsburg 1241 von den Mongolen verwüstet wurde.

In der Folge hemmten weitere Natur- und Kriegskatastrophen den Aufschwung der Stadt, bis Kaiserin Maria Theresia sie 1777 zum Bischofssitz erhob. Die Spuren der darauf einsetzenden Bauaktivitäten prägen bis heute die Altstadt. Selbst das Hochwasser von 1813 und die Feuersbrunst von 1817 konnten den Aufschwung nicht stoppen. Während des Zweiten Weltkriegs zerstörte ein Bombardement im März 1945 einen großen Teil der Innenstadt. Heute präsentiert sich Szombathely mit starkem Geschichtsbewusstsein, ohne sich jedoch dem Neuen zu verschließen.

Stadtrundgang

Der von stilvollen Häusern gesäumte, trichterförmige **Fő tér (Hauptplatz)** und die angrenzende Fußgängerzone verbreiten städtische Atmosphäre. Hier schlägt heute das Herz der Stadt; man sitzt im Café, macht Besorgungen oder flaniert an den Geschäften entlang. Lohnenswert ist auch ein Blick in das Jugendstilkaufhaus Ecke Széchenyi utca.

Früher lag das Zentrum am Templom tér. Hier entdeckte man 1938 bei Bauarbeiten die Überreste des alten Savaria. Der heutige **Ruinengarten (Romkert)** 1 lädt zum Spaziergang auf einem Stück der alten Römerstraße ein, vorbei an den Überresten der Sankt-Quirinus-Basilika (4. Jh.) und Fragmenten der mit-

»Gleichauf« mit der Franziskanerkirche

telalterlichen Burg der Bischöfe von Győr. Zu sehen sind außerdem Grundmauern römischer Läden und Tavernen, Reste des Heizungssystems und ein herrliches Bodenmosaik. Die wertvollsten Funde sind im Savaria-Museum (s. u.) ausgestellt.

Interessanterweise ließ der erste Bischof, János Szily, genau hier die **Domkirche** 2 errichten, die drittgrößte Ungarns. Melchior Hefele (1791–1814) erbaute die Wandpfeilerkirche mit der imposanten Doppelturmfassade auf dem Grundriss eines lateinischen Kreuzes. Die gesamte Ausstattung – bis auf den Hochaltar – fiel dem Bombenangriff im Jahr 1945 zum Opfer. Eingerahmt wird die Kirche von weiteren Hefele-Bauten, dem spätbarocken **Bischofspalast** 3 und dem mehrfach umgestalteten **Priesterseminar** 4 mit der alten Bibliothek. Das einheitliche Ensemble ergänzt das **Eölbey-Haus** 5 mit seiner klassizistischen Fassade.

Der Stolz von Szombathely ist das **Iseum** 6 (2. Jh. n. Chr.). Das Isis-Heiligtum, eine der nördlichsten der altägyptischen Göttin Isis geweihten Kultstätten, wurde bei dem Erdbeben von 455 größtenteils zerstört und später als Steinbruch missbraucht. Die Eingangshalle zur Cella, dem Hauptraum antiker Tempel, ist leider eine wenig gelungene Betonrekonstruktion. Original ist lediglich das reliefgeschmückte Friesfragment mit der Göttin. Zum heiligen Bezirk gehörten mehrere Umgänge und Höfe, deren Grundmauern noch zu sehen sind. Im Sommer dient das Iseum als Bühne für Mozarts »Zauberflöte«, in der die Gottheiten Isis und Osiris verehrt werden.

Der angrenzende Betonbau beherbergt die **Städtische Galerie** 7 mit einer sehenswerten Sammlung ungarischer Kunst des 20. Jh., darunter Werke der hiesigen Maler Gyula Derkovits und István Dési Huber. Beiden Künstlern hat die Stadt in der Mátyás Király út 3 ein eigenes Museum gewidmet. Schräg gegenüber ragen die Türme der 1881 im maurischen Stil errichteten **Synagoge** 8 empor, die heute als Musikschule und Konzertsaal genutzt wird. Ein Mahnmal gedenkt der mehr als 4000 Szombathelyer Juden, die in den Vernichtungslagern der Nationalsozialisten ermordet wurden.

Der Weg zum Savaria-Museum führt vorbei an der 1716 barockisierten, ursprünglich gotischen **Franziskanerkirche** 9. Die frühbarocke **Dominikanerkirche** 10 weiter stadtauswärts ist dem hl. Martin geweiht, dessen Geburtshaus (um 316) sich hier befunden haben soll. Das am Ufer des Flüsschens Gyöngyös gelegene **Savaria-Museum** 11 zeigt archäologische und naturwissenschaftliche Sammlungen.

Das liebevoll gestaltete **Museumsdorf des Komitats Vas** 12 am westli-

Umgebung Szombathelys

Karte: S. 139
Tipps & Adressen: Sárvár S. 357f., Vasszécseny S. 370

Die Kurstadt **Sárvár** 9 verdankt ihren wenig poetischen Namen »Schlamm-

Impression aus dem Museumsdorf des Komitats Vas

chen Stadtrand (ausgeschildert als Vasi Múzeumfalu) veranschaulicht anhand traditioneller Bauten wie strohgedeckten Bauernhäusern, einem hölzernen Glockenstuhl, einer Wassermühle und einer Schmiede das frühere Leben in der Region. Mit etwas Glück kann man an einem der dort veranstalteten Folklorefeste teilnehmen.

Ruhe findet man auch im **Kámoner Arboretum,** einem großen botanischen Garten mit mehr als 2000 Pflanzenarten (Hinweis an der Paragvári utca, ca. 2 km). Empfehlenswert ist ein Besuch zur Zeit der Rhododendron- oder Rosenblüte im Mai und Juni.

burg« dem einst morastigen Boden im Mündungsgebiet der Gyöngyös (Güns) in die Raba (Raab). Bereits zur Zeit der Landnahme (896) errichteten die Magyaren hier eine Schutzburg, Vorgängerin des Renaissance-Burgschlosses. Eine lange Steinbrücke führt ins Innere der Festung, die Tamás Nádasdy im Angesicht der herannahenden Türken Mitte des 16. Jh. ausbauen ließ. Er machte die Burg zu einem Treffpunkt von Wissenschaftlern, Humanisten und Künstlern. In seiner Druckerei erschienen ab 1539 die ersten Bücher in ungarischer Sprache. Erst in den 40er Jahren des 17. Jh. beendete Ferenc Nádasdy den Bau seines Vorfahren, indem er verschiedene Einzelgebäude zu einem fünfeckigen Ensemble mit Kapelle zusammenfügte. Von seiner Liebe zur Kunst zeugt heute vor allem der prächtige Festsaal. Seine Kunstsammlung fiel nach seinem Tod an Wien. Das Nádasdy-Museum im Burgschloss informiert vor allem über das Husarentum und die Mäzenatenfamilie Nádasdy.

In der Nähe des Sees (Bootfahren möglich) liegt das für die Heilung von rheumatischen und gynäkologischen Beschwerden sowie chronischen Atemerkrankungen bekannte **Thermalheilbad.** Erst bei Bohrungen in den 60er Jahren des 20. Jh. stieß man in 2000 m Tiefe auf zwei unterschiedliche Heilwasser, das Hydrogenkarbonat- und das salzhaltige Thermalwasser.

Die Straße nach **Csempeszkopács** 10 führt wenige Kilometer entlang der Raba. In der von Bäumen umgebenen Dorfmitte stößt man auf eine der schönsten romanischen Dorfkirchen Ungarns. Sie entstand im 13. Jh. teilweise aus hier gefundenen römischen Steinen. Schiff und Chor sind aus roten Ziegeln, der von Zwillingsfenstern durchbrochene Turm aus hellem Stein. Das Südportal schmückt das »Lamm Gottes«. Baumeister dieses Kleinods war die Bauhütte von Ják (s. u.).

In **Vasszécseny** 11 gibt es gleich zwei Schlösser, das Alte (Ó) und das Neue (Új) Schloss Ébergényi. Die Adelsfamilie Ébergényi gelangte erst im 18. Jh. in den Besitz des nach seinen früheren Besitzern Szécseny benannten Orts. Das kleine, in einem alten Park gelegene Schlösschen genügte ihnen bald nicht mehr, weshalb sie ein neues bauen ließen. Im Alten Schloss von 1760 (blaues Hinweisschild Ó-Ébergényi-Kastélyszálló) ist heute ein charmantes Hotel untergebracht, ebenso wie im Neuen

Schloss. Am Eingang des freundlichen Ensembles begrüßen zwei riesige Platanen aus der Erbauungszeit die Gäste. Sehenswert sind der mit Fresken geschmückte Prunksaal und die Kapelle. (Ein Restaurant sorgt für kulinarisches Wohlbefinden.)

Obwohl die romanische Sippenkirche von **Ják** 12 zu den bedeutendsten Sehenswürdigkeiten des Landes gehört, kann es passieren, dass man dem imposanten Bauwerk mit der mächtigen Doppelturmfassade allein gegenübersteht. Das Areal der Kirche betritt man durch ein Spätrenaissance-Tor (1663). Gleich links liegt die kleine Sankt-Jakobs-Kapelle, hinter derem barocken Äußeren sich ihr romanischer Ursprung verbirgt. Wahrscheinlich diente sie den Dorfbewohnern als Tauf- und Pfarrkirche, während die Basilika der Stifterfamilie und den Benediktinern vorbehalten war. Der Stammvater des Geschlechts Ják, Márton Ják, stiftete sie um 1214 zusammen mit einer kleinen Benediktinerabtei. Es hätte ihm kaum besser gelingen können, seinen Reichtum und seine Macht bis in unsere Tage zu demonstrieren.

Die 1256 dem hl. Georg geweihte Kirche hat trotz wiederholter Verwüstungen und Wiederaufbauten ihren alten Charakter bewahrt. Schmuckstück der Westfassade ist das reich mit Ornamenten verzierte Stufenportal. Die Nischen darüber füllen Apostelfiguren mit Christus in der Mitte. Die meisten Köpfe wurden im Barock erneuert, da die Türken, deren Glauben Menschendarstellungen ablehnt, sie abgeschlagen hatten. Das Südportal schmückt das »Lamm Gottes« und auch die Apsiden sind kunstvoll verziert; kurios ist die kleine Figur eines thronenden Königs. Der schlichte Innenraum strahlt erhabene Größe aus. Origi-

Gewölbe der Kirche von Ják

nal sind einige Freskenfragmente. Hinter dem Hauptaltar ist der hl. Georg im Kampf gegen den Drachen zu erkennen und unter dem südlichen Turm findet man Männergestalten (ohne Glorien), vielleicht die Familie Ják. Auf den Tod von Márton Ják scheint sich das Bild an der Westwand zu beziehen, das klagende Frauen und eine in den Himmel getragene Seele zeigt (tgl. 9–17 Uhr).

Szentgotthárd, die Őrseg und Rainer Maria Rilke

Karte: S.150
Tipps & Adressen: Szentgotthárd S. 364

Wichtiger Grenzort der Region ist **Szentgotthárd** 1. Er liegt im westlichsten Teil Ungarns, der wie eine Nase nach Österreich hineinragt. Seine liebliche Hügellandschaft heißt **Őrség**, was auf Deutsch »Wart«, »Wacht« bedeutet. In dem 38 ha großen Naturschutzgebiet gibt es dichte Wälder, Moore und seltene Pflanzen wie Frauenmantel. Geografisch betrachtet ist dieser anmutige Landstrich kein eigenständiges Gebiet, aber aus ethnografischer Sicht eine eigene kleine Welt.

Die Vorfahren der Bewohner der Őrség-Region wurden bereits zur Zeit der Landnahme (896) vom Arpadenfürst Vér-Bulcsu angesiedelt. Da das Land hier keine natürlichen Grenzen hatte, war es ihre Pflicht, Wache zu halten. Dieser vertrauensvollen wie wichtigen Aufgabe verdanken sie eine Erhebung in den Stand der Freien, d. h. sie waren keine Leibeigenen mehr. Ihre Privilegien als Grenzwächter haben sie später jahrhundertelang erfolgreich verteidigt. Obwohl es längst keine Grenzwächter mehr gibt, ist die Erinnerung im Namen Őrség weiterhin lebendig.

In Szentgotthárd gründete Béla III. 1183 die dem hl. Gotthard geweihte **Kirche** mit einem Zisterzienserkloster. Die umliegenden Meiereien wurden im Gegensatz zu den Dörfern der Grenzwächter zu ihren Frondörfern. Der heutige barocke Monumentalbau ist ein Werk von Franz Anton Pilgram aus dem Jahr 1769. Im Inneren zeigt ein enormes

Die Őrseg

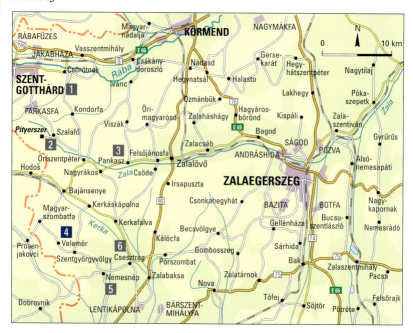

Schon auf dem Weg Richtung Balaton: Landschaft bei Zala

Gemälde von Stephan Dorffmeister die Szentgotthárder Schlacht von 1664, in der die Habsburger einen entscheidenden Sieg über die Türken errangen. Diese Ereignisse verarbeitete Rainer Maria Rilke 1906 in seinem balladesk-heroischen »Cornet«.

Das **Pável-Ágoston-Museum** (Hunyadi utca 9, Mai–Okt. Di–So 9–17, sonst 10–16 Uhr) informiert über die Kultur der slowenischen Minderheit, Ortsgeschichte und regionale Töpferkunst. Insgesamt leben in Szentgotthárd (slow. Monóster) und den umliegenden Dörfern ca. 4000 Slowenen.

Bewahrt sind noch einige typische Bauernhäuser mit Walmdach und hölzerne Glockenstühle. Ein malerisches Ensemble dieser Volksarchitektur mit den typischen, teilweise doppelstöckigen Vorratskammern steht im Westen von **Szalafő** 2 im Freilichtmuseumsdorf Pityerszer (s. Szentgotthárd S. 364). In **Pankasz** 3 thront am Hang, inmitten eines Obstgartens, ein hölzerner Glockenturm der Reformierten von 1755 (an der Straße nach Viszak). Charakteristisch ist die weit vorkragende, mit Holzschindeln oder Stroh gedeckte »Schürze«.

Eines der ältesten Selbstportraits in Europa findet man in der romanisch-gotischen Kirche (Pap-réti templom) von **Velemér** 4. Sie liegt ca. 1 km südlich des Ortes einsam am Waldrand. Den Schlüssel bekommt man im Ort im Haus mit der Aufschrift »templom kulcsa«. Ein wahres Kleinod mittelalterlicher Kunst ist der Freskenzyklus im Inneren (1377/78). Dargestellt sind die Hl. Drei Könige (Nordwand), die Muttergottes (Südwand), eine Kreuzigungsszene, das Jüngste Gericht und Anna selbdritt im Triumphbogen. Im Chor sind der Erzengel Michael, die Verkündigung und das Selbstportrait des Künstlers zu sehen.

In **Nemesnép** 5 wurde 1793 der heute schönste Glockenstuhl der Region errichtet (Béke utca 76), und in **Csesztreg** 6 erwartet ein traditionell eingerichtetes Bauernhaus seine Besucher.

Das »Ungarische Meer« – Der Balaton

Der Balaton (Plattensee) gehört zweifelsohne zu den beliebtesten und bekanntesten Reisezielen in Ungarn. Die einen schwärmen von seinem seidigen Wasser, die anderen von seiner unendlichen Weite, den flachen Sandstränden oder dem märchenhaften Panorama. Manche lieben das angenehme sonnenverwöhnte Klima, die unberührte Natur der Schilfufer oder das pulsierende Badeleben der Hochsaison. Einheimische behaupten, dass der See Tag für Tag eine andere Farbe habe. Abhängig vom Himmel, vom Zug der Wolken, von der Stärke des Windes und vom Lichteinfall ändert sie sich von Opalgrau bis zu leuchtendem Grün mit einem Stich ins Weiße – selten ist der See einfach nur blau, und manchmal erscheint er gar wie flüssiges Gold. »Ich habe fast die ganze Welt gesehen, aber nirgends habe ich die wunderbare Schönheit von Himmel und Wasser anrührender gefunden als hier ...«, schrieb der indische Dichter und Nobelpreisträger Rabindranath Tagore 1926 bei einem Kuraufenthalt in Balatonfüred.

Der Balaton ist mit 596 km² der größte See Mitteleuropas. Seine Länge beträgt 77 km, seine Breite 1,5–14 km. Die Uferlänge von 195 km kann man per Bahn, Auto oder – sportlicher – mit dem Fahrrad erfahren oder per Fähre verkürzen. Bei einer durchschnittlichen Tiefe von nur 3 m erwärmt sich der See im Sommer leicht auf 24–28 °C. Im Winter friert er zur Freude der Eisfischer und Schlittschuhläufer schnell zu. Das Wasser ist leicht alkalisch und nie klar; seine milchige Farbe verdankt es chemischen und physikalischen Prozessen. Dazu kommt sein Mineraliengehalt, vornehmlich an Kalzium und Magnesium, dem vor allem bei Nerven- und Erschöpfungsleiden eine wohltuende Wirkung zugeschrieben wird. Die Wasserqualität ist durch strengere Umweltmaßnahmen als gut bis sehr gut zu bezeichnen. Zusätzlich tragen die am Grund befindlichen Quellen zur Selbstreinigung bei.

Der See hat, abgesehen von vielen kleinen, ihm zustrebenden Bächen, nur einen Zu- und einen Abfluss; er wird von der Zala im Westen gespeist, das überschüssige Wasser wird im Osten über den Sió-Kanal in die Donau geleitet. Berüchtigt und leider oft unterschätzt sind die plötzlichen Sommergewitter, deren Sturmböen bis zu 2 m hohe Wellen aufpeitschen können. Dem Drehlicht-Alarmsystem am Ufer ist unbedigt Folge zu leisten.

Als blaues Band liegt der Balaton im Herzen Transdanubiens. Im Gegensatz zu den von der Eiszeit gebildeten Bergseen der Alpen ist er ein typischer Steppensee und mit 22 000 Jahren ein recht junger dazu. Im ausgehenden Tertiär, also vor rund 25 Mio. Jahren, war das ganze Gebiet vom Pannonischen Meer bedeckt. Nachdem sich das Meer zurückgezogen hatte, kam es zu Erosionen, vulkanischer Tätigkeit und einem Grabenbruch, in dem der Balaton schließlich geboren wurde. Niederschläge und verschiedene Zuflüsse füllten das so entstandene Bassin, und obwohl der Wasserstand damals 12 m höher war als heute, ist der See zweimal ausgetrocknet. Selbst die Römer spielten laut Überlieferung mit dem Gedanken, den See trockenzulegen. Für sie waren lediglich die rund um den Balaton entspringenden Thermalquellen von Interesse. Unter Maria Theresia verfolgte Samuel Krieger denselben Plan, um landwirtschaftlich nutzbares Land zu gewinnen. Doch längst ist der See nicht mehr wegzudenken, und heute wird der

◁ *Der Balaton*

»... nirgends habe ich die wunderbare Schönheit von Himmel und Wasser anrührender gefunden als hier ...« (Rabindranath Tagore)

Wasserstand durch die Schleuse von Siófok konstant gehalten.

Der Balaton wird vor allem durch die Zala gespeist. Früher wurde die Zala im Kis-Balaton (s. S. 189f.), ursprünglich eine verlandete Bucht des großen Sees, nun Naturschutzgebiet, natürlich gereinigt. Mit dem Eindeichen der Zala verschlechterte sich die Wasserqualität, sodass man die alte Situation nun künstlich wieder herstellt und den Kis-Balaton als natürliche Kläranlage nutzt. Interessanterweise scheint der Name Balaton eine Ableitung von dem slawischen Wort *blatno* (= »sumpfiges, stehendes Gewässer«) zu sein. Das klingt ganz plausibel, wenn man bedenkt, dass hier im 9. Jh. Slawen siedelten.

Der Balaton bietet nicht nur herrliche Ausblicke und Badevergnügen. Sein Fischreichtum – es gibt über 40 Arten – macht ihn zum Anglerparadies und bereichert den ungarischen Speisezettel um köstliche Gerichte aus Wels, Karpfen, Hecht, dem erst jüngst angesiedelten Aal und Zander, dem König der Süßwasserfische. Ausgedehnte Schilfufer dienen Jungfischen, zahlreichen Wasservögeln, Fröschen und Libellen als sicherer Lebensraum. Das im Winter geschnittene Schilf hat auch die ländliche Architektur geprägt. Obwohl die reetgedeckten Dächer meistens gegen pflegeleichtere und billigere Ziegel- und Schindeldächer eingetauscht wurden, erfährt das traditionelle Reetdach eine Renaissance, vor allem bei Sommerhäusern.

Das wechselhafte Licht- und Farbenspiel, das ausgewogene und milde Klima, die vollmundigen Weine und eine gute Küche haben damals wie heute auch die Künstler angezogen. Der ungarische Schriftsteller Tibor Déry formulierte es so: »Wollte ich mir das Glücksgefühl als eine Landschaft vorstellen, ich würde die Balatongegend dazu wählen.«

Ein Balanceakt zwischen Natur- und Freizeitparadies

Die Balatonregion hat vieles zu bieten und wird sogar den unterschiedlichsten Ansprüchen gerecht, obwohl sie von Reisemagazinen und Veranstaltern geradezu überstrapaziert wird. Die Werbegeschichte des Sees als ideales Reiseziel für Erholung und Heilung suchende Städter geht auf die vorletzte Jahrhundertwende zurück. Die Sehnsucht nach unberührter Natur und ein gerade erwachter Gesundheitskult machten die magnetische Anziehungskraft des Sees und seiner Umgebung aus. Nicht nur Ärzte, sondern auch Geschäftsleute sahen ihre pekuniären Möglichkeiten in der Erklärung des Balaton zum Heil- und Meerbad. Es stellte sich zwar schnell heraus, dass das Seewasser weder Ebbe noch Flut hatte und auch kein Salz enthielt, aber der Badebetrieb war eingeleitet. So geht der bis heute lebendige Kosename »Ungarisches Meer« auf diese Ente zurück. Doch haben die unendliche Weite des Sees, das Fehlen eines »echten« Meeres und die Liebe der Ungarn zu einer bildhaften Sprache den Namen salonfähig gemacht.

Die ersten mondänen Badeorte waren Balatonfüred und Siófok. Füred verdankt seinen Ruhm dem schon früh entdeckten Mineralbrunnen, und Siófok brachte der Anschluss an die Bahnlinie nach Budapest 1861 den großen Aufschwung. Doch die natürlichen Gegebenheiten von frischer Luft, viel Sonnenschein, klarem Wasser und ländlicher Ruhe genügten den Ansprüchen der Städter nach Vergnügen und Unterhaltung bald nicht mehr. Es entstanden die ersten Luxushotels und Promenaden, die die Landschaft entscheidend veränderten. Dort, wo früher die Bauern ihr Vieh ins Wasser getrieben hatten, flanierten jetzt Damen unter Sonnenschirmen und Herren mit Spazierstock.

Einen solchen Ansturm hat der Balaton nochmals erlebt, als die sozialistische Regierung ihn zum wichtigsten Erholungsgebiet auserkor, wovon heute noch Ferienanlagen in Plattenbauweise zeugen. Eine dritte Welle rollt seit 1989 heran – und die Region versucht, westlichen Ansprüchen nach luxuriösem Aktivurlaub in Natur pur entgegenzukommen. Der Geograf Jenő Cholnoky brachte die Sache auf den Punkt: »Diese wunderschöne Beschaulichkeit müsste man, wenn nötig sogar künstlich, aufrechterhalten. Dem Durcheinander der heutigen Entwicklung zum Trotz.«

Vielseitiges Nordufer

Das von einer Hügelkette eingerahmte Nordufer setzt sich von Westen nach Osten zusammen aus dem Kesthelyer Höhenzug (Keszthelyi-hegység), dem Káler Becken (Káli medence) sowie dem Balatoner Oberland (Balaton-felvidék), dessen Uferbereich »Ungarische Riviera« genannt wird. Insgesamt gibt es sieben unterschiedliche Landschaftsprofile. Von Keszthely bis Balatonederics herrschen Waldlandschaften und Dolomitgestein vor, während die weitere Strecke bis Zánka von bizarren Basaltbergen geprägt ist. Die so genannten Zeugenberge, Lapilli, Kratervertiefungen und Basaltorgeln erinnern an den vulkanischen Ursprung der Region. Fälschlicherweise werden die Berge wegen ihrer kegelartigen Form oft für erloschene Vukane gehalten, doch handelt es sich um die aus hartem Gestein (Basalt, Kalkstein, Tuff) bestehenden Überreste einer erodierten, durch Vulkanismus entstandenen Landschaft.

Das Gebiet zwischen Zánka und Aszófő heißt aufgrund seines steinigen Karstbodens umgangssprachlich auch »Balatoner Abessinien«. Die in den See hineinragende Halbinsel Tihany zeichnet sich durch Geysirkegel und Bimssteingebilde aus, und bei Balatonfüred trennt sich weißer Kalkstein haarscharf vom für Balatonalmádi typischen roten Sandstein. Am Ostufer, zwischen Balatonfüzfő und Balatonvilágos, findet man hohe, steile Erdwände aus pannonischem Ton und Löß.

Insgesamt gibt es weniger Strände als im Süden und das Ufer fällt steiler ab, sodass das Baden Schwimmkenntnisse erforderlich macht. Historisch bedingt sind nördlich des Sees mehr Baudenkmäler erhalten geblieben als südlich.

Gegen die vorrückenden Tataren und später die Türken bildete die Bergkette einen natürlichen Verteidigungswall, von dem heute noch verschiedene Burgruinen (Szigliget und Csobánc) zeugen.

Die positive Wirkung des vulkanischen Bodens und die für eine relativ hohe Luftfeuchtigkeit sorgende Nähe des Sees haben schon die Römer für den Weinbau erkannt. Seitdem bedecken Obstbäume und Rebstöcke die von Norden her durch das Bakony-Gebirge vor kalten Winden geschützten Berghänge. Nach einer alten Bauernweisheit »gibt nur der Rebstock guten Wein, der sein Spiegelbild im Balaton erblickt«. Und in der Tat gehören die hier wachsenden Weine von Badacsony, Csopak und Tihany zu den besten des Landes.

Mondäne Badeorte: Keszthely und Hévíz

Karte: S. 158/159
Tipps & Adressen: Keszthely S. 343f., Hévíz S. 338

Den von Westen her Anreisenden nimmt sogleich einer der schönsten und ältesten Orte in Empfang. **Keszthely 1**, die Hauptstadt des Balaton, ist ein charmantes Städtchen mit nahezu 25 000 Einwohnern. Die meisten Besucher sind Badegäste, doch ziehen auch das in voller Pracht restaurierte Schloss, die hübsche Fußgängerzone und das Geburtshaus des Opernkomponisten Karl Goldmark viele Besucher an.

Wie Ausgrabungsfunde aus dem Neolithikum belegen, war die Gegend

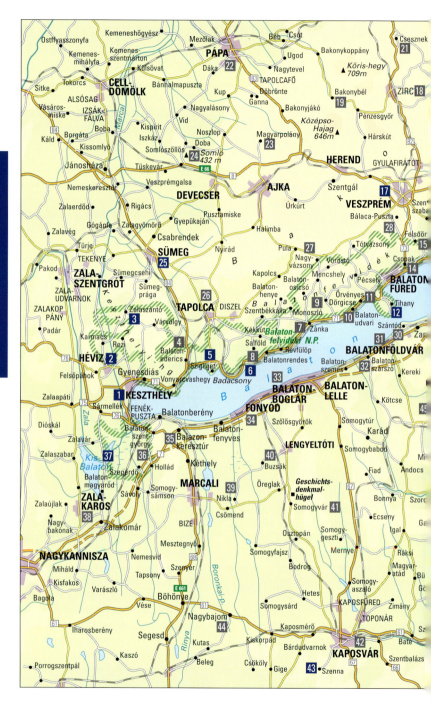

Balaton

um Keszthely schon seit Urzeiten besiedelt. Um 900 gab es bereits eine eigene Keszthelyer Kultur von christlichen Ackerbauern und Handwerkern, und im Mittelalter war Keszthely ein bedeutender Marktflecken. Aus Angst vor den Türken ließ der damalige Gutsherr Pethő das Franziskanerkloster um 1550 zu einer – wie sich zeigte – uneinnehmbaren Festung ausbauen, die auch in den Freiheitskämpfen unter Rákóczi eine Rolle spielte. Die wirtschaftliche und kulturelle Entwicklung des Ortes lag über Generationen in den Händen der Familie Festetics, die ihr Gut zu einer prächtigen Adelsresidenz ausbaute, die landwirtschafliche Hochschule Georgikon gründete (1797) und sich für Bildung und Gesundheit ihrer Untertanen einsetzte. Keszthely war 1861 mit der Eröffnung der Eisenbahnstrecke entlang des Südufers ins wirtschaftliche Abseits geraten, doch mit der Entdeckung des Balaton als Kurbad wurde der Fremdenverkehr zu einer neuen wichtigen Existenzgrundlage. Erst 1954 erhielt Keszthely das Stadtrecht.

Das hinter einem Prunktor in einem weitläufigen Park liegende **Schloss Festetics,** ein majestätischer Dreiflügelbau mit einem rückwärtigen Ehrenhof, gehört zu den Attraktionen der Region. Ältester Gebäudeteil ist der im Auftrag von Kristóf Festetics nach 1745 entstandene südliche Barockflügel. György Festetics bereicherte das Anwesen 1801 um die einzigartige **Helikon-Bibliothek**. Noch heute füllen ihre Regale etwa 100 000 Bände, darunter mittelalterliche Kodizes und Erstausgaben von Voltaire, Descartes und Rousseau. Unter Tassiló II. entstand 1883–87 ein neuer Nordflügel, der durch den markanten Turmtrakt mit dem alten Gebäude verbunden wurde. Geschnitzte Kassettendecken, feine Stuckaturen, Intarsien-Parkettböden und schöne Delfter Fayence-Öfen schaffen einen feierlichen Rahmen für die kostbaren Einrichtungsstücke aus dem 18./19. Jh. Die

Vom Schloss führt die Kastély utca geradewegs zur **Kossuth Lajos utca,** heute eine belebte Fußgängerzone mit Straßencafés und Restaurants. Die barocken und historisierenden Fassaden sind fröhlich bunt gestrichen. Zu den ältesten Gebäuden gehört das im Mittelalter erbaute und im 18. Jh. barocki-

Der hufeisenförmig angelegte Schlosskomplex der Festetics

pompösen Ballsäle und der Speise- und Spiegelsaal dienen heute als Konzert- und Konferenzräume. Das einstige Helikon-Fest wird als **Keszthelyer Musikwochen** im Sommer wieder belebt. Außerdem gibt es im Schloss eine **Jagdtrophäensammlung** zu besichtigen.

Die Gebäude der Agrarhochschule **Georgikon** (Bercsényi Miklós utca 64/65) sind teilweise als Ausstellungsräume zu den Themen Familiengeschichte der Festetics, Geschichte des Instituts und der Landwirtschaft sowie Weinbau eingerichtet.

sierte **Pethő-Haus** (Nr. 22). Eine Gedenktafel erinnert an den Opernkomponisten Károly (Karl) Goldmark, der hier 1830 in ärmlichen Verhältnissen geboren wurde. Nachdem er 1875 mit seiner Oper »Die Königin von Saba« in Wien einen durchschlagenden Erfolg hatte, starb er dort 1915 als bekannter Komponist. Ein Durchgang führt in einen stillen, romantischen Arkadenhof, den der Bau einer Synagoge abschließt. Hier befand sich das jüdische Viertel der Stadt. Von den während der Herrschaft der Nationalsozialisten in die Konzentrations- und Vernichtungslager verschleppten Keszthelyer Juden kehrten 1826 nicht mehr zurück.

Hinter dem Hauptplatz (Fő tér) mit dem Rathaus (1790) erhebt sich der Turm der 1386 zusammen mit einem Kloster entstandenen Franziskanerkirche, heute **Pfarrkirche (Magyarok Nagyasszonya templom),** die während der Türkenkriege zur Festung umgebaut wurde. Nach dem Friedensschluss von Szatmár wurde sie 1709 im Auftrag der Habsburger zerstört. In der 1747 barock erneuerten Pfarrkirche befindet sich das Grabmal des Kirchenstifters, des Palatins István Laczkffy (1397), den König Zsigmond wegen angeblichem Landesverrat köpfen ließ. Außerdem sind hier Kristóf (1758) und György Festetics (1819) beigesetzt. Im Chor wurden Fresken aus dem 14./15. Jh. freigelegt.

Ungefähr 700 m weiter südlich wartet das **Balaton-Museum** auf Besucher. Die Präsentation »Der Balaton und der Mensch« ist die umfangreichste Ausstellung über das Entstehen der Tier- und Pflanzenwelt des Sees und die Entwicklungsgeschichte der Menschen in seiner Umgebung. Auf dem nahen Friedhof befindet sich das Familienmausoleum der Festetics.

Ein schöner Spaziergang zum See führt über die Helikon oder Balaton utca zum **Helikon-Park,** dessen alter Baumbestand im Sommer angenehmen Schatten spendet. Über die Bahnlinie und durch ein Gewirr von Verkaufsbuden erreicht man schließlich den **Strand** oder den **Fähranleger.** Am Ufer sind zwei markante Gebäude aus den Anfängen des Badeorts erhalten geblieben.

Nur einen Katzensprung entfernt liegt das bekannte Kurbad **Hévíz** 2. Seinen mit einer Oberfläche von 47 000 m² größten natürlichen **Thermalwassersee** Europas bedeckt von April bis Oktober eine an Monet erinnernde Seerosenpracht. Anmutig vervollständigt das alte Badehaus mit seinen charakteristischen Türmchen die malerische Kulisse. Die 36 m tiefen Quellen stoßen täglich zwischen 60 und 80 Mio. l warmes, an Mineralsalzen reiches, radioaktives Wasser

Thermalwassersee von Hévíz

aus. Die Menge ist ausreichend, um das Seewasser alle 28–30 Stunden völlig auszutauschen. Im Sommer liegt die Wassertemperatur bei 33–34 °C, im Winter nicht unter 26 °C.

Vom Bad führt eine Promenade in das aus zwei Parallelstraßen bestehende Zentrum mit Restaurants, Cafés und Souvenirläden. – Im nördlichen Ortsteil **Egregy** befindet sich auf dem Friedhof eine kleine romanische Kirche (12./13. Jh.).

Das 15 km nördlich von Keszthely am Fuß des von einer Burgruine (Rezi vár) bekrönten Berges Tátika gelegene Dorf

Zalaszántó 3 besitzt eine für Europa recht ungewöhnliche Sehenswürdigkeit. Auf einem 316 m hohen Berg erhebt sich auf einer Waldlichtung das größte buddhistische Friedensheiligtum Europas, ein leuchtend weißer Stupa. Das 30 m hohe und 24 m breite Monument wurde in den Jahren 1990–92 auf Initiative des buddhistischen Mönchs Bop Jon aus Korea als Beitrag zum Weltfrieden errichtet. In seinem Inneren sind die Lehren Buddhas, ein 24 m hoher Baum des Lebens und eine Buddha-Reliquie eingemauert. Das Symbol für Frieden, Erleuchtung und Glück hat der 14. Dalai Lama, Tenzin Gyatso, am 17. Juni 1993 in einer feierlichen Zeremonie eingeweiht. Besucher aus aller Welt entzünden auf dem Altar Kerzen und Räucherstäbchen; von hier soll ein friedliches Denken in alle Richtungen getragen werden.

Wenigstens ein Stück des Weges zum Stupa sollte man zu Fuß zurücklegen. Ein angenehmer Pfad führt durch einen stillen Wald, Naturschutzgebiet mit Lehrtafeln (auch auf Englisch), zum Heiligtum hinauf (am Ortsausgang von Zalaszántó in Richtung Sümeg links abbiegen, klein ausgeschildert, ca. 3 km).

Ein schöner Beitrag zum Weltfrieden: der Stupa von Zalaszántó

Szigligeter Burg und Badacsonyer Blaustengler

Karte: S. 158f.
Tipps & Adressen: Badacsony S. 309f.

An der Straße 71 bietet das kleine Afrika-Museum kurz vor der Ortschaft **Balatonederics** 4 vor allem für Kinder eine spaßige Reisepause. Mit etwas Glück sichtet man schon beim Näherkommen ein Kamel. Außerdem gibt es dort ungarische Wasserbüffel, einen Uhu und diverse Trophäen aus Afrika (tgl. 9–18 Uhr).

Die auf der gleichnamigen Landzunge gelegene Gemeinde **Szigliget** 5 ist mit ihren traditionellen, reetgedeckten, mitunter fast schon zu schön restaurierten Bauernhäusern sicher eines der malerischsten Örtchen am Balaton. Als der Wasserstand des Sees noch höher lag, war Szigliget (= »Inselwäldchen«) eine kleine Insel. Schon von weitem sieht man die markanten Umrisse der Burgruine, die wie eine »morsche Krone auf dem Haupt eines alten Königs« (Károly Eötvös) dasteht. Seit ihrer Errichtung als Fliehburg 1260 hat sie viele Besitzerwechsel, Umbauten, erfolglose und erfolgreiche Angriffe erlebt. Von menschlicher Hand so gut wie unbezwungen, wurde sie 1697 Opfer eines Blitzschlags. Ihren Verfall beschleunigte 1702 ein Dekret Kaiser Leopolds I., nach dem sie niedergerissen worden war: Ein großer Teil der Steine diente den Dorfbewohnern zum Bau ihrer Häuser, bis sich 1913 die Denkmalpflege der Burgruine annahm.

Den steilen Aufstieg belohnt ein herrlicher Ausblick auf eine von Wäldern und Weingärten bedeckte Landschaft mit dem See im Hintergrund. Bei guter Fernsicht tauchen in entgegengesetzter Richtung die roten Dächer der Burg von Sümeg am Horizont auf. Unterhalb der Burg, nahe der Pfarrkirche, befindet sich im einstigen Herrenhaus der Adelsfamilie Tódi-Lengyel (1782) ein Restaurant. Ihr Wappen am Portal ist ein Relikt vom alten Burgtor. Am Hauptplatz, von einer Mauer umgeben, liegt das 1780 in einem Park erbaute **Esterházy-Schloss**. Der Schriftsteller Péter Esterházy setzt hier die bereits im Sozialismus begonnene Tradition eines »Künstlerhauses für Schriftsteller« fort.

In Richtung Seeufer mehren sich Sommerhäuser neueren Datums. Zwischen dem Schilf liegen ein Strandbad und ein kleiner Hafen. Im Winter kann man beobachten, wie die Schnitter auf das Eis hinausgehen, um Schilf zu schneiden, das sie dann in zeltförmigen Garben am Ufer aufstellen. An der Ostseite der Landzunge steht neben der Durchgangsstraße ein aus Basaltblöcken gemauerter Kirchturm (13. Jh.).

Wie der größere Bruder von Szigliget ragt der 437 m hohe **Badacsony**, ein so genannter Sargberg, in den Balaton hinein. An seinen sanft abfallenden Hängen legten bereits die Römer die ersten Wein- und Obstgärten an. Die Vorfahren der heutigen Winzer bauten hier ihre Weinkeller und bewahrten so eine uralte Tradition. Der Volksmund sagt: »Dieser Wein ist die Frucht der Liebe zwischen Berg und Wasser.« Dichter haben ihn als »Nektar der Götter« besungen. Der Badacsony und seine beiden Nachbar-

berge Szent György-hegy und Ábrahám-hegy sind ein traditionelles Weißweingebiet. Welschriesling (Olaszrizling), ein trockener Wein mit angenehm milder Säure und einem an Bittermandeln erinnernden Aroma, ist eine der bekanntesten Sorten. Angebaut werden u. a. auch Muskateller (Muskotály), Chardonnay und Grüner Silvaner (Zöldszilváni). Regionale Spezialitäten sind Grauer Mönch (Szürkebarát) und Blaustengler (Kéknyelű), eine altungarische Rebsorte, die ausschließlich in dieser Gegend zu finden ist. Letzterer ist ein eleganter, gelblich grüner Wein – seinen Namen erhielt er von den bläulichen Stielen – mit einem einzigartigen Duft und Geschmack. Eine Rarität ist auch der Grüne von Buda (Budai Zöld), ein »etwas harter« Wein mit feinem Duft und Bukett.

Der Name Badacsony ist ebenso mit dem Berg verknüpft wie mit den sich an seinen Fuß schmiegenden Gemeinden Badacsonytördemic, Badacsonylábdihegy, Badacsonytomaj (s. S. 309f.), Badacsonyörs und dem südlichen **Badacsony** 6, das sich in der Hochsaison in ein ebenso buntes wie munteres Ferienparadies verwandelt, während es im Winter in einen tiefen Schlaf sinkt. Dann sind die meisten Restaurants und Geschäfte geschlossen; es gibt keine Jahrmarktbuden und keine dröhnenden Jeeps, die die Touristenscharen den Berg hinaufbefördern. Mitten im Zentrum liegt die alte Bahnstation von Badacsony. Von hier führt eine Promenade gen Hafen und Strandbad. Ganz in der Nähe hatte der durch seine Balatonbilder bekannt gewordene Maler József Egry sein Atelier, das heute als **Egry-Museum** eingerichtet ist. Sein expressionistisches und spätimpressionistisches Werk, 1948 noch durch den begehrten Kossuth-Preis geadelt, wurde

Badacsony

Die »ungarische Toskana«

»Es scheint, man nähert sich einer lichteren und wärmeren Erde. Das Sonnenlicht ist weißer, fast so weiß wie über dem Mittelmeer. Von den Farben hebt sich der Nebel und sie leuchten stärker. Die Konturen der Gegenstände sind schärfer, als wäre die Atmosphäre gleichsam elektrischer. Das Licht durchstrahlt den Menschen und leuchtet in die Dinge, lichtdurchfluteter ist auch das Obst.«

Béla Hamvas

Man könnte annehmen, bei dieser Landschaftsbeschreibung würde es sich um die für ihr bezauberndes Lichtspiel und ihre sanften Formen viel gerühmte Toskana handeln, doch hat Hamvas lediglich einen kleinen Landstrich seiner Heimat vor Augen. An den westlichen Ausläufern des Balaton-Hochlandes (Balaton-felvidék), dort wo sich das Tapolcaer und das Káler Becken (Tapolcai und Káli medence) hin zum Balaton öffnen, kreieren das milde Klima, die südländische Vegetation, die schroffen Karstfelsen und vulkanischen Kegelberge eine mediterrane Atmosphäre. Auf der Durchreise von einigen kaum bemerkt, nimmt es andere mit seinem Zauber sofort gefangen.

Das Gebiet war nicht immer so geschätzt. In den 70er Jahren des 20. Jh. galten die einst so wohlhabenden Dörfer als rückständig. Arbeit gab es nach der Enteignungswelle der 50er Jahre nur noch in den landwirtschaftlichen Genossenschaften. Die Folge war eine immense Landflucht. Überwiegend alte Menschen blieben zurück, die Bauernhäuschen begannen zu verfallen, die Weingärten zu veröden. So wurden die alten Strukturen ohne jegliche Modernisierung konserviert. Die Zeit war stehen geblieben. Die Eindrücke des Schriftstellers Károly Eötvös hatten ihre Gültigkeit behalten:

»Hügel mit glänzenden Gipfeln, grün strahlende Weinberge, schwarze Wälder, grüne Wiesen, goldene Saaten, Hunderte von Dörfern, Tausende Unterkünfte in den Bergen, Mühlen, Wege mit Baumreihen, Bäche, Kanäle, weiße Häuser, vermorschte, aber trotzdem glänzende Ruinen ...«

Wahrscheinlich war es die unberührte Landschaft, ihre harmonische Linienführung und das ständig wechselnde Farbenspiel, die – einem Gemälde gleich – die Künstler anzog. Um Hektik, Gestank und Lärm der Großstadt zu entfliehen, kauften sie alte Häuser und renovierten sie liebevoll im traditionellen Stil als Sommerhäuser. Ihrer Initiative ist es zu verdanken, dass das ganze Gebiet nun unter Naturschutz steht. Im 19. Jh. waren es noch die mondänen Badeorte am See, die die Künstler anzogen: Die Schauspielerin Blaha Lujza und der Schriftsteller Mór Jokai lebten in Balatonfüred, Sándor Kisfaludy und József Egry in Balatontomaj, der Schriftsteller Attila József in Balatonszárszó am Südufer. Heute aber haben sich viele Künstler vom Baderummel am See zurückgezogen.

und kleine kulinarische Köstlichkeiten für das leibliche Wohl. Das Besondere an der Galerie ist die eigenwillige Art, die Dinge zu präsentieren. »Neben echten Kunstwerken können auch – bewusst – bizarre Gegenstände, Möbelstücke, sogar Kitsch in die Kollektion der Sammlung gelangen.«

Gut besucht – und das nicht nur von Touristen: das Weinfest in Monostorapáti im Tal der Künste

Ihre latente Anwesenheit zeigt sich u. a. in der von einer Stiftung 1997 in dem kleinen Dorf Dizsel bei Tapolca eröffneten Első Magyar Látványtár (Erste Ungarische Erlebnis-Galerie). Als Ausstellungsraum dienen drei Etagen in einer alten Mühle (Templom tér, Di–So 10–18 Uhr). In dem gemütlichen Kávéház a Vörös Lóhoz (Café zum Roten Pferd) sorgen erlesene Weine

Ganz in der Nähe liegt das Tal der Künste (Művészetek völgye), wo in vier Dörfern (Monostorapáti, Taliándörögd, Vigántpetend und Kapolcs) seit 13 Jahren alljährlich im Juli ein Festival mit Musik, Theater, Kunst und Kunsthandwerk stattfindet (Info: Tapolca Tourinform, Fő tér 17, 8300 Tapolca, Tel. 87-510-777, Fax 87-510-778).

Anfang der 50er Jahre von den Stalinisten abgelehnt.

Über die am Berghang bereits von den Römern angelegte Római út und die abzweigende Szegedi Róza utca, vorbei an zahlreichen Weinschänken, gelangt man zum **Szegedi-Róza-Haus.** Das spätbarocke Winzerhaus, Schauplatz der in die Literaturgeschichte eingegangenen Liebe zwischen dem Dichter Sándor Kisfaludy und der Winzertochter Róza, beherbergt heute ein Literaturmuseum. Der junge Kisfaludy lernte das Mädchen bei der Weinlese kennen, verliebte sich in sie, wurde aber von ihr abgewiesen, worauf er den Lyrikband »Die klagende Liebe« verfasste. Nachdem er ihr Herz schließlich doch gewonnen hatte, entstand »Die glückliche Liebe«. Von der Terrasse des gegenüberliegenden **Kisfaludy-Hauses,** ehemals Wohnhaus des Dichters, heute Restaurant, hat man einen weiten Seeblick.

Der Parkplatz ist ein guter Ausgangspunkt für Wanderungen durch das Naturschutzgebiet des Badacsony. Nur wenige Meter oberhalb erhebt sich der legendäre **Rosenstein (Rózsakő).** Vielleicht haben hier Sándor und Róza zusammengesessen, bevor sie schließlich doch ein Paar wurden. Denn man sagt dem Stein Kräfte nach, durch die diejenigen, die mit dem Rücken zum See auf ihm sitzen und aneinander denken, noch im selben Jahr Hochzeit halten. Hier beginnt der **Panorama-Rundwanderweg** vorbei an absonderlichen Basaltformationen durch das so genannte Steintor (Kő kapu; weißer Grund mit rotem Querbalken). Weitere Wege führen zum Kisfaludy-Aussichtsturm (weißer Grund mit rotem Dreieck) oder zum Steinkreuz von 1857 (weißer Grund mit blauem Querbalken). Man erzählt, dass die Steinbrocken für das Kreuz mit 40 Büffeln heraufgezogen wurden.

Von Zanka nach Tihany

Karte: S. 158/159
Tipps & Adressen: Salföld S. 356, Tihany S. 367f.

Die in ihren Zustand aus dem 12./13. Jh. zurückversetzte Kirche von **Zanka** 7 ist eines der ältesten erhaltenen Baudenkmäler des Balatoner Oberlandes (Balaton-felvidék). Das Dorf liegt am Fuß des ehemaligen Kegelbergs **Hegyestű.** Die nördliche Hälfte des 337 m hohen »Spitznadel-Bergs«, der eher einem von Riesen angebissenen Zuckerhut ähnelt, wurde in einem heute stillgelegten Steinbruch abgetragen, wodurch das Innere des 5–6 Mio. Jahre alten Basaltvulkans aus vieleckigen, senkrechten 15–20 m hohen Säulen besteht. Von seiner Spitze hat man einen fantastischen Ausblick über den Balaton (von Zanka Richtung Tapolca, rechts nach Monoszló abzweigen und dann nach ca. 1 km rechts zum Gipfel hoch). Man nennt den Berg auch »Wächter des Káler Beckens«.

Viele Orte im **Káler Becken (Káli medence)** bewahren in Namen wie Köveskál und Mindszentkálla die Erinnerung an den Arpadenfürsten Kál (um 900). In dem zum Nationalpark des Balatoner Oberlandes gehörenden Gebiet gibt es weder Industrie noch Hochspannungsleitungen. Die mittelalterlich geprägten Dörfchen liegen wie Sprenkel in der von Wiesen, Wald und Wein bestimmten Landschaft, umgeben von einer Reihe eigentümlich geformter Berge und Hügel. Neben Ureichenwäldern, Esskastanien, Wacholder und Heidekraut gedeihen mediterrane Pflanzen wie Mandel, Feige, Rosmarin und Lavendel. In jedem Dorf thront ein Storchennest.

Am Rand von **Salföld** 8 informiert ein 1994 gegründeter Hof über die tradi-

Auf den Spuren einer geologischen Rarität: Wanderer am Steinmeer

tionelle Bauernkultur im Káler Becken (am Dorfende hinter der Kirche). Hier züchtet man altungarische Haustiere wie Pferde, Graurinder, Wollschweine *(Mangalica)* und Zackelschafe *(Racka)*, bewacht vom Komondor, einem eisbärgroßen, an einen Flokati erinnernden Hirtenhund. Am anderen Ende des Dorfs liegt das **Steinmeer (Kőtenger)**, eine einzigartige geologische Besonderheit. Wie in einem überdimensionierten Steingarten liegen bizarr geformte Steinbrocken einzeln oder in Gruppen in der Landschaft. Dabei handelt es sich um versteinerte Schollen des Pannonischen Meeres, die im Laufe der Jahrtausende von Ablagerungen befreit und somit sichtbar wurden. Ein weiteres Steinmeer findet man in **Szentbékkálla**. Nicht weit entfernt, in **Kékkút** (Blauer Brunnen), sprudelt die schon bei den Römern bekannte Theodora-Quelle, deren Mineralwasser sich durchaus als das »Perrier Ungarns« bezeichnen lässt.

Ein schöner Platz zum Verweilen ist die oberhalb des Dorfs am Waldrand gelegene Kirchenruine von (Alsó)-**Dörgicse** 9 (vom See kommend die erste Straße rechts im Dorf am Műemlék-Schild nehmen). Außer ihren Grundmauern ist der hohe romanische Turm mit den Zwillingsfenstern erhalten geblieben. Statt eines Picknicks empfiehlt sich auch der Besuch des unterhalb gelegenen, ca. 250 Jahre alten **Gasthauses Granarius** mit großem Weinkeller.

Zurück auf der Straße 71, erzählt der **Herzenfriedhof von Balatonudvari** 10 Besuchern seine traurige Geschichte. Den ersten der herzförmigen Grabsteine fertigte Anfang des 19. Jh. ein junger Steinmetz für seine Liebste, die während eines Unwetters im See ertrank.

Ebenfalls an dieser Straße dreht sich bedächtig das Rad der alten Wassermühle von **Örvényes** 11. Längst wird hier kein Mehl mehr gemahlen, doch lohnt der Besuch des Museums (Di–So

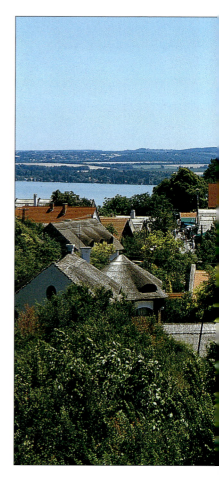

Diese Wohnlage war schon bei den Römern beliebt: die Halbinsel Tihany

9–16 Uhr). Die kleine, etwas erhöht stehende Kirche entstand aus einer romanischen Ruine.

Naturparadies Tihany

12 Wie der Kopf einer Schildkröte schiebt sich die Halbinsel Tihany in den See hinaus. Die vulkanisch gebildete einstige Insel misst rund 12 km^2 und wurde aufgrund ihrer besonderen Flora und Fauna sowie ihrer einzigartigen geologischen Formationen Anfang 1952 als erstes Gebiet Ungarns unter Naturschutz gestellt. Einst sprudelten hier mehr als 100 heiße Quellen, deren steinerne Reste man auf dem **Geysirfeld (Gejzirmező)** im Südwesten sehen kann. Der schönste Geysir, wegen seiner in der Sonne schimmernden gelben Flechten das **Goldene Haus (Aranyház)** genannt, liegt am Hármas-Berg. Zwischen den Hügeln, in eingestürzten Vulkankratern, entstanden durch Ansammlung von Regen- und Grundwasser zwei Seen, die beide keinen Abfluss haben, so genannte Caldera. Der **Äußere See (Külcő-tó)** füllt sich nach seiner Trockenlegung vor ca. 200 Jahren wieder mit Wasser, was ihn mit seinem dichten Schilf zum Vogelparadies macht. Der **Innere See (Belső-tó)** hat durch seine Abgeschlossenheit urzeitliche Kleinstlebewesen bewahrt, die Biologen und Paläontologen gleichermaßen anziehen (Wanderkarte bei Tourinform).

Archäologische Ausgrabungen einer 3000 Jahre alten **Wallburg (Óvár)** belegen eine Besiedlung des Gebiets bereits in der Bronzezeit. Einige der am Hang errichteten neuzeitlichen Villen stehen auf römischen Fundamenten, was die Liebe der Römer zu exklusiven Wohnlagen bestätigt. Außerdem begründeten sie die hiesige Weinbaukultur, aus der die berühmten Rotweine Tihanyer Merlot und Cabernet hervorgehen.

Wahrzeichen von Tihany ist die 1055 von König András I. gestiftete **Benediktinerabtei,** deren Kirchtürme schon von weitem zu sehen sind. Zum Gefolge des Königs gehörten griechisch-orthodoxe Eremiten, deren in den Basalttuff geschlagene **Zellen (Barátlakások)** bis heute erhalten sind (grün markierter Rundweg).

Die strategisch günstige Lage der Halbinsel verhinderte, dass die 1267 um die Abtei errichtete Burg von den Tataren oder Türken eingenommen werden konnte. Ihr Ende besiegelten die Habsburger 1702, als sie während des Rákóczi-Aufstandes die Sprengung anordneten. So ist von der ursprünglichen Kirche nur noch die romanische **Krypta** mit dem Grab ihres Stifters bewahrt geblieben. Der Neubau der **spätbarocken Abteikirche** stammt aus den Jahren 1719–54. Die Kanzel, Altäre und das übrige Mobiliar verzierte der Laienbruder Sebastian Stuhlhoff 1753–79 mit kunstvollen Holzschnitzereien. Nach dem frühen Tod seiner Geliebten soll er 25 Jahre lang unentgeltlich für die Benediktiner gearbeitet haben. Sein Mädchen hat er angeblich im rechts knieenden Engel des Marienaltars verewigt.

Das Stiftsgebäude (1740) beherbergt heute ein **Museum.** Neben wechselnden Ausstellungen zu Themen moderner Kunst sind ein Gedenkzimmer für den letzten ungarischen König, Karl IV., und ein Lapidarium zu sehen. Und an der Abteigeschichte Interessierte werden hier fündig. Karl IV. wohnte 1921 mit seiner Frau Zita kurzfristig im Ordenshaus, bevor er auf die Insel Madeira verbannt wurde. Außerhalb stehen die Plastiken »Seine Majestät, das Kilowatt« (Amerigo Tot, 1970) und »Der Stifter« (Imre Varga, 1972). Am Tag der totalen Sonnenfinsternis vom 11. August 1999 wurden im Kloster-Weinkeller 5000 Flaschen Wein bis zur nächsten Sonnenfinsternis im Jahr 2081 eingemauert. An jede Flasche hat der Besitzer eine Botschaft geknüpft, die er der Nachwelt hinterlassen möchte. Árpád Göncz, damaliger Präsident, hofft, dass, »wenn seine Zeilen gelesen werden, Ungarn eine würdige Position in Europa eingenommen hat«.

Die Straßen im Kern des alten Bauern- und Fischerdorfes (ausgewiesene Parkplätze außerhalb) säumen traditionelle, reetgedeckte Laubenganghäuser. Da das Tourismusgeschäft einträglicher geworden ist als die noch bis in die 50er Jahre des letzten Jahrhunderts lebendigen traditionellen Berufe, finden sich in den meisten Häusern heute Souvenir- und Kunsthandwerksläden oder Restaurants. Die Hauptstraße (Kossuth utca) endet im Süden am **Club Tihany,** einem Ferienzentrum mit Hotel, Strand und Bootshafen. Hier, an der engsten Stelle des Balaton (1,5 km), befindet sich auch der Anleger für die Autofähre nach Szántód. In den Sommermonaten bringt ein Bähnchen die Gäste ins Zentrum.

Vom Leben der früheren Bauern und Fischer kann man sich ein Bild im **Dorfmuseum** (Batthyány utca 20) machen. In der Nähe befindet sich das **Puppenmuseum** (Visszhang utca 4) mit einer Sammlung von rund 600 Porzellanpuppen aus der Zeit von 1840–1920. Auch das **Töpferhaus** (Pisky sétány 9) ist in einem volkstümlichen Gebäude eingerichtet. Die Pisky-Promenade hinter der Abteikirche führt zum bekannten **Tiha-**

Irdene Souvenirs aus Tihany

nyer Echo (Visszhang), über das ein Reiseführer des Jahres 1848 schreibt, dass man extra Ausflüge hierher machte, um das Echo zu hören. In windstillen, ruhigen Abendstunden wird der Ruf noch heute leise wiederholt. Warum sich das Echo abgeschwächt hat, ist nicht geklärt, doch man nimmt an, dass sich das bei der Renovierung der Kirche verwendete Baumaterial ungünstig auf den Schall auswirkte. Eine wenig christliche Sage erzählt über das Echo, der Seekönig habe hier eine schöne, aber hochmütige und wortkarge Prinzessin eingesperrt und dazu verurteilt, bis in alle Ewigkeit auf Fragen zu antworten.

Traditionsbad Balatonfüred

Karte: S. 158/159
Tipps & Adressen: S. 312f.

13 Der älteste Badeort am Plattensee, einst Treffpunkt der Budapester Highsociety, von Politikern und Künstlern, hat einiges von seiner einstigen Eleganz eingebüßt – woran nicht zuletzt der Massentourismus schuld ist. Besonders außerhalb der sommerlichen Hochsaison lässt »Füred« für den empfänglichen Spaziergänger auf der Promenade oder im traditionsreichen Kurviertel noch Charme und mondänes Flair der Jahrhundertwende durchscheinen. Selbst im Winter hat der Ort seinen Reiz, wenn Schneedecken die Bänke einhüllen, die verpackten Skulpturen an Kunstwerke von Christo erinnern und Schlittschuhläufer über den zugefrorenen Balaton dahingleiten.

Geschichte

Anstelle der heutigen Stadt (seit 1971) befanden sich einst sieben kleine Dörfchen, deren Bewohner von Fischfang, Weinbau und Ackerbau lebten. Die Ent-

deckung Balatonfüreds als Kur- und Erholungsort verdanken sie den kohlensauren Mineralquellen. Bereits 1772 wurde ihr Sprudelwasser nach einer chemischen Analyse zum Heilwasser erklärt. Die ersten Städter und Genesungssuchenden wurden durch das Sauerwasser und die reizvolle Landschaft angezogen. Bald priesen auch deutschsprachige, französische und englische Reiseführer die Heilungserfolge, vor allem bei Magenleiden, idealerweise kombiniert mit dem Trinken von Schafsmolke und dem Essen frischer Trauben. Auch die Tiere genossen die gesunde Erfrischung, hatten doch die Brunnen häufig einen reichen Mineraliengehalt. Die Rinder und Pferde waren es auch, die zuerst im See badeten. Denn am Anfang des 19. Jh. galt, wer sich in den See wagte, als Sonderling.

Als geistiges Zentrum der nationalen Reformbewegung erlebte Füred um die Mitte des 19. Jh. seine Glanzzeit. Beim Kuren oder im Kaffeehaus entwickelten Künstler, Literaten und Politiker den Zeitgeist prägende Ideen und Werke. 1831 richtete Sándor Kisfaludy das erste ungarischsprachige Theater des Landes ein. 1846 lief das erste Balatoner Dampfschiff aus dem Hafen, und hier baute man auch das erste Badehaus in den See hinein. Zu dieser Zeit wurde die Uferpromenade angelegt und das Zentrum um den Kurplatz erhielt seine heutige Gestalt. Es entstanden Hotels, elegante Sommerhäuser und 1884 wurde der erste ungarische Jachtclub gegründet. Um 1880 schrieb Victor Tasso: »Der Reiz, die Anmut, die Süße der Nächte von Füred ist vergleichbar mit den herrlichen Nächten von Verona, Neapel oder Florenz.«

Stadtrundgang

Das Prachtstück Füreds ist die baumbeschattete, kilometerlange **Tagore-**

Balatonfüred

171

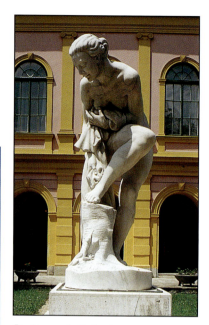

Pantheon mit »Badender«

Promenade (sétány) entlang des Seeufers. Sie trägt den Namen des indischen Dichters, Philosophen und Nobelpreisträgers Rabindranath Tagore (1861–1941), der hier seine Herzprobleme kurierte. Erst im 20. Jh. hatte man die therapeutische Wirkung des Heilwassers auch bei Herz- und Kreislaufkrankheiten erkannt, weshalb man den Ort bald »Mekka der Herzkranken« nannte. Zum Dank für seine Genesung pflanzte Tagore 1926 eine Linde. Seinem Beispiel folgten die indische Ministerpräsidentin Indira Gandhi, der italienische Dichter Salvatore Quasimodo, der sowjetische Kosmonaut Leonow und viele andere, sodass bereits ein kleines Gedenkwäldchen entstanden ist.

In den Sommermonaten säumen die Promenade auf der Höhe der Strandbäder Lokale und kleine Läden mit allerlei von Nippes bis Kunsthandwerk. Vom Anleger gibt es täglich Fähren nach Siófok (s. S. 187f.).

Durch die kleine Parkanlage gelangt man zum **Kurplatz (Gyógy tér),** umgeben von traditionsreichen Bauten wie dem Pantheon, dem Kurkrankenhaus und dem Horváth-Haus. Der **Balatoner Pantheon** genannte Arkadenumgang steht an der Stelle des 1879 abgerissenen Ungarischen Theaters. Gedenktafeln erinnern an berühmte Badegäste. Die vor dem Gebäude in einer Brunnenschale Badende schuf Zsigmond Kisfaludy Strobl. Im 1798 erbauten **Horváth-Haus** veranstaltete Zsigmond Horváth 1825 für seine Tochter den ersten Annenball, der bis heute das festlichste Ereignis des Jahres ist. In der Platzmitte errichtete Antal Fruman 1852 über eine der Heilquellen den **Lajos-Kossuth-Pavillon.** (Es empfiehlt sich, eine Flasche oder einen Becher für diese gesunde Kostprobe in der Tasche zu haben.)

Hinter dem Pantheon liegt der Fenyves-Park. Die westlich abzweigende **Blaha Lujza utca** ist nach einer in ganz Ungarn als »Nachtigall der Nation« bekannten Schauspielerin benannt. Sie trat u. a. am hiesigen Theater auf. Erhalten sind in der Straße die 1782 gegründete Apotheke, ein ehemaliges Postamt von 1812, die 1795 eröffnete Konditorei Kedves sowie die 1846 von Antal Fruman erbaute **Runde Kirche (Kerek templom).** Schräg gegenüber steht inmitten einer Gartenanlage das Herrenhaus des bedeutenden ungarischen Romanciers und Parlamentsabgeordneten Mór Jókai. In einer internationalen, heute noch aktuellen Rede beklagt er 1895 die hohen Militärausgaben: »Für wie viele Millionen Unglückliche ließe sich das Elend durch die für Militärausgaben vorgesehene Summe lindern! ... Und von allem geschieht das Gegenteil! Um unseren latenten Krieg zu verlängern, erhöhen wir die Steuern und verteuern die notwendigsten Nahrungsmittel des Volks ... Der heutige, ruhmlose Krieg hat keinen anderen Anlass als den Zorn auf den Nachbarn, der eine andere Sprache spricht ... Der nationale Hass ist ein unersättlicher Götze, der allein das Glück der Völker auffrisst.« Sein Wohnhaus ist heute als **Gedenkmuseum** öffentlich zugänglich.

Umgebung von Balatonfüred

Durch den bekannten Weinort **Csopak** 14 gelangt man in das oberhalb des Mühlentals gelegene Dorf **Felsőörs** 15,

das mit seiner ehemaligen Propsteikirche (12. Jh.) ein wahres Kleinod romanischer Baukunst besitzt. Der imposante, aus dem für diese Region typischen roten Sandstein errichtete Bau beeindruckt allein durch sein reich profiliertes Rundbogenportal und den mächtigen Turm. Eine rare Besonderheit sind die als Knoten gearbeiteten Säulen der Fenster; diese Heraklesknoten sollen das Böse fernhalten. Die alte Propstei von 1748 beherbergt heute eine Gaststätte. Auch in **Vörösberény** 16 *(vörös = »rot«)* ist eine mittelalterliche Kirche erhalten. Umgeben von einer Steinmauer mit Schießscharten ist sie die einzige bewahrte Wehrkirche der Balatonregion.

Ausflüge ins Hinterland des Balaton-Nordufers

Nördlich des Balaton liegen zwei Höhenzüge, das Balatoner Oberland (felvidék) und das Bakony-Gebirge, beide reich an historischen und natürlichen Sehenswürdigkeiten. Burgruinen erinnern an die ehemalige Linie der Wehrburgen gegen die Türken. Kleine Dörfer schmiegen sich in die sanfte Landschaft, deren Hügel Kalvarien erklimmen. Bis auf die sozialistische Musterstadt Ajka scheinen die alten Städtchen, eingeschlossen das Verwaltungszentrum Veszprém, den Anschluss an das Industriezeitalter verschlafen zu haben. Im näheren Umkreis liegen die berühmte Porzellanmanufaktur Herend, die Klosterbibliothek von Zirc und das Blaufärbermuseum von Pápa. Außerdem ergänzen sich die Weine des Balatoner Oberlandes hervorragend mit den aus den Zutaten der Wälder des

Bakony-Gebirges gekochten Wild- und Pilzgerichten.

Veszprém – Stadt der Königinnen

Karte: S. 158/159
Tipps & Adressen: S. 370f.

17 In reizvoller wie strategisch günstiger Lage entwickelte sich auf fünf Hügeln und einem 40 m hohen Dolomitplateau die heutige Bischofs-, Universitäts- und Komitatshauptstadt Veszprém. Der christliche König Stephan I. bezwang hier seinen heidnischen Widersacher Koppány, ließ eine Burg bauen und gründete 1001 ein Bistum. Seit seiner Vermählung mit der bayrischen Her-

Blick vom Aussichtspunkt auf die Unterstadt

zogstochter Gisela (Gizella) gilt Veszprém als »Stadt der Königinnen«, weil die Krönung der Königin seitdem Privileg des örtlichen Erzbischofs war. Seit Karl Robert 1313 den Bischöfen außerdem den vererbbaren Titel eines Obergespans verliehen hatte, lag auch die weltliche Macht in ihren Händen. Im 14. Jh. gehörten ca. 500 Pfarreien und 80 Güter zur Diözese Veszprém. Zur Zeit der türkischen Eroberungsfeldzüge boten die Befestigungsanlagen der Burg nicht genügend Schutz. Der Bischof entschied sich zur Flucht ins sichere Sümeg.

Ohne katholische Führung schloss sich die Bevölkerung mit Unterstützung mehrerer Feudalherren der protestantischen Bewegung an, sodass bis Ende des 16. Jh. 75 % der Bevölkerung Protestanten waren. Nach der Erneuerung des Veszprémer Domkapitels setzte eine vehemente Rekatholisierung ein, dennoch gehörte die Veszprémer Burg zu den von Leopold I. 1702 zum Abriss bestimmten Befestigungen. Anschließend wurden das bischöfliche Burgviertel und die Stadt barock erneuert. Ein fehlender Bahnanschluss drängte den Ort im 19. Jh. ins wirtschaftliche Abseits. Trotz des Abrisses eines Teils der Altstadt zugunsten einer modernen Fußgängerzone präsentiert sich Veszprém heute als sympathisches Städtchen.

Stadtrundgang

Ein guter Orientierungspunkt ist das 20-stöckige Hochhaus in der Innenstadt. Von hier gelangt man durch kleine Gassen in nordwestlicher Richtung zum **Altstadtplatz (Óváros tér)**, den schöne Jugendstilhäuser einrahmen. Schmuckstück ist das 1857 als kirchliches Finanzinstitut errichtete eklektische Gebäude, das heute als **Rathaus (Városháza)** genutzt wird. Die Fassaden überragt der auf mittelalterlichen Grundmauern stehende Feuerturm mit Aussichtsgalerie. Zu jeder vollen Stunde spielt nachmittags die Uhr eine Melodie von Antal Csermák. Das neoromanische **Heldentor**, Andenken an die Opfer des Ersten Weltkriegs, beherbergt eine Mineraliensammlung. Dahinter eröffnet sich das **Burgviertel** entlang der Vár utca (Burggasse), die ein einheitliches Ensemble prächtiger Bauten aus dem

18./19. Jh. säumt. Schöne Barockgebäude sind die Großpropstei von 1741 (Nr. 18) und das Dubniczay-Haus, die heutige Burggalerie (Nr. 29).

Anstelle der mittelalterlichen Vorburg steht rechts die klassizistische **Piaristenkirche** mit Ordenshaus und Gymnasium. In den Sommermonaten ist in der Kirche eine Ausstellung zur Kirchengeschichte eingerichtet. Dort, wo sich einst die königlich-bischöfliche Residenz befand, deren Grundriss helle Stellen im Pflaster markieren, entstand 1765–76 das nach den Plänen von Jakob Fellner errichtete U-förmige **Erzbischöfliche Palais.** An seine Nordseite schließt die sehr sehenswerte **Giselakapelle** (um 1230) an. In dem von einem Kreuzrippengewölbe überspannten Raum sind Aposteldarstellungen im byzantinischen Stil original erhalten. Die gegenüberliegende neoromanische **Franziskanerkirche** (1909) geht auf einen Vorgänger von etwa 1685 zurück.

Die Nordseite des nach der Dreifaltigkeitssäule (1750) benannten Platzes schließt der mächtige graue Bau des **Sankt-Michaels-Dom** ab. Nur wenige

Fragmente in der Außenmauer lassen erahnen, dass es sich hier um die 1001 beurkundete Kirche handelt, die Königin Gisela mit Messgewändern und Geschirr schmückte. Den bis heute erhaltenen Krönungsmantel soll sie im Marienkloster mit griechischen Nonnen gestickt haben; eine Kopie ist im Königin-Gisela-Museum (s. u.) ausgestellt. Die schwer beschädigte Kirche wurde 1910 neoromanisch erneuert. Erhalten geblieben ist die gotische Unterkirche aus dem 14. Jh. Seit 1996 wird im Dom eine Reliquie der hl. Gisela aufbewahrt.

Jenseits des Doms befindet sich die aus dem 10. Jh. stammende, später als Grabkapelle des Bischofs Albert Vetési gotisch umgebaute, achteckige **Sankt-Georgs-Kapelle.** Die hier aufbewahrte Kopfreliquie des hl. Georg zog einst viele Pilger an, wovon noch der Spruch auf der Türschwelle zeugt (IN LIMIE NO SEDETO = »Setzt euch nicht auf die Türschwelle«). Die Skulptur eines jungen Recken vor der Kapelle erinnert an den jung verstorbenen, einzigen Sohn von Stephan und Gisela, Prinz Imre, der hier sein Keuschheitsgelübde abgelegt ha-

ben soll. Auf der anderen Seite beherbergt das **Königin-Gisela-Museum (Gizella Királyné Múzeum)** wertvolle Kirchenkunstschätze, darunter ein mit Haargold durchwebtes Messgewand (1480). Nach wenigen Metern erreicht man die oberhalb einer Steilkante errichtete **Aussichtsbastei**. Die Skulpturen des ersten ungarischen Königspaares wurden hier anlässlich des 900. Todestages des Königs und Landesheiligen Stephan 1938 aufgestellt.

Von der Terrasse sind die Ruinen des 1240 erbauten Dominikanerinnenklosters zu erkennen. Im einst von 18 Wassermühlen besiedelten Séd-Tal, hinter der 50 m hohen Talbrücke, wurden 1936 die Reste des Klosters der griechischen Schwestern freigelegt, in dem einst auch Königin Gisela fleißig stickte.

Über den gleichen Weg zurück oder durch die sich am Burgberg entlangschlängelnden Altstadtgassen erreicht man den **Szabadság tér**, der in einer Straßenkreuzung mündet. Links vom Platz wird die anfangs noch in ihrem ursprünglichen Zustand belassene Kossuth Lajos utca zur Fußgängerzone und

Alte Handwerkstraditionen werden in Ungarn gepflegt

Herender Porzellan

In ganz Ungarn begegnet man dem geschwungenen Schriftzug Herend, auf Schaufenstern, in Prospekten, Souvenirläden und natürlich auf dem kostbaren Porzellan selbst. In dem kleinen Ort Herend, der durch die gleichnamige Porzellanmanufaktur weltweit bekannt wurde, leben mehr als die Hälfte der rund 4000 Einwohner vom Geschäft mit dem zerbrechlichen Gut. Seit 1993 gehören dem Staat nur noch 25 %, der größere Anteil ist als Aktien im Besitz der Mitarbeiter. Die 1826 von Vince Stingl gegründete Porzellanmanufaktur ist eine der ältesten in Europa.

Damals begann man kostbare Porzellanstücke, z. T. aus China und Japan, detailgenau zu kopieren. Den internationalen Durchbruch brachte die Londoner Weltausstellung von 1851, auf der Königin Victoria ein mit Schmetterlings- und Blumendekor bemaltes Service im chinesischen Stil erwarb. Bis heute trägt dieses Muster ihren Namen; andere heißen nach ihren berühmten Besitzern Esterházy oder Rothschild. Auch Alexander von Humbold, Kaiserin »Sissi« und Prinzessin Diana waren Liebhaber des Herender Porzellans. Bis heute zählen Adelshäuser, Staatsmänner, Ölmagnaten, Schauspieler und Sammler aus der ganzen Welt zu Herends Kunden.

Jedes Teil ist ein Einzelstück und wird von Hand verfertigt. Der Betrieb beschäftigt allein 700 Maler. Zum Repertoire gehören rund 2500 verschiedene Dekors, von denen 350 im aktuellen Programm sind. Außerdem werden Extrawünsche berücksichtigt und neue Designs und Formen entworfen. Markenzeichen ist der schwarze Herender Hahn. Im alten Manufakturgebäude kann man sich über die Porzellanherstellung informieren und die kostbaren Service, Skulpturen und Vasen betrachten.

Museum für Porzellankunst (Herendi Porcélanmúseum), Kossuth L. ucta 183, Tel. 261-144, Mai–Okt. tgl. 8.30–16 Uhr, Nov., Dez., März Mo–Fr 10–15 Uhr, April Mo–Sa 8.30–16 Uhr. Gleich beim Museum gibt es Geschäfte für Herender Porzellan und Keramik.

Jóska Savanyó,
ein ungarischer Robin Hood?

Die Betyáren, für die einen bewaffnete Strauchdiebe und für die anderen Räuber mit Ehre und Gerechtigkeitssinn, sind untrennbar mit dem Bakony-Gebirge verbunden. Sicher ist, dass sie hier vom Ende des 18. bis Ende des 19. Jh. ihr Unwesen trieben und vor allem bei reisenden Kaufleuten und Adligen gefürchtet waren. Die sich einsam durch dunkle Wälder die Berge hinaufschlängelnden Wege waren bei einem Überfall trotz Eskorte wie eine Falle für die hier nur langsam vorankommenden Kutschen. Viele Betyáren, die auch die Große Tiefebene unsicher machten, waren verarmte Bauern, arbeitslose Hirten, geflohene Soldaten und Leibeigene, die ein freies Leben in den Wäldern einer unterdrückten Existenz vorzogen.

In Liedern und Legenden werden sie als Helden der Gerechtigkeit und Herzensbrecher verklärt, was wenig wundert, da damals das ganze Volk unter Armut und unmenschlichen Lebensbedingungen litt. Ob wirklich alle Betyáren sozial veranlagt waren, sei dahingestellt. Überliefert ist jedenfalls, dass Gastwirte und Bauern ihnen bei der Flucht vor den Gendarmen halfen. Bis heute sind einige ihrer Namen überliefert, vor allem diejenigen, die sich 1848/49 im Freiheitskampf gegen die Habsburger bewährt haben.

Tragisch ist die Geschichte von Jóska Savanyó, dem letzten Helden der Betyáren, der bereits zu seinen Lebzeiten (um 1870) als Volksheld gefeiert wurde. Er konnte den Gendarmen immer wieder entwischen, bis er in einen Hinterhalt geriet. Eine liberaler gewordene Rechtsprechung verurteilte ihn »lediglich« zu lebenslangem Kerker, wo er wegen guter Führung nach 15 Jahren entlassen wurde. Wieder frei, wollte er zu seinem alten Leben zurückkehren, doch hatte sich die Welt verändert – für Betyáren gab es keinen Platz mehr. Einsam und enttäuscht nahm er sich das Leben. Seinen Kopf soll er so festgebunden haben, dass er auch im Tod sein Haupt vor niemandem beugte.

Bis heute gedenkt man in der Vámosi-Csárda von Nemesvámos dem stolzen Räuber Jóska Savanyó, der hier ein häufiger Gast gewesen sein soll. Das 1834 an der Verbindungsstraße von Veszprém und Tapolca erbaute Gasthaus bewirtet unter seinem Reetdach zum Klang der Geige eines Primás heute anstelle der Räuber von einst vor allem Touristen. In der ganzen Gegend findet man Gerichte wie Betyáren-Suppe (-leves), -Braten (-pecsenye) oder -paprikás, herzhafte und deftige Speisen.

Das »Pilzchen von Öskü«, eine romanische Rotunde, sieht man schon von weitem

rechts gelangt man zum **Petőfi-Theater,** einem bemerkenswerten Beispiel des ungarischen Jugendstils (István Medgyaszay, 1908). Der rote eklektische Bau mit den vielen Türmchen, einst Gutsverwaltung des Bistums, dient heute als **Komitats-Bibliothek.** Der postmoderne Anbau wurde 1998 fertig gestellt. Unverkennbar ist Medgyaszay auch Architekt des **Dezső-Laczkó-Museums,** das in dem hier beginnenden Park liegt. Die ständige Ausstellung »Die Jahrtausende des Bakony- und Balaton-Gebietes« macht Interessierte mit der Geschichte des Komitats vertraut. Außerdem lohnen auch die Wechselausstellungen und das benachbarte traditionelle Laubenganghaus einen Besuch; Kinder ziehen meistens einen Zoobesuch oder eine Ausstellung des Baumuseums vor.

Im nahen Dorf **Öskü** ist eine romanische Rotunde (11./12. Jh.) erhalten. Ihr pilzförmiges Dach sieht man schon von der Straße 8.

Im Bakony-Gebirge: Räuber, Burgen und edles Geschirr

Karte: S. 158/159
Tipps & Adressen: Zirc S. 372

Der Höhenzug des Bakony ist ein ausgedehntes, vielseitiges Gebirge. Die Landschaft wechselt zwischen Dolomitplateaus, sanften Berghängen, felsigen Bachtälern oder steilen vulkanischen Kegeln. Die höchste Erhebung ist der **Kőris-hegy** mit 709 m, gefolgt vom **Középső-Hajag** mit 646 m, beide nordwestlich von Veszprém. Die Berge bedecken ausgedehnte Buchen- und Eichenwälder, in deren Dickicht tagsüber Wildschweine, Hirsche, Rehe und sogar noch einige Wildkatzen ruhen. Früher waren die dichten Wälder auch ein sicherer Unterschlupf für Räuber und Wegelagerer, so genannte Betyáren (s. S. 178). Auf Wanderungen kann man den warnenden Ruf des Eichelhähers vernehmen, zahlreiche Blumen und Pilze entdecken und vielleicht sogar einen Otter erspähen.

Über die Straße 82 oder per Bahn durch Tunnel und über Viadukte gelangt man ins Herz des Bakony. Hier gründete Béla III. 1182 ein Zisterzienserkloster, aus dem sich die heutige Stadt **Zirc** [18] entwickelt hat. Nach den Zerstörungen durch die Türken wurde das Kloster um 1750 wieder aufgebaut. Die spätbarocke Kirche mit der markanten Doppelturmfassade erhielt eine üppige Ausstattung, von der das Hochaltarblatt »Mariä Himmelfahrt« und das Ovalbild »Maria Magdalena« auf dem Seitenaltar rechts als Werke von Franz Anton Maulbertsch besonders hervorzuheben sind. Lohnend ist der Besuch des mit geschmackvoll verzierten Bücherschränken und Intarsienböden eingerichteten Bibliothekssaals. Unter den 60 000 Bänden sind zahlreiche bibliophile Schätze, darunter ein Wiegendruck von Schedels »Weltchronik«. Außerdem zeigt das **Museum des Bakony** reiche Pflanzen- und Tiersammlungen.

Einen herrlichen Spaziergang bietet das Arboretum mit etwa 600 Arten von Bäumen und Stäuchern auf 20 ha (s. Stadtplan vor dem Klostereingang). Die örtliche Volkskunst-Ausstellung befindet sich im Antal-Reguly-Museum, benannt nach dem 1819 in Zirc geborenen Sprachwissenschaftler.

In dem von Bergen eingeschlossenen Dörfchen **Bakonybél** [19] hat sich noch etwas vom Kolorit aus den Zeiten der letzten Betyáren gehalten. Die dichten Wälder, kleinen Höhlen und skurrilen Felsbildungen sind ein kleines Paradies für Wanderer. Aus dem Dorf führt ein mehrstündiger Fußmarsch auf den 709 m hohen Kőris-hegy.

Östlich von Zirc, auf der weiten Hochebene von **Tés** [20], fühlt man sich beim Anblick der dickbauchigen Windmühlen in Cervantes Roman »Don Quijote de la Mancha« versetzt. Zu besichtigen ist auch eine alte, funktionstüchtige

Markante »Landmarke«: die Burgruine von Csesznek

Schmiede (Kovácsműhely; im Ort rechts am Hinweis »Tési Szélmalmok« durch einen privaten Garten). – Für Wanderlustige bietet sich ein Besuch der »Römisches Bad« genannten Schlucht bei Bakonynána an (am Ortseingang Richtung »Romai fürdő« die Straße bergauf, erster Abzweig links; hier beginnt ein holpriger Fahr-, aber schöner Fußweg durch einen Buchenwald. Nach ca. 2 km erreicht man den Hinweis »Vízesés«, Wasserfall, von wo es steil zum Bachufer heruntergeht. Nach wenigen Metern rechts steht man an dem aus großen Steinblöcken gebildeten Becken).

An der Straße von Zirc nach Győr liegt die eindrucksvolle Burgruine von **Cseszmek** 21. Der als Aussichtspunkt eingerichtete Rastplatz bietet eine ideale Fotoperspektive. Wen der morbide Bau zu mehr reizt, der kann die Ruine vom Dorf aus über einen steilen Fußweg erreichen. An der Zerstörung der mittelalterlichen Burg waren vor allem ein Erdbeben und ein Blitzschlag beteiligt.

Pápa – »Athen Transdanubiens«

Karte: S. 158/159
Tipps & Adressen: Pápa S. 353

22 Wo der Bakony-Wald in die Kleine Tiefebene (Kisalföld) übergeht, liegt Pápa, ein reizvolles, heiteres Städtchen mit einem barock geprägten Zentrum. Die einstige Burg konnte von den Türken erst 1594 eingenommen werden. Gleichzeitig entstand in Pápa ein Zentrum der Reformation, in deren Geist 1531 ein Kollegium eröffnet wurde. Dieser Tradition folgten eine theologische Ausbildungsstätte, eine Rechtsakademie und noch 1797 eine reformierte

Hochschule. Nach der Wiedereinkehr des Katholizismus mit den Fürsten Esterházy gründeten die Pauliner das Benediktiner-Gymnasium. Metaphorisch für Pápas einstigen Stellenwert als Wissens- und Bildungszentrum steht die Bezeichnung »Athen Transdanubiens«. An der Hochschule studierten u. a. zwei Größen der ungarischen Literatur, Sándor Petőfi und Mór Jókai.

Stadtrundgang

In der Mitte des ausgedehnten Hauptplatzes (Fő tér) erhebt sich die doppeltürmige, katholische **Große Kirche.** Die Entwürfe für das um 1780 im Zopfstil gebaute Gotteshaus lieferte Jakob Fellner, Hofarchitekt der Esterházys. Den prächtigen Innenraum schmückte Franz Anton Maulbertsch mit Szenen aus dem Leben des hl. Stephan. Am Platz lohnt ein Blick in die kleine Gasse Ruszek köz sowie in die hübschen Innenhöfe der Häuser 21 und 23. Das kaisergelbe, U-förmige **Schloss** (-kastély) ließen die Esterházys 1783/84 ebenfalls von Fellner anstelle der Burg errichten. Kostbar sind die Bibliothek und der Lesesaal, einst Kapelle, mit Fresken von Ignaz Mildorfer.

In der südlich auf den Platz mündenden Hauptstraße (Fő utca) steht die entsprechend den Forderungen des Toleranzpatents von 1783 (s. S. 35) turmlose Reformierte Kirche, die heute als **Museum für reformierte Kirchengeschichte und -kunst** dient. In der benachbarten, 1742 von den Benediktinern erbauten Kirche befindet sich der so genannte »Schwarze Christus«, eine spanische Arbeit aus dem 17. Jh. Weiter geradeaus liegt der Március 15. tér; am Platz sind die vom Jugendstil geprägte **Neue Kirche der Reformierten** (1934) sowie das in den Räumen der 1784 gegründeten Färberei Kluge eingerichtete **Blau-**

Pápa

181

färbermuseum (**Kékfestő Múzeum;** Nr. 12) sehenswert. Anhand von Arbeitsgeräten und Maschinen kann man den traditionellen Prozess der Blaufärberei nachvollziehen und ihre blau-weißen Produkte bewundern.

Durch die nordwestlich beginnende **Kossuth utca,** heute größtenteils Fußgängerzone, gelangt man, vorbei an schönen Fassaden und Geschäften, zum Hauptplatz zurück. Das Schicksal der 1846 eingeweihten Synagoge (Petőfi utca), einst Städtische Galerie, ist derzeit ungewiss. In Pápa wurde 1748 die erste und größte jüdische Gemeinde des Komitats Veszprém gegründet; 1847 hatte sie bereits 2947 Mitglieder.

Umgebung
Nur wenige Kilometer von der Industriestadt Ajka entfernt liegt **Magyarpolány** 23, das mit seinem schönen Ensemble von originalgetreu restaurierten Bauernhäusern Ausflügler anzieht. Sehenswert ist auch der steile Kalvarienberg mit den lebensgroßen Jesus-Skulpturen in den Kreuzwegstationen. Hier finden alljährlich zu Ostern Passionsspiele statt.

Belebte Kossuth utca

Somló und Sümeg – Zwei einsame Kegel auf dem Weg nach Tapolca

Karte: S. 158/159
Tipps & Adressen: Sümeg S.360, Tapolca S. 366, Nagyvázsony S. 351

»Stolzer Somló du einsamer Riese,
Umschmeichelt vom Atem der taufrischen Wiese,
Von der Sonne liebkost und umschwärmt,
Die dich mit ihren Strahlen erwärmt.
Linde Brise von fern, die Marcal dir bringt,
Dass dich Duften und Leuchten durchdringt.«

Mihály Vörösmarty

Schon von weitem sieht man den in der Kleinen Tiefebene (Kisalföld) einsam aufragenden **Somló** 24. Keine einzige Ortschaft findet sich hier. Vor 4–5 Mio. Jahren war der kegelförmige Berg ein feuerspeiender Vulkan, heute gedeihen feurige Weißweine an seinen Hängen. Sein besonderes Mikroklima ermöglicht den Rebenanbau sogar auf der Nordseite. Die den Somló bedeckenden weißen Tupfen sind ausnahmslos Kellerhäuser. Hier werden die bei Kennern gefragten Schomlauer Weine angebaut, einst ebenso berühmt wie der Tokajer, sodass Kardinäle, Adlige und Feldherren ihren Ehrgeiz daran setzten, hier einen eigenen Weingarten zu besitzen. Traditionelle Reben sind Lämmerschwanz (Juhfark), Furmint und Grüner von Buda (Budai Zöld), später auch Welschriesling (Olaszrizling), Rheinriesling (Rajnai Rizling) und Tausendgut (Ezerjó).

Mit 500 ha ist Somló (Schomlau) das kleinste Weinbaugebiet Ungarns. Der aus Basalt, Lava, Löß und pannonischem Sand bestehende Boden bringt körperreiche Weine von feiner Säure und anregender Frische hervor. Auf den Vorwurf, nur wenig zu produzieren, soll ein Winzer geantwortet haben, dass er nur wie ein Löwe sprechen könne, der auch nur ein Junges zur Welt bringe, aber das sei schließlich ein Löwe! Der Weinbauer hat auch allen Grund, auf die hervorragende Qualität seiner Weine stolz zu sein. Neben ihrem einzigartig guten Geschmack wird ihnen auch eine gewisse Heilwirkung bei Verdauungsstörungen, schwachem Kreislauf und Anämie zugeschrieben. Außerdem geht der Volksglaube um, dass der Genuss des Schomlauer Weins die Zeugung eines männlichen Nachkommen begünstige. So gab es am Habsburger Hof den Brauch, dass alle Kronprinzen und Erzherzöge am Abend ihrer Hochzeitsnacht zumindest ein Glas Schomlauer tranken.

Die Weingärten laden zum Spaziergang ein. Mit etwas Glück begegnet man einem Winzer, aus dessen Keller man den edlen Tropfen direkt vom Fass erwerben kann (Flaschen mitbringen). Vom **Aussichtsturm** (kilató; 437 m) hat man einen herrlichen Blick. Sehenswert sind an der Nordseite auch die Ruinen der im 14. Jh. errichteten Burg.

Märchenhaft mutet die mächtige Burgruine von **Sümeg** 25 an, die auf einem 270 m hohen, kahlen Kegelstumpf thront. Weithin sichtbar sind die roten Dächer der beiden erhaltenen Türme. An den Fuß des Berges schmiegt sich das lauschige Örtchen um einen schönen barocken Kern. Die Burg entstand nach den Mongoleneinfällen von 1240/41 zum Schutz vor erneuten Übergriffen. Ein umfassender Ausbau der Ende des 15. Jh. verstärkten Anlage erfolgte erst um 1550, nachdem die Veszprémer Bischöfe aus Furcht vor den Türken ihren

Sümeg

Sitz nach Sümeg verlegt hatten. Die Burg wurde zwar nicht bezwungen, doch der Ort in Schutt und Asche gelegt. Später diente sie im Rákóczi-Freiheitskampf (s. S. 34) als Stützpunkt, wurde 1709 von den Habsburgern zurückerobert und 1726 von diesen angezündet. Die Überreste sind heute als größte Burganlage Transdanubiens zu besichtigen. Den Aufstieg belohnt ein fantastischer Ausblick. Im Wehrturm ist ein Burgmuseum eingerichtet. Vom Frühjahr bis zum Herbst bieten die starken Mauern Burgfestspielen und Theateraufführungen ein stimmungsvolles Ambiente.

Das charmante Landstädtchen unterhalb der Burg erlebte seine Blütezeit unter Bischof Márton Padányi Bíró, welcher den überwiegenden Teil der das Stadtbild prägenden Barockbauten in Auftrag gab. Am Szent-István-Platz *(tér)* ließ er über einem damals 200-jährigen Weinkeller den Bischofspalast (Püspöki palota) errichten. Nur die Kapelle im Erdgeschoss und der alte Weinkeller (Palota Pince) sind öffentlich zugänglich. Ältestes oberirdisches Baudenkmal ist die benachbarte, 1652 erbaute und später umgestaltete, barocke Franziskanerkirche. Hauptanziehungspunkt ist die als wundertätig verehrte spätgotische Pietà auf dem 1743 von Franz Richter geschnitzten Hochaltar. Die als »Heilerin der Kranken« bekannte Skulptur wird seit 1699 von Wallfahrern aufgesucht. In dem weiß gekalkten Langhaus Nr. 4 am nahen Kisfaludy-Platz wurde 1772 der Wegbereiter der ungarischen Romantik, der Dichter Sándor Kisfaludy (s. S. 53), geboren. Ihm und seinem Bruder Károly, dem Dramatiker, ist eine Gedenkausstellung gewidmet, während die übrigen Räume das Stadtmuseum beherbergen.

Auf dem Szent Imre tér weiter südlich erhebt sich Sümegs Stolz, die Pfarrkirche (Plébániatemplom; 1759). Der überwältigende Freskenzyklus im Inneren – vom Alten Testament über die Heilsgeschichte zum Triumph der Kirche – gilt als die wertvollste Barockmalerei in

Burgberg Sümeg

Kahnfahrt in der Teichgrotte

„Die Arbeiter gruben schon 14 m Meter tief, als sie nach dem Sprengen bemerkten, dass an der südwestlichen Seite der Grube eine Öffnung entstand, durch die ein Mann schlüpfen konnte." – So schrieb die »Tapolcaer Zeitung« über die 1902 beim Brunnengraben entdeckte Seehöhle (Tavasbarlang) in ihrem Städtchen. Heute weiß man, dass ganz Tapolca auf einem zur Zeit des Sarmatischen Meeres vor 13,7 Mio. Jahren entstandenen Kalksteinblock ruht, der wie ein Schweizer Käse von einem riesigen Höhlensystem durchlöchert ist. Fossilienfunde belegen den geringen Salzgehalt des »offenen Meeres«, das sich vom Wiener Becken bis zum Aralsee erstreckte.

Über 75 Stufen gelangt man in das Höhlenlabyrinth. Die Luft ist feuchtwarm, staub- und bakterienfrei, was eine heilende Wirkung auf Krankheiten der Atmungsorgane hat. (Das örtliche Krankenhaus besitzt zu Therapiezwecken eine eigene Höhle.) Die Temperatur sinkt auch im Winter nicht unter 15 °C. Am Ende eines 20 m langen, 3–5 m breiten und 8 m hohen Saals befindet sich die Kahnstation. Die Rundfahrt führt auf smaragdgrünem Wasser durch das bizarre Höhlensystem, dessen eigenartige Formationen ausgeleuchtet werden. Die ganze Tour wird zu einem kleinen Abenteuer, da man selbst rudern muss. In jedes Boot passen, je nach Gewicht, bis zu vier Personen (Achtung: im Sommer oft lange Warteschlangen; Kisfaludy utca 3, Sept.–Mai Di–So 10–17 Uhr, Juni–Aug. 10–18 Uhr).

Ungarn und als die beste Einzelarbeit des bedeutenden Malers Franz Anton Maulbertsch. Über der Orgelempore sieht man den Auftraggeber Bischof Bíró, auf dem rechten Seitenaltar hat sich der Künstler selbst verewigt.

Auf den ersten Blick macht **Tapolca** [26] keinen besonders freundlichen Eindruck. An der Hauptstraße haben die 70er und 80er Jahre einige hässliche Spuren hinterlassen. In jüngster Zeit ist man sehr um die Verschönerung der Stadt bemüht; neue Häuser werden im traditionellen Stil errichtet, Blumenbeete angelegt, und die einstige Pestsäule steht wieder an ihrem Platz. Der alte Ortsname Topulcha ist aus dem Slawischen abgeleitet und bedeutet so viel wie »warmes Wasser« *(tepla* = »warm«*).* Bereits die Römer wussten das Thermalwasser, das milde Klima sowie die sonnigen Hänge des nahen Szent György-hegy zu schätzen; sie begründeten den regionalen Weinbau, der bis heute eine wichtige wirtschaftliche Rolle für Tapolca, einst »Stadt der Weine«, spielt.

Das alte Zentrum liegt auf dem Kirchhügel (Templomdomb) mit der barocken Pfarrkirche. Mittelalterliche Fragmente an der Südwand lassen ihren romanischen Ursprung noch erkennen. Gegenüber befindet sich der Gebäudekomplex der ehemaligen Kantorei und Schule, heute Städtisches Museum (Városi Múzeum) mit dem auch für Kinder interessanten Schulmuseum (Iskolamúzeum), einem original eingerichteten Klassenzimmer aus dem 19. Jh. Der in Tapolca geborene Bildhauer László Marton stiftete 1988 die vor den Grundmauern einer römischen Villa aufgestellte Plastik »Vergangenheit«. Freigelegt wurden auch Reste der mittelalterlichen Befestigungsanlagen.

Unterhalb des Hügels liegt der von warmem Wasser gespeiste Mühlensee (Malom-tó), umgeben von südländisch anmutenden, bunt gestrichenen Häusern. Die alte Mühle beherbergt das hübsche Hotelrestaurant Gabriella, benannt nach der Dichterin Gabriele Baumberg, Frau des Reformdichters János Batsányi. Die Attraktion des Städtchens ist eine Bootsfahrt durch die nahe Seehöhle (s. S. 185). Auf der Rückseite des gegenüberliegenden Betonbaus der Bauxit-Kantine lässt sich das große Gebäude der einstigen Synagoge erkennen.

Auf dem Weg von Tapolca zurück nach Veszprém sollte man möglichst zwei Zwischenstopps einplanen. Gleich an der Straße, umgeben von einem Park, liegt in **Nagyvázsony** 27 das 1762 erbaute und 1815 klassizistisch erneuerte Schloss der Grafen Zichy, heute Hotel und Reitschule. An der spätgotischen Pfarrkirche Sankt Stephan führt eine Straße in den Ortskern hinauf. Ungewöhnlich ist die Tallage der örtlichen Burg aus dem 15. Jh., deren Mauern mit dem 30 m hohen Wohnturm noch ein Hauch des ritterlichen Mittelalters umgibt. König Matthias Corvinus schenkte sie 1472 dem vom Müllergesellen zum Heerführer und Türkenbezwinger aufgestiegenen Pál Kinizsi für seine Dienste. In der Burgkapelle befindet sich heute sein Grabstein. Oberhalb der Burg stehen die 1796 erbaute kleine Evangelische Kirche und das an eine frühere Postkutschenstation erinnernde Postmuseum. In einem traditionellen Laubenhaus wurde ein Volksmuseum (Néprajzi Múzeum) eingerichtet.

Ungefähr auf der Höhe der Betyáren-Csárda folgt man der nach Nemesvámos abzweigenden Straße und gelangt so kurz hinter dem Ortsausgang nach **Baláca-Puszta** 28. Die bei Feldarbeiten freigelegten Ruinen einer römischen Villa (1.–4. Jh.) sind ein wahres Kleinod. Zu sehen sind Glas- und Keramikfunde, Mosaiken, Fresken und ein erst jüngst entdeckter, etwas abseits liegender Bestattungsort.

Das Südufer – »Ungarns Adria«

Das sich von Siófok bis Balatonberény erstreckende Südufer des Balaton ist weitgehend flach. Das von Fallwinden aufgewühlte Wasser hat am Ufer Unmengen Sand abgelagert, sodass weite, in den See hineinreichende Sandstände entstanden sind, weshalb es den Beinamen »Ungarns Adria« hat. Ein Badeort geht in den anderen über, ein Strandbad folgt dem anderen. Die einst viel gerühmten Sandstrände wurden jedoch größtenteils betoniert und als Liegeflächen mit Rasen begrünt, da die Wellen sie immer wieder abgetragen hatten. Geblieben sind die bei Eltern so beliebten flachen Sandbänke, sodass Kinder ohne Gefahr ins Wasser gehen können.

Über den See hat man einen wunderschönen Blick auf die Bergkette der Nordseite. Restaurants, Cafés und Promenaden laden nach dem Sonnenbad zum Verweilen ein. Später sorgen Bars und Diskotheken für ein lebendiges Nachtleben.

Das flache Hinterland bietet abwechslungsreiche Möglichkeiten für Ausflüge, z. B. in das Naturschutzgebiet Kis-Balaton (s. S. 189f.), zur Sternburg Csillagvár, zur romantischen Kirchenruine von Somogyvár, ins Thermalbad Csiszta-puszta oder zu den Weingärten von Balatonboglár. Neben zahlreichen Personenfähren – so von Siófok nach Balatonfüred oder von Fonyód nach Badacsony – verbindet eine Autofähre Szántód mit Tihany.

Von Siófok nach Balatonszentgyörgy – Ein gigantischer Badestrand

Karte: S. 158/159
Tipps & Adressen: Siófok S. 358, Balatonföldvár S. 311f., Balatonszárszó S. 313, Balatonboglár S. 311

Das bereits seit der Römerzeit besiedelte **Siófok** 29 am Flüsschen Sió, dem einzigen Abfluss des Balaton, erhielt 1861 einen Bahnanschluss und entwickelte sich 20 Jahre später zum mondänen Badeort der Budapester Oberschicht. Das Ufer wurde zu einer Promenade aufgeschüttet, die ersten Badehäuser und Hotels gebaut. Heute ist er der größte und bekannteste Ferienort am Südufer. Seine vielen Vergnügungslokale und Diskotheken machen ihn zum »Wallfahrtsort der Jugend«. Die einstige Eleganz hat einem bunten Massentourismus Platz machen müssen.

Mole in Siófok, einem der beliebtesten Badeorte am Balaton

Wahrzeichen der Stadt ist der Wasserturm (1912) auf dem zentralen Szabadság tér, nahe der Mündung des Sió in den See. Den Sió hatten bereits die Römer um 292 kanalisiert und mit einer Schleuse versehen, damit sie eine Wasserstraße zur Donau hatten. Hier befinden sich der alte Ortsteil und der Hafen. Der nahe Bahnhof (Vasútállomás) hat noch etwas vom Flair des 19. Jh. bewahrt. Berühmtester Sohn der Stadt ist Imre Kálmán, Komponist der Operetten »Die Csárdásfürstin« und »Gräfin Mariza«. In seinem Geburtshaus (Szabadság tér) ist ein kleines Gedenkmuseum eingerichtet. Originell ist die im organischen Baustil von Imre Makovecz entworfene Evangelische Kirche im Oulu-Park.

An der Straße 7 liegt der einstige Gutshof der Benediktinerabtei von Tihany, **Szántódpuszta.** Gesindehäuser, Stallungen und Keller aus dem 18./19. Jh. dienen heute nur noch als Museen. In einem Aquarium kann man die Fischarten des Balaton kennen lernen und sogleich im nahen Restaurant verspeisen. In **Szántód** 30 gibt es schon seit alten Zeiten eine Fährstation; einst ermöglichte sie es den Mönchen vom Nordufer, ihr Gut zu bewirtschaften. Heute legt hier die einzige Autofähre des Sees ab.

Der moderne Badeort **Balatonföldvár** 31, einer der ältesten am See, wurde 1872 von Dénes Széchenyi anstelle einer keltischen Wallburg (*földvár* = »Erdburg«) gegründet. Noch 20 Jahre später soll sich hier lediglich eine Csárda befunden haben, »in der man nachts das Heulen der im Röhricht hausenden Wölfe hören konnte«. Heute gibt es statt einsamer Ruhe Hotels, Strandbäder und zahlreiche Freizeitaktivitäten. Die über 1 km lange Promenade beschatten Platanen. Die Hafenmole misst 483 m. Vom einstigen Dorf **Balatonszárszó** 32 ist nur noch ein einziges traditionelles Bau-

ernhaus (Szóládi utca) erhalten. Für den 1937 zur Erholung gekommenen Dichter Attila József hat die Gemeinde ein Gedenkmuseum (Emlékmúzeum; József Attila utca 7) eingerichtet. Ungarns bedeutendster Lyriker des 20. Jh. nahm sich hier nach einem psychischen Zusammenbruch das Leben.

Direkt an der Straße 7 liegt das Postmuseum (Eingang Bajcsy-Zsilinzky utca) von **Balatonszemes,** zu erkennen an der Kutsche davor. **Balatonboglár** 33 ist nicht nur als Badeort, sondern auch für sein großes Weingut der Marke »BB« bekannt. Auf über 1000 ha werden Weiß- und Rotweine angebaut. Das 1835 erbaute klassizistische Herrenhaus (Szabadság út 14) ist der Sitz des Weinguts. Umrahmt von Weinfeldern und einem Park liegt das Herrenhaus von Szőlőskislak (5 km südlich, am Ortsende); ein Weinmuseum mit Verkostung lädt ein.

Die beiden vulkanisch entstandenen Doppelhügel von **Fonyód** 34 sind vor allem vom Nordufer ein markanter Anblick. Von der Promenade auf dem 233 m hohen Várhegy hat man einen herrlichen Ausblick über den See. –

Per **Schmalspurbahn** kann man vom Bahnhof in Balatonfenyves das kleine Thermalbad von Csisztapuszta (Mai– Okt 8–19 Uhr) oder das Naturschutzgebiet Nagy-berek erreichen (Info: Tourinform Balatonboglár s. S. 311 oder Tourinform Buzák, Tel. 85/330–210 oder www.balaton.hu/balatonfenyves/de_index.htm).

Liebhabern von Barockkirchen sei der Besuch der 1753–58 nach den Plänen von Christoph Hofstätter erbauten Pfarrkirche von **Balatonkeresztúr** 35 empfohlen. Geweiht ist sie dem Hl. Kreuz, das sich sowohl im Grundriss als auch im Ortsnamen widerspiegelt (Kereszt = »Kreuz«). Prächtig ist die Bemalung des Innenraums von einem unbekannten Meister. **Balatonszentgyörgy** 36

Dreibogige Holzbrücke am Kis-Balaton

liegt etwas abseits vom See und ist dementsprechend ruhig. An der Hauptstraße ist ein traditionelles, reetgedecktes Langhaus als Heimatmuseum zu besichtigen (Csillagvár utca 68). Ca. 2 km weiter südlich liegt mitten im Wald das wegen seines sternförmigen Grundrisses **Csillagvár** (Sternburg) getaufte Jagdschlösschen des Grafen László Festetics. Von einem Schanzengraben umgeben und mit dem 31 m tiefen Brunnen in der Vorhalle macht es einen altertümlichen Eindruck, wurde aber erst 1820 erbaut und ist heute ein beliebtes Ausflugsziel.

Kis-Balaton – Heimat von Reiher und Seeadler

Karte: S. 158/159

37 Westlich des Dorfes **Vörs** befindet sich die urwüchsige Auenlandschaft des Kis-Balaton. Die Zala, der Balaton-Hauptzufluss, hat die einst südwestliche Bucht durch Schlamm- und Sandablagerungen vom großen See abgetrennt. Am Anfang des 20. Jh. gab es sogar Bemühungen, das ganze Gebiet trockenzulegen. Heute nutzt man die Seen **Hídvégi-tó** und **Fenéki-tó** zur natürlichen Reinigung des Zala-Wassers.

Der Kis-Balaton ist eines der größten zusammenhängenden Feuchtgebiete Mitteleuropas. Riesige Schilfufer, Tümpel, große Wasserflächen und Erlenbrüche bieten zahlreichen Reiherarten, darunter Seiden- und Nachtreiher, einen sicheren Lebensraum. Außerdem gibt es Kormorane, Fischotter und Seeadler. Im Herbst machen unzählige Zugvögel hier Zwischenstation. Außer dem Büffelreservat und der Insel Kányavár darf das Reservat nur mit offizieller Genehmigung oder einem Führer betreten werden (Info: Nationalpark-Balatonoberland, 8200 Veszprém, Vár utca 31, Tel./Fax 88/427-855).

An der Straße von Sármellék nach Zalakomár bekommt man kurz nach Balatonhídvégpuszta einen kleinen Einblick in die urwüchsige, an die Everglades erinnernde Moor- und Sumpflandschaft. Von der Straße aus lassen sich, am besten mit dem Fernglas, Reiher und andere Tiere beobachten.

Auf der Höhe von Fenyvespuszta (ausgeschildert) gelangt man über eine pittoreske, dreibogige Holzbrücke auf die **Kányavári-sziget** (»Insel«). Weite Rasenflächen und lauschige Schilfufer laden zur Erholung ein. Kurz hinter Balatonmagyaród weist ein Schild mit einem Büffelkopf auf das links der Straße liegende **Büffelreservat (Bivalyrezervátum)** hin, wo man den im Schlamm eines Wasserlochs badenden Büffeln zusehen kann. Die Büffel wurden einst in den Komitaten Zala und Somogy als Arbeitstiere eingesetzt. Mit der Intensivierung der Landwirtschaft ging der Bestand zurück, sodass die Zucht und Haltung dieses kulturgeschichtlich bedeutenden Tieres heute als wichtige Aufgabe betrachtet wird. Der Urahne des Hausbüffels ist der in Indien noch heute lebende Wildbüffel. Vom Reservat führt ein Weg zu einem **Aussichtsturm,** eine schöne Strecke für Radfahrer – wie das ganze Gebiet.

Ausflüge ins Hinterland des Balaton-Südufers

Karte: S. 158/159
Tipps & Adressen: Zalakaros S. 372

Wenige Kilometer südwestlich des Kis-Balaton liegt **Zalakaros** 38, ein Örtchen, das nach der Entdeckung seiner Thermalquelle vor 30 Jahren ein bekannter Kurort geworden ist. Das anerkannte Heilwasser hat sich als wirksam bei der Behandlung von gynäkologischen Beschwerden, chronischen Gelenkschmerzen, Zahnbettererkrankungen sowie bei der Nachbehandlung von chirurgischen Eingriffen erwiesen. Bis zu seinem Tod verbrachte der Dichter Dániel Berzsenyi (1776–1836), der »Hölderlin Ungarns«, den größten Teil seines Lebens auf seinem Gut in **Nikla** 39. Sich selbst bezeichnete der lange Zeit im Stillen schreibende Lyriker als »Einsiedler von Nikla«. Sein Wohnhaus ist als Gedenkmuseum eingerichtet.

In dem für seine Stickereien bekannten Dorf **Buzsák** 40 sind die schönen Handarbeiten im Dorfmuseum (Tájház) ausgestellt.

Am Ortsrand von **Somogyvár** 41 gründete König Ladislaus I. 1091 für die Benediktiner ein Kloster mit Kirche. Im 16. Jh. wurde die Anlage als Burg befestigt, aber dennoch von den Türken erobert und zerstört. Auf dem Geschichtsdenkmalhügel (Somogyvári Történelmi Emlékhegy) wurden die Grundmauern der Basilika, des Klosters und eine Reihe der reich verzierten Säulen des einstigen Kreuzganges freigelegt. Bei klarer Sicht hat man einen herrlichen Blick über die sanft gewellte Landschaft bis zu den Vulkanbergen des Balatoner Oberlands.

Imaginäres Künstlertreffen in Kaposvár

Karte: S. 158/159
Tipps & Adressen: Kaposvár S. 341

42 Das 74 000 Einwohner zählende Kaposvár, Hauptstadt des Komitats Somogy, verspricht mit seiner charmanten Fußgängerzone, den Museen und dem nahen Freilichtmuseum einen interessanten Tagesausflug. Namengebend war die im 14. Jh. am Flüsschen Kapos erbaute Burg, von der nur spärliche Reste übrig geblieben sind. Nach Aufnahme der diplomatischen Beziehungen zwischen Ungarn und dem Vatikan 1990 wurde drei Jahre später das römisch-katholische Bistum Kaposvár wieder belebt.

Das Prachtstück ist die zur Fußgängerzone umgestaltete **Fő utca.** Zwischen den freundlich bunt gestrichenen historisierenden Fassaden mit ihren verspielten Simsen und Giebelchen ist immer etwas los: Hier kauft man ein,

Säulen des Kreuzgangs der romanischen Kirchenruine von Somogyvár

flaniert oder trifft sich im Café. Einst spazierten hier schon bedeutende Persönlichkeiten der ungarischen Kunst- und Kulturszene umher. Vielleicht kaufte der noch junge Jugendstilmaler János Vaszary in der Apotheke Zum goldenen Löwen (Nr. 19; seit 1772) bei dem Apothekerlehrling, dem später die ungarische Kunst entscheidend beeinflussenden Spätimpressionisten József Rippl-Rónai, eine Medizin? Und vielleicht zog Jahre später der junge Maler Aurél Bernáth auf der Straße vor den beiden bereits bekannten Künstlerkollegen ehrfurchtsvoll den Hut? Ein Stückchen weiter machte der Lyriker Mihály Csokonai Vitéz 1799 das spätbarocke Dorottya-Haus (Nr. 1) zum Schauplatz seines gleichnamigen Epos. Ein weiterer bedeutender Sohn der Stadt, dessen Geschichte jedoch tragisch endete, ist Imre Nagy (1896–1958), der Ministerpräsident des Volksaufstandes von 1956.

Zwischen Geschäften und Cafés steht das klassizistische Komitatshaus, das heute als **Museum (Somogy Megyei Múzeum;** Nr. 10) Ausstellungen zur Heimatkunde und Volkskunst zeigt. Au-

Das Prachtstück von Kaposvár: die heute als Fußgängerzone genutzte Fő utca

ßerdem ist hier eine Galerie mit Werken von János Vaszary, Aurél Bernáth, Mihály Zichy u. a. zu sehen. Die Flaniermeile geht in den Kossuth-Platz über, den die um 1740 erbaute und später neogotisch umgestaltete **Große Liebfrauenkirche** dominiert. Das erotische Jugendstilrelief »Adam und Eva« am Haus Kontrássy utca Nr. 4 (rechts in die Zárda utca einbiegen, dann die erste links) rief nach seiner Entstehung im Jahr 1912 im Bischofssitz Kaposvár einen regelrechten Skandal hervor. Beim **Jugendstiltheater** (1911) am Rákóczi tér scheint ein Zuckerbäcker höchstpersönlich Hand angelegt zu haben. Die Bühne ist für hervorragende Inszenierungen bekannt.

Die Brunnenfigur von Rippl-Rónai am gleichnamigen Platz schuf Ferenc Medgyessy. An den Maler erinnert auch ein Gedenkmuseum in seinem stilvoll eingerichteten Atelierhaus auf dem Berg Rómahegy (Nr. 88). Hier sind einige seiner Werke ausgestellt.

Umgebung von Kaposvár

In **Szenna** 43 ist ein Dorf im Dorf zu besichtigen. Während das eine ein »lebendes« Dorf ist, handelt es sich bei dem anderen um ein Freilichtmuseum. Die sich in strahlendem Weiß auf einem Grashügel erhebende calvinistische Dorfkirche (1784) wurde zu seinem Mittelpunkt. Die Straße unterhalb säumen traditionelle Gehöfte, die man aus den einzelnen Regionen des Komitats Somogy zusammengetragen und unterhalb der Kirche originalgetreu wieder aufgebaut hat. Charakteristisch für die Bauweise der Bauernhäuser ist ihre Konstruktion auf einem so genannten Schwellenkranz, meistens aus Eiche. Das darauf aufgebaute Holzgerüst wurde mit Strohlehm verputzt, gekalkt und von einem strohgedeckten Walmdach

bedeckt. In der Regel hatten die Bauernhäuser drei nicht miteinander verbundene Räume.

Auffallend sind die Verzierungen an den Giebelwänden, Balken und Säulen. Die Geschicklichkeit mit dem Schnitzmesser geht auf die Vorfahren zurück, Abkömmlinge der einst in Somogy lebenden Hirten. Die liebevoll eingerichteten Höfe ergänzen verschiedene Werkstätten, Presshäuser, eine Mühle und eine Schenke. Besondere Beachtung verdient die im Stil des Bauernbarocks bemalte Kassettendecke der Kirche; kurios ist das verwendete Motiv einer Wassernixe. Der 1978 eröffnete Skanzen erhielt fünf Jahre später den Preis »Europa Nostra«.

Die Gemeinde **Nagybajom** 44 ist als »Adebars Paradies« bekannt. Hier nisten von Ende März bis Ende August unzählige Storchenpaare, denen die nahen Boronka-Fischteiche und Moorgebiete einen reichhaltigen Speisezettel bieten.

Zurück in Richtung Balaton

Das in einer hügeligen Landschaft gelegene Dorf **Zala** 45 zieht vor allem Kunstfreunde an. Im Herrenhaus seiner Familie wurde der Historienmaler Mihály Zichy (1827–1906) geboren. Der weit gereiste, lange Zeit in seiner Heimat wenig gewürdigte Künstler arbeitete lange am russischen Zarenhof. In Paris schloss er Freundschaft mit Victor Hugo. Seine Gemälde inspirierten Ferenc Liszt zu der Sinfonischen Dichtung »Von der Wiege bis zum Grabe«. Mihály starb schließlich in St. Petersburg. Sein im klassizistischen Stil gestaltetes Geburtshaus beherbergt heute ein Gedenkmuseum (Zichy Mihály Emlékmúzeum) mit zahlreichen seiner Werke.

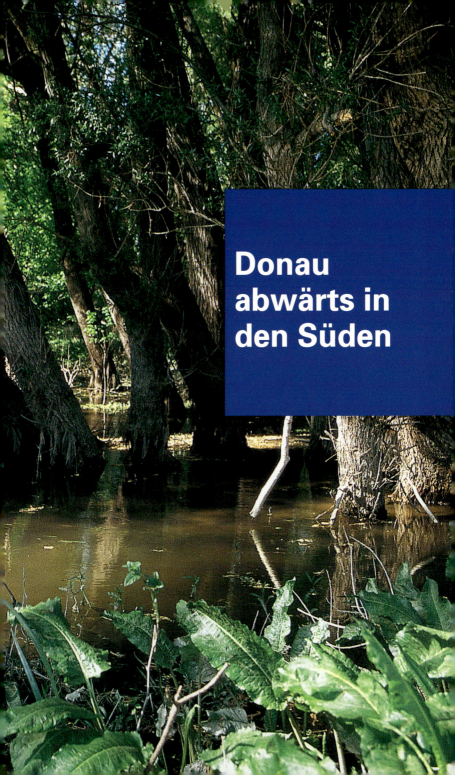
Donau abwärts in den Süden

Die Budaer Berge der Hauptstadt verlassend, strebt die Donau (Duna), ohne weitere Hindernisse überwinden zu müssen, als breites blaues Band gen Süden. Scheinbar übermütig schlängelt sie sich an urwüchsigen Ufern vorbei, in Seitenarme verzweigend und Inseln bildend, durch eine flache Landschaft. Die Donau auf ihrem Weg ins Grenzgebiet zwischen Kroatien und Jugoslawien zu begleiten gehört nicht zu den üblichen Touristenrouten, bietet aber eine bunte Palette an reizvollen Eindrücken und idyllischen Plätzen. Historische Ausgrabungen, üppiger Barock und realsozialistische Musterbauten gehören ebenso dazu wie unberührte Natur.

Schon immer hatte der majestätisch dahingleitende Strom eine Grenzfunktion; so errichteten die Römer hier Festungen zum Schutz des Limes. Und bis heute trennt die Donau das eher hügelige Transdanubien (Westungarn) vom flachen Alföld (Große Tiefebene). Nur zwei Brücken überspannen die von Schleppern, Kreuzfahrt- und Ausflugsschiffen genutzte, rund 200 km lange Wasserstraße. Beidseitig der Donau gibt es hervorragende Weinbaugebiete, zahlreiche Nachkommen schwäbischer Einwanderer und die Überzeugung, dass jeweils sie die beste Fischsuppe (*halászlé*) kochen … Probieren Sie selbst!

Entscheidet man sich für eine Rundreise, sollte man die Csepel-Insel (s. S. 104) südlich von Budapest mit einbeziehen; sonst empfiehlt sich im Anschluss ein Besuch der Universitätsstadt Pécs (s. S. 214ff.) oder die Erkundung der Großen Tiefebene (s. S. 232ff.).

Von Százhalombatta nach Paks – Von der Eisenzeit ins 20. Jahrhundert

Auf den Spuren der Vergangenheit in Százhalombatta

Karte: S. 197
Tipps & Adressen: S. 360f.

■ Hinter den zersiedelten Randgebieten Budapests liegt Százhalombatta (wörtl. »Hunderthügel«). Hier kann einen Blick in ein 2500 Jahre altes Hügelgrab werfen, wer sich nicht von Erdölraffinerie und Wärmekraftwerk abschrecken lässt. Den Besucher des Archäologischen Parks (Régészeti Park; s. Százhalombatta) empfangen eine bronzezeitliche Siedlung – eine eisenzeitliche soll folgen – so wie einige begrünte Grabhügel. Sensationell ist das partiell erhaltene und einfühlsam rekonstruierte Hügelgrab, das gleich einem »Sesam öffne Dich« sogar im Inneren zu besichtigen ist. Als es entstand, siedelte im Pannonischen Becken die indoeuropäische Volksgruppe der Illyrer. Berüchtigt für ihre Kriegslust, lebten sie in befestigten Siedlungen, trieben Ackerbau, brachten Goldschmiede- und Töpferkunst voran und beerdigten ihre Fürsten in reich ausgestatteten Hügelgräbern. (Mit dem Auto: Aus Richtung Budapest kommend an der Straße 6 die erste Abfahrt Richtung Stadt nehmen und ab dem Kreisverkehr der Ausschilderung in ein Wohngebiet folgen. Auch per Bahn von Budapest zu erreichen:

◁ *Auwälder der Donau*

Vom Budapester Südbahnhof (Déli Pályaudvar) bis Százhalombatta; von dort per Bus bis zur Altstadt (Óvaros) bis zur Haltestelle Kindergarten (Óvoda) und dann 10 Min. zu Fuß.)

Eine gute Ergänzung bildet das nach der einstigen Römersiedlung Matrica benannte **Regionalmuseum** (am Kreisverkehr ausgeschildert). Am zentralen Platz Szent István tér erhebt sich ein ausgefallener, an mongolische Jurten erinnernder **Kirchenbau** im eigenwilligen Stil von Imre Makovecz (Ende 2000).

Zu Gast in einer Stahlstadt, beim Nikolaus und an sonnigen Weinhängen

Karte: S. 197
Tipps & Adressen: Dunaújváros S. 328, Nagykarácsony S. 351, Dunaföldvár S. 327f., Paks S. 352f.

Das von den beiden die Csepel-Insel bildenden Donauarmen umschlungene Naturschutzgebiet bei Rácalmás bezaubert mit seiner unberührten Inselwelt, bevor man die Stahlstadt **Dunaújváros (Donauneustadt)** 2 erreicht. Bevor sich die Industrie hier niederließ, befanden sich an der Stelle der einstigen Römersiedlung nur kleine Dörfer. Funde aus der Bronze- und Römerzeit sind im Intercisia-Museum ausgestellt. Die Stadt, 1951 nach Stalin Sztálinváros getauft, erhielt bereits 1961 ihren heutigen Namen. Die im Stil des sozialistischen Realismus errichteten Gebäudeensembles und Skulpturen der 50er und 60er Jahre zählen heute zu den sehenswerten Denkmalobjekten (Zentrum). Dieser so genannte Zuckerbäckerstil setzt sich positiv von den späteren Plattenbauten ab.

Allein wegen des herrlichen Ausblicks auf die Donau lohnt ein Spaziergang zu

Donau abwärts in den Süden

der Statuengruppe »Die Schnitter« von József Somogyi (1979) an der Promenade, die auf einer 50 m hohen Lößwand entlangführt (vom Múzeum tér die erste Straße links). Interessant sind auch die dort aufgestellten Stahlskulpturen. Ein gutes Beispiel für die Architektur der 80er Jahre des 20. Jh. ist die würfelförmige Reformierte Kirche (István Szabó); die politische Wende der 90er repräsentiert die Evangelische Kirche von Tamás Nagy (Szilágyi Erzsébet utca 34).

Das Dorf **Nagykarácsony** 3 (»Großweihnachten«) ist als Wohnort des Nikolaus vor allem für Kinder interessant. Zu Weihnachten kann man ihm schreiben, und alle Briefe, die er bis dahin bekommt, beantwortet er pflichtgetreu – ein Tipp, der auch Kindern außerhalb Ungarns zu empfehlen ist. Ein Besuch im Sommer lohnt sich nicht, denn wo der Nikolaus die warme Zeit des Jahres verbringt, ist immer noch ein Geheimnis.

Dunaföldvár 4 mutet beinahe städtisch an. Doch hat es wenig von der Beschaulichkeit ungarischer Kleinstädte. Mitten durch das Zentrum wälzt sich ein ständiger Autostrom in Richtung Brücke. Der örtliche Donauübergang, der erste nach Budapest, war und ist die Lebensader der Stadt. Anstelle einer keltischen Wallburg *(földvár* = »Erdburg«) errichteten die Römer das Lager Anamatia. Der sich oberhalb der Donau erhebende markante Wehrturm (Csonkatorony; heute Museum) war Teil einer Burg aus dem 16. Jh. Ein wahrer Genuss ist der Ausblick von hier auf die schöne Flusslandschaft.

Paks 5, bekannt geworden als Standort von Ungarns einzigem Atomkraftwerk (deckt 50 % der Energieversorgung des Landes ab), zieht durch seinen Fähranleger viele Reisende an. Wartezeiten lassen sich gut mit einem Besuch des Eisenbahnmuseums im alten Bahnhof (wenige 100 m an der Straße Richtung Budapest) oder bei zeitgenössischer Kunst in der am zentralen Szent István tér gelegenen Pinakothek überbrücken. Ungewöhnlich ist

die im Stil des organischen Bauens außerhalb des Zentrums errichtete dreitürmige **Heiliggeistkirche** (Szentlélek-templom), die 1990 der eigenwilligen Feder von Imre Makovecz entsprang. Peter Meleghy spricht von einem »Urvieh mit Kamelhöcker und schuppigem Panzerkleid«. Der gezielte Einsatz von Holz und Licht geben dem ohne rechten Winkel gestalteten Innenraum eine eigentümliche Mystik, eine sakrale Würde. Der »Dom aus Holz und Licht« gilt weiterhin als Meisterwerk des Architekten. Die Engel neben dem Kircheneingang symbolisieren Dunkelheit und Klarheit (südlich des Zentrums von der Straße 6 aus zu sehen).

In Opposition zu der als sozialistischer Fortschritt propagierten Plattenbauweise hat Makovecz bereits in den 60/70er Jahren seinen archaischen Baustil entwickelt, orientiert an heidnisch-ungarischen Wurzeln, der Anthroposophie Steiners und Frank Lloyd Wrights Verbindung von Landschaft, Haus und Mensch. Bereits 1975 realisierte er in Budapest die an einen umgekippten Schiffsbauch erinnernde Aufbahrungshalle des Pasaréter Friedhofs. Heute gibt es eine ganze Reihe Architekten, die sich mehr oder weniger der Schule des Organischen Bauens angeschlossen haben; ein Schwerpunkt liegt in Pécs.

Nach dem Kirchenbesuch sollte man vielleicht ein Gläschen Wein kosten, denn Paks gehört ebenso wie Dunaföldvár zu einer alten **Weinregion.** Auf dem Lößboden entlang der Donau gedeiht der Welschriesling (Olaszrízling) besonders gut, ein strohgelber, manchmal grünlich schimmernder, nach Reseda duftender Weißwein. Sein Geschmack erinnert an Bittermandeln.

Das »Urvieh« von Paks ,
die Heiliggeistkirche

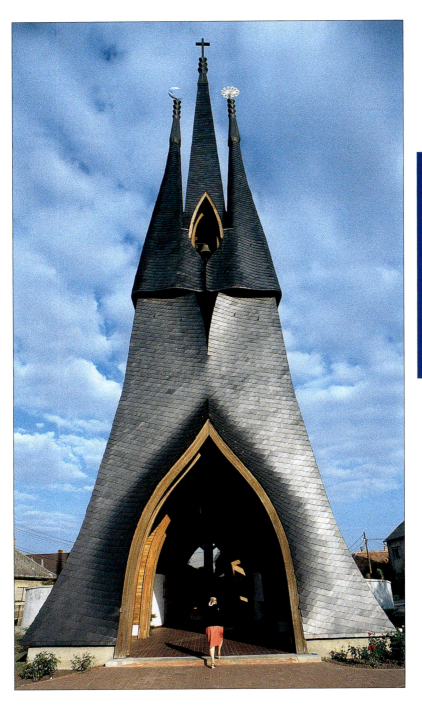

Paks

Östlich der Donau: Paprika, Wein und Fisch

Die Weinbautradition setzt sich in **Solt** am gegenüberliegenden Donauufer fort, das bereits zur Großen Tiefebene (Alföld; s. S. 232ff.) gehört. Weiter gen Süden führt die Straße 51 durch die dünn besiedelte Hochwasserebene der Donau, ehemals eine wilde Inselwelt. Dieser heute von Deichen befestigte Landstrich wird **Sárköz** genannt. Leicht erhöht windet sich die Straße entlang von Entwässerungsgräben, dichten Auwäldern und Weideland.

Kalocsa und die »roten Schoten«

Karte: S. 197
Tipps & Adressen: Kalocsa S. 340f., Hajós S. 337

6 Schon von weitem grüßen die Doppeltürme der Kathedrale von Kalocsa. Nicht viel anders dürfte der erste Eindruck für den Komponisten Ferenc Liszt gewesen sein, der die Stadt auf Konzertreisen mehrfach besucht hat. Im 19. Jh. war der Ring der Wohnhäuser um das alte Zentrum zwar kleiner, doch wesentlich verändert hat sich nur die Nähe zum Fluss. Seit der Donauregulierung gleitet der Strom in 6 km Entfernung an Kalocsa vorbei – in Hochwasserzeiten ein nicht zu unterschätzender Gewinn! Wohntürme und Industriebetriebe sind bis heute fremd in der meistens friedlich in der Sonne dösenden Kleinstadt. Ihre Haupterwerbsquelle ist der Paprika. Im 18. Jh. noch abwertend als »türkischer Pfeffer« bezeichnet, ist er heute das Wahrzeichen der ungari-

Paprikafest in Kalocsa, einer der beiden ungarischen »Paprikahauptstädte«

»Pingálás« – Kalocsaer Graffitikunst

Den meisten Ungarnreisenden springt die Blumenliebe der Einheimischen förmlich schon nach wenigen Kilometern ins Auge. Kein Dorf ohne bunte Vorgärten, Blumenbeete und aus Töpfen, Eimern oder Kübeln quellenden Geranien. Letztere sind längst zu einer Art Nationalpflanze avanciert, nach der sich zahlreiche Gasthäuser »muskátli« nennen. Auch die Bilderbuchfelder mit knallrotem Mohn, mit blau leuchtenden Kornblumen, Wiesenschaumkraut und Margeriten sowie die sich bis an den Rand des Horizonts erstreckenden Sonnenblumen sind keine Erfindung der Tourismusbüros. Diese sich auf die warmen Monate des Jahres beschränkende Pflanzenpracht war den Kalocsaer Frauen jedoch nicht genug.

Die Blumenmotive der traditionell ganz in Weiß gehaltenen Lochstickereien wurden um 1900 vorerst durch Verwendung von Rot, Blau und Schwarz hervorgehoben, ab 1920 kamen andere Farben hinzu. Bald bestickten die Frauen auch Trachten, Tischdecken und Bettzeug mit leuchtend bunten Blüten, bemalten Tonkrüge, Porzellan und sogar das dunkelblaue oder dunkelbraune Mobiliar. In ihrer Begeisterung ließen sie bald keine Fläche mehr undekoriert. Ausgangspunkt waren wahrscheinlich die Ofentüren, von denen sich die bunten Blumenranken bald über den ganzen Ofen fortsetzten und sich von dort über die weiß gekalkten Küchenwände ausbreiteten (um 1950). So wie die Innenwände der Bauernhäuser machten auch die von einem Säulengang wettergeschützten Außenwände Bekanntschaft mit den schwungvollen Pinseln ihrer Bewohnerinnen, und bald waren auch sie mit leuchtenden Blütenlandschaften bedeckt. Gestickte, gedruckte und gemalte Blumen sind zwar als Motiv in der Volkskunst weit verbreitet, doch in Form der Kalocsaer Wandmalereien *(pingálás)* unweigerlich eine Besonderheit.

Von Fantasie und Talent der *pingáló asszonyok* (»malenden Frauen«) zeugen die noch heute freihändig gezeichneten Motive. Schöne Beispiele ihrer Geschicklichkeit findet man im Haus der Volkskunst (Népművészeti Tajház; Tompa M. utca 5–7, 15. April–15. Okt. Di–So 10–17 Uhr), am Bahnhof (Vasútállomás) und in der nahen Fähr-Csárda Juca néni (Zur Tante Juca, Meszes Dunapart, Tel. 78/462-893).

schen Küche. Rund um Kalocsa betreiben 32 Dörfer auf 3500 ha den Anbau der roten Schoten, die im September wie kleine Flämmchen in den grünen Feldern leuchten.

Stadtrundgang

Eng verwoben ist die Stadt mit dem König und Landesheiligen Stephan I., der sie laut Urkunde 1009 als Erzbistum für das Gebiet östlich der Donau gründete. Leider ist von dem romanischen Dom heute ebenso wenig zu sehen wie von der im 14. Jh. inmitten von Sümpfen errichteten Burg. Restaurierungsarbeiten förderten lediglich das Grab eines Erzbischofs von 1203 zutage. Von der Blütezeit der Stadt im 18. Jh. zeugen die den **Dreifaltigkeitsplatz (Szentháromság tér)** prägenden Barockbauten.

In Kaisergelb und Weiß erstrahlt in der Platzmitte der 1735–54 nach den Plänen von Andreas Mayerhoffer erbaute **Dom (Székesegyház).** Die erhabene Wirkung des einschiffigen Innenraums, geschmückt von Leopold Kuppelwiesers Hauptaltarbild »Mariä Himmelfahrt«, unterstreichen besonders eindrucksvoll die Klänge der Angster Orgel (beide 19. Jh.). An der Außenseite des Chors führt eine Treppe in die **Erzbischöfliche Schatzkammer (Érseki kincstár).** Anstelle der von den Türken niedergebrannten Burg steht das farblich gut mit der Kirche korrespondierende **Erzbischöfliche Palais (Érseki palota)** (1760–66). In seinen mit Fresken von Franz Anton Maulbertsch bemalten Räumlichkeiten war Ferenc Liszt ein gern gesehener Gast. Eine Kostbarkeit ist die **Bibliothek,** wo sich auf schlichten Eichenholzregalen etwa 140 000 Bände aneinander drängen, darunter zahlreiche Inkunabeln, Kodice und Raritäten wie eine von Luther signierte Bibel. Sehenswert sind auch die astronomischen Geräte und die Kopie der ungarischen Krone.

Prachtstraße des Orts ist die von einem Blätterdach beschattete und von imposanten Gebäuden aus dem 18. und 19. Jh. gesäumte **Szent István király utca.** Zur Begrüßung des neuen Jahrtausends wurde ein Teilstück mit Brunnen und Skulpturen als Fußgängerzone gestaltet. Wen Tradition, Anbau und Verarbeitung des Gewürzpaprikas interessieren, der sollte sich etwas Zeit für die Ausstellung des **Paprikamuseums** (Nr. 6) nehmen. Ein ehemaliges Domherren-

Der Kalocsaer Dreifaltigkeitsplatz mit seinen leuchtend gelben Barockbauten

haus von 1796 (Nr. 12–14) beherbergt heute die **Städtische Gemäldegalerie (Városi képtár).** Das nach dem Ethnologen Károly Visiki benannte **Museum** (Nr. 25) veranschaulicht anhand von Möbeln, Trachten, Arbeits- und Küchengeräten das bäuerliche Leben dieser Region, der sich beidseitig der Donau erstreckenden Sumpflandschaft Sárköz. Quasi als Stellvertreter der Moderne ragt am Ende der idyllischen Straße die futuristische **Skulptur Lichtturm (Fénytorony)** empor, eine Arbeit des in Kalocsa geborenen und nach Paris emigrierten, international bekannten Lichtkünstlers Nicolaus Schöffer. In seinem Elternhaus (Nr. 76) sind einige seiner Werke ausgestellt.

In den Sommermonaten werden in einem liebevoll hergerichteten **Bauerngehöft (Népművészeti Tajház)** alte Volksbräuche wie die typische Kalocsaer Hochzeit oder Bauerntänze wieder zum Leben erweckt. Im Inneren sind Wände, Möbel und Ofen mit leuchtenden Blumenmotiven bedeckt, eine lokale Besonderheit. Die floreale Liebe hat ihre bunten Spuren auch auf dem alten Bahnhof hinterlassen.

Abstecher nach Hajós

7 Das ehemals zu den Ländereien des Erzbischofs von Kalocsa gehörende Hajós wurde nach den Türkenkriegen von Maria Theresia um 1720 mit Schwaben neu besiedelt und ist bis heute zweisprachig geblieben.

Die gut proportionierte Sommerresidenz des Erzbischofs (um 1739) ist heute von Kinderstimmen erfüllt: Sie beherbergt inzwischen ein Kinderheim. Die eigentliche Attraktion des Dorfs birgt der 3 km südlich liegende Lößrücken. Gut 1200 schmucke **Presshäuschen** bedecken den wie einen Schweizer Käse

von einem 40 km langen Kellerlabyrinth durchlöcherten, natürlichen Erdwall. Jedes der Häuser besteht aus einem Vorraum mit der Weinpresse und einem von dort in den Hang getriebenen Kellertunnel, wo in der Regel ein feuriger Cabernet in rot beringten Eichenfässern reift. Die meisten Kellerbesitzer sind Winzer aus Passion. Die Keller samt dem Wissen über die Weinproduktion haben sie von ihren Vätern geerbt, und so produzieren sie hier noch heute ihren für seine Qualität bekannten Hajósi Cabernet wie die Vorfahren vor 300 Jahren.

Vielleicht ergibt sich beim Spaziergang eine Möglichkeit zur Verkostung des herrlichen Rebensaftes, wenn nicht, sicher in der **Weinstube** am Hauptplatz. Abgesehen von dem nett eingerichteten **Weinmuseum (Bór Múzeum)** gibt es keine weiteren Geschäfte, da in diesem Dorf niemand wirklich lebt. Nur im Herbst, zur Zeit der Weinlese und wenn das denkmalgeschützte Kellerdorf *(pincefalu)* Ziel von Reiseunternehmen ist, herrscht reges Treiben auf den von Walnussbäumen gesäumten Wegen.

Vielvölkerstadt Baja

Karte: S. 197
Tipps & Adressen: S. 310f.

8 Sie ist Kultur- und Wirtschaftszentrum der Region Nord-Bácska, eine Donauhafenstadt, ein alter Marktflecken, alles richtig, aber vielleicht ist die treffendste Charakterisierung die der Vielvölkerstadt. Nach der Türkenzeit kamen kroatische und serbische Flüchtlinge sowie deutsche und jüdische Einwanderer. Sicher blieben auch einige heimisch gewordene Türken, worauf der alte Beiname »Schwäbische Türkei« an-

Gigantische Suppenküche unter freiem Himmel

Im Einklang mit dem neuen Jahrtausend brodeln in der Abendsonne über 2000 sorgsam aufgeschichteten Scheiterhaufen in ebenso vielen Kesseln Wels, Karpfen und andere köstliche Süßwasserfische in einem von Paprika rot gefärbten Sud. Landeten 1996 3 t Fisch in den Töpfen, so waren es 1999 bereits fast 12 t.

Den anfänglich über dem Platz liegenden, in die Augen beißenden Rauch löst bald ein feiner Duft ab. Überall wird mit einer regen Geschäftigkeit gerührt, probiert und abgeschmeckt. Zu jedem Kessel gehört ein reich gedeckter Tisch mit zwei Bänken, an denen Familie und Freunde Platz finden. Jeder Koch schwört auf die Einzigartigkeit seiner Kreation und hütet das Rezept – vor allem die Gewürzmischung – besser als ein Staatsgeheimnis. Ob höllisch scharf oder himmlisch mild, einig sind sie sich lediglich darin, dass die Fischsuppe von Baja die beste ist.

Alljährlich am zweiten Samstag im Juli verwandeln sich der Dreifaltigkeitsplatz und die umliegenden Straßen seit fünf Jahren in dieses einzigartige Schauspiel. Zum Fest gehören ein traditioneller Jahrmarkt und ein Folkloreprogramm. Falls man keine Einladung zu einer Kostprobe hat, sorgen die Küchenchefs der Restaurants dafür, dass auch Besucher mit den Gaumenfreuden der örtlichen Kochkunst bekannt werden.

spielt. Später zog die Suche nach neuem Glück oder die Flucht vor politischen Repressalien etliche Einwohner der Stadt in die Ferne, vornehmlich nach Australien, sodass bis heute ein reger Kontakt zwischen dem ungarischen Baja und Australien herrscht. Lebendig geblieben ist die Tradition der deutschen Sprache. Auch während der kommunistischen Ära besaß Baja das einzige deutschsprachige Gymnasium der Region.

Stadtrundgang

Treffendes Wahrzeichen der Stadt ist die mit Wanderstab auf einem Globus stehende Bronzeskulptur des András Jelky von Ferenc Medgyessy (1936). Der Bajaer Schneidergeselle (1730–83) gelangte nicht nur wie ursprünglich geplant in die Modestadt Paris, sondern reiste kreuz und quer durch die Welt. Anlass zu seiner Odyssee war akuter Geldmangel, weshalb er sich als Söldner nach Ostindien einschiffen ließ. Von dort führten ihn weitere Reisen nach Algerien, Kanton, Ceylon, Japan und Java. Nach diesem Abenteuer verfasste er in Buda ein Reisetagebuch, das 1779 auf Deutsch erschien. Ein ebenfalls weit gereister Sohn der Stadt, István Türr, machte sich als Mitstreiter Garibaldis für die Einheit Italiens und später beim Bau des Panamakanals einen Namen.

Reichtum und Selbstbewusstsein ermöglichten den Bürgern gegen Ende des 19. Jh. die Ablösung der Stadt aus der Vorherrschaft des Gutsherrn. Das noch im Auftrag von Fürst Antal Grassalkovich erbaute Barockpalais blieb von dem verheerenden Großbrand von 1840 verschont, wurde im Neorenaissancestil (1896) umgestaltet und als **Rathaus (Városháza)** umfunktioniert. Seine Front ist dem gigantischen, in Kleeblattform gepflasterten **Dreifaltig-keitsplatz (Szentháromság tér)** zugewandt. Links und rechts von klassizistischen und eklektischen Gebäuden eingerahmt, eröffnet sich im Westen eine freie Aussicht auf den Donauarm Sugovica. Früher wurden hier per Boot Waren angeliefert, und an Markttagen herrschte reges Treiben. Heute genießen am Flussufer nicht nur Angler die beinahe dörfliche Idylle mit Blick auf die als Erholungspark dienende **Petőfi-Insel.**

Als Herzstück der Stadt lädt der Platz zum Verweilen in einem Café ein oder bietet sich als idealer Ausgangspunkt für einen Spaziergang durch die wenigen, aber recht hübschen Seitenstraßen an. An seiner Südseite befinden sich das **István-Türr-Museum** mit einer Ausstellung zur Stadtgeschichte sowie wechselnden Sonderschauen und die **István-Nagy-Gemäldegalerie (Kép-tár).** Schwerpunkte der Sammlung bildender Kunst des 20. Jh. sind die Arbeiten von István Nagy und von Gyula Rudnay.

Die multikulturelle Tradition Bajas repräsentieren bis heute die Sakralbauten. Auch wenn keine Moschee erhalten ist, gibt es im Zentrum zwei Griechisch-orthodoxe und zwei Römisch-katholische Kirchen sowie eine Synagoge. Die südländisches Flair ausstrahlende Kleine Serbische Kirche (Szabadság út) dient seit ihrer Restaurierung 1974 als Konzertsaal. Auch die 1845 im klassizistischen Stil erbaute Synagoge hat eine neue Bestimmung: Ihr prächtiger von Kronleuchtern erhellter Raum dient heute als Bibliothek mit rund 180 000 Bänden.

Die einzige Volksgruppe mit einem eigenen Museum sind die Bunjewatzen, katholische Kroaten, die im 17. Jh. aus der Gegend von Split in die Bácska-Region kamen.

Westlich der Donau bis zur kroatischen Grenze

Gemencer Wald und Szekszárd – Schwarze Störche und Kadarka

Karte: S. 197
Tipps & Adressen: Gemencer Wald S. 332f., Szekszárd S. 362f.

Nach der Überquerung der Donau führt die Straße durch die größte zusammenhängende Flussniederungslandschaft Europas, den zum Duna-Dráva-Nationalpark gehörenden **Gemencer Wald (Gemenci-Erdő)** 9. Den Dschungel aus im Sonnenlicht schimmernden Silberweiden, rauschenden Pappeln, knorrigen Eichen und Ebereschen durchzieht ein 40 km langes Netz von Donauarmen, Sümpfen und Lichtungen. Das Gebiet erstreckt sich 30 km südlich der Donaumündung des im Balaton entspringenden Sió-Kanals in einer max. Breite von 7 km. Es entstand durch die weit landeinwärts errichteten Hochwasserschutzdämme und bietet heute einer reichen Tierwelt einen sicheren Lebensraum. Außer unzähligen Fröschen und Wasservögeln kann man mit etwas Glück einen der seltenen schwarzen Störche oder einen kapitalen Hirsch sehen. Sogar Fischadler und Otter sind hier zu Hause. Leider gehören auch Mücken zu den Bewohnern …

Eine originelle Möglichkeit, den Auwald zu erkunden, bietet eine Tagestour mit der **Gemencer Waldbahn (Gemenci Erdei Vasút**; Abfahrt in Pörböly).

Zwischen dem Gemencer Wald und dem 6 km entfernten Szekszárd setzt sich die um Kalocsa (s. S. 200) beginnende Region **Sárköz** fort, eine Miniaturlandschaft mit eigener Volkskunst. Die seit Jahrhunderten dem Wasser trotzenden Dörfer waren lange Zeit eine kleine Welt für sich. Die Bewohner dieses abgelegenen »Moorwinkels« haben

Donauarm im Gemencer Wald

ihre alten Bräuche besonders lange bewahrt. Einen Eindruck von den farbenprächtigen Trachten vermittelt das Volkshaus in **Decs** 10.

Der Name **Szekszárd** 11 steht ebenso für ein altes, exzellentes Weinbaugebiet wie für eine sympathische Kleinstadt Südtransdanubiens. Seit der Donauregulierung im ausgehenden 19. Jh. trennen rund 14 km sie vom Fluss. Ob es die örtlichen sieben Hügel waren, die die Römer einst veranlassten, hier die Ansiedlung Alsica zu gründen, ist nicht gewiss. Als sicher gilt, dass diese die Hänge schon für den Weinbau nutzten. Der hauptsächlich aus Löß bestehende Boden, die milden Winter und die warmen, oft trockenen Sommer bringen bis heute hervorragende Rotweine hervor. Am bekanntesten ist Kadarka, ein samtiger, rubinroter Wein mit würzigem Duft. Laut Überlieferung soll sein Genuss Franz Schubert zum »Forellenquintett« inspiriert haben und auch Ferenc Liszt zählte zu seinen Liebhabern. Letzterer schenkte ihn 1865 Papst Pius IX. zum Namenstag, der sich mit folgenden Worten bedankte: »... dieser Szekszárder

Der »Buscho-Gang«

Eine Attraktion ist der alljährlich am siebten Sonntag vor Ostern in Mohács stattfindende Busójárás, ein traditioneller Faschingsumzug. In Gruppen ziehen mit Fellen und geschnitzten Holzmasken martialisch Maskierte zu Fuß oder per Pferd unter lautem Schellengerassel durch die Stadt. Das Spektakel, das auf einen alten Fruchtbarkeitsritus zurückgeht, soll den Winter vertreiben. Andere sehen den Ursprung des »Buscho-Gangs« mit seinen Furcht einflößenden Masken tatsächlich in der erfolgreichen Vertreibung der Türken 1687. Sicher ist jedenfalls, dass in dieser Region trotz Christianisierung lange Zeit Schamanen- und Zauberbräuche fortwirkten.

Der Brauch des örtlichen Busójárás stammt jedenfalls von den Schokazen (Südslawen, katholische Kroaten). Früher durften nur Männer die Buscho-Masken tragen, was wiederum ein Hinweis auf einen Fruchtbarkeits- oder Initiationsritus sein kann. Heute sieht man auch Kinder und manchmal sogar eine Frau im Fellkostüm. Die holzgeschnitzten Masken sind zum Teil schon recht alt. Traditionellerweise wurden die roten Partien mit Tierblut gefärbt. Auch heute gibt es noch Maskenschnitzer; sie bieten ihre Werke u. a. auf dem am Buscho-Tag stattfindenden Handwerkermarkt an. – Eine gute Möglichkeit für Kurzentschlossene, noch mitzumischen.

Die Fellkostüme sind selbst genäht. Hosen, Strümpfe, Schuhe und andere Accessoires zeigen Anklänge an alte Hirtentrachten und scheinen ihrem Aussehen nach oft Leihgaben eines Dorfmuseums zu sein. Komplett ist das Kostüm erst mit Stöcken, Peitschen und schnarrenden Rasseln. Der Karneval dauert einige Tage, ist aber eher unorganisiert. Sonntags findet der große Umzug statt, der eigentlich keiner ist, weil sich die Maskierten schnell mit den Zuschauern mischen.

Der alljährliche Aufmarsch beginnt am Donauanleger, gut 1 km vom Stadtzentrum entfernt. Dort kommen »Buschos« von der Mohács-Insel per Boot herüber und vereinigen sich mit den anderen. Zum Aufzug gehören

---

Wein erhält mir die Gesundheit und hebt meine Stimmung.« – Da die Reben eine besonders sorgfältige Pflege verlangen, verschwand der samtige Kadarka dennoch aus den kommunistischen Weinkombinaten und wurde durch Merlot, Cabernet und Kékfrankos ersetzt. Viele kleine Winzer hielten jedoch an der traditionellen Traube fest, und bis heute gilt der Szekszárder Kadarka als Geheimtipp. Im Garay-Weinkeller *(pince)* am Garay tér kann man von dem in Fässern reifenden Rebensaft kosten.

Ein Hügel, heute Béla tér, dient der Altstadt als Fundament. Die Gebäude datieren frühestens aus dem 18. Jh.,

auch einzelne Wagen. Etliche Trachten sind zu sehen. Über die Hauptstraße, die links und rechts ein Markt säumt, ziehen die Buschos auf den Hauptplatz, wo sie Radau machen und Stoffkanonen explodieren lassen. Nicht viel später übernehmen sie auch die Volkstanzbühne. Schließlich wird um 18 Uhr ein riesiger Scheiterhaufen auf dem Platz entzündet. An diesem Tag sind viele schaulustige Fremde in der Stadt, doch am Dienstag, wenn der Winter in einem Sarg verbrannt wird, sind die Mohácser so gut wie unter sich.

denn schwere Verwüstungen während der Türkenkriege hatten den Ort dem Erdboden gleichgemacht. Hier entstand 1823–33 das würdevolle Komitatshaus (Megyeháza) nach den Plänen von Mihály Pollack. Im Inneren gibt es einen Ferenc-Liszt-Gedenkraum, das Kreismuseum und eine Ausstellung der Malerin Eszter Mattioni zu besichtigen. Im Hof sind Reste der 1061 gegründeten Benediktinerabtei freigelegt. In der Platzmitte erhebt sich die katholische Pfarrkirche (1802–05), eine der größten einschiffigen Kirchen Ungarns. Keine drei Minuten entfernt befindet sich in der gleichnamigen Straße das als Museum eingerichtete Geburtshaus des Schriftstellers Mihály Babits (Nr. 13), dessen Werke eine Beziehung zu Rilke, Paul Valéry, T. S. Eliot und Thomas Mann zeigen.

Auch auf dem abschüssigen, von Blättern überdachten Garay tér steht die Literatur im Mittelpunkt. Die bis heute am Platz aktive Deutsche Bühne erinnert an die deutschen Einwanderer. Die Statue des János Garay ist dem Schöpfer des »ungarischen Lügenbarons« János Háry gewidmet (s. S. 178).

Jenseits der Straße 56 zeigt das Wosinszky-Mór-Múzeum am Mártírok tere 26 archäologische und historische Sammlungen.

Versteckt zwischen sanft geschwungenen Hügeln liegt das Dörfchen **Grábóc 12**. Vor den Türken geflohene serbische Mönche aus dem dalmatinischen Kloster Dragovic nutzten 1580 die verschwiegene Lage und gründeten hier ein orthodoxes Kloster. Sehenswert ist die prächtige Ikonostase in der spätbarocken Kirche. Heute befindet sich an diesem stillen Ort ein Altersheim. Einige der alten Bauernhäuser besitzen einen auf kunstvoll verzierten Holzpfeilern ruhenden Laubengang.

Mohács und das Schicksalsjahr 1526

Karte: S. 197
Tipps & Adressen: S. 349f.

13 Der Name der nur 91 m über dem Meeresspiegel liegenden Stadt steht bei Einheimischen und zahlreichen Historikern für eine europäische Katastrophe. Am 29. August 1526 war die Ebene von Mohács Schauplatz der Niederlage des ungarischen Heers unter Ludwig II. gegen die angreifende Übermacht der Os-

manen unter Sulejman II. dem Prächtigen. Die Folge waren 150 Jahre Türkenherrschaft in Ungarn und damit eine auf Tuchfühlung gegangene Bedrohung des Habsburgerreiches.

Nach der Zurückdrängung der Türken ab 1687 ließen sich auf dem nahezu entvölkerten Landstrich griechisch-orthodoxe Serben, katholische Kroaten und deutschsprachige Schwaben nieder. Wie Baja (s. S. 203f.) ist Mohács durch das friedliche Zusammenleben der verschiedenen Völker geprägt. Die Grenznähe sowie die lange gemeinsame Geschichte stellten die Stadt während des Kosovokrieges 1999 vor eine innere Zerreißprobe.

Das heutige Mohács zeigt keine Spuren aus der Zeit vor der Befreiung von den Türken, noch nicht einmal Mauerreste des einstigen Römerstützpunkts. Die ältesten Bauten stammen aus dem 18. Jh., Hochhäuser gibt es keine. Der wirtschaftliche Aufschwung im 18. und 19. Jh. brachte die eigenartige Mischung von ländlichen Wohnhäusern und scheinbar überdimensionierten Repräsentationsbauten und Plätzen hervor. Dabei entspricht die großzügige Ausdehnung eher der typischen Stadtstruktur der Tiefebene als der Transdanubiens.

Anlässlich des 400. Jahrestags der Schlacht von Mohács entstand am zentralen Széchenyi tér 1926 die **Votivkirche.** Als Symbol des nationalen Zusammenhalts steht das Fundament auf je 1 kg Erde aus 3000 Gemeinden, 52 Städten und 25 Komitatshäusern. Der von Bertalan Árkay entworfene byzantinische Bau bietet unter seiner 30 m hohen und 20 m breiten Kupferkuppel 3600 Personen Platz. Zeitgleich erbaute Aladár Árkay das benachbarte **Rathaus** im türkisch-maurischen Stil. Vorbei am Holocaust-Mahnmal (Eötvös utca), an der

Erinnert an die legendäre Schlacht von 1526: die Mohácser Votivkirche

Innerstädtischen Pfarrkirche und der »Serbenkirche« mit dem markanten 48 m hohen Turm gelangt man zum **Kanizsai-Dorottya-Múzeum,** in der Szerb utca, das an die Schlacht von 1526 erinnert. Das im Park westlich des Széchenyi-Platzes eingerichtete **Ethnografische Museum (Néprajzi Múzeum),** ehemals war hier ein Kino untergebracht, informiert u. a. über Zauber- und Schamanenbräuche.

Auf dem einstigen Schlachtfeld 7 km südwestlich von Mohács wurde 1976 die **Historische Gedenkstätte (Történelmi Emlékpark)** eingeweiht. Unter den 15 000 Gefallenen befanden sich auf ungarischer Seite viele polnische Söldner, die Erzbischöfe von Kalocsa und Esztergom, fünf Bischöfe und zahlreiche Barone. Der erst 20-jährige König Ludwig II. soll auf der Flucht ertrunken sein. Zu aller Gedenken entstanden unter Mitarbeit zahlreicher Künstler 120 in den Rasen gerammte, reich geschnitzte Grabhölzer, jeder Holzpfahl ein Unikat mit eigener Symbolsprache. Die ganze Anlage geht auf eine altungarische Tradition zurück. Nach den Sitten der Reiternomaden aus dem Ural setzten die Magyaren ihren Toten keine Steine, sondern säulen- oder kahnförmige Grabhölzer. Diesen Brauch findet man heute z. B. noch auf den Friedhöfen Ostungarns.

Südliches Trans-danubien

Mediterranes Klima, Mandelbäume, weite Ebenen, unberührte Wälder, idyllische Bergdörfer und wertvolle Kunstschätze kennzeichnen den südlichen Zipfel Westungarns, begrenzt von der Donau (Duna) im Osten und der Drau (Dráva) im Süden. Im Norden bildet das Mecsek-Gebirge (-hegység) eine natürli-

che Barriere. Der nur 30 km lange Gebirgszug konnte die Türken im 16. Jh. zwar nicht aufhalten, aber für die kalten Nordströmungen ist er ein ernst zu nehmendes Hindernis und damit ein Schutzschild für die Weine von Pécs und Villány (s. S. 223f.).

Pécs – Großstadt mit mediterranem Flair

Karte: S. 215
Tipps & Adressen: S. 354

▪ Allein der Versuch einer Annäherung an Pécs durch die Assoziation mit Großstädten wie Paris oder Köln ist von vornherein zum Scheitern verurteilt. Pécs ist eine Großstadt im »ungarischen Sinne«, – die einzig wirklich große Stadt des Landes ist Budapest. Alle anderen größeren Städte spielen dagegen die Rolle von regionalen Verwaltungs-, Kultur- und Wirtschaftszentren. So ist auch Pécs als Zentrum des Komitats Baranya und Sitz der fünftältesten Universität Europas (1367) im Grunde nicht mehr als ein beschauliches Städtchen. Doch statt verschlafener Kleinkariertheit findet man Charme und Esprit.

Ganz gleich aus welcher Richtung der Reisende Pécs zuerst erblickt, ihm bietet sich ein zauberhaftes Panorama. Von Süden her bildet das Mecsek-Gebirge eine eindrucksvolle Kulisse, während sich dem von Norden Kommenden eine unglaubliche Weite eröffnet. Doch war letztendlich nicht die schöne Lage entscheidend für die Gründung der »2000-jährigen Stadt«, sondern die damit ver-

◁ Weinkellerhäuser bei Palkonya

bundenen Vorteile. Das Mecsek-Gebirge schützte vor den kalten nördlichen Winden und versorgte die Menschen mit reinem und frischem Karstwasser, später auch mit Kohle und Uranerz (seit 1954). Die Böden sind fruchtbar und liefern hervorragende Weine und viel gerühmte Obstsorten. Die Blütezeit der Obstgärten begann in der Türkenzeit, und die Türken waren es auch, die die Feige hier heimisch machten.

Geschichte

Die ersten Weinbauern waren wahrscheinlich die Römer, die 107 v. Chr. die Herrschaft über das damalige Sopianae gewonnen hatten und es 293 zum Zentrum ihrer Provinz Valeria machten. Vor den Römern siedelten hier die Illyrer, Pannonnier und Kelten, nach den Römern Hunnen, Ostgoten, Langobarden und Awaren, die schließlich 803 unter die Herrschaft Karls des Großen kamen. In dieser Zeit erhielt die Stadt den Namen Quinque Basilicae, auf dem der deutsche Name Fünfkirchen basiert. Die ersten Ungarn kamen wahrscheinlich um 899; 20 Jahre später gründete König Stephan I. das Pécser Bistum. Der bekannteste Bischof war Janus Pannonius,

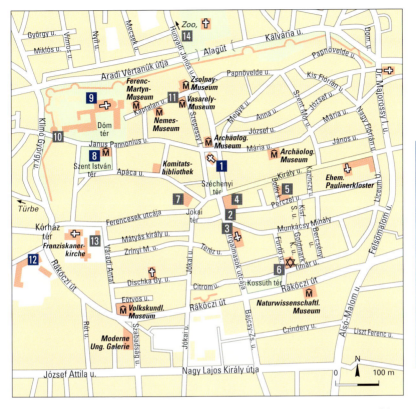

Pécs 1 Innerstädtische Pfarrkirche 2 Zsolnay-Brunnen 3 Apotheke zum Granatapfel
4 Rathaus 5 Nationaltheater 6 Synagoge 7 Mohren-Apotheke 8 Frühchristliches
Mausoleum 9 Petersdom 10 Barbakane 11 Káptalan utca 12 Moschee des Hassan
Jokowali Pascha 13 ehemaliges Bad des Memi Pascha 14 Fernsehturm

ein herausragender Dichter und Humanist. Noch heute werden seine Gedichte wie »Lob Pannoniens« oder »Über einen pannonischen Mandelbaum« in Ungarn viel zitiert. Aber auch Liebhaber der erotisch-anzüglichen Renaissanceliteratur werden bei ihm fündig.

Nach der vernichtenden Niederlage bei Mohács (s. S. 210) fiel Pécs 1543 für 143 Jahre kampflos in die Hände der Türken, die der Stadt durch die Einrichtung von Bädern, Basaren und Moscheen einen orientalischen Charakter gaben und sie 1600 sogar zum Sitz des Sandschakbegs (entspricht in etwa einem Militärgouverneur) machten. Dass das Interesse der Muselmanen am Weinbau nicht allein dem Handel galt, ist überliefert. Bosnische Gerber von feinem Saffian begründeten die heute noch florierende Lederindustrie. Die Ungarn lebten bis zur christlichen Rückeroberung 1686 zusammengedrängt in der Vorstadt. Leider bescherte die Befreiung der Stadt Plünderungen und Verheerungen seitens der Sieger. Es folgten die Kuruzenkriege und 1710 die Pest. Einwanderer, vor allem aus

Schwaben, füllten die Lücken der stark dezimierten Bevölkerung und mischten sich mit den verbliebenen Türken, Griechen, Ungarn, Slawen und Juden.

Ein wirtschaftlicher Aufschwung begann mit der Erhebung zur »Freien Königlichen Stadt« durch Maria Theresia. Mitte des 19. Jh. leitete die Kohleförderung den Anschluss an das Industriezeitalter ein. Weit bis über die Landesgrenzen hinaus bekannt sind die Sektkellereien, die Orgelfabrik Angster und die Keramik- und Porzellanmanufaktur Zsolnay. Pécs besitzt mehrere Universitäten und Hochschulen und verdient den Titel einer Kunst- und Kulturstadt. Bekanntester Sohn der Stadt ist Victor Vasarély, »Vater« der Op-Art. Der Pécser Ernő Dezső wurde weltbekannter Solist an der Metropolitan-Oper.

Das sonnenreiche milde Klima, die reichen Wein- und Ostgärten und nicht weniger die engen und ungeordneten Gassen geben dem Ort ein südliches Flair. »Gegen Abend ging ich hinauf auf den Kálvária-Hügel und schaute von dort auf die schöne Landschaft. Die Sonne beleuchtete die Stadt auf eine ganz eigenartige Weise und irgendein außerordentlich angenehmer Duft schwebte über ihr, was dem Ganzen einen gewissen Zauber gab«, schrieb 1839 der Reisende Johann Gottfried Elsner.

Stadtrundgang

Das Zentrum der Altstadt bildet schon seit dem Mittelalter der lang gestreckte und sanft ansteigende **Széchenyi tér.** Früher durch eine Gasse zweigeteilt, herrschte während der Türkenzeit auf dem Platz ein munteres Basarleben, übertönt nur von den Rufen des Muez-

zin. An diese Zeit erinnert noch der mit einem Kreuz und einem Halbmond bekrönte Kuppelbau der **Innerstädtischen Pfarrkirche (Belvárosi templom)** 1. Der schlichte, quadratische Bau, einst die größte Moschee Ungarns, nimmt den Platz einer gotischen Basilika ein. Die alte Kirche rissen die Türken 1580 nieder und errichteten aus dem so gewonnenen Baumaterial zu Ehren von Kassim Gazi Pascha, dem ersten Pécser Sandschakbeg, eine prächtige Moschee. Nach dem Abzug der Türken fiel sie an die Jesuiten, die sie in eine Barockkirche

Blick vom Széchenyi tér auf das quirlige Altstadtleben

verwandelten. Die heutige eigentümliche Mischung aus Kirche und Moschee entstand als Folge einer um 1940 begonnenen Rekonstruktion des ursprünglichen Bauwerks. Vom einstigen Minarett sind nur noch die Fundamente erhalten. Im Inneren sind der Mihrab (Gebetsnische) und Fragmente des Stalaktitengewölbes zu sehen. Studiert man das Mauerwerk etwas genauer, findet man vereinzelt schön behauene Steine der mittelalterlichen Basilika.

Anstelle von Reinigungsbad und öffentlichem Brunnen stehen nun eine Dreifaltigkeitssäule und das Reiterstandbild des János Hunyadi (Pál Pátzay, 1939). Vor der Neorenaissancefassade der Kapuzinerkirche am südlichen Platzende zieht der auf zahlreichen Stadtansichten abgebildete **Zsolnay-Brunnen** 2 die Blicke auf sich. Nicht nur Durstige zollen den metallisch-grünen Stierkopf-Wasserspeiern des 1912 von Andor Pilch aus Pyrogranit gearbeiteten Jugendstilbrunnens Aufmerksamkeit. Das Besondere ist ihre schimmernde Eosin-Glasur. Der Brunnen geht auf eine Stiftung der renommierten Keramikfirma

Zsolnay zum Gedenken an den Firmengründer Vilmos Zsolnay zurück (1930). Lohnend ist ein Blick in die **Apotheke zum Granatapfel (Granátalma patika)** 3 mit erhaltener Nussbaumeinrichtung im Louis-XVI-Stil.

Der Standort des **Rathauses** 4 mit Uhrturm (1907) an der Mündung der Király utca auf den Platz unterstreicht die Bedeutung der Straße als alte Pécser Hauptstraße. Wie kleine Schmuckstücke säumen die farbig gestrichenen, eklektischen Fassaden von zum Teil schon älteren Häusern die heutige Fußgängerzone. Allein um das Ambiente des **Grandhotels Palatinus** zu erleben, lohnt ein Besuch des Cafés. Im großen Saal des nach den Plänen von Andor Pilch 1913 entstandenen Jugendstilhotels gab Béla Bártok 1923 ein Konzert. Schräg gegenüber öffnet sich der Színház tér mit einem weiteren Prachtbau, dem **Nationaltheater (Nemzeti színház)** 5 von 1895. Die Fassade des Wohnhauses Nr. 18 gehörte einst zu einer Dominikanerkirche, die auf dem Gelände einer Moschee mit Friedhof errichtet worden war.

Das Juwel des ursprünglich stilvoll bebauten Kossuth tér war schon immer die 1865–69 nach den Plänen von Frigyes Feszel erbaute **Synagoge** 6 im orientalisch-romantisierenden Stil. Insgesamt zeugt der prächtige Bau von einer einst bedeutenden jüdischen Gemeinde. Eine Tafel gedenkt der Opfer der Konzentrationslager.

Auf dem Weg zum klerikalen Zentrum der Stadt lohnt ein Besuch der **Mohren-Apotheke (Szerecsen patika)** 7 in der Apáca utca Nr. 1. Die Keramikverzierungen der Ende des 19. Jh. gefertigten Einrichtung stammen selbstverständlich von der Firma Zsolnay. Wenige Meter entfernt kann man einen Blick in die Frühgeschichte von Pécs werfen. In der Komitatsbibliothek (Nr. 8) und im Hof von Nr. 14 wurden bemalte **spätrömische Grabkammern** freigelegt. Eindrucksvoll ist das **Frühchristliche Mausoleum (Ókeresztény mauzóleum)** 8 auf dem Szent István tér. Eine Treppe führt unter die Fundamente einer frühchristlichen Basilika in die tonnengewölbten Grabkammern aus dem 4. Jh. Die an den Wänden erhaltenen Fresken des Christus-Monogramms, von Adam und Eva und dem Propheten Daniel in der Löwengruppe sind kunsthistorisch von unschätzbarem Wert und vergleichbar mit Funden in römischen Katakomben.

Der heute parkähnliche **Szent István tér** liegt anstelle eines frühchristlichen römischen Friedhofs und bildete schon damals das Zentrum des Kirchenbezirks. Eigentlich verdankt der Platz seine Existenz der Erfindung des Schießpulvers, da das Gelände zur Verteidigung der einstigen Bischofsburg immer unbebaut blieb. Nach dem Abriss des Burgtors 1819 begann man die ersten Bäume zu setzen, deren dichtes Blätterdach Spaziergängern im Sommer angenehme Kühle verschafft. Für Erfrischung sorgt auch der Café-Pavillon.

Eine breite Treppe führt auf den **Dom tér,** dessen großzügige Anlage die eindrucksvolle Wirkung des viertürmigen **Petersdoms (Szent Péter Székesegyház)** 9 effektvoll unterstreicht. Majestätisch erhebt sich das Wahrzeichen der Stadt – übrigens ein guter Orientierungspunkt – vor der Kulisse des Mecsek-Gebirges aus dem Häusermeer. Vermutlich entwickelte sich der heutige Grundriss der dreischiffigen Pfeilerbasilika in einer Länge von 77 m und einer Breite von 27 m samt den vier Ecktürmen schon im 11. Jh. In dieser Form überdauerte sie Brände und Verwüstungen, diente unter den Türken erst als Lager, dann als Moschee und wurde später wieder Kirche, erst in barockem, dann in klassizistischem Gemäuer. Ihre heutige neoromanische Gestalt verlieh ihr der Wiener Architekt Friedrich Schmidt anlässlich der Millenniumsfeierlichkeiten 1986.

von dessen Balkon Ferenc Liszt (Imre Varga, 1983) in den Garten blickt, in dem ein bronzener János Pannonius (Miklós Borsos, 1972) unter einem Mandelbaum steht. Wenige Meter weiter stößt man auf die **Barbakane** (Rundbastei) 10 der ehemaligen Stadtbefestigung, die sowohl in westlicher als auch in nördlicher

Der Vorgängerbau des Petersdoms war das erste Gotteshaus von Fünfkirchen (= Pécs)

An der Ausgestaltung wirkten namhafte ungarische Künstler des Historismus mit. Die Apostelreihe auf der Südseite stammt von Károly Antal, Wand und Deckenbemalung in Inneren von Károly Lotz und Bertalan Székely. In der Corpus-Christi-Kapelle verdient der um 1507 aus rotem Marmor gearbeitete Renaissance-Altar besondere Beachtung. Sehenswert sind auch die fünfschiffige romanische Krypta sowie das Lapidarium.

Die Westseite des Platzes begrenzt die Neorenaissancefassade des im 12. Jh. gegründeten **Bischöflichen Palais,**

Richtung weitgehend erhalten ist. Den östlichen Platzabschluss bilden die im Zopfstil gestalteten Bauten von Pfarramt und Stiftsarchiv.

Ein Durchgang führt in die **Káptalan utca** 11, heute eine Welt der Künste. Die hier gelegenen einstigen Domherrenhäuser beherbergen verschiedene Ausstellungen. In Nr. 6 sind Arbeiten des ersten ungarischen Nonfigurativen Ferenc Martyn zu sehen und Nr. 5 zeigt Werke des 1940 nach Stockholm ausgewanderten, abstrakten und surrealistischen Malers Endre Nemes sowie das 25 m lange »Straßenobjekt« von Erzsébet Schaár. In Nr. 4 befindet sich die Moderne Ungarische Galerie (Modern Magyar Képtár) mit Arbeiten bildender Künstler des 19. und 20. Jh. Durch einen hübschen Skulpturengarten gelangt man zum Renaissance-Lapidarium (Reneszánsz kőtár). 1908 wurde im klassizistischen Haus Nr. 3 Victor Vasarély, der »Vater der Op-Art«, als Győző Vásárhelyi geboren. Der 1930 nach Frankreich ausgewanderte Künstler vermachte seiner Heimatstadt eine Reihe seiner mit optischen Effekten und geometrischen Formen spielenden Werke, dazu Arbeiten seiner Frau Claire und des Sohnes Yvaral, die heute in seinem Elternhaus zu sehen sind. Eine Plastik steht versteckt in der steil ansteigenden Hunyadi János utca vor der Paulinerkirche. Das seit 1324 beurkundete Haus Nr. 2 ist für sich genommen schon ein Museumsobjekt. Gotische Sitznischen, Renaissancefenster und ein barockes Marienrelief erzählen von seiner langen Geschichte. Im Inneren befinden sich Ausstellungen des international bekannten Bildhauers Amerigo Tot (alias Imre Tóth) und der 1852 gegründeten Porzellan- und Keramikfabrik Zsolnay.

In die »Künstlergalerie« ist noch Tivadar Csontváry Kosztka einzureihen. Der gelernte Apotheker zählt heute zu den wichtigsten ungarischen Malern. Nicht auszudenken: Beinahe wären seine riesigen Leinwände an ein Fuhrunternehmen verkauft worden … Sein einzigartiger, Romantik, Symbolismus und Expressionismus verschmelzender Stil gilt u. a. als Ausdruck seines selbst geschaffenen pantheistischen Weltbildes (Janus Pannonius utca 11).

Museumshungrige können die **archäologische Abteilung** des Janus-Pannonius-Museums (Régészeti Múzeum) am Széchenyi tér 12 besuchen. Weitere »Ableger« des Museums finden sich in der Rákóczi utca 15 bzw. 64: die **naturwissenschaftliche** und die **volkskundliche Abteilung.**

Nicht versäumen sollte man auch den Besuch der **Moschee des Hassan Jokowali Pascha** 🖽, der ein Derwischkloster angeschlossen war. Die im 16. Jh. erbaute Moschee ist das einzige erhaltene mohammedanische Gebetshaus mit Minarett in Ungarn. Einst gelangte der Muezzin über 83 Stufen auf die 23 m hohe Balustrade, von der er seinen Ruf erschallen ließ. Heute beherbergt die zwischen Wohnhäusern regelrecht eingequetschte Moschee eine Ausstellung osmanischer Kunst und Kultur. Auch das einstige **Bad des Memi Pascha** 🖼 in der Ferencesek utcája gehörte zu einer Moschee, ursprünglich eine gotische Franziskanerkirche. Das Bad ist nun Museum bzw. Ruinengarten und die Moschee dient wieder als Kirche (Ferences templom). Erhalten ist auch die **Türbe** (Grabkapelle von 1591) des als Wunderarztes verehrten Idris Baba westlich der Altstadt (Nyár utca 8).

Bei einem Bummel durch das **alte Zentrum** gibt es noch einiges mehr zu entdecken, alte Geschäfte, stilvoll restaurierte Fassaden und vom Organischen Bauen beeinflusste Gebäude mit runden Formen. Federführend ist die 1980 gegründete Pécser Architektengruppe um Sándor Dévényi. Lohnend ist auch ein Spaziergang durch die steilen Altstadtgassen zwischen Tettye und Szőlő utca nördlich der Stadtmauer. – Bei klarer Sicht eröffnet sich vom 198 m hohen **Fernsehturm (TV-torony)** 🖾 auf dem Misina-Berg (524 m) ein unvergessliches Panorama auf das bunte Häusermeer von Pécs, im Hintergrund der Villány-Höhenzug und die weite Dráva-Ebene. Vor allem für Kinder bietet der nahe **Zoo** (állatkert) eine willkommene Abwechslung.

Tour durch das Mecsek-Gebirge

Karte: S. 221
Tipps & Adressen: Abaliget S. 308, Pécsvárad S. 355f.

Die höchste Erhebung der im Schnitt 500–600 m hohen Bergkette ist der **Zengő** bei Pécsvárad mit 682 m. Die dichten Wälder, tiefen Täler, die munter plätschernden Wasserläufe und bizarren Granitfelsen machen aus dem Gebirgszug eine wildromantische Berglandschaft en miniature. Hier sind die Winter länger, es regnet häufiger und der Nordwind bläst eisiger – insgesamt ist das Klima spürbar rauer als für den südlichen Landesteil üblich. Diese klimatischen Bedingungen machen die Gegend als Naherholungsgebiet für Abkühlung suchende Städter wiederum attraktiv. So hat sich der Orfű-See zu einer beliebten Ferienregion entwickelt.

Im Schutz des 592 m hohen Jakab-Bergs liegen die beiden Dörfer **Cserkút** 1 und **Kővágószőlős,** deren ursprünglich romanische Kirchen einen Abstecher lohnen. In Cserkút steht eine der wertvollsten und gleichzeitig typischsten Dorfkirchen des Komitats Baranya. Ihr Prunkportal befindet sich an der Südfassade und nicht wie allgemein üblich in der Westfront. Im Inneren überrascht der äußerlich schlicht gehaltene Bau durch seine außergewöhnlich schönen Fresken (13./14. Jh.). Auch die Außenwände sollen bemalt gewesen sein, sodass die Dorfbewohner im Vorbeigehen zu den Heiligen beten konnten. Die Kirche von Kővágószőlős trug ursprünglich ebenfalls Freskenschmuck. **Hetvehely** 2 besitzt gleich zwei Kirchen, die 1883 erbaute Pfarrkirche und ihre mittelalterliche turmlose Vorgängerin. In Letzterer

Südliches Transdanubien

Grüßt schon von weitem: die Benediktinerabtei von Pécsvárad

deutet die Existenz einer Herrschafts-Empore auf eine Besonderheit hin. Bauherr dieser Kirche war ein privater Gutsbesitzer und nicht wie sonst üblich der König oder höhere Klerus. Die Empore diente der Familie des Gutsherrn auch als Aufbewahrungsort von Kostbarkeiten und Zuflucht in Krisenzeiten. Denn im Mittelalter war die Kirche in der Regel das am stärksten gesicherte Gebäude des Dorfes.

Beim nächsten Dom handelt es sich nicht um eine Kirche, sondern um den Großen Saal der Höhle *(barlang)* von **Abaliget** 3. Nur hier gibt es Tropfsteine; die übrigen Wände sind mit Kalksteinablagerungen des Pannonischen Urmeeres bedeckt. Ein ca. 500 m langer Pfad führt durch das zauberhafte Labyrinth, das auch für Heilzwecke bei Asthma und Silikose genutzt wird. Abkühlung bietet das in einem hübschen Tal künstlich angelegte **Seensystem von Orfű** 4. Die guten Bade- und Wassersportmöglichkeiten haben den Ausbau zu einer regionalen Ferienregion mit Campingplätzen, Pensionen und Restaurants begünstigt.

Die Redewendung, »doch die Kirche im Dorf zu lassen«, könnten die Einwohner von **Mánfa** 5 wörtlich nehmen. Denn ihre alte Pfarrkirche aus dem 12. Jh. steht heute etwa 2 km westlich des Ortes. Während der Türkenzeit wurde sie kaum beschädigt, die Siedlung jedoch völlig zerstört und an anderer Stelle wieder aufgebaut. So kommt es, dass das weiß gekalkte und liebevoll restaurierte Gotteshaus heute einsam auf einer Wiese im Schatten eines alten Baums steht. Einziger Zierrat ist das Stufenportal an der Südseite. Eine beinahe meditative Atmosphäre liegt über dem stillen Platz am Waldrand, untermalt vom Gesang der Vögel und sommerlichem Grillenzirpen.

Am Fuß des Zengő liegt das terrassenartig angelegte **Pécsvárad** 6 an einer Bruchkante. Wer sich dem Dorf aus südlicher Richtung nähert, sieht schon von weitem die burgartige Anlage der einstigen Benediktinerabtei über dem Abhang thronen. Dieses 1015 von Stephan I. gegründete Kloster, heute Museum und Hotel, war einst neben der Pécser Einrichtung die bedeutendste kirchliche Institution im Komitat. Seinen Reichtum begründete es auf dem Besitz von 41 Dörfern – inklu-

sive Einwohner. Nach der christlichen Rückeroberung gingen das schwer beschädigte Kloster und seine Latifundien in den Besitz des Kölner Erzbischofs Konrad Zinsendorf über. Dieser ließ die Bauten um 1730 im Barockstil erneuern. Sehenswert ist die von einem starken Mittelpfeiler getragene Unterkirche der ehemals zweigeschossigen Stiftskirche. Erhalten sind einige byzantinisch beeinflusste Fresken.

»Weiniger« Süden

Karte: S. 221
Tipps & Adressen: Bóly S. 314, Nagynyárád S. 351, Villány S. 371, Nagyharsány S. 351, Siklós S. 358, Harkány S. 338, Szigetvár S. 364

In **Bóly (Bohl)** 7 hat die Landschaft ihr Gesicht völlig gewandelt. Die Berge sind verschwunden und eine weite Ebene tut sich auf. Die Nähe zu Donau und Drau scheint beinahe spürbar. Und in der Tat hat der von Überschwemmungen geprägte Lößboden einen besonderen Einfluss auf die örtlich angebauten Weine. Ihr spezieller Charakter macht sie zu einer Besonderheit. Obwohl es sich bei der Route nur um rund 15 km handelt, wird bereits von einer eigenen Weißweinstraße gesprochen, der **Mohács-Bóly-Térségi Fehérborút**. Rizling (Riesling), Chardonnay, Zöldveltelini (Grüner Veltliner) und ansonsten seltene Rebsorten wie Juhfark (Lämmerschwanz) und Királyleányka (Königsmädchen) reifen im Kellerdorf *(pincefalu)* von Bóly, dem zweitgrößten Ungarns. Außerhalb der Stadt reihen sich dicht an dicht kleine, weiße Kelterhäuser

aneinander – nicht nur für Fotografen eine malerische Kulisse. Vielleicht trifft man auch einen Winzer bei der Arbeit. Es wäre kein Wunder, wenn er etwas Deutsch spräche, denn im 18. Jh. wurden hier viele schwäbische Einwanderer angesiedelt.

Auf Besucher macht Bóly mit seinen breiten Baumalleen und dem klassizistischen Schloss (heute Kinderheim) noch immer eher den Eindruck einer großzügigen Parkanlage als einer Stadt. Die einstige Kooperative von Békáspuszta ist als Bóly AG eines der bedeutendsten landwirtschaftlichen Unternehmen und Staatsdomäne. Über die Geschichte von Bóly, dem früheren Handwerkszentrum, informiert das in einem Getreidespeicher untergebrachte Heimatmuseum.

In **Nagynyárád (Großnaarad)** 8 übt heute noch ein Blaufärber sein traditionelles Handwerk aus (s. S.46).

Wer nach den körpervollen Weißweinen von Bóly einen ebenso guten Rotwein kosten möchte, ist in **Villány (Willand)** 9 gerade richtig. Die ansonsten unscheinbare Gemeinde liegt im Herzen von Ungarns südlichstem Weinbauge-

Die »Schwäbische Türkei«

„Wir begrüßen Sie recht herzlich in Ungarn, in der Schwäbischen Türkei. Hier erwarten Sie schöne Natur, Programme, freundliche Hauswirte, gute Speisen und Weine." so wirbt ein Prospekt des Fremdenverkehrsamts. Verfasser der freundlichen Einladung ist der Touristenverein des nahe der kroatischen Grenze gelegenen Bóly mit den umliegenden Dörfern. Diese Region, so wie das ganze südliche Komitat Baranya, war besonders heftig von den Türkenkriegen betroffen. Die Folge der gewaltsamen Befreiung von der osmanischen Herrschaft war u. a. ein nahezu entvölkerter Landstrich. Um den Wiederaufbau einzuleiten, brauchte man neue Arbeitskräfte. Folglich suchte der Habsburger Hof Einwanderer mit zahlreichen Privilegien anzulocken. Er wandte sich mit der Bitte um Freizügigkeit für ihre Untertanen vor allem an süddeutsche Fürsten, da die dortige Bevölkerung unter katastrophalen Lebensbedingungen litt. Ähnlich den Amerikaauswanderern hofften viele auf Wohlstand, zumindest auf eine gesicherte Existenz.

Tausende machten sich auf den Weg in die ehemalige »Türkei« diesseits und jenseits der mittleren Donau. Die größte deutsche Einwanderungswelle erfolgte zwischen 1722 und 1726. Die meisten der Siedler kamen aus der Rheinpfalz, Schwaben und Hessen. Diese Immigranten waren die Vorfahren der deutschstämmigen Ungarn, der Donauschwaben (ungar. *svab*), die noch heute den größten Anteil der Bevölkerung Bólys ausmachen. Im nahen Dorf Szajk (Seike) sind beispielsweise 70 % deutscher Herkunft, in Görcsönydoboka (Ketschinge) 80 % und in Nagynyárád (Großnaarad) 60 %. In Palotabozsok leben außer Ungarndeutschen auch Sekeler aus der Bukowina, in Majs (Mais) Slowaken und orthodoxe Serben.

Typisch für die schwäbisch geprägten Orte sind Kalvarienberge und eine hohe Weinkultur. Wie die Schwaben an ihrer Religion festhielten, so be-

biet, das sich von hier bis Siklos an den sonnenverwöhnten Hängen des Villányi-hegység erstreckt. Historisch betrachtet soll sich hier sogar die Wiege der ungarischen Weinproduktion befinden. Der Sage nach erhielt einer von Árpáds Recken als Lohn für seinen Wagemut das Komitat Baranya. Den in der Gegend von Villány bereits von den Römern begonnenen Weinbau setzte er fort und brachte zu Stammestreffen stets Kostproben seines Rebensafts mit. Doch statt nachzuschenken, gab er den Liebhabern seines Getränks einige Rebstöcke und gute Ratschläge mit auf den Weg. So soll er seinem Volk Rebenzucht und Weinbau beigebracht haben. Der Held hieß mit Namen Bor – und so klärt

wahrten sie sich auch ihre Liebe zum Rebensaft, was nicht nur für diese Region, sondern für ganz Ungarn gilt. Auch in Pécs, Pécsvárad und Palkonya sind viele Einwohner deutscher Herkunft, wovon ein Blick ins Telefonbuch zeugt. Mit Rücksicht auf die deutsche Minderheit gibt es noch heute eine deutschsprachige Radiosendung von Studio Pécs und ein deutschsprachiges Gymnasium. In Szekszárd ist die Deutsche Bühne bekannt für ihre deutschsprachigen Aufführungen und überall gibt es kleine Blättchen, Zeitungen und Kalender für die deutschstämmige Minderheit. Im Rahmen der in Ungarn bestehenden Minderheitenselbstverwaltungen gibt es auch eine Landesselbstverwaltung der Ungarndeutschen.

Multikulturelle Orte erkennt man an ihren zwei- oder auch dreisprachigen Ortsschildern. Obwohl die Ungarndeutschen mit Volkstanzgruppen, Trachten, Bräuchen und Heimatmuseen ihre Traditionen bewahren, fühlen sich die meisten der persönlich Befragten in erster Linie als Ungarn.

Ein dunkles Kapitel ist nach wie vor die Zeit des ungarischen Faschismus und seiner Folgen. Eine Aufarbeitung der Kriegs- und Nachkriegsgeschichte kommt erst langsam in Bewegung. Wie in Polen und Tschechien wurden viele Deutschstämmige nach dem Zweiten

Weltkrieg aus Ungarn vertrieben oder in die Sowjetunion verschleppt. So berichtet beispielsweise Theresia Ott in ihrer autobiografischen Erzählung »Mein Lebensweg« (s. S. 380), wie sie selbst 1946 mit ihren zwei Söhnen nach Deutschland vertrieben wurde und ihr Mann in sowjetische Gefangenschaft geriet. Wenig später kehrte sie illegal nach Ungarn zurück: »In Deutschland schmeckte die Kost nicht, die Kinder fühlten sich nicht wohl, man musste einfach nach Hause kommen …« Frau Ott hat ihre Erinnerungen auf Ungarisch festgehalten, obwohl sie ihren deutschen Dialekt perfekt beherrscht.

Und wie sie spricht heute noch ein großer Teil der Ungarndeutschen einen schwäbischen Dialekt, der noch im 18. Jh. verhaftet ist. Die lokale Abgeschiedenheit verhinderte Einflüsse von außen und damit eine an das Herkunftsland angepasste Weiterentwicklung der Sprache. So fehlen im Wortschatz in der Regel neue deutsche Begriffe und Ausdrücke, die im Bedarfsfall auf Ungarisch in die Rede eingeflochten werden. Seit der politischen Wende 1989 kehren immer mehr Ungarndeutsche in ihre Heimat zurück, und es haben sich viele Städte- und Gemeindepartnerschaften gebildet. In den Schulen ist Deutsch neben Englisch die wichtigste Fremdsprache.

»Schwäbische Türkei«

225

sich gleichzeitig eine eigenwillige ungarische Vokabel: Wein heißt auf Ungarisch *bor*.

Das von einer Lößschicht bedeckte Kalkgestein und das mediterrane Klima sind ideale Voraussetzungen für das Gedeihen vollmundiger, granatroter Weine mit würzigem Aroma und sanfter Gerbsäure. Infolgedessen gilt Villány nicht

nur als eines der besten, sondern auch sortenreichsten Weinbaugebiete Ungarns. Den Ruhm der Region begründete die Kadarka-Traube Anfang des 18. Jh., gefolgt von Oportó (Portugieser), der hier seine höchste Qualität erreicht. Verbreitet sind auch Gamay Noir (Blaufränkischer), Cabernet, Merlot, Pinot Noir und Zweigelt. Das in einem 200

Villány liegt im Zentrum des Weinanbaugebietes an den Südhängen des Villány-Gebirges

Jahre alten Keller eingerichtete Weinmuseum (Bormúzeum) informiert über die Tradition der hiesigen Weinproduktion. – An der Straße nach Siklós reihen sich kleine Privatkeller. Malerische Kellerdörfer *(pincefalu, pincesor)* findet man in **Villánykövesd** und vor allem in **Palkonya**.

Auf einen besonderen Abstecher weist kurz vor dem Ortseingang von **Nagyharsány** 10 (aus Richtung Villány kommend) ein Museumsschild hin. Folgen Sie der Straße hier nach rechts zum Steinbruch. Einige junge ungarische Künstler gründeten hier 1968 in Opposition zu der damaligen Kulturpolitik die Baranya-Kunst-Werkstätten. Damals wie heute ist es ihr Hauptanliegen, freie Arbeitsformen zu schaffen und den internationalen Austausch zu fördern. Zu ihren laufenden Projekten gehören Keramik- und Steinbildhauersymposien. Während sich das Künstlerhaus der Keramiker in einem alten Kloster im nahen Siklós (s. S. 227) befindet, bietet der stillgelegte Steinbruch Bildhauern einzigartige Arbeitsmöglichkeiten.

Umgeben von Weinfeldern mit Blick weit in die Dráva-Ebene können sie hier ihre kreativen Inspirationen in Stein umsetzen. Ungarische Künstler lebten und arbeiteten hier zusammen mit Kollegen aus Polen, Russland, Japan, Finnland, Deutschland, Italien, Österreich, Frankreich und Argentinien. Die Ergebnisse bilden heute einen einzigartigen **Skulpturenpark (Szoborpark),** der als Freilichtmuseum Besuchern offen steht.

Im Zentrum des Straßendorfs Nagyharsány steht die mittelalterliche **Pfarrkirche** der Reformierten. Ein Kuriosum ist der das gotische Gewölbe tragende achteckige Pfeiler in der Mitte des Chors. Die Reformierten übernahmen die ursprünglich katholische Kirche während der Türkenzeit: Da der Gottesdienst bei ihnen auf die Kanzel und nicht auf den Altar ausgerichtet ist, störte sie die vorhandene Säule nicht. Ein Ziegelmuster im Boden markiert die romanische Apsis. Die florealen Fresken stammen aus der Renaissance (Schlüssel im Pfarrhaus).

Bekannt ist die anstelle der Römersiedlung Serea liegende Kleinstadt **Siklós** 11 aufgrund ihrer mittelalterlichen Burg, eine der besterhaltenen des Landes. Von einer mächtigen Renaissance-Barbakane (Rundbastei) geschützt, thront die 1294 erstmals urkundlich erwähnte Anlage auf einem Hügel, der den Blick nach Kroatien freigibt. Trotz des letzten großen Umbaus der Grafen Batthyány nach 1728 blieben einige bauhistorisch wertvolle Elemente erhalten: romanische Fensterstürze, eine gotische Kapelle mit Fresken aus dem 15. Jh. und ein gotischer Erker. In Form eines Pelikanwappens begegnet man bereits am Eingang den Batthyánys, die in Südtransdanubien große Güter besaßen und deren Spross Kázmér sich in Ungarn einen Namen machte, weil er 1847 als erster Fürst seine Leibeigenen in die Freiheit entließ. Nach der Niederschlagung der Revolution von 1848 musste er als deren Außenminister ins Ausland fliehen. Zu sehen sind auch der Rittersaal, Kerker und Folterkammer sowie eine Sammlung alter modischer Accessoires.

Das am Fuß des Burghügels liegende Franziskanerkloster beherbergt heute das Keramikzentrum der Baranya-

Künstler bei der Arbeit im Skulpturenpark von Nagyharsány (s. S. 226)

Kunstwerkstätten mit ständigen Wechselausstellungen. Die Reste der lange gesuchten Moschee des Bey Malkoch wurden erst in jüngster Zeit in einer Garage entdeckt. Eine umfassende Restaurierung war nötig, um den quadratischen Kuppelbau möglichst originalgetreu zu rekonstruieren. Das Ergebnis ist ein Kleinod osmanischer Baukunst, obgleich das Minarett fehlt. Außerdem ist die orthodoxe Kirche der Serben von 1783 mit schöner Ikonostase in der Vasvári utca sehenswert.

Bekannt ist Siklós auch für seine hervorragenden Weißweine, Welschriesling, Chardonnay, Traminer und den sehr sortentypischen Lindenblättrigen (Hárslevelű).

Markant sind die über die Baumspitzen ragenden Doppeltürme der am Hang des Villány-Höhenzugs stehenden Wallfahrtskirche von **Máriagyűd** [12]. Ihre Geschichte geht auf eine legendäre Marienerscheinung neben einer Quelle zurück, woraufhin Benediktinermönche 1006 eine erste Kapelle errichteten. König Géza II. ließ sie 1148 durch eine Kirche ersetzen, die schließlich 1736 barock erneuert wurde. Die verehrte, in Silber gekleidete Muttergottesfigur auf dem Gnadenaltar ist nur eine Kopie; sie entstand 1713 nach der Entführung des Originals nach Ossiek. Dennoch erfreut sich der malerisch gelegene Pilgerort großer Beliebtheit.

In **Harkány** [13], einem der bekanntesten Thermalheilbäder Ungarns, trifft man erneut auf den Namen Batthyány. Graf Antal Batthyány, Vater von Kázmér, entdeckte bereits 1814 die Heilmöglichkeiten der örtlichen Schwefelquelle, die der Gegend so wenig klangvolle Namen wie »Stinkwiese« (Büdösrét) oder »Stinkteich« (Büdöstó) beschert hatte. Bereits 1823 ließ er die ersten Badehäuser errichten, dennoch ist Harkány kein mondäner Kurort geworden. Anziehungspunkt war und ist lediglich das Heilwasser, das – weltweit einzigartig – Sulfidionen in Gasform enthält. Neben ärztlich verordneten Therapien gibt es ein riesiges, von Parkanlagen umgebenes Schwimmbad. Eine Legende erzählt über die Entstehung der Schwefelquelle, dass eine pfiffige Alte den Teufel hereingelegt habe, der hier aus Wut zurück in die Hölle gesprungen sei.

Die sich nach Westen ausbreitende Ebene nördlich des Grenzflusses Dráva wird **Ormánság** genannt. Die ausgedehnten Weidegebiete, gesprenkelt mit Ziehbrunnen und kleinen Eichenwäldern, bevölkern nur wenige Menschen in rund 40 Straßendörfern. In dieser einsamen und abgelegenen, südslawisch beeinflussten Region gibt es eigene Bräuche und Traditionen. Typisch sind die mit Volkskunstmotiven bemalten reformierten Dorfkirchen. So ist die Galerie der Kirche von **Kovácshida** 14 mit Blumenmustern bemalt, während die Kirche von **Kórós** 15 für ihre wunderschöne, bunte Holzdecke bekannt ist.

Ein Kuriosum dieser oft von Überschwemmungen geplagten Region sind die so genannten Sockelhäuser. Auf einem aus mächtigen Balken bestehenden Sockel wurde eine Art Fachwerkkonstruktion aus Ruten aufgesetzt und mit Lehm ausgefüllt. Bei Gefahr legte man Rollen unter den Sockel und konnte so mit Hilfe mehrerer Ochsen das Haus an einen sicheren Platz ziehen. Auf diese Art und Weise soll die Kirche von **Kemse** 1500 m weit transportiert worden sein. In **Sellye** 16 wurde eines der wenigen noch erhaltenen Sockelhäuser liebevoll restauriert und als Volkskundemuseum (Kiss Géza Ormánsági Múzeum) eingerichtet.

Die letzte Station der Rundtour ist das einst von Sümpfen umgebene **Szigetvár (Inselburg)** 17. Es ging als Schauplatz des heldenhaften Verteidigungskampfs des Feldherrn Miklós Zrínyi 1566 gegen das Heer von Sulejman II. dem Prächtigen in die Geschichte ein. Mit knapp 3000 Mann soll er die Burg 33 Tage lang gegen eine türkische Übermacht von rund 100 000 Mann verteidigt haben. Als die Lage aussichtslos wurde, riskierte er mit seinen Leuten

einen Ausfall; alle starben auf dem Schlachtfeld. Zrínyis Kopf aber wurde auf eine Stange gespießt und vor dem Zelt des Sultans aufgestellt. Nur: der hoch betagte Sultan hatte seinen Sieg nicht mehr erlebt; er war bereits drei Tage zuvor verstorben, was der Großwesir geheim gehalten hatte, um die Kampfmoral des Heeres nicht zu schwächen.

Von der ehemaligen Burg sind nach zahlreichen Zerstörungen und Umbauten nur noch Teile erhalten. Die heute von vier Eckbasteien und mächtigen Ziegelmauern umgebene Anlage hat zumindest den Charakter eines Schanzenwerks aus dem 16. Jh. bewahrt. In der Mitte steht die nach dem Sieg im Jahr 1566 errichtete Moschee von Sulejman II. in einem Park. In ihren Räumen und dem angrenzenden schlichten Burgschloss befindet sich das Burgmuseum mit Ausstellungen über die Zeit der Türkenkriege und türkisches Kunsthandwerk.

Eine zweite Moschee entstand 1569 im Ortskern am Zrínyi tér. Nach der Vertreibung der Türken wurde sie in eine Barockkirche verwandelt und dem hl. Rochus geweiht. Im Inneren zeigt ein Deckenfresko von Stephan Dorffmeister »Zrínyis Ausfall«. Ein bemerkenswerter Neubau ist das orientalisch anmutende, 1995 von Imre Makovecz erbaute Kulturzentrum (Vigadó).

Ein eindrucksvolles Monument ist der 1994 an der Straße 67 nach Kaposvár (ca. 4 km) entstandene **Ungarisch-Türkische Freundschaftspark (Magyar-Török-Barátság-Park).** Das Denkmal, bestehend aus den überlebensgroßen Bronzeköpfen der einst erbitterten Gegner Sulejman II. und Miklós Zrínyi, soll dazu beitragen, dass auf das jahrhundertelange Währen des Feindbilds endlich die Versöhnung folgt.

Alföld (Große Tiefebene) heißt der östliche, flache Landstrich jenseits der Donau, zweigeteilt von der Theiß (Tisza). Um 1238 siedelte König Béla IV. zum Schutz vor den herannahenden Mongolen aus ihrer Heimat geflohene turkstämmige Kumanen und iranische Jazygen an. An diese Stämme erinnern bis heute die Vorsilben *kun* oder *jasz* einiger Ortsnamen sowie die Bezeichnung Kiskunság (Kleinkumanien) für das Donau-Theiß-Zwischenstromland und Nagykunság (Großkumanien) für das Gebiet östlich der Theiß.

Doch die meisten der gut 52 Gemeinden wurden von der »Goldenen Horde« vernichtet und durch Seuchen und die Türkenkämpfe weiter geschwächt. Die türkischen Eroberer waren jedoch besonnener als ihre tatarischen Vorgänger. Sie richteten so genannte Khas-Städte ein, die dem Schutz des Sultans unterstanden, und zogen dort Steuergelder ein. Diese recht sicheren Orte entwickelten sich relativ schnell zu regen Marktflecken, vor allem durch den Rinderhandel. Nach der Vertreibung der Türken lag das Land abermals völlig in Trümmern, weshalb man in der Tiefebene kaum Baudenkmäler findet, die älter als rund 350 Jahre sind. Außerdem bestanden die Häuser in dieser an festen Baustoffen armen Gegend vor allem aus Stroh und Lehm.

Mit dem Überqueren der Donau südlich von Budapest ändert sich nicht nur das Landschaftsbild, auch die Dörfer, Städte und Menschen sind anders. Die Besiedlungsdichte nimmt spürbar ab, die Armut zu. Diese Region ist nicht nur von anderen klimatischen und geografischen Bedingungen geprägt, sondern hat auch eine andere Vergangenheit. Das Gebiet jenseits der Donau war kilometermäßig wie geistig weiter von Habsburg entfernt als Transdanubien. Im Lauf der Jahrhunderte kamen zahlreiche Einwanderer, die Schwaben, die fast ausschließlich im Donauraum siedelten, Kumanen, Jazygen, Slowaken, Ruthenen (auch Russinen), Serben, Bunjewatzen und Heiducken ins Land. Auffallend ist, dass hier weniger Leute Deutsch sprechen als in Transdanubien, was auch an dem geringeren Tourismusaufkommen liegen mag. Wild wie die Natur, so war auch stets der Freiheitsdrang der Menschen. Beispielsweise entfachte György Dózsa 1514 in Cegléd den Bauernaufstand, haben die Lehren Martin Luthers hier vehementer der Gegenreformation getrotzt als anderswo, wurde in Debrecen im April 1849 die Entthronung des Hauses Habsburg bekannt gegeben, gab es hier im Zweiten Weltkrieg die stärkste Opposition gegen den Faschismus.

Die südliche Tiefebene

Charakteristisch für die südliche Tiefebene sind Paprika, auch »Türkenpfeffer« genannt, Sandweine (Homoki), Aprikosenbrand (Barackpálinka), Salami und

◁ *Sonnenblumenfeld im Alföld*

riesige Gänseherden. Im Frühling blühen die Obstplantagen um Kecskemét, im Sommer werden die knallgelben Rapsfelder von Sonnenblumen, Mais und Weizen abgelöst. Eine sandige, heideähnliche Landschaft, deren Kiefernbewuchs ihr ein südländisches Flair verleiht, wechselt mit Feuchtgebieten, Akazienwäldern und Silberpappeln ab. Puszta-Atmosphäre findet man im für seinen Trappenbestand bekannten Körös-Maros-Nationalpark bei Dévaványa, den Sanddünen von Fülöpháza und im Bugacer Nationalpark. Viele Naturreservate sind nur mit Führern oder im Rahmen einer Sondergenehmigung zugänglich. Die schnurgeraden, wenig befahrenen Straßen eignen sich hervorragend für Fahrradtouren, aber im Sommer sollte man sich vor der »beißenden« Sonne in Acht nehmen. Insgesamt gibt es lediglich vier große Städte, Szolnok, Kecskemét, Szeged und Békéscsaba. Als älteste Siedlung ist die Altstadt des Theiß-Städtchens Csongrád erhalten geblieben. Nicht nur für Ungarn ist der historische Gedenkpark Ópusztaszer interessant.

Auf nach Kecskemét – Marillen und Musik

Karte: S. 236
Tipps & Adressen: S.341ff.

■ Auf dem Weg nach Kecskemét, an der Autobahn M5, bietet die spätromanische **Klosterkirche in Ócsa** einen anregenden Zwischenstopp. Im Chor sind mittelalterliche Fresken (13. Jh.) erhalten. Gegenüber wurde der Kern des alten Dorfs (Tájház) liebevoll als Museum eingerichtet; hier kann man auch nach dem Kirchenschlüssel fragen (Mo geschl.). Als Hintergrund der reetgedeckten Bauernhäuser wirkt der mächtige Kirchenbau mit den Zwillingstürmen gigantisch.

Die heutige Komitatshauptstadt Kecskemét basiert auf einem Anfang des 13. Jh. um die Kirche herum entstandenen Dorf. Seit 1368 als Marktflecken be-

urkundet, blieb der Ort in der Türkenzeit als Khas-Stadt (s. S. 232) vor Zerstörungen verschont. Er wuchs sogar, da die Einwohner der umliegenden Dörfer in seine Befestigungen flohen. Die Stadt nutzte das nun freie Umland als Weideland. Um 1700 grasten auf einer Fläche von 2000 km^2 an die 30 000 Rinder. Gleichzeitig blühten die Leder und Fell verarbeitenden Handwerke. Nach der Vertreibung der Türken kehrten die adeligen Großgrundbesitzer zurück. Erst nachdem es der Stadt 1834 gelang, einen Grundablösevertrag mit ihnen zu schließen, setzte erneut ein wirtschaftlicher Aufschwung ein.

Um den Sandboden vor Erosion zu schützen, pflanzte man Tausende von Obstbäumen, vor allem Aprikosen, die Basis des weltweit berühmten Aprikosenbrands (Barack-pálinka; der echte trägt eine Ziege auf dem Etikett, *kecske* = »Ziege«). Erst nach 1880, als eine Reblausplage die Weingärten in anderen Regionen vernichtet hatte, begann man verstärkt mit dem Anbau von Wein, weil der Sandboden sich als immun gegen diese Plage bewährt hatte. Noch heute ist die Lebensmittelindustrie Schwerpunkt der Wirtschaft.

Stadtrundgang

Brahms preist in seinen »Zigeunerliedern« die schönen Mädchen von Kecskemét, doch auch die Altstadt mit ihrem grünen Blätterdach, den stilvollen Bauten und einladenden Plätzen verdient Beifall. Auffälligstes Gebäude ist das 1896 nach den Plänen von Ödön Lechner und Gyula Pártos fertig gestellte **Rathaus (Városháza)** ∎ am Kossuth tér – ein zu Stein gewordener Ausdruck des im 19. Jh. erwachten Nationalgefühls. Sein Prunksaal ist mit historischen Bildern von Bertalan Székely ausgestattet. Eine Attraktion ist das stündlich er-

Südliche Tiefebene

233

Die Puszta – Mythos und Wirklichkeit

Asien beginnt jenseits der Donau«, sagen die West-Ungarn, und für Nicht-Ungarn liegt Ungarn östlich der Donau, denn sie verbinden in der Regel mit Ungarn die Puszta, eine flache Bilderbuchlandschaft mit Ziehbrunnen, einzelnen Höfen und Pferdeherden. Nicht zuletzt der Film »Ich denke oft an Piroschka« nach der Buchvorlage von Hugo Hartung und mit Liselotte Pulver in der Hauptrolle hat an diesem Ungarnklischee mitgestrickt. Die melancholisch einsame, von der Sonne durchglühte Puszta gibt es zwar wirklich, aber nur jenseits der Donau, die Ungarn in einen westlichen und einen östlichen Teil zerschneidet. Dieser östliche, flache Landstrich, zweigeteilt von der Theiß (Tisza), heißt Alföld (Große Tiefebene). Doch das Leben in der Puszta (= »Einöde«, »Wüste«) war für ihre Bewohner alles andere als romantisch. Heiße Sommer und extrem kalte Winter, wiederholte Überfälle und Zerstörungen, schwere Überschwemmungen der noch unregulierten Flüsse und sumpfige Gebiete forderten ihnen ein hartes Leben voller Arbeit und Entbehrung ab. Heute führen schnurgerade, scheinbar endlose Straßen durch eine Landschaft, in der sich bis an den Horizont Felder mit Weizen, Sonnenblumen oder Mais, Weideland und Obstplantagen aneinander reihen, die nahtlos in eine Grassteppe mit Wacholderbüschen und Akazienhainen übergeht.

Das war nicht immer so. Die ursprünglich waldreiche Tiefebene wurde von zahlreichen Flüssen durchzogen, die regelmäßig über die Ufer traten. Zurück blieben weite Au- und Moorwälder. Vor 1850 gab es nur eine überregionale Landstraße, die von Budapest nach Nagyszeben (Timisoara, Rumänien) führte. An einigen Stellen war sie gut 1 km breit, da die Reisenden ihre Ränder bevorzugten, um Staub bzw. Schlamm auszuweichen. In diesem schwer zugänglichen Gebiet gab es nur wenige Dörfer. Nach den Brandschatzungen der Tataren und Türken wurden die Wälder für den Wiederaufbau sowie zum Kochen und Heizen immer weiter abgeholzt, was unter den ungünstigen Klima- und Bodenverhältnissen das Land teilweise versteppen ließ. Die großen Grasflächen nutzte man als Weideland für Pferde, Graurinder und Zackelschafe, alles widerstandsfähige Tierrassen, die extreme Lebensbedingungen vertragen können.

Mit den Herden wuchsen auch die Entfernungen zu ihren Weideplätzen. So entstanden für die Hirten die ersten Sommerquartiere, Vorläufer der heutigen Einzelgehöfte *(tanyas)*. Das für Mensch und Tier lebensnotwendige Trinkwasser konnte man (überall) leicht per Ziehbrunnen erreichen, da der Grundwasserspiegel nur ca. 5–6 m unter der Erdoberfläche liegt. Und bis heute prägen kleine Einzelhöfe mit Ziehbrunnen das Landschaftsbild der Tiefebene.

Doch das allmähliche Verdrängen der Viehzucht durch den Ackerbau machte viele Hirten arbeitslos und schob sie ins soziale Abseits. Um diesem Elend zu entgehen, schlossen sie sich zu Räuberbanden zusammen. Diese Wegelagerer (Betyáren) wurden später oft romantisch verklärt (s. S. 178). Heute werden ihre Kunstfertigkeiten in Reitervorführungen gezeigt. Höhepunkt ist die Ungarische Postkutsche bzw. der »Koch-Fünfer«. Dazu gibt es folgende Geschichte: Ein deutscher Maler namens Koch hatte reichlich von den Weinen der Tiefebene gekostet, was ihn zu einem nächtlichen Kunstwerk inspirierte. Er malte einen Hirten, der auf den zwei hinteren Pferderücken stehend ein Fünfergespann im vollen Galopp lenkt. Diese akrobatische Meisterleistung hatte bis dahin noch niemand gesehen, aber sie wirkte anspornend! Ob Fantasie oder Wirklichkeit, dessen kann man sich in der Puszta nicht immer sicher sein, gibt es doch das Phänomen der Fata Morgana, die einem durch Luftspiegelung so manches vorgaukelt.

»Luftige Spiegelbilder
seh ich flimmern,
seh zum Schwengelbrunnen
schreiten
Kleinkumaniens große Rinderherden,
hör melodisch ihre Glocken läuten.«

Sándor Petöfi

Die Zerstörung der Landschaft schritt Mitte des 19. Jh. mit der Trockenlegung der Sümpfe und der Regulierung der Flüsse voran, was eine großflächige Kultivierung ermöglichte. Man legte Felder, Fischteiche und die nördlichsten Reisfelder der Welt an. »Selbst hätte sich der Kumane nie um die Trockenlegung der Wasserläufe bemüht. Hätte man ihn gefragt, wäre bis heute alles wie einst. In 600 Jahren hatte er sich an das Leben im Wasser gewöhnt, und nun fühlt er sich wie ein Fisch auf dem Trockenen. Zahllose seiner Viehherden sind verschwunden und seine herrliche Landschaft verdorrt. Denn die Urkraft der entwässerten Felder war in kurzer

Zeit ausgelaugt. Anstelle der früheren Sümpfe und Wiesen entstand ein karger alkalischer Boden, der sich unaufhörlich weiter ausbreitet und bald die ganze Flur verschluckt. Dieser Boden gehorcht nicht Egge und Pflug! Er sehnt sich nach Hochwasser, weißen Rinderherden und wilden Pferden.« (István Györffy, Großkumanische Chronik, 1922)

So handelt es sich bei der heutigen Pusztasteppe um keine ursprüngliche Naturlandschaft, sondern um ein einzigartiges Naturdenkmal mit einer einzigartigen Flora und Fauna. In Europa findet man ähnliche Gebiete nur noch in Südrussland. Die traditionelle Pusztalandschaft wird in drei Nationalparks bewahrt: der kleinen Apaj-Puszta südlich von Budapest, der Bugac-Puszta bei Kiskunfélegyháza (s. S. 241) und der Hortobágy-Puszta bei Debrecen (s. S. 261ff.).

klingende Glockenspiel. Der gespaltene Stein vor dem Rathaus gedenkt des Dramatikers Jozséf Katona, der an dieser Stelle einem Herzinfarkt erlag. Er ist neben dem Komponisten Zoltán Kodály einer der beiden berühmtesten Söhne der Stadt. Vom Platz ist bereits ein Eckchen des nach Katona benannten **Thea-**

ein Barockbau von 1736. Es beherbergt seit 1975 das **Zoltán-Kodály-Institut für Musikpädagogik (Zenepedagógiai Intézet)** 4, dessen Eingang an der Kéttemplom köz liegt. Im Erdgeschoss ist dem großen Musiker und Komponisten, der sich auch als hervorragender Musikpädagoge einen Namen gemacht

Kecskemét 1 Rathaus 2 Theater 3 Franziskanerkirche 4 Zoltán-Kodály-Institut
5 Reformierte Kirche 6 Große Kirche 7 Griechisch-orthodoxe Kirche 8 Neues Kollegium 9 Bunter Palast 10 Michelangelo-Galerie 11 József-Katona-Museum
12 Fotomuseum 13 Volkskunstgewerbemuseum 14 Museum für Naive Kunst
15 Instrumentenmuseum

ters (Színház) 2 zu sehen, ein wohlproportionierter Bau der Architekten Fellner und Helmer (Wien, Bratislava, Hamburg). Gegenüber vom Rathaus erhebt sich mit der **Franziskanerkirche** 3 aus dem 14. Jh. eines der ältesten Bauwerke der Stadt. Links neben der mehrfach umgestalteten und erweiterten Kirche befinden sich die Fundamente der noch älteren Michaelskapelle. Benachbart liegt das ehemalige Kloster,

hat, eine Ausstellung gewidmet. Direkt neben der Franziskanerkirche steht in einem winzigen Garten die **Reformierte Kirche** 5, die einzige Kirche, die während der Türkenherrschaft auf erobertem Gebiet gebaut werden durfte.

Dort, wo der Kossuth tér in den Széchenyi tér übergeht, liegt der Zopfstilbau der katholischen **Großen Kirche (Nagytemplom)** 6 – mit 73 m das höchste Gebäude der Tiefebene. Keine

100 m weiter steht die klassizistische, für griechische Händler 1829 von Boldizsár Fischer erbaute **Griechisch-orthodoxe Kirche** 7 mit schöner Ikonostase. Nebenan wurde ein kleines **Ikonen-Museum** eingerichtet.

Über den parkartigen Szabadság tér gelangt man zum **Neuen Kollegium** 8, der anderen Straßenseite stehende **Bunte Palast (Cifra-Palast)** 9 ist das Schmuckstück der Stadt. Géza Márkus, ein Schüler Ödön Lechners, entwarf den Jugendstilbau um 1902 als Geschäfts- und Wohnhaus sowie Sitz des Handelskasinos. Bemerkenswert sind die feinen Details. Die Jugendstilelemente sind

Synagoge und Bunter Palast in Kecskemét

einem burgschlossartigen, auf die siebenbürgische Volksarchitektur verweisenden Gebäude von 1913. In dem Monumentalbau sind u. a. Musikschulen, ein Gymnasium und das reformierte **Ráday-Kirchenkunst-Museum (Ráday Múzeum)** untergebracht. Der auf der ungarischen Stickkunst entlehnt, während die an Backwerk erinnernden Schornsteine den orientalischen Einfluss von 150 Jahren osmanischer Herrschaft aufgreifen. Heute befinden sich hier die Räume die **Kecskeméter Bildergalerie (Képtár),** die einen hervor-

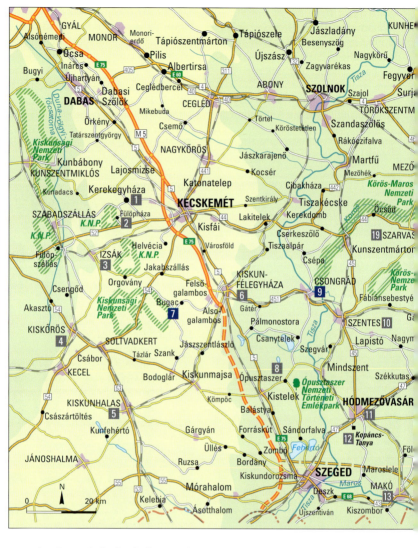

ragenden Querschnitt durch die ungarische Malerei des 19./20. Jh. präsentiert. Im Festsaal werden in Wechselausstellungen u. a. auch junge Künstler wie Imre A. Varga, Viola Boros und die Gruppe Híd 2000 vorgestellt. Direkt gegenüber liegt das blendend weiße Gebäude der Synagoge, 1871 nach Entwürfen von Johann Zitterbarth im maurischen Stil erbaut. Es beherbergt heute das Haus der Technik und die **Michelangelo-Galerie** 10 mit Kopien des italienischen Renaissancemeisters.

Das in einem Park gelegene **József-Katona-Museum** 11 zeigt Ausstellungen zu Archäologie, Ortsgeschichte und Ethnografie. International bekannt in der Fotoszene ist das 1990 in einer ehemali-

Südliche Tiefebene

Menschen und ihre Lebensumstände seit 1850 zeigen.
Für Interessierte sind das **Ungarische Volkskunstgewerbemuseum** 13 in einer 200 Jahre alten Brauerei, das **Museum für Naive Kunst** 14 und die **Instrumentensammlung Leskowsky** 15 kleine Leckerbissen.

Rund um den Kiskunsági Nemzeti Park

Karte: S. 238/239
Tipps & Adressen: Kerekegyháza S. 343, Fülöpháza S. 332, Kiskunhalas S. 344

Das Gebiet westlich von Kecskemét gehört bereits zum landschaftlich geschützten Nationalpark Kleinkumaniens (Kiskunsági Nemzeti Park). Der auf einem Sandrücken gegründete Ort **Kerekegyháza** 1 ist ein typisches Pusztagroßdorf mit schachbrettartig angelegten breiten Straßen, weiten Plätzen und großen Grünflächen. Die ganz in der Nähe gelegene **Varga Tanya** möchte den Besucher durch ihre Pferde, ihre traditionelle Küche und die hiesigen Sandweine mit der Einzigartigkeit dieser Landschaft bekannt machen.

Eine Natursehenswürdigkeit sind die spärlich bewachsenen, einst wüstenähnlichen **Dünen bei Fülöpháza** 2. »Hie und da häuft sich der Flugsand zu enormen Hügeln, andernorts wieder erinnert er an die Wellen des Meeres. Die von allen Seiten aufkommenden Winde reißen Sandmassen in die Höhe und machen die Luft blassgelb davon; man kann kaum zehn Schritt weit sehen.« (Mór Jókai, 1846). Noch Anfang des 20. Jh. hatten die Bauern mit Treibsand

gen Synagoge gegründete **Ungarische Fotomuseum (Fotográfiai Múzeum)** 12 am Katona József tér 12. Die Sammlung wird in Wechselausstellungen präsentiert; dazu gehören Arbeiten bedeutender Fotografen wie André Kertész, Brassaï und László Moholy-Nagy. Mehr als rein dokumentarischen Wert haben auch die Aufnahmen Unbekannter, die

zu kämpfen, von dem sie manchmal sogar ihre Häuser freischaufeln mussten. Und heute schützt man den Sand, darf die Wege in dieser sensiblen Natur nicht verlassen. Die Straße 52 durchschneidet ein Stück des Naturparks; beidseitig sind westlich von Fülöpháza die Sandberge gut zu sehen. Im Ort führt eine holprige Sandstraße zur **Somodi Tanya,** einem einer grünen Oase gleichenden Reiterhof mit Restaurant inmitten des Sandes.

Auch der halb verlandete **Kolon-See** bei **Izsák** 3 ist ein geschütztes Naturreservat. Im Ort hat kürzlich ein Pálinka-Museum in einer 1922 gegründeten und bis 1999 betriebenen Schnapsbrennerei eröffnet. Angeschlossen sind eine hübsche ortsgeschichtliche Sammlung und eine Pálinka-Probierstube. **Kiskőrös** 4, die Stadt des Weins, ist in ganz Ungarn als Geburtsort ihres großen Nationaldichters Sándor Petőfi berühmt. Aber auch die Sandweine der Region, sie machen etwa die Hälfte der ungarischen Weinproduktion aus, verdienen hervorgehoben zu werden. Selbst bei großer Trockenheit können die 3–6 m tief wurzelnden Rebstöcke noch Grundwasser aufnehmen. Besondere Weißweine sind Ezerjó (Tausendgut) und Kövidinka (Steinschiller); auch den trockenen, rubinroten Kadarka sollte man kosten.

Im Zentrum, unmittelbar an der Straße 53, steht das um 1790 erbaute strohgedeckte Bauernhaus (Petőfi tér 1), in dem der Dichter 1823 als Sohn des Slowaken Petrovics und der Maria Hruz das Licht der Welt erblickte. Die Eltern betrieben eine Wirtschaft mit Schlachterei, aber es war bald offensichtlich, dass der Sohn andere Wege gehen würde. Nach seinen ersten dichterischen Erfolgen legte er sich den ungarischen Künstlernamen Petőfi zu und engagierte sich für die Idee der nationalen Befreiung Ungarns.

»Freiheit und Liebe
sind all mein Streben!
Für meine Liebe könnt' ich das
Leben, doch für die Freiheit
die Liebe selbst geben.«

Sein Geburtshaus ist original eingerichtet; die Statuen im Hof sind seinen Übersetzern gewidmet (Di–So 9–17 Uhr).

Wer sich für die Kunst der Spitzenherstellung interessiert, sollte das Spitzenhaus (Csipkeház) in **Kiskunhalas** 5 besuchen. Die Technik der »genähten« Spitze ist noch relativ jung. Die komplizierten Vorlagen des Zeichenlehrers Árpád Dékáni setzte seine Schülerin Mária Markovits 1902 so kunstfertig um, dass die Halaser Spitze schon zwei Jahre später den Grand Prix auf der Weltausstellung von St. Louis und 1958 sogar den auf der Brüsseler gewann. Rund 50 Sticharten ermöglichen eine beinahe unerschöpfliche Motiv- und Kompositionsvielfalt. Allein der Zeitaufwand der Herstellung dieser besonders feinen Spitzen sagt etwas über ihren Wert aus; in einem 10 x 10 cm großen Stück stecken mindestens 100 Stunden Arbeit. Im Spitzenhaus kann man neben prächtigen Stücken auch deren Anfertigung sehen.

Als einzige von 87 Mühlen dieser Region ist die **Sáfrik-Windmühle** (Ecke Kölcsey/Linhardt utca) erhalten.

Kiskunfélegyháza 6 ist eine typische, großzügig angelegte Landstadt der Tiefebene. Das Zentrum bilden drei weite Plätze. Noch heute zeugen Größe und Pracht des Rathauses (Városháza) an der Kossuth Lajos utca 1 vom einstigen Wohlstand der Stadt. Blickfang des ansonsten schlichten Baus im ungarischen Jugendstil (József Vass; 1912) ist das mit bunten Mustern gestaltete Dach. Die Blumen-Majoliken erinnern an feinste Handarbeit. Das Museum von Kleinkumanien (Kiskun-Múzeum; Dr. Holló Lajos

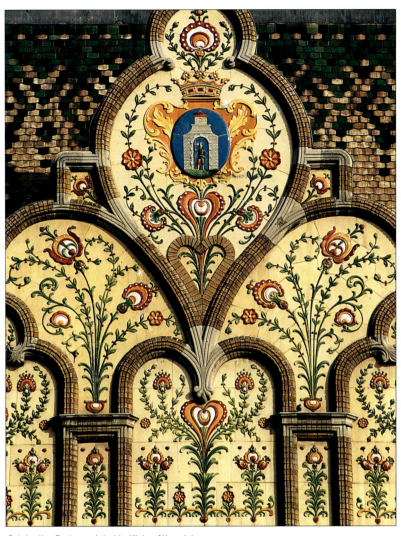

Origineller Rathausgiebel in Kiskunfélegyháza

út 9; Mi–So 9–17 Uhr) in dem 1753 als Kommandantur der Region erbauten Gebäude bietet eine abwechslungsreiche Ausstellungspalette. Zu sehen gibt es archäologische, ortsgeschichtliche und volkskundliche Sammlungen, ein altes Gefängnis sowie eine typische Windmühle (1860) im Hof. Wie die meisten Tieflandstädte, so besitzt auch diese ein **Thermalbad** (Blaha Lujza tér 1).

Nur 19 km weiter westlich liegt das Dörfchen **Bugac,** das dem touristisch erschlossenen Teil des Kiskunsági-Nationalparks seinen Namen gab. In der **Bugacpuszta** 7 mit ihren alkalischen Seen, Sandlandschaften, Wacholder-

und Akazienwäldern wird das einstige Hirtenleben sowie die dort heimische Tier- und Pflanzenwelt neu belebt. Zu den Besuchern dieses einzigartigen Landstrichs gehörten in den 30er Jahren der indische Dichter Rabindranath Tagore (s. S. 172) sowie die Familie des schwedischen Königs Gustav Adolf.

Schilf wurde eine Schopfhütte, ein leicht transportables Hirtenquartier, aufgebaut. Aussagekräftig war die Tracht der Hirten. Am Hut lässt sich erkennen, ob er Schweine oder Kühe hütet, was nicht bedeutungslos ist, steht doch der Pferdehirte im Rang über dem Rinderhirten und dieser über dem Schafhirten, der

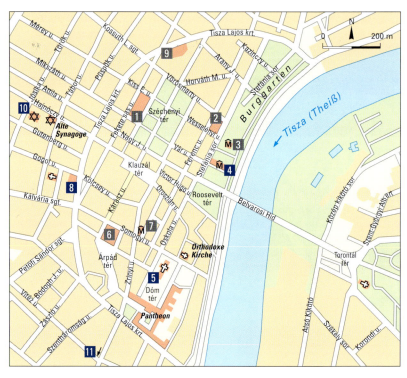

Szeged   1 Rathaus   2 Nationaltheater   3 Burg   4 Ferenc-Morá-Museum   5 Votivkirche
6 Universität   7 Schwarzes Haus   8 Reök-Palais   9 Dampf- und Heilbad   10 Neue
Synagoge   11 Unterstädtische Kirche

Vom Eingang führt ein sandiger Feldweg in den Nationalpark. Egal ob zu Fuß oder per Kutschwagen – im Sommer zieht jede Bewegung eine Staubwolke hinter sich her.

Das **Hirtenmuseum** erinnert mit seiner Ausstellung an die alte Nomadenkultur der Hirten in der Tiefebene. Aus

den Schweinehirten unter sich hat. Ausschlaggebend ist lediglich die Form der Krempe. Das kostbarste Kleidungsstück ist der reich bestickte Fellmantel, von dem ein alter Brauch erzählt. Ein bei dem begehrten Mädchen vergessener Mantel, der im Haus verbleibt oder draußen vor der Tür aufgehängt wird, gilt als Zeichen ihrer Zu- bzw. Abneigung. Noch heute steht die ungarische Redewendung »jemandes Mantel vor die Tür hängen« für »jemanden hinauswerfen«. – Zum Museum gehört ein Gestüt, in dem während der Saison waghalsige Reitervorführungen präsentiert werden.

Szeged – die Sonnenstadt

Karte: S. 242
Tipps & Adressen: S. 361f.

Die größte Stadt der südlichen Tiefebene liegt an der Mündung der Maros in die Theiß (Tisza) auf uraltem Siedlungsgebiet. Von der Sonne verwöhnt, wird sie auch liebevoll die »Sonnenstadt« genannt. Markenzeichen der für den Paprikaanbau und den Fischreichtum der Theiß bekannten Stadt ist die Szegediner Fischsuppe, eine rote, scharfe Verwandte der Bouillabaise aus Süßwasserfischen. Szeged ist auch die Heimat der Pick-Salami. Mit ihren zwei Ringstraßen, der Universität, dem kulturellen Angebot und der städtischen Atmosphäre könnte sie Budapests kleine Schwester sein.

Geschichte

»… eine größere, offene Stadt, die aus einer einzigen, beinahe eine Meile langen Straße besteht. In der Umgebung fruchtbares Ackerland, in dem jegliches Getreide gedeiht. Die Bewohner fangen viele Kraniche und Trappen. Die Theiß ist sehr fischreich, noch nie sah ich in einem Fluss so große Fische. Auf dem Markt wurden unzählige, im Freien gehaltene Pferde zum Verkauf angeboten«, schrieb Ritter Bertrandon aus Burgund 1432 in sein Reisetagebuch. Szeged lebte schon immer vom Handel. Unter dem Namen Partiscum war es bereits für die Römer ein wichtiger Flussübergang. Die Gol-

dene Bulle (1222) verlieh der Stadt das Privileg der Salzlagerung. Der Handel mit dem »weißen Gold« brachte ihr Ansehen und Wohlstand. Trotz verstärkter Befestigungsanlagen eroberten die Türken die Stadt und machten sie 1543–1686 zu einer geschützten Khas-Stadt (s. S. 232). 144 Jahre Türkenherrschaft hinterließen in der »Sonnenstadt« auch schöne Spuren: Paprika und Kürbis sowie bis heute gepflegte Handwerke, z. B. die Pantoffelherstellung.

Ein dunkles Kapitel im aufblühenden Szeged, das 1719 den Rang einer königlichen Freistadt erhielt, sind die berüchtigten Hexenprozesse des 18. Jh.; an die Opfer der Scheiterhaufen auf der Halbinsel Boszorkánysziget erinnert lediglich der Name »Hexeninsel«. Erst in der zweiten Hälfte des 19. Jh. begann der Handel mit dem zunehmend angebauten Paprika, dem »roten Gold«, eine Rolle zu spielen. Heute konkurrieren Szeged und Kalocsa (s. S. 200) um den Titel »Paprikastadt«.

Der industrielle Aufschwung wurde jäh durch die Hochwasserkatastrophe vom 12. März 1879 gebremst; 5458 Gebäude stürzten ein, nur 265 blieben erhalten, 151 Menschen starben in den Fluten, 60 000 wurden obdachlos. Dank in- und ausländischer Spenden wurde die Stadt in nur drei Jahren dem Zeitgeist entsprechend mit boulevardartigen Ringstraßen, einem Radialstraßennetz, großzügigen Plätzen und Grünanlagen wieder aufgebaut. Als Dank sind die Hauptstädte der Spenderländer auf dem äußeren Ring verewigt.

Nach dem Ersten Weltkrieg rückte die jugoslawische Grenze in die unmittelbare Nähe der Stadt und Szeged verlor, nun ohne Hinterland, seine Bedeutung als Handelsknotenpunkt. 1921 wurde die Universität vom siebenbürgischen Klausenburg (Cluj; heute Rumänien)

Teuflische Schärfe – Himmlisches Aroma

Obwohl der Paprika aus der ungarischen Küche nicht mehr wegzudenken ist, ja sogar zu ihrem international bekannten Wahrzeichen erhoben wurde, fanden die roten Schoten erst im ausgehenden 18. Jh. eine größere Verbreitung in Ungarn. Wie der Paprika nach Ungarn kam, ist bis heute nicht ganz geklärt. Entweder haben die vor den Türken geflohenen Balkanvölker die ersten Samen nach Ungarn gebracht oder die Türken selbst.

Jedenfalls brachten die Portugiesen den zur Gattung Capsicum gehörenden Chilipfeffer von Südamerika in ihre indischen und chinesischen Niederlassungen. Und die Türken sollen den scharfen Schoten, deutsch auch Beißbeeren, erstmals bei der Eroberung der portugiesischen Festung Hormuz 1513 begegnet sein. Mit ihnen kam der Paprika schließlich wohl nach Ungarn, doch sein Genuss blieb vorerst den Eroberern vorbehalten. Sie sollen ihre Pflanzungen streng bewacht haben, auf Diebstahl stand die Todesstrafe. Die Verbreitung des Paprika als Gewürz in der ungarischen Küche ist eine Folge der von Napoleon verhängten Kontinentalsperre, wodurch nur wenig und sündhaft teurer schwarzer Pfeffer ins Land kam. Als Ersatz bedienten sich die weniger wohlhabenden Ungarn bei den von den Türken hinterlassenen scharfen Schoten, abfällig auch Türken- oder Heidenpfeffer genannt.

Zuerst schnitt man die frischen oder getrockneten Schoten ans Essen und gab ihm so seine Schärfe, später ging man dazu über, die getrockneten Früchte zu einem feinen Pulver zu mahlen. Von da an war seine rasante Verbreitung nicht mehr aufzuhalten, und 1879 brachte der französische Meisterkoch Georges Auguste Escoffier das rote Pulver nach Monte Carlo, was

nach Szeged verlegt. Nach der Ernennung zum Komitatssitz 1962 entwickelte sich die Stadt zum wirtschaftlichen und kulturellen Zentrum der Region.

Stadtrundgang
Der nach 1879 anstelle des früheren Marktplatzes angelegte **Széchenyi tér** lädt zum Verweilen auf einer schattigen Parkbank ein. So kann man sich bestens mit dem angenehmen Rhythmus der Stadt vertraut machen. Gleich hier befinden sich der **allegorische Brunnen** der Segen bringenden und zerstörerischen Theiß und das neobarocke **Rathaus** 1 von Ödön Lechner und Gyula Pártos mit dem zierlichen Turm und der »Seufzerbrücke«. Hinter dem Neorenaissancegebäude des Gerichts errichteten die Theaterspezialisten Hermann Helmer und Ferdinand Fellner 1883 das neobarocke **Nationaltheater** 2.

In dem tiefer gelegenen Burggarten (Várkert) sind noch die kläglichen Reste

diesem weltweite Anerkennung ein-
brachte. Wäre der Gewürzpaprika so
teuflisch scharf gewesen wie einst,
hätte er den europäischen Gaumen
sicher nicht überzeugen können.

Im Laufe der Jahre hatten ungarische
Paprikazüchter die Früchte veredelt und
damit einen Teil ihrer Schärfe genommen. Und die Szegeder Brüder Pálfy
entwickelten ein grundlegendes Verfahren, in dem sie vor dem Mahlen Stege
und Kerne aus den getrockneten Schoten entfernten, wodurch ein rundum
mildes Pulver entstand. Dementsprechend lässt sich durch den Anteil der
capsicumhaltigen Adern und Kerne der
Schärfegrad des Produkts steuern. So
gibt es heute viele verschiedene Sorten
Speisepaprika: *csemege* (Delikatess-),
erős (scharf), *edes* (süß) etc.

Zur Erntezeit herrscht auf den Feldern
Hochbetrieb und vor den Papri-
kamühlen bilden sich oft Schlangen mit
Zulieferern, die ihre Ernte in Säcken auf
Lkws, auf dem Autodach, auf Pferdewagen oder im Handkarren zum Verkauf
bringen. Die qualitativ besten Schoten
wachsen in den Paprikazentren Kalocsa
und Szeged. Doch schwört jede Hausfrau darauf, dass ihr hauseigener Paprika der beste sei. In mühevoller Arbeit
werden die Keimlinge gepflegt und ge-
hegt, ihre Früchte geerntet und zum
Trocknen auf lange Ketten gefädelt oder
in strumpfartige Netze gefüllt. Die auf
der Veranda oder in Laubengängen auf-
gehängten, leuchtend roten Paprikaschnüre schmücken im September nicht
nur in der Tiefebene viele Häuser. Allein
ihr pittoresker Anblick ist zum festen Bestandteil eines romantischen Ungarnbil-
des geworden und Paprikaketten und
-gewürz zum beliebten Mitbringsel.

Die trockenen Schoten eignen sich
z. B., um als Ganzes in der Suppe mit-
gekocht zu werden, wobei ein bis zwei
in der Regel ausreichend sind. Den
Schärfegrad bestimmt man dann über
die Dauer des Mitkochens. Das Pulver
verwendet man esslöffelweise. Als
Basis für ein Gulasch oder Paprikagemüse wird es zu gedünsteten Zwiebeln ins Fett gerührt – wobei es keines-
falls anbrennen darf –, dann abgelöscht
und mit weiteren Zutaten aufgefüllt. Im
heißen Fett entfaltet das Gewürz sein
volles Aroma, späteres Nachwürzen hat
nur noch einen Einfluss auf die Farbe.

Übrigens: Paprika schmeckt nicht nur
lecker, er ist auch gesund. Für diese
Erkenntnis erhielt Albert Szent Györgyi
1937 den Nobelpreis, nachdem er das
Vitamin C im Paprika entdeckt und
isoliert hatte.

der von Béla IV. um 1250 erbauten **Burg**
3 zu sehen; ein Teil dient als ortsge-
schichtliches Museum und Lapidarium.
Das schlossartige, 1896 als Bibliothek
erbaute Gebäude des **Ferenc-Morá-**
Museums 4 ist eine wahre Augenwei-
de. Neben Ausstellungen zur Paläonto-
logie, Ethnografie und Apothekenge-
schichte zeigen die Räume einen guten
Querschnitt der ungarischen Moderne
mit Werken von Pál Szinyei Merse und
József Rippl-Rónai.

Vorbei an der 1773–78 von serbischen Einwanderern erbauten **Ortho-**
doxen Kirche mit schöner Birnenholz-
Ikonostase gelangt man zum Wahrzeichen der Stadt, der **Votivkirche**
(Fogadalmi templom) 5. Nach dem
verheerenden Hochwasser sollen die
Stadtväter gelobt haben, die Stadt nicht
wieder aufzubauen, ohne auch eine
mächtige Kirche zu errichten. So entstand die imposante, neoromanische
Domkirche mit etwas Verspätung

Szeged

245

Einen imposanten Rahmen bietet Szeged seinen Studenten

1913–29 nach den Plänen von Frigyes Schulek und Ernő Foerk mit 91 m hohen Zwillingstürmen und 54 m hoher Kuppel. Die Fassadenmitte schmückt eine 3 m große Partrona Hungariae. Im Inneren ist die Darstellung der Jungfrau Maria im bunt bestickten Bauernmantel mit Szegediner Pantoffeln bemerkenswert. Die Orgel mit rund 10 000 Pfeifen und fünf Manualen zählt zu den größten Europas. Wirklich alt ist nur der kleine Demetriusturm (11. Jh.), der seit 1930 als Taufkapelle dient.

Den in seinen Ausmaßen fast an den Markusplatz in Venedig heranreichenden Domplatz umschließt ein aus Klinkern gebauter U-förmiger **Arkadengang,** eine nationale Gedenkstätte. Hier trifft man, in Skulpturen und Büsten verewigt, bedeutende ungarische Künstler, Wissenschaftler und Politiker – alle männlich. Einziger Ausländer ist Adam Clark, Erbauer der Budapester Kettenbrücke. In den Sommermonaten verwandelt sich der Platz in eine riesige Freilichtbühne.

Lebendiges Treiben herrscht in der Kárász utca, heute Fußgängerzone, und um den klassizistisch geprägten Klauzál tér. Das Jugendstil-Eckhaus Kárász utca 16 trägt eine bemerkenswerte Kuppel mit »Blechdamen«. Das **Universitätsgebäude** 6 von 1873 am Dugonics tér diente der aus Siebenbürgen übergesiedelten Universität 1921 als Hauptgebäude. Nicht nur tagsüber ist der Springbrunnen vor dem Gebäude ein beliebter Treffpunkt, bei einbrechender Dunkelheit gibt es zusätzlich Wasser-, Klang- und Lichtspiele. Eines der schönsten eklektischen Häuser ist sicher das im englischen Tudorstil erbaute **Schwarze Haus (Fekete-ház)** 7 in der Somogyi utca 13. Zu seinem Namen kam das Haus angeblich, weil ein Eisenwarenhändler es schwarz streichen ließ, damit ihn auch die des Schreibens unkundigen Leute finden konnten. Man brauchte damals wie heute nur nach dem »Schwarzen Haus« zu fragen. Seine Räume dienen dem Ferenc-Móra-Museum für Wechselausstellungen.

Das vielleicht schönste Jugendstilhaus ist das **Reök-Palais** 8 an der Ringstraße Tisza Lajos körút 56 (heute Bank). Den mit naturalistischen Wasserlilien verzierten Bau entwarf Ede Magyar 1906 für den Wasserwirtschaftsingenieur Iván Reök. Das Pflanzendekor setzt sich im Treppenhaus fort. Folgt man dem Ring bis zum Neorenaissancebau des **Dampf- und Heilbades (Göz- és Gyógyfürdő)** 9, kann man kostenfrei von dem jodhaltigen Wasser des Annabrunnens *(-kút)* kosten. Der 1927 gebohrte und 944 m tiefe Brunnen spendet natürliches Heilwasser, welches D. Patzauer mit Kohlensäure versetzte und als Annawasser auf den Markt brachte.

Zwischen dem inneren und dem äußeren Ring, rund um die Gutenberg utca, befand sich einst das jüdische Viertel. Die baumbeschatteten Straßen, gesäumt von ländlichen Bürgerhäusern, strahlen eine stille Atmosphäre aus. In Szeged lebte bereits im Mittelalter eine kleine jüdische Gemeinde, aber erst das Toleranzedikt (1781) gab ihnen das Recht zur endgültigen Niederlassung. Erhalten sind zwei Synagogen, die renovierungsbedürftige **Alte Synagoge** (Hajnóczy utca 12) und der benachbarte mächtige Kuppelbau der **Neuen Synagoge (Új zsinagóga)** 10. Das 48 m lange, 35 m breite und 48,5 m hohe Gebäude gilt als das formvollendetste Bauwerk des Architekten Lipót Baumhorn (1903) und als eine der schönsten Synagogen Europas. In der Vorhalle gedenken die in Marmortafeln eingravierten Namen von Szegeder Juden der Opfer des Holocaust. Eine herrliche, die Welt symbolisierende Glaskuppel überspannt den prächtig ausgestatteten Innenraum.

In der recht dörflich anmutenden **Unterstadt (Alsóváros)** befindet sich die kunsthistorisch bedeutendste christliche Kirche der Stadt. Anstelle eines romanischen Vorgängers errichteten die Franziskaner bis 1503 auf dem heutigen Mátyás-Platz die spätgotische **Unterstädtische Kirche (Alsóváros templom)** 11. In den südwestlich abzweigenden Gassen sind die volkstümlichen »Sonnenstrahlhäuser« zu erwähnen, deren hölzerne Giebel als Strahlen mit dem Auge Gottes gestaltet wurden. Die Darstellung geht entweder auf einen heidnischen Sonnenkult oder die christliche Dreifaltigkeit zurück (z. B. Nyíl utca 41–47).

An Theiß und Marós

Karte: S. 238f.

Tipps & Adressen: Ópusztaszer S. 352, Csongrád S. 325f., Hódmezővásárhely S. 338f., Makó S. 347

Etwa 25 km nördlich von Szeged, bei dem Dorf **Ópusztaszer** 8, soll im Jahr 896 die erste gesetzgebende Versammlung der ungarischen Stämme unter Fürst Árpád stattgefunden haben und das eroberte Land unter den sieben Magyarenfürsten aufgeteilt worden sein. An diesem geschichtsträchtigen Ort wurde der Nationale Historische Gedenkpark (Nemzeti Történeti Emlékpark) angelegt, wegen seiner Vielfältigkeit auch für Geschichtsmuffel interessant (ab Szeged gut ausgeschildert).

Anlässlich der Tausendjahrfeier der ungarischen Staatsgründung stellten die Szegeder Bürger 1896 das heroische Árpáddenkmal auf. Rundum entstand auf 55 ha die Parkanlage mit dem See. Linker Hand liegt die Rundhalle mit dem riesigen Panoramagemälde (120 x 15 m) »Einzug der Magyaren ins Karpatenbecken«. Árpád Feszty schmückte diese 1760 m² 1894 mit Tausenden Gestalten in einer naturalistischen Landschaft. Bei Ausgrabungen wurden 1970 die Grundmauern der einstigen Abteikirche (11. Jh.) freigelegt. Die Pavillons, die an eine aus mongolischen Jurten bestehende Zeltstadt erinnern, beherbergen gen durch die Tataren, Türken und christlichen Rückeroberer ebenso zu kämpfen wie mit dem jährlichen Theißhochwasser. Zuletzt steckten die Habsburger sie als Strafe für die Teilnahme am Freiheitskampf 1848/49 in Brand. Unterhalb des Deichs ist das im Mittelalter anstelle der Burg gegründete

Der Nationale Historische Gedenkpark mit seinen Pavillons erinnert an die Landnahme

die Ausstellung »Wald und Mensch«. Weiter südlich liegt das liebevoll gestaltete Freilichtmuseum mit Gehöften aus Szeged und Szentes, einem Fischerhaus aus Csongrád, einem Zwiebelhaus aus Makó und Werkstätten.

Die stille, grüne Theißstadt **Csongrád** 9 liegt malerisch geduckt in einem weiten Flussbogen hinter dem schützenden Deich. Der Ortsname geht wahrscheinlich auf slawische Siedler zurück, die die im 10. Jh. gegründete Arpadenburg »Tschernigrad« (»schwarze Burg«) nannten. Im Laufe der Jahrhunderte hatte die Stadt mit den Zerstörun-

Fischerdorf (Belsőváros-Halászfalu) mit seinen rund 30 schilfgedeckten Häuschen als denkmalgeschützte Einheit erhalten. Das Haus Gyökér utca 1 ist als Museum eingerichtet. Abseits entstand nach der Theißregulierung im 19. Jh. das heutige, weitläufige Stadtzentrum mit einem geometrischen Straßennetz. Vor der sengenden Hitze des pannonischen Klimas bewahren die Bewohner riesige Platanen und Akazienbäume. Abenteuerlich ist eine Fahrt über die Pontonbrücke ans andere Theißufer.

Wesentlich kürzer ist der Weg nach **Szentes** 10 jedoch über die Straße 45.

Die mächtigen, um die Wende des 19./20. Jh. entstandenen Bauten rund um die beiden zentralen Plätze der Stadt zeugen noch vom vergangenen Glanz als Komitatssitz (bis 1950). Eine Tafel an der Schule Kossuth L. utca 45 erinnert an den Schriftsteller und Nobelpreisträger Heinrich Böll, der hier 1944, rund 1300 km von seiner Heimatstadt Köln entfernt, im Lazarett lag.

Auch die Straße über **Szegvár,** wo ein Dorfmuseum (Falumúzeum; Hunyadi utca 31) und eine Windmühle (Szélmalom; Sport tér) Besucher erwarten, führt nach **Hódmezővásárhely** 11. Hinter dem Nicht-Ungarn schon beinahe an den sprachlichen Rand der Verzweiflung bringenden Ort versteckt sich eine sympathische, wenig touristische Kleinstadt, 1950–62 sogar Komitatssitz, mit einer Reihe respektabler Gebäude aus dem 18./19. Jh. Zentrum und Promenade ist der begrünte Kossuth tér. An der Ostseite des Platzes befinden sich die Alte Reformierte Kirche und die Kornkammer. Die beiden Barockbauten (um 1720) bilden mit dem Brunnen ein schönes Ensemble. In der Alföld-Galerie (Nr. 8) sind Werke aus der Tiefebene ausgestellt, darunter von István Nagy, János Pásztor und Ferenc Medgyessy. Im János-Tornyai-Museum befindet sich eine reiche volkskundliche Sammlung, zu deren wertvollsten Exponaten die »Venus von Kökénydomb« gehört, eine ungarische Venus von Willendorf. Die kleine Tonstatuette wird auf das 3. Jahrtausend v. Chr. datiert. Interessant ist auch das Töpferhaus Csúcs (Fazekasház) in der Rákóczi utca 103. Neben einer original erhaltenen alten Werkstatt sind eine Bauernstube und die weiß-blauen Keramiken der Region Csúcs zu sehen.

An der Straße 47 liegt nach rund 6 km das **Kopáncs Gehöftmuseum** 12 (Tan-

yamúzeum; ausgeschildert). Der um 1890 erbaute Hof vermittelt dem Besucher in erster Linie die wild-romantische Seite eines typischen Einsiedlerhofs *(tanya)* im Alföld.

Am Ufer der Maros, nahe der rumänischen Grenze, liegt die Zwiebelstadt **Makó** 13. Beinahe jeder kennt den amerikanischen Pulitzer-Literaturpreis, doch die wenigsten wissen, dass sein Stifter József Pulitzer 1847 in Makó geboren wurde. Bis ins 18. Jh. lebten die Bewohner der Gegend um Makó überwiegend von der Tierhaltung und vom Weinbau. Bedroht von ständigen Überschwemmungen der Maros, suchten sie nach geeigneteren Erwerbsmöglichkeiten – und so fanden sie die Zwiebel und verfeinerten sie. In ganz Ungarn ist bekannt, dass in dieser Region die an Zuckergehalt reichsten und aromatischsten Zwiebeln wachsen. Zwiebel ist eben nicht gleich Zwiebel und in der ungarischen Küche, wo es auf die Qualität der Zutaten ankommt, ein wichtiger Faktor. Entscheidend ist, dass die Zwiebeln hier aus speziell behandelten Steckzwiebeln und nicht aus Samen gezogen werden. Die Makóer Zwiebeln soll man sogar an ihrer schönen rotbronzenen Farbe erkennen können. Am edelsten und auch teurer sind die mit rot-violetter Schale. Zu Ehren der Zwiebel findet jedes Jahr im September ein dreitägiges **Zwiebelfest** mit Folklore, Festumzug und Feuerwerk statt.

Das großzügig angelegte Makó mit seinen Baumalleen ist eine typische Stadt der Tiefebene. Da das verheerende Maros-Hochwasser von 1821 beinahe die ganze Stadt zerstört hat, ist kaum ein Haus älter als 170 Jahre. Die verschiedenen Sakralbauten – eine Katholische, eine Reformierte, eine Griechisch-katholische Kirche und eine Synagoge – zeugen von Einwanderern aus

Ganz auf die Zwiebel eingestellt hat sich Makó

allen Himmelsrichtungen. Markante Bauten sind das den Széchenyi tér dominierende klassizistische Rathaus von 1836 in elegantem Weiß sowie das Attila-József-Museum (Megyeház utca 4; ausgeschildert). Die Sammlungen thematisieren die Ortsgeschichte und das bäuerliche Leben in dieser Region. Im Hof wurde ein traditionelles Bauernhaus mit Werkstätten aufgebaut. Ungewöhnlich ist das von Stararchitekt Imre Makovecz entworfene »Zwiebelhaus« (Hagymaház) in der Posta utca. Im Inneren des heutigen Kulturhauses mit Café liegt das Gewölbe auf verzweigten Holzsprossen auf – gerade so, wie nach dem ungarischen, heidnischen Volksglauben ein bis zum Himmel reichender Baum das Himmelszelt trägt.

Von Békéscsaba nach Szarvas

Karte: S. 238f.
Tipps & Adressen: Békéscsaba S. 313, Gyula S. 336, Gyomaendrőd S. 333, Dévaványa S. 327

»Das Tor zum Osten« nennen die Einwohner ihre Stadt **Békéscsaba** 14 nahe der rumänischen Grenze. Die Ernennung zur Hauptstadt des Komitats Békés 1950 zog eine rasante wirtschaftliche Entwicklung nach sich. »Von der Mode der Plattenbauten wurde die Stadt größtenteils verschont«, heißt es in einem Prospekt. Viel Grün, viele historisierende, aber nicht wirklich alte Bauten und statt enger Gassen eine großzügige Anlage zeichnen auch diese friedliche *(bé-*

kés = »friedlich«) Tiefebenenstadt aus. Das Rathaus (Városháza) entstand 1873 nach den Plänen von Miklós Ybl (István tér). Ein Stück weiter erreicht man den Ziegelbau der Katholischen Pfarrkirche (1910) und dann die Große Evangelische Kirche mit dem 70 m hohen Turm (1824), deren Innenraum 2900 Gläubigen Platz bietet. Im Jahr 1879 wurde an der Prachtstraße Andrássy út, jetzt eine lebendige Fußgängerzone, das erste Theater (Jókai Színház) außerhalb von Budapest gebaut. Interessant ist auch die frisch renovierte Markthalle (Illésházi utca/Gábor Áron utca).

Ein weiterer Grund, die Stadt zu besuchen, ist der Maler Mihály Munkácsy. Im Mihály-Munkácsy-Museum (Széchenyi utca, an der Ziegelkirche rechts) und in der anschließenden Gyulai út 5, in seinem einstigen Wohnhaus (Emlékház), sind neben Erinnerungsstücken zahlreiche seiner Werke ausgestellt. Mit seinen sozialkritischen Genre- und Sittenbildern beeinflusste er u. a. Max Liebermann. Wenige 100 m weiter befindet sich das Gabona-Museum (Gyulai út 65), ein kleines Freilichtmuseum mit einem Gehöft und einer Windmühle. Ein Heimatmuseum (Szlovák Tájhaz) bewahrt die Kultur der slowakischen Minderheit (Garay utca 21, an der Großen Evangelischen Kirche rechts, dann erste links).

In **Szabadkígyos** 15 ließ Frigyes Wenckheim sich 1875–79 von Miklós Ybl ein Schloss im Stil der deutschen Renaissance erbauen und einen englischen Park mit See und kleinem französischen Garten anlegen. Einige der mächtigen Eichen im Park sind wesentlich älter als das teilweise zu besichtigende Schloss.

Folgt man der Straße nach Gyula, gibt es links als Kuriosität eine kleine **Straußenfarm** (Eierverkauf), bevor man die »geheime« Dürer-Stadt **Gyula** 16 erreicht. Hier wurde der Vater des großen Renaissancemalers Albrecht Dürer als Antal Ajtóssy geboren. Von Beruf Goldschmied, zog es ihn in die Ferne, und als er 1455 in Nürnberg angekommen war, benannte er sich in »Türer« (*ajto* = »Tür«) um, woraus dann schließlich Dürer wurde. Weitere berühmte Söhne der Stadt sind der Komponist Ferenc Erkel, der Maler György Kohán und der Physiker Zoltán Bay.

Das gemütliche Kurstädtchen nahe der rumänischen Grenze ist vor allem bekannt für seine mächtige Ziegelburg, das einzige intakte Bauwerk dieser Art in Mitteleuropa, und die würzigen Gyulaer Würste *(Gyulai kolbász)*. Die Stadt wird auch »Klein-Siebenbürgen« genannt; schon seit Jahrhunderten leben hier Ungarn, Rumänen und Deutsche friedlich zusammen. Nach dem Friedensschluss von Trianon (s. S. 29f.) rückte die Staatsgrenze in 6 km Nähe und die Stadt ins wirtschaftliche Abseits. Heute setzt sie vor allem auf Agrarindustrie und Tourismus.

Die in der ersten Hälfte des 15. Jh. erbaute rechteckige Ziegelburg fiel zwar für 130 Jahre in die Hände der Türken, blieb aber größtenteils unbeschädigt. Seit 1964 ist sie die Heimstatt des Gyulaer Burgtheaters. Ein Teil des einstigen Festungsgrabens dient ihr in Form eines Sees als Spiegel. Weiter südwestlich ließen die Harruckern um 1743 ein spätbarockes Schloss bauen. In dem 8,5 ha großen Schlosspark befindet sich heute das Burgbad (Várfürdő) mit seinen 22 Bassins. Das alkalische, hydrogenkarbonathaltige Thermalwasser sprudelt mit 72 °C aus 2000 m Tiefe hervor. Seine Heilkraft wird u. a. bei Erkrankungen des Bewegungsapparates, säurebedingten Magenleiden und gynäkologischen Entzündungen eingesetzt. Empfehlenswert

Nicht nur für Naschkatzen

Was im Museum unmöglich ist, zum Beispiel einmal in einem Biedermeierambiente vor einer Tasse Kaffee zu sitzen und zu sinnieren, ob man wohl ein zweites Stück der herrlichen Torten kosten sollte, ist in Gyula möglich. Die 1840 gegründete Hundertjährige Konditorei (Százéves cukrászda) am Erkel tér 1 gilt als die zweitälteste des Landes. Ihre Einrichtung ist äußerst geschmackvoll. Unter girlandenumkränzten Decken stehen in kleinen Salons verschiedene Biedermeiergarnituren. Größte Kostbarkeit ist der alte »Musik-Schrank«, eine Art automatische Drehorgel.

An kleinen Tischen wird geschwatzt, Zeitung gelesen und Kaffee getrunken wie einst, bloß auf den berühmten Komponisten Ferenc Erkel wird man vergebens warten. Derweil kann man sich in Vitrinen alte Geräte aus der einstigen Backstube im dazugehörigen Museum ansehen (Di–So 10–20 Uhr).

---

ist ein Spaziergang entlang des Elővíz-Kanals oder durch die grünen, von schönen alten Häusern gesäumten Straßen rund um den zentralen Erkel tér. Im Wohnhaus von Ferenc Erkel sind sein Harmonium, handschriftliche Noten und Familienfotos ausgestellt (Apor Vilmos tér 7). Im Ladics-Haus (Jókai utca 4) kann man durch eine stilvoll eingerichtete großbürgerliche Wohnung des 19. Jh. spazieren oder sich in der György-Kohán-Bildergalerie (Béke sugárút 35) mit den kubistischen, expressiven Bildern des Künstlers vertraut machen.

In **Gyomaendrőd** 17 befinden sich ein kleines, kurioses Motorradmuseum und ein Druckereimuseum. Das Naturreservat nördlich von **Dévaványa** ist bekannt für seinen guten Trappenbestand (große, seltene Laufvögel; der »europäische Strauß«). An der kleinen Straße nach Ecsegfalva liegt das Besucherzentrum **Réhely** 18 (s. Dévaványa S. 327).

Auf dem einsamen Pusztahof bekommt man gute Informationen und die typischen Tiere der Tiefebene zu sehen: Zackelschafe, Graurinder und Wasserbüffel (Mo geschl.).

Hauptanziehungspunkt von **Szarvas** 19 ist das Arboretum (hinter der Brücke, Straße 44, erste rechts Richtung Mezőtúr). Den Grundstock legte Graf József Bolza, inspiriert von dem kaiserlichen Garten in Schönbrunn. Bereits außer Dienst, widmete er sich ganz dem Pflanzen von Bäumen, Sträuchern und seltenen Pflanzen. Nach dem wegen seiner Liebhaberei »Pepi« (frz. *pépinière* = »Baumschule«) genannten Grafen heißt heute der sich auf 85 ha erstreckende Park. Im Ort gibt es an der Ady Endre utca eine Trockenmühle (Szárázmalom) zu sehen. Wie schon ihr Name andeutet, wurde sie nicht durch Wasserkraft, sondern durch Pferdestärken angetrieben.

Die nördliche Tiefebene

Die nördliche Tiefebene (zu Alföld/Große Tiefebene s. S. 232) erstreckt sich östlich von Budapest, östlich der Gödöllői-Hügel und südlich der Bergregion Nordungarns bis an die ukrainische Grenze. Zuerst fährt man durch Jazygien (Jászság), ein von Béla IV. im 13. Jh. mit der Volksgruppe der Jazygen besiedelter Landstrich um die Stadt Jászberény. Am anderen Ufer der Theiß beginnt Großkumanien (Nagykunság), wo der König turkstämmige Kumanen ansiedelte. Hauptreiseziele in der weiten, ebenen Landschaft sind der Theißsee (Tisza-tó), der Nationalpark Hortobágy Puszta und die für ihre ausgezeichneten Würste berühmte reformatorische Stadt Debrecen. Zu ihrem Schutz siedelte der Siebenbürger Fürst István Bocskai um 1605 rund 1000 Heiducken an. An sie erinnern Ortsnamen wie Hajdúszoboszló, übrigens ein bekanntes Thermalbad.

Eine allgemein dünn besiedelte Region ist die östliche Nyírség, Zentrum für den Apfelanbau. Einen touristisch noch wenig erschlossenen »Leckerbissen« findet man im nordöstlichsten Winkel des Landes. In der idyllischen Flusslandschaft von Theiß, Tür, Szamos und Kraszna liegen malerisch eingebettet kleine Dörfer, alte Glockentürme, Kirchen mit herrlichen Fresken aus der Zeit der Arpadenkönige und bootförmige Grabhölzer.

Von Jászberény zum Tisza-tó

Karte: S. 264/265
Tipps & Adressen: Poroszló S. 356, Tiszafüred S. 368

Die Region **Jazygien (Jászság),** eine flache Landschaft mit ausgedehnter Landwirtschaft, ist nach den von König Béla IV. aus Angst vor den Mongolen am Ufer der Zagyva angesiedelten Jazygen benannt, einer Volksgruppe iranischer Herkunft. Rund 100 Jahre später erhielten sie das Privileg der Selbstverwaltung nach alter Stammesordnung. Als Gegenleistung hatten sie dem König bewaffnete Truppen zu stellen. Dennoch wurde **Jászberény** 1 von den Türken eingenommen. Nach deren Vertreibung 1620 wurden die nur noch dünn besiedelten Gebiete an den Deutschen Ritterorden verkauft. Den auf ihre Rechte als freie Bauern bestehenden zurückgekehrten Jazygen blieb nichts anderes übrig, als das Land zurückzukaufen. Bis 1876 Szolnok Komitatssitz wurde, war Jászberény ein blühendes Handwerkszentrum. Seit dem Welttreffen der Jazygen 1995 setzt sich die Stadt besonders für die Pflege dieser Kultur ein.

Den zentralen Lehel tér säumen noch einge barocke und klassizistische Bauten. Das heutige Gericht (Bíróság; Nr. 15) diente den Jazygen von 1745–1876 als Verwaltungssitz. In der Nähe erbaute Mihály Pollack 1839 das klassizistische Rathaus (Nr. 18). Die Pfarrkirche von 1782 krönt eine originale Turmspitze, eine Kopie der ungarischen Krönungskrone. In der Seitengasse Táncsics Mihály utca 5 befindet sich das bereits 1849 gegründete Jazygenmuseum. Größte Kostbarkeit in der über diese Volksgruppe und ihre kunstvollen Kürschnerarbeiten informierenden Ausstellung ist das Lehel-Horn. Das kunstvoll aus Elfenbein geschnitzte Horn ist eine byzantinische Arbeit aus dem 8. Jh., heute Wappenzeichen der Stadt. Benannt ist es nach

Nördliche Tiefebene

Ungarns reicher Schatz an Geschichten und Legenden

Langen Jahren schmachvoller Unterdrückung durch Tataren, Türken und Habsburger steht das Bild vom wagemutigen, furchtlosen und nach Freiheit strebenden Ungarn gegenüber. Bis heute ist nicht sicher geklärt, woher die Magyaren eigentlich kommen, auch wenn man ihre Urheimat im Ural vermutet, ebenfalls ein guter Nährboden für Geschichten und Legenden. Eine Sage berichtet, wie die Prinzen Hunor und Magor einen Hirschen verfolgen. Schließlich treffen sie an einem See auf die schönen Töchter von König Dul, in die sie sich unsterblich verlieben. Die Nachkommen von Hunor sind die Hunnen und die von Magor die Magyaren. Eine andere Geschichte erzählt, wie Fürst Álmos, der Urvater des Arpadengeschlechts, von dem »göttlichen« Turulvogel gezeugt wurde und ebendieser mystische Vogel seinem Sohn Árpád später den Weg nach Ungarn zeigte. Zumindest verweisen die Mythen auf die Herkunft der Ungarn aus dem zentral- und vorderasiatischen Raum: Denn der Hirsch findet sich in der Mythologie der Skythen, der Raubvogel bei den Turkvölkern.

Ein Fünkchen Wahrheit ist meistens an den Geschichten, und so weiß die Legende der schmachvollen Niederlage der Magyaren auf dem Lechfeld bei Augsburg 955 ein ruhmvolles Ereignis hinzuzufügen. Es wird erzählt, Kaiser Otto habe den gefangen genommenen Heerführern, darunter auch Lehel, die Möglichkeit gegeben, sich ihre Todesart selbst auszusuchen. Lehel soll sich erbeten haben, noch einmal in sein Horn (s. S. 253) blasen zu dürfen, bevor er antworte. Es wurde ihm gestattet, und er trat ganz nahe an den Kaiser heran und erschlug ihn mit nur einem einzigen Hieb. So schickte er ihn ins Jenseits, Lehel, einem tollkühnen magyarischen Heerführer, der nach der verlorenen, berühmt-berüchtigten Schlacht auf dem Lechfeld 955 sein Leben lassen musste (Mo geschl.).

Ein nicht nur bei Anglern und Wassersportlern beliebtes Erholungsgebiet ist der 14 km² große **Tisza-tó (Theißsee)**, der »Balaton des Alföld«. Heute erinnert nichts mehr daran, dass der See in den 70er Jahren zur Regulierung des alljährlichen, oft verheerenden Theißhochwassers künstlich angelegt wurde. Die von feinem Sand aufgeschwemmten flachen Strände eignen sich hervorragend zum Baden, während die zum Teil urtümlich bewachsene Wasserlandschaft mit Weiden, Binsen und abgestorbenen Bäumen im flachen Wasser ein traumhaftes Vogelparadies ist. Ein besonderes Erlebnis sind Bootsfahrten durch das Naturschutzgebiet mit seinen unzähligen Windungen, den Schilfufern und kleinen Inseln. Bei **Poroszló** 2 kann man z. B.

seits voraus, um später dort sein Diener zu sein. Nach einer anderen Version soll Lehel sogar gesagt haben: »Du gehst mir voran und wirst im Jenseits mein Diener sein!«

Heldengeschichten kursieren über streitbare Heiducken, sozial gerechte Betyáren und zahlreiche Burgverteidiger. So hat Miklós Zrínyi mit nur 3000 Mann in der Burg Szigetvár 33 Tage einem 100 000 Mann starken Heer des Sultans Sulejman II. standgehalten, was sein gleichnamiger Urenkel in dem Epos »Der Fall von Szigetvár« verewigt hat. Ebenfalls in die Literatur eingegangen ist die erfolgreiche Verteidigung des Hauptmanns István Dobó, der die Festung von Eger einen Monat gegen eine türkische Übermacht halten konnte – verewigt in Géza Gárdonyis Roman »Die Sterne von Eger« (1901). In Kőszeg gelang es 1532 Miklós Jurisics eine türkische Übermacht abzuwehren. Auch den märchenhaften Aufstieg des Pál Kinizsi vom Müllerssohn zum Heerführer des Matthias Corvinus unterstreichen zahlreiche Anekdoten. So soll er beispielsweise dem König einen Becher Wein auf einem Mühlstein gereicht haben. Als Helden verehrt werden Freiheitskämpfer wie der Bauernführer György Dózsa, der vehemente Habsburggegner Fürst Ferenc Rákóczi II. und der »Dichter mit dem Schwert«, Sándor Petőfi. Kaum eine Stadt ist heute ohne Kossuth-Denkmal oder Széchenyi-Platz. Zum Helden der neueren Geschichte wurde Imre Nagy, Ministerpräsident von 1956.

Die Ungarn lieben Geschichten und ihre Helden – nebenbei bemerkt: ausnahmslos Männer! Nicht ohne Ironie schuf János Garay die Heldenfigur János Háry, einen ausgedienten Soldaten der Napoleonischen Kriege, der mit einer blühenden Fantasie von seinen vermeintlichen Abenteuern berichtet. Zoltán Kódalys gleichnamiges Singspiel hat den ungarischen Lügenbaron international bekannt gemacht. Wenig heldenhaft war indes der Tod von König Béla I., er starb 1063, als sein Thron unter ihm zusammenbrach …

---

eine Reiher- und eine Kormorankolonie beobachten (am Ortsende vor der Brücke links abbiegen, über die Bahngleise bis zu einem Pumpenhaus, von hier zu Fuß auf dem Damm entlang). Die besten Orientierungsmöglichkeiten bietet **Tiszafüred** 3, der größte Ort am See. Im Kiss-Pál-Museum findet man neben Fischereigeräten auch traditionelles Sattelzeug (Tariczky sétány 6). Erhalten ist auch eine Töpferei (Fazekas) aus dem 19. Jh. mit Werkstatt in der Malom utca 12.

In **Tisza-Örvény** 4 (s. Tiszafüred S. 368; an der Straße 33 Richtung Füzesabony, bei km 36 stadtauswärts abfahren) gibt es schattige Campingplätze, Restaurants, Reit-, Angel-, Boots- und Bademöglichkeiten. Eine Besonderheit ist das **Meggyes-Csárda-Museum** (Straße 33 nach Debrecen, nach dem Ort Kócsújfalu, Szeghalmi út; Mai–Sept. voraussichtl. 10–17 Uhr), eine historisch möblierte Pusztaschenke von 1760 mit offenem Kamin und Schankraum.

Die Meerjungfrau empfiehlt: Stachelige Früchte in köstlicher Soße

Sulyom ist den Leuten an der Theiß ein Begriff. Sie kennen die kleinen, sternförmigen, im Wasser wachsenden Früchte vor allem als Störenfriede beim Baden, denn ihre nadelfeinen Stacheln können schmerzhafte Verletzungen zufügen. *Sulyom* ist die ungarische Bezeichnung für die Wassernuss, in Ungarn auch als »Wasserkastanie« bekannt. Vor allem die Älteren lieben die Früchte, jedoch in gekochter Form, quasi als Kartoffelersatz. Früher wurden sie auch zu Mehl vermahlen und kamen als Brot auf den Tisch.

In anderen Landesteilen sind sie unbekannt; sie kommen nur an Theiß, Túr und dem Hortobágy-Fluss vor. Die Früchte brauchen kalkarmes, sauberes Wasser, das sie im Frühjahr mit einem weißen Blütenteppich bedecken. Bis zum Herbst entwickeln sich die Blüten zu den braunen, stacheligen Früchten. Im Hotelrestaurant »Zur Meerjungfrau« hat man die Wassernüsse in Form einer delikaten Soße verfeinert. Auslöser war die regionale Herausgabe eines Rezeptheftchens über die alte, traditionelle Küche. Für diese Broschüre veredelte der Koch des Hauses die *sulyom*, das »Arme-Leute-Essen«; seit 1997 erscheint es als »Süllőfile sulyommártással« auf der Speisekarte. Der in Butter gebratene Zander bildet mit der einzigartig nussigen Soße eine ideale Symbiose. Krönender Abschluss dieses fein ausgewogenen Geschmacks ist ein trockener Weißwein.

Hotelrestaurant Habléany (Meerjungfrau), Tiszafüred-Örvény, Hunyadi út 2, Tel./Fax 59/353-333, moderat.

Debrecen – Graurinder, Heiducken und Debreziner

Karte: S. 258
Tipps & Adressen: S. 326f.

■ Auf die Frage, warum sich eine so große Stadt wie Debrecen in einer landschaftlich so einförmigen Gegend entwickeln konnte, antworten die Einwohner nicht ohne Stolz: »Gemäß dem Zeugnis der Geschichte entstanden die Städte am Fuße von Bergen oder in der Nähe von Gewässern, zwei Ausnahmen wichen von dieser Regel ab: Timbuktu und Debrecen.« Das »Anderssein« ist der Stadt zur Maxime geworden; ihre Vergangenheit ist geprägt von religiösem und nationalem Widerstand und einer großen Freiheitsliebe. Debrecen soll turksprachigen Ursprungs sein und so viel bedeuten wie »es lebe, es bewege sich« – eine schöne Metapher. Im Ausland hingegen denkt man vor allem an die »Debreziner«, leicht geräucherte, aus Rind- und Schweinefleisch mit viel edelsüßem Paprika bereitete, schmackhafte Würstchen.

Geschichte

Der aus mehreren Dörfern gebildete Ort wurde 1231 von Mongolen verwüstet, 1361 zum Marktflecken erhoben und erhielt 1477 das Stapelrecht. Während der Türkenkriege geriet das wirtschaftlich bedeutende Debrecen zwischen die Streitparteien: die Türken, die Habsburger und das Fürstentum Siebenbürgen.

Die Heiducken (ungar. *hajduk* = »Treiber«) waren ursprünglich die bewaffneten Begleiter der Viehtransporte ins Ausland, die sich später im Freiheitskampf gegen Habsburg als mutige Söldner hervorgetan haben. Nur zum Kriegsdienst verpflichtet, konnten sie ihre Privilegien bis 1876 weitgehend bewahren.

Festwagen des Debrecener Blumenkarnevals vor der Großen Reformierten Kirche

Vor allem durch monetäre Diplomatie gelang es der Stadt, ihre Selbstständigkeit weitgehend aufrechtzuerhalten. Viele Bauern aus dem Umland flüchteten hinter ihre sicheren Mauern, sodass die Stadt das nahezu entvölkerte Umland als Weideland pachten konnte. Ihre Graurinder waren auch im übrigen Europa aufgrund des guten Fleisches ein gefragter Exportartikel.

Um 1605 siedelte der Siebenbürger Fürst István Bocskai zahlreiche Heiduckenfamilien in der Gegend an, die bis heute Hajdúság (s. S. 253, 265) heißt.

Im Friedensschluss zu Wien erstritt István Bocskai 1606 die Religionsfreiheit für Protestanten, wodurch sich die hiesigen Bürger endlich frei zu ihrem calvinistischen Glauben bekennen konnten. So kam die Stadt zu ihrem Beinamen »Calvinistisches Rom« oder »Ungarisches Genf«. Später kämpfte Debrecen mit Ferenc Rákóczi II. gegen Habsburg, für die Nationalbewegung 1848/49 und die Räterepublik; 1944/45 war die Große Kirche Sitz der Provisorischen Ungarischen Nationalversammlung. Und bis heute gehen in Debrecen die Uhren an-

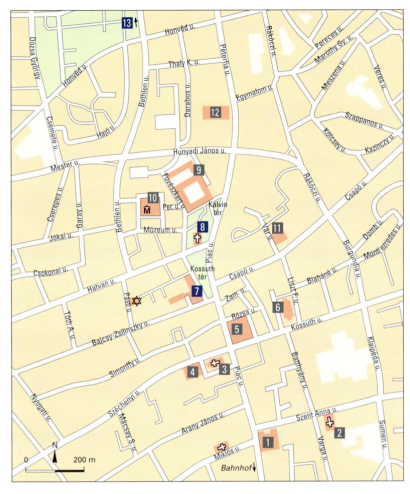

Debrecen *1 Komitatshaus 2 Sankt-Annen-Kirche 3 Kleine Reformierte Kirche 4 Régiposta 5 Rathaus 6 Theater 7 Hotel Aranybika 8 Große Reformierte Kirche 9 Reformiertes Kollegium 10 Déri-Museum 11 Markthalle 12 Gedenkmuseum 13 Universität*

ders: Wenn Budapest am 20. August den Landesheiligen Szent István zelebriert, feiert man hier ausgelassen Blumenkarneval.

Stadtrundgang

Die **Piac utca** (Marktstraße) war schon immer die wichtigste Straße der Stadt. Heute säumen sie vor allem Geschäftsbauten im Stil des Klassizismus, der Gründerzeit und des Jugendstils. Vom Bahnhof (1961) führt die Piac utca etwa 1 km geradeaus bis zur Großen Kirche der Reformierten. Den Bahnhofsvorplatz schmückt ein Denkmal Petőfis, der hier bei einer Theaterkassiererin den Winter 1843/44 verbrachte. Erstes markantes Gebäude ist das eklektische Kuppelhaus, einst Sitz der Handelskammer, auf dem drei Frauen einen Globus halten. Auffallend ist auch das rot-beige, im ungarischen Sezessionsstil gestaltete **Komitatshaus** 1 (1912). An der Fassade bewachen stolze Heiduckenkämpfer den Eingang. In der rechts abzweigenden Szent Anna utca sind die später ergänzten Türme der 1746 nach den Plänen von Giovanni Battista Carlone fertig gestellten **Sankt-Annen-Kirche** 2 zu sehen. Nach 160 Jahren entstand sie als erste katholische Kirche in der calvinistischen Stadt. An die Bauerlaubnis war jedoch die Bedingung geknüpft, Debrecen zur freien königlichen Stadt zu erheben. Gegenüber der Kirche beginnt die heute als Fußgängerzone genutzte Batthyány utca. Leider ist nur die rechte Häuserzeile der ursprünglichen Bebauung erhalten.

Zurück auf der Piac utca fällt der basteiartige, weiße Turm der **Kleinen Reformierten Kirche** 3 ins Auge. Sie wurde von einem reichen Debrecener Bürger gespendet, nachdem ein Brand 1719 den bis dahin als Kirche dienenden einfachen Holzbau vernichtet hatte. Mit 1600 Plätzen ist sie nicht gerade klein, aber eben nur halb so groß wie die Große Reformierte Kirche. Den Turm zierte ursprünglich eine Zwiebelkuppel. Nachdem diese wiederholt vom Sturm niedergerissen wurde, erhielt der Turm sein heutiges Aussehen, weshalb man das Gotteshaus umgangssprachlich auch »Stummelkirche« nennt. In ihren Mauern wurde 1860 eine Protestversammlung einberufen, da die Habsburger die Freiheit der protestantischen Kirche abschaffen wollten. Dort soll sich folgende Begebenheit zugetragen haben. Nachdem der kaiserliche Beauftragte verkündet hatte: »Im Namen des Königs verbiete ich die Versammlung!«,

erklärte der örtliche Bischof seelenruhig: »Und ich eröffne sie im Namen Gottes!«

In der Széchenyi utca 6 befindet sich das älteste erhaltene Wohnhaus der Stadt (um 1690; ehemalige Poststation). Eine Tafel am heutigen **Restaurant Régiposta** 4 erinnert an seinen berühmtesten Gast, den schwedischen König Karl XII. Das klassizistische **Rathaus (Városháza)** 5 diente im Revolutionsjahr 1849 Lajos Kossuth (s. S. 35) und seiner Familie als Wohnung. Hier befand sich auch das »geheime Archiv«, in dem die ungarische Krone aufbewahrt wurde. Ein kleines Schmuckstück ist das im historisierenden Stil 1865 fertig gestellte **Csokonai-Theater** 6. Bevor Anfang des 20. Jh. Logen eingerichtet wurden, gab es für die 1800–2000 Zuschauer nur Stehplätze.

Weiter geht es auf der linken Seite der Piac utca, wo eine Gedenktafel an Gyula Krúdy erinnert. Es handelt sich hier nicht um das Wohnhaus, sondern das Stammlokal des als Feinschmecker bekannten Schriftstellers und Autors der »Roten Postkutsche«. Kulinarisch Interessierte sollten einen Abstecher zum altehrwürdigen **Hotel Aranybika (Goldener Stier)** 7 machen, wo Anfang des 20. Jh. die in ganz Ungarn verbreiteten Hortobágyi palacsinta (mit Fleisch gefüllte Palatschinken in mild-pikanter Soße) erfunden worden sein sollen. Architekt des 1915 im historisierenden Stil umgebauten Gebäudes, das seit 1699 als Gasthof dient, war Alfréd Hajós. Lohnend ist ein Blick ins Innere. Von seiner Terrasse kann man das hektische Treiben auf dem zentralen Kossuth tér beobachten.

Den Platz dominiert die **Große Reformierte Kirche (Református Nagytemplom)** 8, das Wahrzeichen der Stadt. Der gegenwärtige klassizistische Bau entstand nach den von József Thaler modifizierten Entwürfen Mihály Péchys. In der Platz für 3000 Gläubige bietenden Kirche werden seit 1819 Gottesdienste abgehalten. Als Schauplatz eines bedeutenden historischen Ereignisses ging sie in die Geschichte ein: Lajos Kossuth verlas hier am 14. April 1849 die Unabhängigkeitserklärung Ungarns von Österreich und wurde selbst zum Statthalter des Landes gewählt. Sein Lehnstuhl steht neben dem Altar. Ein Erlebnis ist der Klang der großen Orgel. In der Grünanlage hinter der Kirche erinnert eine Gedenksäule an die 1675 von der Inquisition zur Zeit der Gegenreformation als Galeerensklaven verschleppten protestantischen Prediger.

Den geistigen Boden des auf das Jahr 1538 zurückgehenden **Reformierten Kollegiums (Református Kollégium)** 9 bereiteten Professoren, die in Wittenberg und Krakau studiert hatten. Wichtig für die freie Entwicklung der Lehranstalt war ihre Autonomie. Trotz der absolutistischen Herrschaft der Habsburger lebte hinter den Mauern des Kollegiums ein aufgeklärter Geist. Im Oratorium tagten 1849 der Landtag und 1944 die provisorische antifaschistische Regierung. Bis heute steht es in lebhaftem Kontakt zu Universitäten in der Schweiz, den Niederlanden, England und Amerika. Zahlreiche namhafte Persönlichkeiten gingen aus ihm hervor, so Ferenc Kölcsey, Verfasser der Nationalhymne, und der Schriftsteller János Arany. Das nach dem Großbrand von 1802 erbaute Neue Kollegium wurde später mehrfach erweitert. Heute beherbergen seine Räume die Reformierte Theologische Akademie, ein Gymnasium, ein Internat und die Große Bibliothek. Im Erdgeschoss befindet sich ein Museum über die Geschichte des Kollegiums und sakrale Kunst.

Vor dem **Déri-Museum** 10 stehen Allegorien der Archäologie, Wissenschaft, Kunst und Volkskunde des Debrecener Bildhauers Ferenc Medgyessy. »Die Ethnologie«, ein Männerakt mit Schäferhorn, ist ein Selbstportrait des Künstlers. Das Museum beherbergt verschiedene Abteilungen, darunter eine antike, ethnografische und ortsgeschichtliche sowie eine Galerie.

Vormittags bietet sich auch ein Besuch der **Markthalle** 11 in der Vár utca an. Sauer Eingelegtes, darunter ganze Kohlköpfe, saisonales Obst und Gemüse, hausgemachte Nudeln und vieles mehr bieten ein buntes Bild. Übrigens zeigen sich in der regionalen Küche, die für ihre fein mit Kräutern gewürzten, aromatischen Speisen berühmt ist, die jahrhundertelangen Beziehungen zu Siebenbürgen. Das Debrecener Gefüllte Kraut beispielsweise zeugt davon.

Die einzige Straßenbahn der Stadt, die Linie 1, verbindet den Bahnhof mit der Universität. Unterbrechen kann man die Fahrt am **Gedenkmuseum** 12 für den Bildhauer Ferenc Medgyessy, das in einem traditionellen Laubenganghaus von 1770 (Péterfia utca 28) untergebracht ist.

Wem jetzt nach Erholung zumute ist, der kann dem **Großen Wald (Nagyerdei park),** einem ausgedehnten Naherholungsgebiet im Norden der Stadt mit See, Zoo, Vergnügungspark und Thermalbad, einen Besuch abstatten und bis zur **Universität (Egyetem)** 13 schlendern. Nur die vielen jungen Leute, die sich auf dem Egyetem-Platz tummeln, machen deutlich, dass es sich bei dem 1932 errichteten neobarocken Bau mit seiner 108 m langen Front und der Brunnenanlage davor nicht um ein Schloss, sondern eine Lehranstalt handelt. Sehenswert: das Innere mit Arkadenbögen.

Hortobágy-Puszta und Heiduckenstädte

Karte: S. 264/265
Tipps & Adressen: Hortobágy S. 339f., Hajdúböszörmény S. 336f., Hajdúszoboszló S. 337

Keine 40 km westlich befindet sich der **Nationalpark Hortobágy (Hortobagyi Nemzeti Park) 5**, das älteste und flächenmäßig größte Naturreservat Ungarns. Seit seiner Gründung 1973 hat sich sein Gelände von 52 000 ha auf 75 000 ha ausgedehnt. Wegen seiner einzigartigen Flora und Fauna hat die UNESCO das Gebiet zum Biosphärenreservat erklärt. Durchquert man den Nationalpark auf der Straße 33, wird man nicht viel mehr als weites, flaches Land sehen, das hier und da durch grasende Herden, einzelne Baumgruppen oder einen *tanya* (Einödhof) belebt wird. Diese schönen, harmonischen Bilder entsprechen genau dem Pusztaklischee. Um die Vielseitigkeit und die oftmals gerühmten Reize der Puszta kennen zu lernen, sollte man sich aber zumindest Zeit für einen Spaziergang oder eine Kutschfahrt nehmen.

Die scheinbar eintönige Grassteppe ist je nach ihrer Versalzung unterschiedlich bewachsen. Man findet Reste pannonischen Salbeis, Lößsteppengras, Federgras und Wacholderbüsche. Außerdem gibt es Feuchtgebiete, Fischteiche und alkalische Seen, die als Lebensraum für eine seltene Tier- und Pflanzenwelt dienen. Vor allem Ornithologen kommen bei der Beobachtung der Zugvögel auf ihre Kosten. Am häufigsten lässt die Feldlerche ihren schönen Gesang erklingen. Außerdem trifft man auf die typischen Haustiere der Puszta: Graurinder, Zackelschafe und Wasserbüffel (s. S. 262). Der Himmel scheint hier näher an der Erde zu sein als anderswo und die Entfernungen unendlich.

> »Hortobágy, prachtvolle Ebene, du bist Gottes Stirn! ... Wie viel länger als anderswo ist der Weg, den die Sonne hier zurücklegt. Unermesslich ist der Horizont und ist wie ein runder Tisch, über den sich die hellblaue Glasglocke des Himmels wölbt ...«

Sándor Petőfi, Reisebriefe (1847)

Immer wieder versuchte man eine Urbarmachung des versteppten Landstrichs, legte sogar die nördlichsten Reisfelder der Welt an. Der Erfolg war bescheiden. Vielleicht haben die Einheimischen Recht, wenn sie sagen: »Die Puszta will Puszta bleiben.« (S. auch S. 234f.).

Auf dem Brückenmarkt in Hortobágy

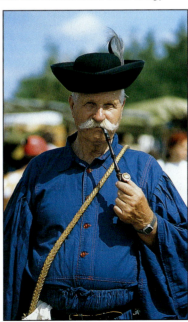

Haustiere der Puszta

Beim Gedanken an ungarische Haustiere stellt sich in der Regel die Assoziation einer gigantischen Gänseherde ein, die sich wie ein weißer Teppich über kahl gefressenen Boden bewegt, um dann als Martins- oder Weihnachtsgans auch deutsche Festtafeln zu zieren. Andere denken an Pferde und Ungarn als Reiterparadies. Doch außer den bekannten Kühen, Hausschweinen und Hühnern gibt es noch alte Tierarten und -rassen, die vom Aussterben bedroht sind. Zu nennen sind Graurinder, Zackelschafe, Wollschweine und Wasserbüffel, alles Tiere, die den extremen Klimabedingungen gewachsen – und damit eng mit der traditionellen Landwirtschaft verbunden sind. Außerdem spielen die in der Puszta weidenden Herden eine wichtige Rolle bei der Erhaltung der Steppenlandschaft. Die Bemühungen der Nationalparks um die Artenerhaltung wird auch vom Staat unterstützt. Dabei geht es weniger um touristische Aspekte als um das Bewusstsein, einen wertvollen Genpool für spätere Züchtungen zu verlieren.

Zu den typischen Pusztabildern gehört eine in der Ebene weidende Herde von Graurindern *(szürke szarvas marha)*. Ihre helle, knochige bis durchtrainierte Erscheinung mit langen, mächtigen Hörnern ist durchaus respekteinflößend. Die aus Mittelasien stammenden Tiere leben das ganze Jahr über draußen, sind genügsam und robust, produzieren aber weniger Milch und Fleisch als das auf Quantität getrimmte Fleckvieh. Während sie im

19. Jh. die Mehrheit der ungarischen Rinder ausmachten, gab es 1970 deshalb nur noch 340 Exemplare. Derzeit sind es mehr als 1500 der grauen Wiederkäuer, und die Tendenz ist steigend. Man setzt wieder mehr auf Qualität. Schon im 16. Jh. trieben die Heiducken nicht für die Aufzucht in Mastställen und wächst langsamer als das rosafarbene Zuchtschwein. Die Ferkel ähneln in der Maserung Wildschweinkindern. Das Fleisch gilt als besonders lecker und nahezu cholesterinfrei, beides Attribute, die ein Come-back der Woll-

die wegen ihres schmackhaften Fleisches begehrten Graurinderherden auf die Märkte von Nürnberg, München und Mailand. Sie wurden bis ins 20. Jh. wie Wasserbüffel als Zug- und Arbeitstiere eingesetzt.

Die ebenfalls aus Asien kommenden Büffel *(házi bivály)* eigneten sich vor allem in überschwemmten und sumpfigen Gebieten sowie bei großer Hitze als Arbeitstiere. Heute werden sie nur noch in kleinen Herden gehalten, hier und am Kis-Balaton (s. S. 189f.).

Typisch ungarisch sind auch die weißen und schwarzen Zackelschafe *(racka)* mit ihren langen, gedrehten Hörnern und die Wollschweine *(mangalica)*, deren haarige Pracht von rötlich-dunkel bis hellblond variieren kann. Das Wollschwein eignet sich schweine auf dem Biomarkt begünstigen. (Im Laden oder beim Händler nach Salami von Wollschweinen oder Graurindern, Bio Szalámi oder Mangalica Kolbász, fragen.)

Noch heute ziehen Hirten mit ihren Herden – nicht nur in der Puszta – über das Land. Ohne ihre fleißigen und schnellen Helfer, die Hütehunde, könnten sie die Herden nur schwerlich zusammenhalten. Typisch ungarische Hirtenhunde sind der riesige und starke Komondor oder Kuvász sowie der kluge und zottelige Puli oder Pumi. Der Puli gilt als der klügste unter diesen Tieren. Zu klein für Rinder und Pferde, kann er auf Befehl einzelne Schafe isolieren und zu Boden werfen, damit der Schäfer sie scheren oder ihre Hufnägel beschneiden kann.

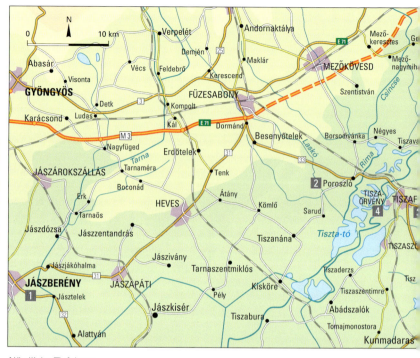

Nördliche Tiefebene

Die zentrale Anlaufstelle für einen Pusztabesuch befindet sich bei dem Dorf und gleichnamigen Fluss **Hortobágy**. Letzteren überspannt die **Neun-Bogen-Brücke (Kilenclyukúhíd).** Das 1833 fertig gestellte Bauwerk gilt als die schönste und mit etwa 167 m längste Steinbrücke Ungarns. Das Laubenhaus der **Csárda** am östlichen Brückenkopf geht auf das Jahr 1781 zurück. Und bereits davor gab es eine Raststation, da hier eine wichtige Handelsstraße entlangführte, auf der die kostbaren Graurinder zu den westlichen Märkten getrieben wurden. Die einzelnen Gasthäuser entlang der Straße waren jeweils so weit voneinander entfernt, dass man sie bequem in einer Tagesreise mit einer Herde erreichen konnte. Und so befindet sich die nächste **Csárda** in Richtung Debrecen am Kilometerstein 86. Allein die altungarische Einrichtung des für seine guten Geflügelgerichte bekannten Lokals ist sehenswert.

An der Neun-Bogen-Brücke liegen ein kleines **Hirtenmuseum** und eine **Informationsstelle des Nationalparks,** wo man Eintrittskarten und detailliertes Kartenmaterial erwerben kann. Außerdem erhält man Informationen über aktuelle Programme wie Kutschfahrten und Pferdevorführungen sowie Tipps über Wandertouren ohne oder mit Führer. Interessant sind beispielsweise der »Lehrpfad von Szálkahalom« am Kilometerstein 79 oder eine Fahrradtour durch die Sümpfe von Egyek-Pusztakócs (zwischen Stein 44 und 45; Fahrradverleih). Am **Wachhaus Szálkahalom** (km 79) befinden

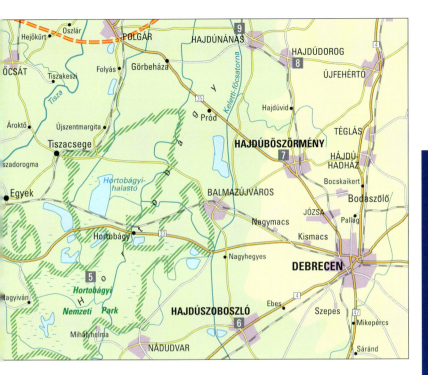

sich eine Werkstatt für die traditionelle, aufwändig herzustellende schwarze Keramik sowie eine Abfahrtstation für Kutschfahrten. Unter dem nahen Erdhügel befindet sich ein Kumanengrab. Erwähnenswert ist auch das seit 1671 beurkundete Gestüt bei Máta, wo der Kleine Nonius gezüchtet wird.

Am westlichen Brückenkopf wurde jüngst ein **Tierpark (Pusztai Állatpark)** zur Besichtigung eingerichtet. In der Tradition der einst hier abgehaltenen Tiermärkte findet jedes Jahr um den 20. August der **Brückenmarkt** statt, ein buntes wie lebendiges Ereignis. Peitschenmacher, Lebkuchenbäcker, Holzschnitzer und Korbflechter bieten ihre Waren ebenso feil wie Kleider-, Antiquitäten- und Haushaltswarenhändler. Hier findet man alles für den täglichen Bedarf, Kitsch und Kunsthandwerk. Und zu all dem Treiben dreht sich das Karussell.

Für eine Fahrt durch das nach den Heiducken benannte Gebiet **Hajdúság** sollte man kleine Nebenstraßen wählen, die zwar manchmal etwas holprig sind, aber »Natur pur« bieten. Hier zählen Pferdewagen zu den ganz gewöhnlichen Transportmitteln.

Der Stolz von **Hajdúszoboszló** 6 sind seine 1925 entdeckten Thermalquellen, die jährlich 1,5 Mio. Besucher anziehen. Das Heilwasser sprudelt aus Gesteinsschichten des Trias hervor und beinhaltet Spurenelemente des einstigen Meeres, weshalb es auch »Meeresgeist aus dem Trias« genannt wird. Es hat eine besonders gute Wirkung bei chronischen inneren, dermatologischen

und gynäkologischen Krankheiten. Die verschiedenen Bäder, darunter Wellen- und Sprudelbäder sowie der Ruderteich, sorgen für erholsame Unterhaltung.

Die einstige Hauptstadt des Heiduckenlandes war **Hajdúböszörmény** 7. Charakteristisch für diese und die anderen Heiduckenstädte ist das strahlenförmig auseinander gehende Straßennetz, die ringförmige Anlage sowie eine große Kirche in der Ortsmitte, die, einst befestigt, den Einwohnern als Zufluchtsort diente. Nachdem die Heiducken für István Bocskai als Söldner den entscheidenden Sieg gegen Habsburg errungen hatten, siedelte er 1609 etwa 1000 von ihnen in der Gegend an und stattete sie mit Privilegien aus. Diese Szenerie ist auf dem zentralen Bocskai tér verewigt. Dazu tanzt neben der im 15. Jh. errichteten und mehrfach umgestalteten Reformierten Kirche eine Gruppe Heiducken. An dem weitläufigen Platz befindet sich das Heiducken-Museum (Hajdúsági Múzeum). In dem barocken Gebäude (Eingang Kossuth utca 1) befindet sich neben Ausstellungen über die Heiducken eine Gemäldegalerie. – Eine ungewöhnliche Übernachtungsmöglichkeit bieten die alten strohgedeckten Bauernhäuser in der Polgári utca 92–100.

Hajdúdorog 8 ist seit 1912 griechisch-katholischer Bischofssitz. Kostbar ist die Ikonostase. Im 6 km entfern-

Puszta-Romantik

ten **Hajdúnánás** 9 wurde die erste Straußenfarm des Landes gegründet (*struccfarm;* 10–19 Uhr). Ein Bauernhaus (*parasztporta*) widmet sich dem alten Strohbinderhandwerk (Hunyadi út 21; Tourinform 52-239-014).

Die Nyírség – Land der Äpfel und Kirschen

Karte: S. 270/271
Tipps & Adressen: Nyíregyháza S. 352

Seit den letzten Jahren gehört die Nyírség zu den prosperierenden Regionen Ungarns, was sich vor allem in der Komitatshauptstadt Nyíregyháza spüren lässt. Noch zur Zeit des Kommunismus zählte das nordöstliche Gebiet zu den ärmsten des Landes. Berühmt-berüchtigt waren die abwertend »Fekete vonat« (»Schwarzer Zug«) genannten vollgestopften Züge, die Hilfsarbeiter aus Budapest an freien Wochenenden in ihre Heimat und wieder zurück transportierten.

Die Landschaft prägen Gemüsefelder und Obstplantagen, vor allem Apfelbäume. Auch der Anbau von Tabak blickt auf eine lange Tradition zurück. Das ungarische Wort *nyír* (»Birke«), das sich als Vorsilbe sowohl in der Landschaftsbezeichnung wie bei den Ortsnamen wiederfindet, bedeutete einst auch »mit Birken bewachsenes Sumpfland«. Früher gab es hier im östlichen Theißvorland viele Sumpfgebiete, in die sich die Bevölkerung während kriegerischer Überfälle rettete.

Das Zentrum von **Nyíregyháza** 1 prägen großstädtische Bauten des 19. Jh. an großzügig angelegten Plätzen. Markantester Bau ist die zweitürmige, neoromanische Ziegelkirche der katholischen Gemeinde am Kossuth tér. Gegenüber entstand anstelle der mittelalterlichen Burg 1872 das Rathaus. Die Fußgängerzone, heute vor allem Flaniermeile für »junge Mode«, lädt zum Bummeln ein. Das Jósa-András-Museum am Benczúr Gyula tér 21 (Di–So 10–17 Uhr) gedenkt der beiden berühmten Söhne der Stadt, des Historienmalers Gyula Benczúr und des Schriftstellers Gyula Krúdy.

Über die Kossuth utca gelangt man zu der 6 km nördlich der Stadt liegenden Bade- und Freizeitsiedlung **Sóstófürdő** (**Salzsee-Bad**) 2, deren Mittelpunkt ein großer alkalischer See bildet. Am Eingang befindet sich ein kleiner Vergnügungs- und Wildpark (tgl. 9–19 Uhr) für Kinder. Der See ist unterteilt in einen Boots- und einen Badesee mit angeschlossenem Thermalbad. Im Nordwesten der Anlage befindet sich ein Museumsdorf (skanzen; s. Nyíregyháza

Máriapócs gefertigten Kopie echte Tränen bemerkt, woraufhin das Dorf Pócs zum Gnadenort erklärt wurde. Die turmlose Reformierte Kirche von **Nyírbátor** 4, 1511 auf dem einstigen Burghügel errichtet, ist dagegen gerade wegen ihrer beeindruckenden Schlichtheit und dem fein gearbeiteten Netzrippenge-

Apfelblüte im Tal der Nyírség

S. 352) in der Tölgyes utca. Originalgetreu aufgebaut wurden vor allem Bauernhäuser aus dam sandigen Hügelland Nyírség und der Theißregion.

Máriapócs 3 ist der wichtigste Wallfahrtsort der griechisch-katholischen Kirche in Ungarn. Schon von weitem sieht man die gelb-weißen Zwillingstürme der Barockkirche. Ganz in Gold erstrahlt die prächtige Ikonostase. Die wegen ihrer Tränen als wundertätig verehrte Marienikone ließ Kaiser Leopold I. 1669 in den Wiener Stephansdom bringen. Der Überlieferung nach wurden 1715 und 1905 auch an der für

wölbe sehenswert. Ihr Bauherr István Báthory, der auch die später barockisierte Minoritenkirche in Auftrag gab, ist im Chor unter einer roten Marmorplatte beigesetzt. Der frei stehende, hölzerne Glockenturm von 1640 ist in seiner Art einer der ältesten des Landes. Das ehemalige Kloster dient heute dem ortsgeschichtlichen Báthory-Museum (Károlyi utca 15) als Raum. Die Kirchen und die Stadt sind eng mit dem einst hier herrschenden Geschlecht der Báthorys verwoben. Die Báthorys (bátor = »mutig«) haben Fürsten von Siebenbürgen, hohe kirchliche und weltliche Würdenträger gestellt. Ein dunkler Fleck in dieser vornehmen Familie ist Gräfin Elisabeth Báthory, auch bekannt als die »Blutgräfin«. Sie soll in dem Blut von über 600 jungen Frauen gebadet haben, um sich selbst zu verjüngen. Dafür wurde sie 1610 zum Kerker in ihrer Burg Čachtice (heute Slowakei) verurteilt. Einige Stimmen meinen, das Ganze sei eine Erfindung der Katholiken gewesen, um die Protestanten am Beispiel der Báthorys zu diffamieren. Jedenfalls sind derartige Draculageschichten einprägsamer als nüchterne Kirchenpolitik …

Unbekanntes Szatmár

Karte: S. 270f.
Tipps & Adressen: Fehérgyarmat S. 331

Die Kleinstadt **Fehérgyarmat** 5 wurde nach dem verheerenden Hochwasser von 1970 zu einem Zentrum der Region ausgebaut. Bemerkenswert ist die aus dem 15. Jh. stammende Reformierte Kirche auf dem zentralen Kossuth tér mit ihrem markanten, für die Bauweise der Region typischen hölzernen Turmhelm. Ein Denkmal auf dem Platz erinnert an den Kampf gegen die Fluten und an den Wiederaufbau. Die Stadt liegt mitten in der Region **Szatmár,** einer eher flachen Landschaft, durchzogen von unzähligen Bächen und Kanälen im Überschwemmungsgebiet der Theiß (Tisza). Die an die Ukraine und Rumänien grenzende Region liegt erst seit dem Friedensvertrag von Trianon im östlichsten Winkel des Landes. Schon immer oder zumindest seit 1920 scheint die Zeit in dieser Abgeschiedenheit stillzustehen. Kaum befahrene Straßen, Pferdefuhrwerke, eine sanfte Landschaft, getupft von kleinen Dörfern. Es

heißt, Gott habe die Gegend der Oberen Theiß bei guter Laune geschaffen.

Die kleinen Ortschaften haben ihre alte Siedlungsstruktur bewahren können, weil sich schon die Türken kaum für diesen Landstrich interessierten. Und auch heute kommen nur wenige Fremde, und selbst für die meisten Un-

Schöne Lage: die Kirche von Csengersima

garn ist diese Gegend ein »Buch mit sieben Siegeln«. Kaum jemand kennt die mittelalterlichen Kirchen mit ihrem herrlichen Freskenschmuck, die hölzernen Glockenstühle, alten Mühlen, die unzähligen Storchennester und die urtümlichen Grabhölzer. Ein guter Ausgangspunkt für Touren per Rad oder Auto durch diesen zauberhaften Landstrich ist Fehérgyarmat. Nachstehend sind nur einige »Highlights« der Gegend beschrieben.

Die Reformierte **Kirche von Csengersima** 6 liegt mitten im Dorf malerisch auf einer Halbinsel. Trotz ihrer Um-

gestaltung 1729 lässt sich ihr mittelalterlicher Ursprung (13. Jh.) gut erkennen. Anstelle eines Turmes besitzt sie nur einen Dachreiter. Die Stichstraße in **Szamostatárfalva** 7 endet an einer frühgotischen Ziegelkirche (13. Jh.) mit hölzernem Glockenturm. Jenseits des Flüsschens Szamos liegt der Grenzort **Csenger** 8. Die im 15. Jh. aus roten und schwarzen Ziegeln errichtete Kirche besitzt mit ihrem zinnenbekrönten achteckigen Turm eine architektonische Kuriosität. Die im Stil der siebenbürgischen Volkskunst bemalte Holzdecke besteht aus 126 unterschiedlichen Blumenfeldern (1745). Nur bei Windstille spiegelt sich die hölzerne Mühle (Vízimalom) von **Túristvándi** 9 im Flüsschen Túr. Seit 1315 ist hier eine Wassermühle beurkundet. Die jetzige mit ihren drei Schleusen stammt aus dem 18. Jh. Bemerkenswert, dass die damaligen Zimmerleute keinen einzigen Nagel zu ihrem Bau verwendeten.

Dort, wo die Theiß die Grenze zur Ukraine bildet, liegt **Tiszacsécse** 10, der Geburtsort des als Sohn eines Kleinbauern und einer verarmten Pfarrerstochter zur Welt gekommenen Romanciers Zsigmond Móricz. Von seiner Bekanntschaft

Nyírség und Szatmár

zu Thomas Mann existiert ein kurzer Briefwechsel. Sein Geburtshaus, ein reetgedecktes Bauernhaus (Kossuth utca 29), ist als Gedenkmuseum eingerichtet. Rund 15 km weiter westlich hat sich der Dichter Ferenc Kölcsey in **Szatmárcseke** 11 in einem Herrenhaus, heute Kulturzentrum, niedergelassen. Ferenc Erkel vertonte in diesem Dorf 1844 die erste Strophe seiner Ode »Hymnus«, die 1903 offiziell zur Nationalhymne erklärt wurde. An der klassizistischen Kirche der Reformierten vorbei führt ein schmaler Pfad auf den denkmalgeschützten Friedhof, wo auch der Dichter begraben liegt.

Attraktion sind jedoch die geschnitzten kielförmigen Grabhölzer *(kopjafa)*, die an ein Boot erinnern. Diese einzigartigen Stelen bewahren die Tradition, nach der die Toten im Überschwemmungsgebiet mit Kähnen zum Friedhof gebracht wurden. Der Anblick der aufrecht im Boden steckenden »Boote« weckt unweigerlich Assoziationen an ein Totenschiff ins Jenseits. Von der Seite betrachtet, lassen sich wie bei Totempfählen Gesichter identifizieren.

In dem jenseits der Theiß gelegenen Dorf **Tarpa** 12 erkennt man die gotische, nun Reformierte Kirche (15. Jh.) an ihrem 45,5 m hohen Turm. Im Inneren sind Fresken aus der Erbauungszeit erhalten. Interessant ist die einst von Zugtieren betriebene Trockenmühle von 1885 in der Árpád utca. Der Getreidespeicher dient als Dorfmuseum (Falumúzeum; Kossuth utca 29). Viel älter ist die romanische Kirche von **Csaroda** 13, die auf einem Hügel erbaut der Dorfbevölkerung in Notzeiten auch als Festung diente. Die Farbreste an der Südwand deuten auf eine einstige Außenbemalung hin. Eine umso größere Farbigkeit herrscht dagegen im Inneren. Neben den volkstümlichen Motiven aus der Mitte des 17. Jh. wurde an der Nordwand ein Teil der ursprünglichen Bemalung freigelegt. Im 18. Jh. wurden auch die Sitzbänke bemalt. Der Turm erhielt seinen nadelspitzen Holzhelm im 17. Jh., 1855 wurde der hölzerne Glockenturm ergänzt. Bei der Kirche ist ein altes Bauernhaus als Museum (Tájház) geöffnet.

Auch die Einrichtung der Reformierten Kirche der Gemeinde **Tákos** 23 ist über und über mit volkstümlichen Blumenmotiven bedeckt. Die Bankreihe für Frauen erkennt man am Pfauenkopf.

Theiß: Segen und Fluch

Die Theiß (Tisza) ist nach der Donau der wichtigste Fluss in Ungarn, aber nicht halb so bekannt, obwohl ihr ungarischer Abschnitt mit 597 km sogar länger ist als der der Donau mit 417 km. Die Theiß betritt Ungarn im Nordosten aus der Ukraine und schängelt sich in unzähligen Windungen durch die Große Tiefebene (Alföld), die sie in zwei Hälften schneidet, und mündet jenseits der serbischen Grenze in die Donau. Im Februar 2000 rückte der Fluss mit der Umweltkatastrophe von Baia Mare (Rumänien) in die Schlagzeilen der Weltpresse. Dort war der Damm eines Beckens mit hochtoxischem Zyanid, das zum Auswaschen von Gold und Silber benutzt wird, gebrochen und 100 000 m³ dieser Giftbrühe ergossen sich in den Fluss Szamos. Die Szamos brachte das für sauerstoffabhängige Lebewesen tödliche Gift in die Theiß und die Theiß in die Donau. Die Folge waren allein in Ungarn mehrere hundert Tonnen verendete Fische, dazu Fischotter, Seeadler und Reiher. Die Zyanidlauge hat »praktisch alles Leben ausgerottet«, stellte der World Wide Fund of Nature fest.

Die Theiß galt schon immer als ein sehr fischreicher Fluss – es hieß sogar, man könne nicht einen einzigen Eimer Wasser schöpfen, ohne mindestens einen Fisch zu fangen ... Ihr Wasser war so rein, dass selbst der empfindliche Kaviarfisch Stör hier leben konnte. So sagt eine alte Redensart: »Wer einmal vom Wasser der Theiß trinkt, der sehnt sich in seinem Herzen stets an den Fluss zurück.« Der Chemieunfall bedeutete eine Katastrophe für die Theiß.

Dem mit »dem Tod ringenden Fluss« kam ein zweites Unglück »zu Hilfe«, ein verheerendes Frühjahrshochwasser. Viele Menschen mussten von den Dächern ihrer Häuser evakuiert werden. Zahlreiche Häuser stürzten ein, Menschen wateten wochenlang in Gummistiefeln durch ihre Zimmer, und das Boot wurde zum normalen Fortbewegungsmittel. Der positive Effekt war, dass die Schwermetalle und Zyanid ausgespült wurden, sodass es schon im darauf folgenden Sommer wieder Fische gab. Doch die Anlieger klagten über den Negativ-Effekt der Presseberichte; viele Touristen blieben aus. Doch die Theiß ist nicht mehr giftig, bestätigt auch eine Wasseruntersuchung des ADAC am Ende der Badesaison 2000. Aber natürlich dauert es, bis das ganze Ökosystem mit allen Kleinstlebewesen wieder so intakt ist wie früher.

Nach dem verheerenden Hochwasser von Szeged im Jahr 1879, dem beinahe die ganze Stadt zum Opfer fiel, wurden im Rahmen eines groß angelegten Flussregulierungsprogramms (19. Jh.) zahlreiche Windungen begradigt und eingedeicht. Die gesamte Länge der Theiß verkürzte sich von 1419 km auf 966 km, allein der ungarische Abschnitt um 360 km. Heute begleiten unzählige romantische tote Arme den Haupt-

Trügerische Idylle? Die Theiß hat schon viel Verderben gebracht

strom. Als Nebeneffekt der Begradigung sank der Grundwasserspiegel, was zum Austrocknen und zur Versauerung des Bodens führte und die Versteppung der Landschaft einleitete. Dennoch hat 1970 ein gewaltiges Hochwasser 47 Dörfer überflutet und im Komitat Szatmár 35 000 Menschen obdachlos gemacht und viele traditionelle Bauernhäuser vernichtet. In der Folge legte man den Theiß-Stausee (Tisza-tó), heute ein beliebtes Ferien- und Naturparadies, zur Regulierung des Hochwassers an. Doch auch 1998, 2000 und 2001 gab es erneut Hochwasserkatastrophen. Das Problem kann nur zusammen mit den Nachbarländern Ukraine und Rumänien gelöst werden.

Die Theiß wird auch launisch genannt, denn ihre Sandbänke wechseln ständig den Standort, und in Windungen kann der sanft dahingleitende Fluss mit unerwartet starken Strömungen, sogar Strudeln überraschen. Sein instabiler Wasserstand lässt die Tiefe kaum schätzen. Bei Bootstouren sind Schwimmwesten empfohlen, ein Durchschwimmen der Theiß ist verboten.

Zemplin-Gebirge im Nebel ▷

Der Norden – Reizvolle Mittelgebirge

Ungarns Mittelgebirge reihen sich wie Perlen auf einer Kette von der Donau im Westen bis zur Theiß (Tisza) im Osten aneinander, begrenzt von der Grenze zur Slowakei im Norden und dem Flachland der Tiefebene (Alföld) im Süden. Auf das in gewisser Weise noch zum Donauknie gehörende Börzsöny-Gebirge (s. S. 99f.) folgen die sanften Hügel des Cserhát-Gebirges. Auf diese keine 600 m erreichenden Erhebungen folgt das Mátra-Gebirge mit Ungarns höchstem Berg, dem Kékestető (1014 m). Unterhalb des »Blauen Daches« gedeihen an den Südhängen hervorragende Weine.

Zwischen den beiden größten Städten Nordungarns, dem barocken Eger und dem geschäftigen Miskolc, erstreckt sich das rund 700–900 m hohe Bükk-Gebirge mit seinen reizvollen wie interessanten Natur- und Kulturschätzen. Jenseits der gemeinsam in die Theiß mündenden Flüsse Sajó und Hernád liegt das kleine Gebirge Zemplén, an dessen Südhängen eines der weltweit bekannten Weinbaugebiete Ungarns liegt: Tokaj. Der größte Teil der Berge besteht überwiegend aus vulkanischem Gestein. Dagegen sind das Bükk- und das nördliche, kleine Aggtelek-Gebirge aus Kalkstein. Ihre sich auch für den Wintersport eignenden Hänge sind mit dichten Wäldern bedeckt, bestehend vor allem aus Eichen, Rot- und Weißbuchen. Hier gibt es bekannte Kur- und Erholungsorte, Wandermöglichkeiten und eine reiche Flora und Fauna für Naturliebhaber.

Rund um Hollókő – Schmuckkästchen im Cserhát-Gebirge

Karte: S. 280/281
Tipps & Adressen: Szirák S. 365, Hollókő S. 339

Von **Aszód** führt eine schmale Straße das **Galga-Tal** aufwärts durch kleine Dörfer, Felder, große Flächen Brachland und Wälder. In **Szirák** 1 wartet ein elegantes Schlosshotel auf Gäste. Es ist bekannt für die hier veranstalteten internationalen Schachturniere. Unmittelbar an der slowakischen Grenze liegt **Balassagyarmat** 2, von 1790–1950 Komitatssitz. Bei der kleinen oberungarischen Volksgruppe der Palozen (Palóc) heißt sie bis heute »Hauptstadt der Palozen«. Ihre Kultur bewahrt ein interessantes Museum im Zentrum (Palócliget 1; Di–So 10–16 Uhr) mit originalgetreu aufgebauten Bauernstuben, Volkskunst und Trachten.

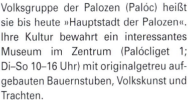

Mitten durch die Cserháter Berge, eigentlich eher Hügel, führt die Straße von **Cserháthaláp** in Richtung Hollókő. Hier gibt es viel Holzindustrie. Manchmal sieht man alte Frauen in schwarzer Alltagstracht Besorgungen machen. Nur an kirchlichen Festtagen wird diese gegen eine farbenfrohe ausgetauscht. Von den typischen Palozenhäusern mit hölzernem Säulengang und vorgekragtem Frontgiebel sind nur noch wenige erhalten.

In **Cserhátsurány** 3 erhebt sich gegenüber vom Dorfteich die im 14. Jh. erbaute katholische Kirche mit ihrem achteckigen Turm. Auf der anderen Seite steht ein von Mauern umgebenes Schloss, das um 1600 erbaut und später barockisiert wurde (heute in Privatbesitz). Reizvoll ist der Blick auf das in eine Senke geschmiegte, hübsche Dorf **Cserhátszentiván.**

Das in einer »Sackgasse« inmitten von sanften Hügeln liegende **Hollókő (Rabenstein)** 4 wurde von der UNESCO 1987 als erstes Dorf neben Stätten wie der Athener Akropolis, Venedig und der Chinesischen Mauer in die Liste der Weltkulturdenkmäler aufgenommen, was ihm unzählige Besucher bescherte. Der alte Ortsteil (Ófalu) bildet heute mit seinen über 50 traditionellen Palozenhäuschen ein pittoreskes

Dorfstraße in Hollokő

Traditionsbewusst: Die Palozen

Die Palozen, auch Paloczen, ungarisch *Palóc,* sind eine in den nordungarischen Bergregionen lebende Volksgruppe mit eigenen Bräuchen, Traditionen und Trachten sowie einem eigenen Dialekt. Ihr bekanntestes Dorf, Hollókő, steht auf der UNESCO-Liste des Weltkulturerbes. Seine abgeschiedene Lage am Ende einer Stichstraße hat bewirkt, dass sich ihre Kultur hier besonders lange und unverfälscht erhalten hat. So haben sie ihre Häuser immer wieder im traditionellen Stil erneuert. Geblieben sind die auf einem Kellersockel aus Naturstein errichteten, weiß gekalkten Langhäuser, umgeben von einem mit Schnitzereien verzierten, hölzernen Laubengang. Das traditionelle Strohdach wurde häufig durch Ziegel ersetzt. Jedes dieser Langhäuser wurde früher von einer Großfamilie bewohnt. Die Zimmerzuteilung erfolgte nach dem Rang; die Ältesten durften im vorderen Teil an der Straße wohnen, dann folgte der älteste Sohn mit Familie etc. Derartige Häuser findet man auch in anderen Dörfern des Cserhát- und Mátra-Gebirges, doch nur noch vereinzelt.

Bekannt sind die Palozen auch für ihre prächtigen, bunt bestickten Festtrachten, die man noch bei der Hollókőer Osterprozession bewundern kann. Die Hauben der Mädchen – oft erstaunlich hoch – sind meist mit Glasperlen und Bändern verziert. Den größten »Staat« machen sie jedoch mit ihren Röcken: Über zehn bis zwölf weißen, gestärkten und gefältelten Unterröcken

Ensemble, obwohl der verheerende Großbrand von 1909 fast das ganze Dorf vernichtet hat. Glücklicherweise baute man die Häuser originalgetreu wieder auf und ersetzte lediglich das übliche, aber feuergefährdete Strohdach durch Schindeln. Farbige Akzente setzen bunte Bauerngärten und die in ganz Ungarn verbreiteten Geranien. Die schmucken Häuschen dienen heute zum Teil wieder als Wohnhaus, aber auch als Informationsbüro (Kossuth utca 68), Gaststätte, Weberei (Kossuth utca 94) und das älteste als Museum (Kossuth utca 82). Die bergab führende Hauptstraße geht geradewegs auf die kleine Pfarrkirche mit dem hölzernen Turmaufsatz zu.

Oberhalb des Dorfes thront die im 13. Jh. errichtete, von den Türken eroberte, im Rákóczi-Aufstand zerstörte und jüngst renovierte **Burg**. Der Aufstieg wird mit einem herrlichen **Ausblick** auf das Dorf und das Cserhát-Gebirge belohnt (am Dorfende führt ein Treppenweg zur Burg; durch das neue Dorf auch per Auto zu erreichen).

Durch **Szécsény** (vorbei an seinem kleinen Barockschloss, heute Museum) gelangt man nach **Ipolytarnóc** 5. Das hiesige Freilichtmuseum ist genau das Richtige für jemanden, der sich auf

wird ein bunter Oberrock mit Schürze getragen. Insgesamt ist die Tracht wenig reisefreundlich; nur die als Rollen verpackten Röcke füllen schon einen Koffer. Allein das An- und Ausziehen ist sehr mühsam und nur mit helfenden Händen zu bewerkstelligen. Auch die Anzüge der Männer sind traditionellerweise bestickt. Insgesamt variieren die Trachten von Dorf zu Dorf, von Region zu Region.

Nicht eindeutig geklärt ist die Herkunft der Palozen. Nach dem derzeitigen Stand der Forschung hat sich ein Stamm des Turkvolks der Chasaren den Magyaren bereits vor ihrer Ankunft im Pannonischen Becken angeschlossen. Dort angekommen, siedelten sie sich in Nordungarn und der heutigen Slowakei an, unterjochten die bereits dort lebende slawische Bevölkerung und verschmolzen mit ihr. Ab dem 11. Jh. kamen kumanische Eindringlinge hinzu, mit denen sie sich ebenfalls mischten. Obwohl die Palozen traditionsbewusst sind und auch an ihrem Dialekt festhalten, haben sie keinen eigenen Namen für ihr Volk. Die Bezeichnung »Palóc« kommt

aus einer slawischen Sprache: Sie geht wahrscheinlich auf das Grundwort *polv* (= »fahl«, »gelb«, »blond«) zurück und meint eventuell die Haarfarbe. Wahrscheinlich war es früher eher ein Schimpfwort, was erklärt, dass die Palozen die Herkunft ihres Namens »vergessen« haben …

die Spuren von Lebewesen begeben möchte, die vor 20 Mio. Jahren lebten. Rund 4 km vom Ort entfernt (ausgeschildert: »ősleletek«) liegt Ungarns spektakulärste geologische und paläonthologische Fundstätte mit 2800 Abdrücken von urzeitlichen Raubtieren und Vogelarten (tgl. außer Mo 9–16 Uhr, Tel. 32/454–113).

Gyöngyös –Tor zum Mátra-Gebirge

Karte: S. 280/281
Tipps & Adressen: Gyöngyös S. 333f., Mátrafüred S. 347f., Gyöngyöspata S. 334, Galy-tető S. 332, Kékes-tető S. 343, Parád S. 353f., Sirok S. 358f., Kisnána S. 344

Die Stadt **Gyöngyös** 6 liegt am Fuß des Mátra-Gebirges, dessen Abwechslungsreichtum auf kleinstem Raum es touristisch interessant macht. An seinen geschützten Südhängen sonnt sich

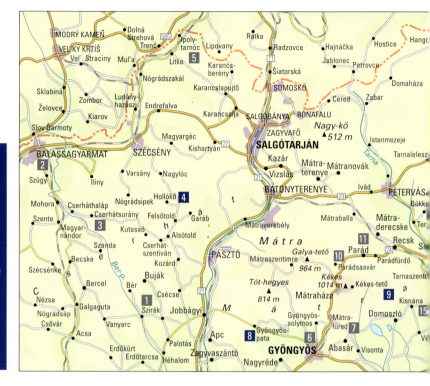

eines der größten und ältesten Weinbaugebiete Ungarns. Kurvenreiche Bergstraßen führen durch lichte Buchenwälder zum höchsten Punkt des Landes (Kékes-tető, 1014 m). Die klare Luft sowie Thermalwasservorkommen ließen hier einige Kurorte entstehen. Gyöngyös ist ein geeigneter Ausgangspunkt für Touren durch diese reizvolle Berglandschaft, lohnt aber auch selbst den Besuch. Bereits im Mittelalter florierte der Weinhandel, sodass König Karl I. Robert von Anjou den Ort 1334 zur Stadt erhob. Wein- und Traubenhandel bilden weiterhin einen bedeutenden Wirtschaftsfaktor, obwohl sich auch einige Industrien niedergelassen haben.

Nördlicher Abschluss des lang gestreckten, von stilvollen Bauten gesäumten Fő tér ist die dem Schutzheiligen der Winzer geweihte Bartholomäuskirche, die trotz ihres späteren barocken Umbaus zu den größten frühgotischen Kirchen des Landes zählt. In ihrer Schatzkammer (Kincstár) befindet sich eine reiche Kirchenkunstsammlung mit Meisterwerken des Goldschmiedehandwerks. Jenseits der Straße 24 steht in einer Grünanlage das **Orczy-Schloss** (18./19. Jh.), heute Sitz des Mátra-Museums. Sein Stolz sind ein nahezu unversehrtes Mammutskelett und Europas größte Eiersammlung mit rund 37 000 Stück.

Wenige Schritte entfernt befindet sich die Talstation der **Schmalspurbahn,** die sich nach **Mátrafüred** 7 hinaufwindet (mehrmals tgl. hin und zurück). Die Ankommenden empfängt eine kleine Parkanlage mit Brunnen, wo man in der

Csérhat-, Mátra- und Bükk-Gebirge

fang des letzten Jahrhunderts waren nahezu alle Schäden behoben, und heute misst die Weinbaufläche rund 7000 ha. Angebaut werden traditionelle Weine wie Zöld Budai (Budaer Grün), Királyleánka (Königsmädchen) und Hárslevelű (Lindenblättriger), wobei der im Umkreis von Feldebrő angebaute Lindenblättrige sich als Debrői Hárslevelű einen Namen von Rang gemacht hat. Es ist ein edler, harmonischer Wein von grünlich gelber Farbe, dessen würziger Duft sich angenehm mit der Süße des Nektars paart. Hervorragend gedeihen auch Reben wie Olaszrizling (Welschriesling), Traminer, Szürkebarát (Grauer Mönch) Zöldszilváni (Grüner Veltliner) und Muskatellerweine. Es gibt auch ausgezeichnete Rotweine wie Kékfrankos und Merlot.

Nach einer Fahrt durch Weinfelder erreicht man das malerisch gelegene Örtchen **Gyöngyöspata** 8. An seinen Rändern ziehen sich Kellerreihen hin. Außerdem besitzt das alte Weindorf in seiner Pfarrkirche ein sehenswertes Kleinod. Die Liebfrauenkirche entstand im 15. Jh. anstelle der einstigen Burgkapelle auf einem Hügel. Erhalten sind einige romanische Fragmente sowie gotische Fresken (»Schmerzensmann«, »Tod der Maria«). Die größte Kostbarkeit ist jedoch der als Wurzel Jesse gestaltete frühbarocke Hochaltar (um 1650), ein einzigartiges wie seltenes Kunstwerk. Es zeigt den liegenden Jesse, den biblischen Stammvater, Vater von König David, aus dem der vom Propheten Jesaja geweissagte Stammbaum Christi erwächst; den Abschluss bildet Maria mit dem Kinde (Schlüssel im Pfarrhaus).

Ein Stück das Tal der Zagyva flussaufwärts gelangt man über Pásztó in die

klaren Bergluft mit den übrigen Kurgästen spazieren gehen kann. Der Teich Nagy Sástó bietet Möglichkeiten zum Bootfahren und Angeln. Mátrafüred ist auch ein guter Ausgangspunkt für Wanderungen.

Westlich und östlich von Gyöngyös erstreckt sich das **Weinbaugebiet Mátraalja.** Der vulkanische Boden sowie die windgeschützten, sonnigen Hänge eignen sich ideal für die Rebenzucht, die wahrscheinlich mit den aus der benachbarten römischen Provinz Pannonien geschmuggelten Weinstöcken begann. Bis zur Eroberung durch die Türken gab es vor allem Weißweine, die als »noble Delikatesse« sehr gefragt waren. Ein jähes Ende für den florierenden Weinhandel brachte die Reblausplage von 1880, die die meisten Reben vernichtete. An-

Heiße Quellen in Egerszalók

Dort, wo der weiße Dampf zwischen den grünen Hügeln aufsteigt, befindet sich das Heilbad von Egerszalók. Mit Thermalbädern ist Ungarn zwar reich gesegnet, aber dieses ist eine besondere Attraktion, vor allem für diejenigen, die etwas Außergewöhnliches mögen und dabei auf Komfort verzichten können. Im Jahr 1961 entdeckte man bei Bohrungen statt des gesuchten Erdöls eine 60 °C heiße Quelle. Das abfließende Wasser schuf durch sein Absatzgestein auf einem Hügel eine in der Sonne weiß glitzernde Miniatur-Mondlandschaft. Erst vor zehn Jahren wurde die Heilkraft des natrium-, kalzium-, magnesium- und hydrogenkarbonathaltigen Wassers von offizieller Seite bestätigt. Unterhalb des bizarren Hügels entstand ein kreisrundes Badebecken. Ansonsten gibt es ein Kassenhäuschen, einige Umkleiden, einen Kiosk, Duschen und ausreichend Platz, sein Handtuch auf der Wiese auszubreiten. Das Bad ist ganzjährig geöffnet. Es liegt an der Straße von Egerszalók nach Demjén; kurz vor Demjén links abbiegen.

Bergwelt des Mátra-Gebirges und über eine sich durch lichte Buchenwälder schlängelnde Bergstraße mit herrlichen Ausblicken zum **Galya-tető,** mit 964 m die zweithöchste Erhebung der Region. Ferienhäuschen, Pensionen und Restaurants weisen dezent darauf hin, dass man sich hier in einer beliebten Ferienregion

Parádsasvár 10 ist ein Zentrum der Glasherstellung; Schilder am Parkplatz beim Ortseingang verweisen auf den Verkauf ab Hersteller. Schwer bewacht ist das von Miklós Ybl entworfene Neorenaissanceschloss (heute Club-Hotel). Ein Abschnitt der Straße nach **Parád** 11 ist als Allee erhalten. Im Ort warten das

»Knochenarbeit« – Weinlese in Nagyrede

befindet. Das subalpine Klima, die herrliche Aussicht und die schönen Wanderwege ziehen zahlreiche Besucher an. Ein weiterer beliebter Höhenkurort ist **Mátraháza** 9, dessen über 2000 m lange Skipiste und die Sprungschanze ihn auch im Winter attraktiv machen. Vom Ort windet sich eine rund 4 km lange Straße zum **Kékes-tető** hinauf. Das so genannte Blaue Dach ist mit 1014 m der höchste Punkt des Landes. Bei klarem Wetter hat man vom Fernsehturm (TV-kilató) eine fantastische Aussicht.

Palozenhaus und das Kutschenmuseum im Cifraistalló auf Besucher. Das im romantischen Stil von Miklós Ybl um 1875 als Reitstall erbaute Gebäude beherbergt heute neben dem Gestüt diverse Kutschen, vom einfachen Bauernwagen bis hin zur Prunkkutsche. Der ohne Übergang anschließende Kurort **Parádfürdő** (s. Parád S. 353f.) besitzt ein denkmalgeschütztes, hübsches Badehaus von 1830. Die drei Heilquellen helfen mit ihrem sauren, schwefel- und arsenhaltigen Wasser vor allem bei Frauenkrankheiten und Störungen des Verdauungstraktes. Im Nachbarort **Recsk** weckt das Hinweisschild »Recski tábor emlékhely« die Aufmerksamkeit der Reisenden. Hier handelt es sich um die Gedenkstätte an ein sowjetisches Arbeitslager.

Über dem Dorf **Sirok** 12 thront malerisch eine Burgruine (an der Straße nach Pétervására als »Vár« ausgeschildert). Die um 1320 von der Aba-Sippe errichtete Befestigung verfiel, als sie nach der Vertreibung der Türken 1687 bedeutungslos geworden war. An den Bauernhäusern sind die detailreichen Verzierungen der Kapitelle des Säulengangs bemerkenswert. Nach einer 5 km langen Fahrt durch eine beinahe unberührte Natur erreicht man das kleine Thermalbad **Bükkszék** 13 (22–35 °C; s. Sirok S. 358), dessen so genanntes Salvus-Heilwasser in der chemischen Zusammensetzung mit dem des französischen Vichy vergleichbar ist. Kinder lockt die Riesenrutsche.

In **Feldebrő** 14 ließ der Arpadenkönig Samuel Aba im 11. Jh. eine Grabkirche bauen, in der er 1044 seine letzte Ruhestätte fand. Nach den Zerstörungen durch die Mongolen wurde sie aus den alten Steinen erneuert und später mehrfach umgestaltet. In der 1925 freigelegten Krypta der Urkirche haben byzantinisch beeinflusste Fresken aus dem 12. Jh. überdauert, die ältesten des Landes. Beeindruckend sind auch die wuchtigen Bündelpfeiler (Schlüssel: Adresse an der Kirchentür).

In **Kisnána** 15, an den südlichen Ausläufern des Mátra-Gebirges, erbaute die zum Geschlecht Aba gehörende Familie Kompolti eine Burg als Adelssitz. Ihre liebevoll restaurierten Überreste spiegeln den Zustand der Festung im 15./16. Jh. wider. Damals gab es einen prächtigen Palast, eine Kapelle, Wohn- und Wirtschaftsräume sowie einen doppelten Mauerring mit Türmen. Heute finden in der Burg Theateraufführungen und Burgspiele statt. Neben der Burg wurde ein altes Bauernhaus renoviert und als Museum eingerichtet.

Eger – Üppiger Barock und mutige Frauen

Karte: S. 285
Tipps & Adressen: S. 328ff.

■ Einen hohen Bekanntheitsgrad genießt der Wein mit dem klangvollen Namen »Erlauer Stierblut«. Doch ist so gut wie unbekannt, dass es sich bei Erlau um die nordungarische Stadt Eger handelt. Der Egri Bikavér ist ein tiefroter, kräftiger und immer trockener Wein. Er gedeiht an den Hängen der vulkanischen Tuffhügel des Bükk-Gebirges, die die im Tal des Eger-Bachs gelegene Stadt wie ein Kranz umgeben. Außer köstlichen Weinen hat die Tausendjährige ein zauberhaftes, barockes Zentrum, das den Ruf genießt, das schönste des Landes zu sein. Die seit dem Mittelalter bekannten Thermalquellen machen die Stadt außerdem zu einem anerkannten Heilbad.

Geschichte

In diesem schönen wie strategisch günstigen Landstrich zwischen Mátra-

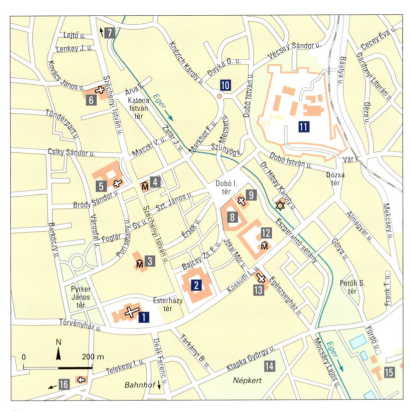

Eger

und Bükk-Gebirge gründete König Stephan I. Anfang des 11. Jh. auf einem Hügel ein Bistum. Nachdem Kirche und Ansiedlung während des Tatareneinfalls 1241 verwüstet wurden, ließ König Béla IV. die Bischofsresidenz als befestigte Steinburg wieder aufbauen. Ende des 15. Jh. war Eger bereits die stärkste Festung in ganz Ostungarn. Die Bischöfe förderten Kunst und Wissenschaft, der Weinhandel blühte, und der Ort entwickelte sich zu einem Zentrum der Renaissance. Doch schon bald drohte der florierenden Stadt Gefahr. Nach 1526 rückten die Türken immer weiter ins Land vor, und die Einwohner Egers verstärkten ihre Burg. Ab 1548 übernahm István Dobó den Oberbefehl, und vier Jahre später stand er mit einem kleinen Häuflein von Männern und Frauen einem ungeheuren Heer angreifender Türken gegenüber. Doch die als unbezwingbar geltenden Osmanen zogen schließlich nach einem Monat unverrichteter Dinge ab; die christliche Welt atmete auf.

Bei der nächsten Belagerung, 1596, kapitulierte das nur aus Söldnern bestehende Heer jedoch bereits nach wenigen Tagen und übergab Burg und Stadt Sultan Mohammed III. Damit begannen 91 Jahre Türkenherrschaft in Eger. Nach der christlichen Rückeroberung 1687 verlor die Festung an Bedeutung, und

1702 ließ Kaiser Leopold sie durch Sprengungen unbrauchbar machen. Dennoch diente sie im Rákóczi-Freiheitskampf mehrfach als Hauptquartier des Fürsten. Um die Mitte des 18. Jh. setzte eine rege Bautätigkeit ein, der die Stadt ihr barockes Gepräge verdankt. Bis »Romantiker« sich im 19. Jh. für den Erhalt der Burg einsetzten, diente sie der Bevölkerung als Steinbruch zum Aufbau ihrer schmucken Bürgerhäuser. Mit der beginnenden Industrialisierung legte sich ein Gürtel von verschiedenen Industrien um die Stadt. Der Weinhandel spielt jedoch bis heute trotz der Reblausplage am Ende des 19. Jh. ungebrochen eine Hauptrolle. Außerdem ist Eger Bischofssitz und Universitätsstadt.

Stadtrundgang

Der Rundgang durch die Altstadt von Eger beginnt auf dem Eszterházy tér, dem klerikalen Zentrum, und führt von dort durch die Altstadtgassen über den Dobó István tér zur Burg hinauf, um von dort den herrlichen Ausblick auf das bereits durchwanderte Zentrum zu genießen.

Auf einem Hügel thront der mächtige, ockergelbe Bau der **Kathedrale von Eger (Érseki Főszékesegyház)** **1**. Nur übertroffen vom Dom von Esztergom, ist sie mit den gigantischen Ausmaßen von 93 x 53 m und den beiden 54 m hohen Türmen die zweitgrößte Kirche Ungarns. Bereits 1310 stand an dieser Stelle eine Pfarrkirche, die im 16. Jh. zum Dom erhoben wurde, weil ein protestantischer Burghauptmann die Bischöfe aus der Burgkirche vertrieben hatte. Den Türken diente sie später als Moschee, und Ende des 18. Jh. ließ Bischof Eszterházy sie abreißen. Der heutige Repräsentationsbau wurde 1839 nach den Plänen von József Hild im klassizistischen Stil vollendet. Die Al-

legorien Glaube, Liebe, Hoffnung über der Attika (Kopien) sind wie die Statuen an der Freitreppe Werke des Venezianers Marco Casagrande und seiner Schule, so auch die meisten Reliefs im Inneren. Das Hauptaltarblatt von Josef Danhauser zeigt das Martyrium des hl. Johannes. Das wertvollste Gemälde stammt von Johann Lukas Kracker (1773; südl. Seitenschiff). In den Sommermonaten finden um die Mittagszeit regelmäßig Orgelkonzerte statt.

Die gegenüberliegende Straßenfront nimmt das harmonisch gegliederte Gebäude des einstigen **Erzbischöflichen Lyzeums** **2** ein, heute Pädagogische Hochschule, eines der schönsten Beispiele des ungarischen Zopfstils. Die imposante vierflügelige Anlage mit dem 53 m hohen Turm der Sternwarte (1785) blieb trotz der Bemühungen des Bischofs, den Rang einer Universität zu erlangen, ein Lyzeum. Zu besichtigen ist die **Erzbischöfliche Bibliothek** im ersten Stock mit kostbaren mittelalterlichen Kodizes, Wiegendrucken und Manuskripten. Ein Besuch lohnt sich allein wegen des künstlerisch und historisch interessanten Deckengemäldes von Johann Lukas Kracker (1778). Dargestellt ist das Konzil von Trient, das in den Jahren 1545–63 die Gegenreformation begründete. Dem Maler gelang es, eine imposante gotische Scheinarchitektur zu schaffen, obwohl die reale Gewölbehöhe nur 80 cm beträgt. Außerdem gibt es im Turm das Sternwartenmuseum und die »Camera obscura«.

An der nördlichen Platzseite sieht man bereits die spätbarocke Fassade des **Erzbischöflichen Palais** **3**, dessen Schauseite sich zur Széchenyi István utca hin öffnet. Im anschließenden Trakt befindet sich das **Erzdiözesanmuseum** (Főegyházi Múzeum). Die **Széchenyi utca** gehört zu den Prachtstraßen der Stadt. Sie ist von gepflegten Bauten im Barock- und Zopfstil gesäumt. In Nr. 14 war von 1713–1968 die einstige Jesuitenapotheke beheimatet (heute **Telekessy Patikamúzeum** 4). Schräg gegenüber ließ der Orden anstelle einer Moschee die **Sankt-Bernhard-Kirche** 5 errichten. Künstlerisch wertvoll ist die um den Jesuitenheiligen Franz von Borgia angeordnete Figurengruppe auf dem Hochaltar von Johann Anton Krauss (um 1770). Den Annenaltar schuf Johann Lukas Kracker (mittlerer Altar, rechtes Seitenschiff). Auch die weiter nördlich liegende barocke **Spitalkirche Sankt Anna** 6 entstand aus dem Baumaterial eines türkischen Vorgängers.

Vorbei am ältesten erhaltenen Wohnhaus der Stadt, Nr. 51, gelangt man zum **Vitkovics-Haus** (Nr. 55), früher orthodoxes Pastorat (1760). Im Inneren sind Arbeiten von György Kepes zu sehen, der nach seiner Bauhaustätigkeit in Berlin und Chicago nach Cambridge (USA) ging und dort 1967 ein eigenes Institut gründete. Erst nach der Erklärung der Religionsfreiheit durch Joseph II. konnte die orthodoxe Gemeinde eine eigene Kirche, die **Raizenkirche (Rác templom)** 7, realisieren. Allein die schmucke Ikonostase belohnt den Aufstieg über eine gedeckte Treppe auf den Kirchenhügel hinauf.

Ein Spaziergang durch schmale Altstadtgassen führt zum **Dobó István tér,** einem ausgedehnten, typischen Marktplatz, umringt von kleinstädtischen Häuserreihen, dem Rathaus und der doppeltürmigen Minoritenkirche. Der Markt wurde zwar auf den nahen Katona István tér verdrängt, doch spielt sich hier noch immer das Leben der Stadt ab. Benannt ist der Platz nach dem heldenhaften Burghauptmann István Dobó, dessen Denkmal Alajos Stróbl schuf. Vor dem um 1900 erbauten eklek-

Innenraum der Kathedrale von Eger

tischen **Rathaus (Városháza)** 8 befindet sich die Skulpturengruppe »Verteidiger der Grenzburgen« von Zsigmond Kisfaludy Strobl.

Ihre harmonischen Proportionen machen die ehemalige **Minoritenkirche** 9 zu einem Meisterwerk der Barockarchitektur. Die Planung wird dem Prager Kilian Ignaz Dientzenhofer zugeschrieben, der für seine rhythmische Formensprache berühmt ist. Die dem hl. Antonius von Padua geweihte Kirche (1773) ist in der reichen Innenausstattung ganz und gar dem Kirchenpatron gewidmet; so auch das Hauptaltarblatt »Marienvision des Antonius« von Johann Lukas Kracker. Im anschließenden Ordenshaus ist u. a. ein kleines **Museum der Volkskunst der Palozen** (s. auch S. 278f.) untergebracht. Zu den schönsten Stücken zählen die bemalten »Brauttruhen«, in denen die Aussteuer der Mädchen aufbewahrt wurde.

Wie das Erlauer Stierblut zu seinem Namen kam

Natürlich hat der Name Erlauer Stierblut – übrigens eine wörtliche Übersetzung von Egri Bikavér – nichts mit Blut zu tun, außer der Farbe: Beide sind rot. Und damit sind wir in gewisser Weise schon beim Kern der Geschichte. Als Burgverteidiger István Dobó am 11. September 1552 mit 2012 Burgbewohnern, darunter Frauen und Kinder, dem 60 000 Mann starken Osmanenheer gegenüberstand, soll der Budaer Pascha Ali gedroht haben, sie »gleich einem Schafstall in Trümmer zu hauen«. Doch die Burgbesatzung hielt stand, nicht zuletzt aufgrund des unerschrockenen Einsatzes der Frauen. Nicht nur, dass sie die Männer auch während des Kriegsgeschehens mit Speisen und Wein versorgten, war Not am Mann, griffen auch sie zum Säbel oder gossen siedendes Pech auf die Angreifer herab. Doch nach 38 Tagen erbitterten Verteidigungskampfes gingen laut Überlieferung während eines besonders schweren Angriffs die Weinvorräte allmählich zur Neige. Im Angesicht seiner geschwächten Männer ließ István Dobó die Reste der in den Kasematten lagernden Weinfässer zusammengießen und an die Männer verteilen. Ihr Kampfgeist erwachte neu.

Die Türken schoben das Erstarken der Verteidiger auf den Genuss einer roten Flüssigkeit, die ihnen Münder und Wams blutrot gefärbt hatte. Sie glaubten, die Ungarn hätten Stierblut getrunken und so übernatürliche Kräfte erhalten. Die Folge war der Rückzug der Osmanen. Ob sich die Geschichte so oder nur so ähnlich zugetragen hat, kann man auch in Géza Gárdonyis historischem Roman »Die Sterne von Eger« nachlesen.

So also soll während des erbitterten Verteidigungskampfs um die Burg von Eger das heute weltbekannte Erlauer Stierblut entstanden sein. Das zufällige Zusammengießen von Kadarka, Merlot, Blaufränkischem (Kékfrankos), Kékoportó und Cabernet brachte einen ausgezeichneten Verschnittwein hervor, sodass, wie beim roten Bordeaux, dieses Verfahren bis heute praktiziert wird. Als Namen für die mit größter fachmännischer Sorgfalt ausgebauten Weine hat man zum Gedenken an den glorreichen Sieg der Burgverteidiger den Namen »Stierblut« beibehalten.

Jenseits des Bachs Eger erhebt sich ein 40 m hoher, schlanker Turm, das nördlichste erhaltene **Minarett** [10]. Im 17. Jh. wurde es zusammen mit der 1841 abgerissenen Moschee erbaut. Statt des Muezzin genießen heute Touristen den fantastischen Ausblick von der Galerie. Übrigens, der so harmlos erscheinende Bach hat die Stadt früher zur Zeit der Schneeschmelze mit etlichen verheerenden Hochwasserkatastrophen gepeinigt.

In der zur **Burg** 11 hinaufführenden Dobó István utca reihen sich in hübschen Altbauten kleine Geschäfte und Lokale dicht aneinander. Durch das Untere Tor gelangt man zu der zum Schutz vor türkischen Angriffen errichteten Ohrenbastei. Den eigentlichen Eingang zum Burginneren bildet das Varkoch-Tor donyis »Sterne von Eger« (s. S. 380) scheinbar zu neuem Leben erwachen. Das die Westseite des Hofes abschließende Gebäude beherbergt die **Gemäldegalerie** mit bekannten Werken europäischer Malerei des 16.–18. Jh. sowie ungarischer Malerei des 18./19. Jh. An der Südseite führt eine Treppe in den

Kleinstädtisches Flair am Dobó István tér

(1542). Es grenzt fast an ein Wunder, dass nach all den Kämpfen und Zerstörungen der gotische Arkadengang des einstigen Bischofspalasts bewahrt geblieben ist. Im Heldensaal ist die Grabplatte des István Dobó zu sehen. Im ersten Stock des rekonstruierten Gebäudes ist das **Burgmuseum** mit einer historischen Ausstellung beheimatet. Seinen Traum, einmal eigene Münzen zu prägen, kann man in der im Kellerraum eingerichteten Münzstätte verwirklichen. Neben alten Geräten gibt es auch eine Münzsammlung zu sehen.

Wenige Meter weiter westlich erreicht man die Erdbastei mit dem Panoptikum, in dem die Hauptdarsteller aus Gár-

Kerkerkeller, wo der Anblick der angesammelten Folter- und Mordinstrumente auch bei sommerlicher Hitze eine Gänsehaut hervorrufen kann.

Im Osten lassen sich inmitten von Ruinen die Grundmauern der romanischen und der spätgotischen Bischofskirche erkennen. Durch das Dunkle Tor gelangt man in die unterirdische, geheimnisvolle Welt der Burg: die Kasematten. Sie ziehen sich als weit verzweigtes Gangsystem in zweieinhalb Ebenen unter der ganzen Burg hin. Heute sind rund 300 m erschlossen.

Über die **Kossuth utca,** die eleganteste Barockstraße von Eger, gelangt man zurück zum Ausgangspunkt am

Ein Meisterwerk des Barock: die Minoritenkirche von Eger

Esterházy tér. Vorbei am **Großpropstpalais** (Nr. 16), heute Sitz der Komitatsbibliothek, gelangt man zum **Komitatshaus** 12 (Nr. 9). Der monumentale Barockbau entstand 1753. Blickfang sind die kunstvoll gearbeiteten schmiedeeisernen Rokokogitter von Henrik Fazola, die in ganz Europa ihresgleichen suchen. An der Straße rechts vom Tor zeigt eine Marke den Stand des Hochwassers von 1878 an. Im Hof steht das ehemalige Gefängnis, heute Sitz einer Ausstellung über Wassersport. Die zweitürmige **Franziskanerkirche** 13 entwarf Giovanni Battista Carlone. In der Krypta sind noch Reste einer älteren Kirche und einer Moschee zu sehen. Eines der schönsten Häuser der Straße (Nr. 4; um 1756) ist das reich verzierte **Kleinpropstpalais.**

Entspannungssuchenden sei ein Besuch des **Népkert (Volksgarten)** 14 oder des nahen **Freibads (Strandfürdő)** 15 empfohlen. Das Bad entstand unmittelbar neben dem um 1615 errichteten türkischen Badehaus (Török fürdő), dessen Heilwasserquellen zur Therapie des Bewegungsapparats Patienten vorbehalten ist, doch auch im Freibad findet man Becken mit Thermalwasser.

Nicht nur für Weinliebhaber ist ein Abstecher in das am westlichen Stadtrand gelegene **Tal der schönen Frau (Szépasszony völgy)** 🔟 ein Erlebnis. Hier reihen sich in den Rhyolithtuff gehauene Weinkeller dicht aneinander, deren ausgewogenes Klima den Rebensaft hervorragend reifen lässt. Über die Namensgebung des Tals kursieren verschiedene Gerüchte. Einige Weinbauern behaupten, hier habe einst eine besonders schöne Frau Wein verkauft, andere glauben, dass die Besitzerin einer nahen Villa so genannt wurde, während der Ethnologe Ferenc Bakó meint, der Name »schöne Frau« beziehe sich auf eine venusähnliche Göttin der Ur-Religion.

Ebenso unsicher ist das Erbauungsjahr des ersten Weinkellers. Jedenfalls begann man 1774 mit dem Bau der ersten Kellerreihe (Öregsor). 1781 waren bereits 32 Keller fertig. Heute sind es ca. 200 Keller. In den Tunneln herrscht ganzjährig eine Temperatur zwischen 10 und 15 °C. Die mit Moosen und Edelschimmel bedeckten Wände fördern Reife und Aroma des Weins. In dieser besonderen Atmosphäre lässt sich der Rebensaft am besten kosten, vor allem, wenn der Weinbauer ihn persönlich mit dem Heber aus dem Fass in die Gläser füllt.

Obwohl auch Reisebusse das Tal anfahren, kann man immer noch einsam im Keller eines Weinbauern versinken, vielleicht bei einem Glas Egri Bikavér (Erlauer Stierblut) oder weißem Leányka (Mädchentraube). Für das kulinarische Wohl sorgen zahlreiche Restaurants.

Durch die Bükker Bergwelt

Karte: S. 280/281
Tipps & Adressen: Noszvaj S. 351, Bélapátfalva S. 314, Szilvásvárad S. 364f., Lillafüred S. 345f.

Das nordöstlich von Eger gelegene wildromantische Bükk-Gebirge heißt nach seinen ausgedehnten Buchenwäldern *(bükk* = »Buche«). Nur wenige, sehr kurvenreiche Straßen durchziehen das dünn besiedelte Gebiet, das 1976 zum Nationalpark erklärt wurde. Der Reiz des größtenteils aus Kalk- und Sandstein bestehenden Berglands ist »Natur pur«. Ein einzigartiger Pflanzenreichtum, rund 1600 Arten von Blütenpflanzen, sowie zahlreiche vom Aussterben bedrohte Tierarten wie Mufflons, Wildkatzen und Hermeline gehören ebenso dazu wie sprudelnde Quellen und geheimnisvolle Höhlen. Mit den beiden Gipfeln **Istál-** lós-kő (959 m) und **Bálvány** (956 m) stellt das Bükk-Gebirge den dritt- und vierthöchsten Berg des Landes.

Ein kleines Juwel besitzt das an den Ausläufern der Bükker Berge gelegene Weindorf **Noszvaj** 🔟 in seinem nach dem Marquis de la Motte benannten Schlösschen *(Kastély;* im Ort ausgeschildert). Das »Miniatur-Meisterwerk des ungarischen Schlossbaus« entstand um 1776. Später ließ der Marquis den bezaubernden Freskenschmuck im Inneren nach französischen Musterbüchern gestalten. Heute dienen die mit kostbaren Möbeln und Kachelöfen eingerichteten Räume als Museum. Ein Teil des von einem Park umgebenen Schlosses dient heute als Hotel.

Nördlich von Eger wandeln sich die sanften, mit Wein bepflanzten Hänge in eine wildromantische Berglandschaft.

Bükker Bergwelt

Malerischer Wasserfall im Bükk-Gebirge

Oberhalb des Ortes **Bélapátfalva** 17 und unterhalb des Bél-kő (781 m) erbaute der puritanische Zisterzienserorden in völliger Einsamkeit ein Kloster mit Kirche. Die spätromanische Abteikirche gilt mit ihrer kargen Schönheit als einzigartiges Denkmal der Baukunst dieses Ordens. Einzige Zierde sind das romanische Säulenportal und die gotische Rosette an der Westfront. Den Innenraum unterteilen gedrungene Pfeiler in drei Schiffe. Lediglich das 1730 eingezogene Kreuzgewölbe ist jüngeren Datums. Vom Kloster sind nur Grundmauern erhalten.

Szilvásvárad 18 ist einer der bekanntesten ungarischen Urlaubsorte. Für Pferdefreunde ist das im 19. Jh. von den Markgrafen Pallavicini begründete Lippizanergestüt mit Museum der Hauptanziehungspunkt. Sogar Prinz Philipp von Edinburgh nahm 1985 und 1993 persönlich an der hier veranstalteten Weltmeisterschaft im Gespannfahren teil. Das 1860 von Miklós Ybl erbaute Schloss dient heute als Hotel.

Ein Naturerlebnis verspricht ein Besuch des **Szalajka-Tals (Szalajka völgy),** das man zu Fuß oder per Schmalspurbahn erreichen kann. Vorbei an Rennbahn, Restaurants und Souvenirbuden erreicht man die Bahnstation. Stündlich fährt eine Kleinbahn bis zur Endstation Fátyolvízesés (Schleierwasserfall) unterhalb des 959 m hohen Gipfels Istállos-kő. Von hier lassen sich Wanderungen zum Wasserfall (5 Min.), zur Urmenschenhöhle (Ösemberbarlang; 25 Min.), auf den Istállos-kö (ca. 2 Std.) oder zum Ausgangspunkt zurück unternehmen. Für Verpflegung sorgt ein kleines Büfett.

Am Ende einer wildromantischen Bergstrecke, entweder über den beliebten Wintersportort **Bánkút** oder über Répáshuta, erreicht man den kleinen Luftkurort **Lillafüred** 19. Immer wieder ein schöner Anblick: Im Hámori-See spiegelt sich das mit seinen Türmchen an ein Märchenschloss erinnernde Hotel Palota (»Palast«). Nach einer Kahnfahrt oder einem Spaziergang am Seeufer entlang lockt eine Pause in einem der eleganten Restaurants, bevor man in die Szent-István-Höhle *(barlang)* hinabsteigt oder in der Anna- bzw. Petőfi genannten Höhle einzigartige Kalktuffgebilde betrachtet, die Abdrücke von 40 000 Jahre alten Pflanzen aufweisen. Rund 50 m oberhalb der Annahöhle gibt es einen 10 m hohen Wasserfall.

Keine 4 km entfernt, in **Újmassa** 20, befindet sich das erste Industriedenkmal Ungarns, ein imposanter Hochofen von 1770. Der Betriebsgründer Henrik Fazola hat sich auch durch seine kunstvollen Arbeiten z. B. in Eger einen Namen gemacht. Angeschlossen ist ein kleines, liebevoll eingerichtetes Museum (s. Lillafüred S. 345f.), das die frühere Eisenproduktion anhand von Modellen veranschaulicht. Wer mehr über die Eisengewinnung wissen möchte, dem sei das **Zentralmuseum für Hüttenwesen** (Központi Kohászati Múzeum) in Felső-hámor empfohlen.

Miskolc – Metropole mit verhaltenem Reiz

Karte: S. 294
Tipps & Adressen: S. 348f.

▓ Wer sich nun nach etwas Stadtleben sehnt, der ist in Miskolc gerade richtig. Um ins historische Zentrum zu gelangen, muss man sich durch einen Gürtel von Plattenbausiedlungen kämpfen, Spuren der einst florierenden Stahl-, Maschinen- und Papierindustrie. Noch heute ist Miskolc die zweitgrößte Stadt Ungarns, Industrie-, Handels- und Kulturmittelpunkt. Im Zentrum findet man neben Baudenkmälern, Museen und Geschäften eine stilvolle Fußgängerzone und vor allem am Wochenende ein bewegtes Nachtleben der Jugend.

Geschichte

An der Mündung des Szinva-Bachs in den Sajó siedelte sich im ausgehenden 9. Jh. der Magyarenfürst Bors an. Nach ihm heißt das Komitat Borsod, die Hauptstadt trägt den Namen des alten Geschlechts der Miskóc. Die günstige Lage an einem wichtigen Handelsweg nach Oberungarn (heute Slowakei) sowie der Weinbau machten Miskolc bald zu einem blühenden Marktflecken. Einen schweren Einbruch erlitt die aufstrebende Stadt durch die türkische Eroberung 1544; ein zweiter folgte, als die Habsburger die den Rákóczi-Freiheitskampf unterstützende Stadt 1706 niederbrannten. Mit der Inbetriebnahme der ersten Eisenschmelze 1770 in Újmassa (s. o.) setzte ein wirtschaftlicher Aufschwung ein. Ende des 19. Jh. gab es bereits eine Großindustrie, die Miskolc nach 1945 zum Zentrum der Schwerindustrie machte.

Stadtrundgang

Hauptstraße und seit neuestem Fußgängerzone ist die von schön restaurierten Geschäfts- und Wohnhäusern gesäumte **Széchenyi István utca.** Lohnend ist ein Blick in die Hinterhöfe, wo sich noch kleine Geschäfte und Handwerksbetriebe verstecken und traditionelle Umgänge die darüber liegenden Wohnungen verbinden.

Miskolc

293

Kommt man aus Lillafüred in die Stadt, sollte man zuerst die rechts der Straße im Vorort Diósgyőr gelegene gleichnamige Burg besuchen. Hinter einer Wohnsiedlung thront auf einem Hügel das mächtige **Burgschloss von Diósgyőr 1**. Mitte des 14. Jh. ließ König Ludwig der Große die Burg nach

Zu den bedeutendsten Baudenkmälern der Stadt gehört die 1785 von hier ansässig gewordenen griechischen Kaufleuten in Auftrag gegebene **Orthodoxe Kirche 2** auf dem Deák tér. Ihre 16 m hohe prächtige Ikonostase besteht aus 88 kostbaren Ikonen. Die Kopie der »Schwarzen Mutter-

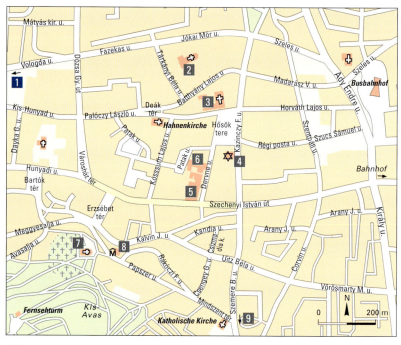

Miskolc

italienischem Vorbild als quadratische Anlage mit vier Ecktürmen ausbauen. Während der Türken- und Freiheitskriege stark beschädigt, wurde sie schließlich dem Verfall preisgegeben. Obschon nur Ruinen, bieten die Türme noch einen imposanten Anblick. Außerdem gibt es ein Burgmuseum und in den warmen Monaten zahlreiche Burgfestspiele. Unterhalb kann man sich im recht schönen Freibad *(várfürdő)* erfrischen.

gottes von Kasan« ist ein Geschenk der Zarin Katharina II. Das benachbarte **Orthodoxe Kirchenmuseum** (Magyar Ortodox Múzeum) beherbergt eine reiche Sammlung liturgischer Geräte. Der Weg zur Fußgängerzone führt vorbei an der um 1730 nach den Plänen von Giovanni Battista Carlone errichteten **Minoritenkirche 3**, deren barocke Doppelturmfassade den ansonsten kargen Hősök tere dominiert. In der Nähe, an der Ecke Deák tér/Kossuth utca, steht auch die Kirche der Reformierten, die so genannte **Hahnenkirche (Kakastemplom;** 1711). Von der einst großen jüdischen Gemeinde ist lediglich das heruntergekommene Gebäude der **Synagoge (Zsinagóga)** 4 in der Kázinczy Ferenc utca geblieben.

an der Ecke zum Erzsébet tér, erfreuen. An diesem hübsch gestalteten Platz mit Kossuth-Denkmal wartet nur noch das ehemalige Badehaus auf Renovierung.

Am Fuß des Hausbergs Avas sieht man bereits den Glockenturm der um 1470 entstandenen gotischen **Avas-Kirche (Avasi templom)** 7, dem ältesten

Alltägliches Leben in Miskolc

In der Széchenyi utca angekommen, stößt man schon an der nächsten Ecke auf den klassizistischen Bau des **Nationaltheaters (Nemzeti Színház)** 5. Neu eröffnet hat das nahe **Museum für Theatergeschichte und Schauspieler** 6 mit einem netten Café. Nicht nur Shoppingfreunde kommen beim Flanieren durch die Fußgängerzone auf ihre Kosten: Wer mag, kann sich an den schmucken klassizistischen und eklektischen Fassaden, so z. B. der Apotheke

erhaltenen Baudenkmal der Stadt. Der Turm mit seiner hölzernen Spitze wurde erst 1557 ergänzt. Der kleine, stimmungsvolle Friedhof wurde bereits im 11. Jh. angelegt. Vorbei an alten Weinkellern erreicht man den Aussichtsturm (Avasi kílátó).

Unterhalb der Avas-Kirche befindet sich das **Herman-Ottó-Múzeum** 8, benannt nach dem Entdecker des »Bükker Urmenschen«, einem der ältesten Funde menschlichen Lebens.

Ein Bad im Herzen des Berges

Ein zauberhaftes wie einmaliges Bade-Abenteuer bietet das Heilbad in Miskolc-Tapolca, das Höhlenbad (Barlangfürdő). Über Jahrmillionen hat das Wasser die Höhlen und Gänge aus dem Karstgestein ausgewaschen, die heute ein natürlich überdachtes Schwimmbad bilden. Innerhalb der urwüchsigen Felswände herrscht ein ausgezeichnetes, heilendes Mikroklima. Das klare, wohltemperierte Thermalwasser weist zwar eine geringere Konzentration an Mineralsalzen auf als übliche Heilbäder, doch kann man hier dafür ohne Zeitbeschränkung schwimmen oder sich von harten Wasserstrahlen massieren lassen. Ein unsichtbar bewegter »unterirdischer Strom« bringt die Badegäste in den schönsten Teil der Höhle.

Auf ein Sonnenbad oder Wasserspaß im Freien braucht man jedoch nicht zu verzichten: Zum Bad gehören ein Freibecken, Liegewiesen und eine Parkanlage. Wem das ganzjährig milde

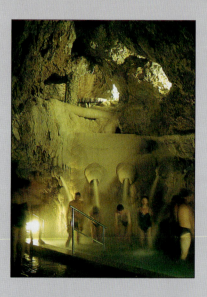

Höhlenklima nicht ausreicht, der kann sich zusätzlich in der Sauna aufheizen.

Barlangfürdő, Miskolc-Tapolca, Pázár sétány, Tel./Fax 46/304-128 oder 46/369-452, miviz@mail.datanet.hu, tgl. 9–18 Uhr.

Durchlöchert wie ein Schweizer Käse – der Aggteleker Nationalpark

Karte: S. 298/299
Tipps & Adressen: Aggtelek S. 308f.

Auf einer Reise von Miskolc durch das Bódva-Tal in den Aggteleker Nationalpark (Aggteleki Nemzeti Park) liegen einige interessante Sehenswürdigkeiten. In **Boldva** [1] steht die einzige romanische Kirche Ungarns mit zwei Osttürmen. Ihre gotischen Elemente erhielt sie bei der Renovierung nach dem Mongoleneinfall. In **Edelény** 2 projektierte Giovanni Battista Carlone um 1730 das sechstgrößte Barockschloss des Landes (an der Straße 27; nur von außen zu betrachten). Störche gibt es in ganz Ungarn, aber **Szalonna** 3 scheint eines ihrer Zentren zu sein – beinahe jeder Strommast trägt ein Storchennest. Am nahen Stausee **Rakacai-víztároló** gibt es genug Nahrung und einen Badestrand (an der Straße nach Rakaca). Schmuckstück des Dorfs ist die umfriedete romanische Kirche. Im 11. Jh. als Rotunde erbaut und zwei Jahrhunderte später erweitert, zieren ihre Innenwände kostbare spätromanische und gotische Fresken. Liebhabern romanischer Baukunst sei auch **Tornaszentandrás** empfohlen, dessen Kirche den einzigen Zwillingschor Ungarns besitzt.

Zu den reizvollsten Miniaturlandschaften Ungarns zählt der **Aggteleker Karst (Aggteleki karszt),** seit 1979 international anerkanntes Biosphärenreservat, 1984 Nationalpark und 1995 von der UNESCO zum Teil des Weltnaturerbes erklärt. Mit etwas Glück kann man einen Kaiseradler am Himmel seine Kreise ziehen sehen, in der Sonne dösende Feuersalamander oder Schwarzstörche beobachten. Sanfte Hügel, von denen der höchste, der Fertős-tető gerade 604 m misst, prägen diesen friedlichen Landstrich. Doch unter seiner Oberfläche lauern zahlreiche Geheimnisse, bis heute sind etwa 400 Höhlen registriert. Das ganze, von Höhlengängen durchzogene Gebiet liegt beidseitig des Flüsschens Jósva und erstreckt sich im Norden über die slowakische Grenze hinaus.

Eine der größten und schönsten Tropfsteinhöhlen Europas ist die fast 25 km lange **Baradla-Höhle** *(barlang),* zugänglich in Aggtelek und Jósvafő. Archäologische Funde von Werkzeugen und Knochen belegen eine steinzeitliche Besiedlung der Höhle. Im Zweiten Weltkrieg suchte die Bevölkerung in ihren Gängen Schutz. Im Höhleninneren trifft man auf eine zauberhafte Mythenwelt aus bizarren, effektvoll beleuchteten Tropfsteinformationen. Fantasie anregend sind Gebilde mit Namen wie »Feenburg« und

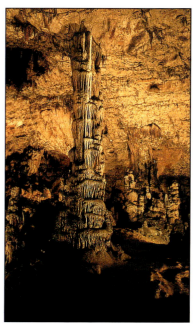

Die bizarren Gebilde in der Baradla-Höhle wachsen in ca. 20 Jahren um 1 Millimeter

»Chinesische Pagode«. Mit 17 m Höhe ist der »Sternwarte« genannte Stalagmit bis heute der weltgrößte. Gigantische Ausmaße hat der »Saal der Riesen« mit 120 x 30 x 40 m. Im Sommer werden in der Felsenhalle Konzerte veranstaltet. Das ganze Jahr über herrscht in der Tiefe eine gleichbleibende Temperatur von 10–12 °C. Der Haupteingang und ein kleines Höhlenmuseum befinden sich in **Aggtelek** 4, von wo man ein- oder mehrstündige Führungen in das Höhlen-

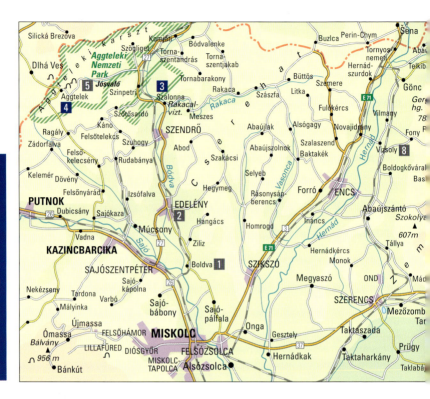

labyrinth buchen kann. Hier liegt das Fremdenverkehrszentrum der Region mit Hotels und Campingplatz.

Pittoresk ist dagegen das Dorf **Jósvafő** 5 mit seinen kleinen Bauernhäuschen. Die Pfarrkirche (14. Jh.) mit dem frei stehenden Glockenturm umgibt eine Festungsmauer. Auf dem Friedhof findet man noch traditionelle Grabpfähle.

Tokaj und Umgebung

Tokaj – Gemütlichkeit trotz Weltrang

Karte: S. 298/299
Tipps & Adressen: S. 368f.

6 Tokaj liegt malerisch am Fuß des **Kopasz-hegy** (512 m), des Kahlen Bergs, am Zusammenfluss von Bodrog und Theiß (Tisza). Seit dem 17. Jh. dreht sich alles um den Wein, das »flüssige Gold«, welches dem Städtchen vor allem im 18. Jh. Wohlstand und Ansehen brachte. Aus dieser Zeit stammen die imposantesten Gebäude; so auch der Barockbau des **Rákóczi-Dessewffy-Schlos-**

*Aggteleker Nationalpark
Tokaj und Umgebung*

ses *(kastély)* südlich der Erzsébet-Brücke. Von der einstigen, die Salztransporte auf der Theiß überwachenden mittelalterlichen Burg sind nur eine Handvoll Ruinen übrig geblieben. Hauptsehenswürdigkeit ist der etwa 700 Jahre alte **Rákóczi-Keller** *(pince)* am zentralen Kossuth tér. In dem ca. 1,5 km langen Gängesystem lagerten früher 20 000 Hektoliter Wein, heute werden nur noch 400 m für die Weinlagerung genutzt, die im Rahmen einer Weinprobe zu besichtigen sind. Wen die Geschichte und Herstellung des Tokajer noch weiter interessiert, sollte dem in einem nahen, eleganten Handelshaus eingerichteten **Tokaj-Museum** einen Besuch abstatten.

Griechische Händler, die vor den Türken aus ihrer Heimat geflohen waren, errichteten 1770 die **Orthodoxe Kirche** (Bethlen Gábor utca 14), heute Gemäldegalerie. Enge Gassen führen vom Hauptplatz ein Stück den Berg hinauf, vorbei an einigen privaten Weinkellern. Besonders schön ist die **Rákóczi utca,** gesäumt vom 1790 erbauten Rathaus und anderen stilvollen Gebäuden.

Wein, Porzellan und Burgen

Karte: S. 298/299
Tipps & Adressen: Mád S. 346, Hollóháza S. 339, Pácin S. 352, Sárospatak S. 356f., Tolcsva S. 369

Am Rand des Weindorfs **Mád** 7 ist von einer Mauer umgeben der jüdische Friedhof (Zsidó temető) erhalten. Ein schönes Bild: Die zum großen Teil gut lesbaren Grabsteine stehen auf einer Blumenwiese. Die Synagoge (1790) dient heute als Bibliothek. Auch **Tállya** ist ein bekannter Weinort; von hier bietet sich ein Abstecher nach **Szerencs** an, dessen Burgschloss im Zentrum heute als Hotel Gäste empfängt.

Die Fahrt geht das Hernád-Tal weiter aufwärts. Über dem Weindorf **Boldogkőváralja** erhebt sich malerisch eine im 13. Jh. errichtete und 1702 von den Habsburgern gesprengte Burg (Aufstieg möglich). In der Sakristei der Dorfkirche von **Vizsoly** 8 wurde 1590 die erste vollständige ungarische Bibelübersetzung gedruckt, die heute in der mittelalterlichen Kirche zu sehen ist. Kostbar ist auch der wieder freigelegte Freskenschmuck aus dem 13. und 15. Jh.

Durch **Gönc,** wo die Göncer Fässer für den Tokajer hergestellt wurden, gelangt man immer weiter in die zauberhafte Bergwelt des Zemplén. Nach einer kurvenreichen Straße erreicht man **Hollóháza** 9, nach Herend das zweite Mekka für Porzellanliebhaber. Die Porzellanmanufaktur in der nördlichsten Ecke von Ungarn hat ihre Laufbahn 1777 als Glashütte begonnen. Über das Steingut kam sie zum handbemalten Porzellan, das von Künstlern und Designern entworfen wird. Bekannt sind u. a. die schwarz-weißen Kollektionen von Endre Szász. Neben traditionellen Mustern werden auch Pokale für das internationale Autorennen vom Hungaro-Ring hergestellt. Produkte aus allen Zeiten präsentiert das Fabrikmuseum.

Beeindruckend ist der Anblick der Burgruine von **Füzér** 10, die auf einer steilen Felskuppe oberhalb des Dorfes thront. Von der im 13. Jh. erbauten Burg ist der innere Turm als ältester Teil erhalten. Am schönsten ist jedoch die zweistöckige Palastkapelle. Im Dorf interessieren die Reformierte Kirche (Reformatus templom) mit bemalter Holzdecke und ein traditionell eingerichtetes Bauernhaus (Tájház). Das romantische, von einem englischen Schlosspark umgebene **Schloss von Füzérradvány** wird derzeit renoviert und als Museum eingerichtet.

Von **Sátoraljaújhely,** Verwaltungszentrum der Region, führt ein Ausflug entlang der Grenze in östlicher Richtung in das für seine romanische Kirche bekannte Dorf **Karcsa** 11. Ganz in der Nähe des ungewöhnlich großen Dorfteichs sieht man das dunkle Schindeldach ohne Turm (Schlüssel im benachbarten Pfarrhaus). In **Pácin** 12 dient ein 1581 als Wehranlage erbautes Renaissanceschloss heute als Museum der Bodrog-Region. Themen der Sammlungen sind aristokratische Wohnkultur, Volkskunst und nordungarische Kachelöfen aus dem 15.–17. Jh. Bauherr war der durch

den Weinhandel reich gewordene Gáspár Mágóchy. Später verschönerte Ferenc Pácin den Bau durch Ecktürme und Sgraffito-Schmuck.

Das am Bodrog gelegene **Sárospatak** 13 ist eine Perle unter den ungarischen Städten: große Parkanlagen, eine kleine, hübsche Altstadt, imposante klassizistische und moderne Gebäude. Die Hauptattraktion, das Burgschloss im Renaissancestil, spiegelt sich malerisch im Fluss. Obwohl die Stadt ihre alte Struktur bewahrt hat, gibt es keine engen, verwinkelten Gassen wie sonst für Städte dieser Zeit üblich. Stattdessen ist das Straßensystem rechtwinklig und großzügig angelegt. Seit dem 18. Jh. trägt Sárospatak stolz den Beinamen »Athen am Bodrog«, was seine Verdienste um Bildung und Wissenschaft würdigt.

Die berühmteste Tochter der Stadt ist die hl. Elisabeth von Thüringen, Tochter der Gertrud von Andechs-Meranien und dem Arpadenkönig András, die nach 1207 auf dem Jagdsitz ihres Vaters geboren sein soll. Die Siedlung Villa Potok bestand damals nur aus einer einzigen Straße und einem Platz mit der Pfarrkirche, die trotz mehrfacher Umbauten ihr Aussehen als gotische Hallenkirche bewahrt hat. Bei den freigelegten Grundmauern handelt es sich um Reste einer Rotunde, wahrscheinlich die Taufkapelle von Elisabeth. Nach der Heiligen heißt die Straße Szent Erzsébet utca und der Platz mit ihrer Skulptur (Imre Varga) Szent Erzsébet tér. Durch die baumbeschattete Straße gelangt man vorbei am ehemaligen Trinitarierkloster (zzt. in Renovierung) zur Burg.

Nachdem Fürst Péter Perényi aus Angst vor den Türken seinen Wohnsitz von Siklós nach Sárospatak verlegt hatte, ließ er die Stadt befestigen, die Burg ausbauen und ein Reformiertes Kollegium errichtenen. Ältester Burgteil

Tokajer – die »Goldwährung« der Rákóczi-Ära

Der berühmteste der ungarischen Weine ist der goldgelb im Glas funkelnde Tokajer. Huldigungen seines Geschmacks, seiner Farbe und Wirkung gibt es in Wort und Ton reichlich. Durch das Lob »König der Weine, Wein der Könige« hat sich bereits der Sonnenkönig Ludwig XIV. als Liebhaber dieses edlen Rebensafts zu erkennen gegeben. »Trinket getrost den Tokajer, Euer Majestät. Das erste Menschenpaar wurde nicht wegen des Trinkens, sondern wegen des Essens aus dem Paradies vertrieben«, soll laut Überlieferung der Hofmeister Noel zu Friedrich dem Großen gesagt haben. Doch nicht nur Päpste und Könige lobten die »in der Flasche verschlossene goldfarbene Flamme« (Sándor Petőfi). Franz Schubert vertonte das Lied »Lob des Tokajers« der österreichischen Dichterin Gabriele von Baumberg. Voltaire rühmte seine Wirkung, denn »er bringt die Hirnfasern in Bewegung«, und Anatol France empfand, »nach einem Gläschen begann die Fee der süßen Ruhe mit mir zu spielen«.

Das Weinbaugebiet Tokaj hegyalja (ca. 6500 ha) erstreckt sich von Westen nach Osten entlang der südlichen Ausläufer des Zempléner Gebirges. Die vulkanischen Bodenverhältnisse sowie das vor Nordwinden geschützte, niederschlagsarme Klima, die weit bis in den Herbst hineinreichenden langen Sonnenscheinperioden und die hohe Luftfeuchtigkeit in den Nächten begünstigen nicht nur das Reifen der Trauben, sondern auch den für den Tokajer Aszú charakteristischen Prozess der Beerenschrumpfung. Dabei handelt es sich um ein geschlossenes, gesetzlich auf 28 Gemeinden beschränktes Gebiet, dessen Weine den ruhmreichen Namen Tokajer tragen dürfen. Seit Jahrhunderten widmet man sich hier dem Weinbau und der Erzeugung einzigartiger Weißweine, die nicht mit dem Tokay d'Alsace oder Schweizer Tokayer zu verwechseln sind.

Die Geschichte des Rebenanbaus geht zurück auf die Kelten, deren Arbeit die landnehmenden Magyaren fortsetzten. Es ist sicher kein Zufall, dass die den Wein liebenden Ungarn hier im 11. Jh. Franzosen und im 13. Jh. Italiener ansiedelten, deren Wissen die Weinkultur weiter verfeinerte. Obwohl der gezielte Einsatz der Ausbruchtraube (Aszúszőlő), dem der Tokajer Wein seine Einzigartigkeit verdankt, erst Mitte des 17. Jh. erfolgte, gehörten der schwedische und polnische Adelshof schon im 16. Jh. zu seinen treuen Kunden. Bei der Ausbruchtraube handelt es sich um edelfaule Trockenbeeren, aber keine Rosinen. Nur bei einem feuchtwarmen Herbstklima mit Morgennebeln kann sich der Edelfäulepilz (Botrytis cinerea) auf den vollreifen Trauben ausbreiten und die Schale zersetzen. Durch die Verdunstung von Wasser steigt die Konzentration der Inhaltsstoffe, die durch den Pilz wiederum verändert werden, z. B. sinkt der Säuregehalt bei erhöhter Zuckerkonzentration.

Laut Überlieferung wurde der Tokajer Aszú aus dem Zufall heraus geboren. Im Angesicht vorrückender türkischer Heere hatte Zsuszanna Lórántffy, die Witwe Fürst György Rákóczi I., die Weinlese auf ihren Gütern in den November verschoben. Nachdem der Abt Máté Sepsi Laczkó die zwischenzeitlich verschrumpelten Trauben dennoch gekeltert und sorgfältig verarbeitet hatte, war das Ergebnis ein ganz hervorragender Wein von besonderer Qualität, dessen Ruf sich schnell über die Landesgrenzen hinaus verbreitete.

Der Fürst und Freiheitskämpfer Ferenc Rákóczi II. hatte die Liebe zum Wein von seinen Vorvätern geerbt und setzte die Rebenzucht und Weinveredelung erfolgreich fort. Außerdem war er ein geschickter Diplomat, der durch großzügige Weingeschenke die Gunst auf sich zog. Sein »Gold« war der Tokajer, den er ebenso an den Hof Ludwigs XIV. lieferte wie an die Preußen oder den russischen Zarenhof. So berichtet Rákóczis Gesandter: »Ich kann Eure Hoheit dessen versichern, dass ein Fass guten Ungarweins als Präsent in den Augen seiner Majestät des Zaren mehr gilt als jedes andere noch so kostbare Geschenk.«

Und tatsächlich kursierte das Gerücht, dass der golden schimmernde Tokajer wirklich Gold enthalte. Die ersten Berichte, dass sich unter Ungarns Bergen Goldadern verbürgen, stammen u. a. von dem Humanisten Marzio Galeotto, Chronist am Hofe von Matthias Corvinus. Paracelsus höchstpersönlich versuchte in der Region Gold nachzuweisen, fand aber keines. Dennoch kam er zu dem Schluss, dass sich hier in der Rebe »Vegetalien mit Mineralien verbänden und der Sonnenschein einem goldenen Faden gleich durch den Weinstock und seine Wurzeln in das Gestein dringe«. Diese Feststellung eines angesehenen Naturforschers gab der Fantasie weitere Nahrung, doch konkrete Funde lassen noch auf sich warten.

Die Erzeugung des Tokajer Aszú beginnt damit, dass Ende Oktober bis weit in den November hinein die Trockenbeeren per Hand verlesen, d. h. ausge-

ist der 1534 begonnene massige Wohnturm, der wegen eines roten Verputzes im 17. Jh. bis heute »Roter Turm« heißt. Blickfang ist die geschmackvolle Lorántffy-Loggia, ein den Turm mit den übrigen Schlosstrakten verbindender Spätrenaissance-Arkadengang mit Stiege (um 1645). Damals gehörte das Anwesen bereits Zsuzsana Lorántffy und György Rákóczi I., und so entwickelte es sich zu einem Zentrum des ungarischen Freiheitskampfes. In die Geschichte eingegangen ist das Erkerzimmer mit Stuckrose, wo sich »sub rosa«, die Anführer der Wesselényi-Verschwörung, 1670 trafen. Die Hinrichtung der vom kaisertreuen Grafen Starhemberg verratenen Magnaten konnte den einmal aufgekeimten Freiheitsdrang nicht mehr unterdrücken. Ferenc Rákóczi II., der seine Kindheit in der Burg verbracht hatte, kehrte 1707 in sein von Kaiserlichen bereits verwüstetes Kastell zurück. 1708 tagte hier der letzte Kuruzenlandtag.

Nach aufwändigen Restaurierungsarbeiten ist die Rákóczi-Burg heute als Museum zugänglich. Die Sammlungen sind vornehmlich Fürstengeschlecht und Freiheitskampf gewidmet. Kostbare Interieurs illustrieren die Wohnkultur des Adels von der Renaissance bis zum Biedermeier. Von der Turmterrasse eröffnet

brochen werden. Diese vorerst abseits gelagerten Trockenbeeren werden dem Most oder jungen Wein in Form einer Traubenmasse zugeführt. Dabei werden bis heute, trotz modernster Technik, die traditionellen Maßeinheiten respektiert. Die Trockenbeeren werden nach den früheren Sammelbehältern, den *puttony* (ca. 20 kg), gemessen, die einem »Göncer Fass« (ca. 136 l) beigegeben werden. Die Anzahl der Bütten mit Aszú-Trauben pro Göncer Fass bestimmt die Konzentration und Komplexität des Weins und damit auch den Preis. Nahezu unerschwinglich ist die Essenz, der reine Saft der Trockenbeeren. Die Anzahl der *puttony* ist auf jeder Flasche mit dem Jahrgang vermerkt. Nach einer alten Regel beträgt der Reifeprozess zwei bis vier Jahre plus der Anzahl der zugesetzten Bütten.

Der Wein reift in Eichenfässern in den in das Tuffgestein gegrabenen, oft kilometerlangen Kellern. Im Inneren herrscht eine konstante Temperatur zwischen 10 und 12 °C bei hoher Luftfeuchtigkeit. Der die Wände bedeckende schwarze Schimmelpilzteppich ist der Stolz jedes Winzers, denn er geht eine ideale Symbiose mit dem lagernden Wein ein.

Am häufigsten nimmt man Furmint als Grundwein für den Aszú. Andere Grundweine sind Hárslevelű (Lindenblättriger), Muscat Lunell (Gelber Muskateller) und Oremus. Auch ohne die weitere Verfeinerung lassen sich aus den vollreifen Trauben ausgezeichnete Weißweine gewinnen, die durch ihre »intensiven Aromen, ihre Kraft und Lebendigkeit beeindrucken«. Kommt es aufgrund der klimatischen Gegebenheiten nicht zur Bildung von genügend Aszú-Trauben, erfolgt eine Lese ohne »Ausbruch« und das Ergebnis heißt Szamorodni, was auf Polnisch so viel bedeutet wie »so wie es kommt«. Lässt man den Wein ausgären, ist er trocken (*száraz*), bricht man die Gärung vorzeitig ab, süß (*édes*).

Letztendlich werden dem Tokajer sogar Heilkräfte zugesprochen. Nicht nur der schwedische König Johann III. war überzeugt davon, als er seinem erkrankten Lieblingspferd eine Tokajer-Trinkkur verordnete …

---

sich ein schöner Ausblick auf den Bodrog und den benachbarten Park. Im nahen Rákóczi-Keller aus dem 16. Jh. wird man mit einer anderen Leidenschaft des Fürsten konfrontiert, dem Tokajer Wein. In einem etwa 800 m langen Kellerlabyrinth lagern unzählige Fässer.

In der Rákóczi út 1 befindet sich das klassizistische Gebäude des Reformierten Kollegiums. Berühmtester Lehrer war Johann Amos Comenius. Den repräsentativen Bibliothekssaal entwarf Mihály Pollack. Büsten der bedeutendsten Schüler, darunter der Staatsmann Lajos Kossuth, sind im Schulpark aufgestellt.

An der Eötvös út kontrastieren der schlossartige, romantische Bau einer Pädagogischen Hochschule mit dem 1983 von Imre Makovecz fertig gestellten modernen Bildungszentrum (A Művelődés Háza). Seine organischen Formen kennzeichnen auch das Árpád-Vezér-Gymnasium und die Wohn- und Geschäftsanlage Hild Udvar am Hild tér.

Auf dem Rückweg nach Tokaj lockt das hübsche Weindorf **Tolcsva** 14 Weintrinker in seine dunklen Kellergewölbe. Wer nicht nur kosten, sondern auch noch etwas lernen möchte, den empfängt in der Rákóczi út 55 ein Weinmuseum.

Tipps & Adressen

Inhalt

■ **Adressen und Tipps von Ort zu Ort**
Abaliget 308
Aggtelek 308
Bábolna 309
Badacsony und Badacsonytomaj 309
Baja (Frankenstadt) 310
Balatonboglár 311
Balatonföldvár 311
Balatonfüred 312
Balatonszárszó 313
Békéscsaba 313
Bélapátfalva 314
Bóly (Bohl) 314
Budapest 314
Bugac 325
Bük (Bükfürdő) 325
Csongrád 325
Debrecen 326
Dévaványa 327
Dunaföldvár 327
Dunaújváros (Donauneustadt) 328
Eger (Erlau) 328
Esztergom (Gran) 330
Fehérgyarmat 331
Fertőd 331
Fertőrákos (Kroisbach) 332
Fülöpháza 332
Galya-tető 332
Gemenci-Erdő (Gemencer Wald) 332
Gödöllő 333
Gorsium 333
Gyomaendrőd 333
Gyöngyös 333
Gyöngyöspata 334
Győr (Raab) 334
Gyula 336
Hajdúböszörmény 336
Hajdúszoboszló 337
Hajós 337
Harkány 338
Hévíz 338
Hódmezővásárhely 338
Hollóháza 339
Hollókő (Rabenstein) 339

Hortobágy 339
Kalocsa 340
Kaposvár 341
Kecskemét 341
Kékes-tető 343
Kerekegyháza 343
Keszthely 343
Kiskunhalas 344
Kisnána 344
Komárom 344
Kőszeg (Güns) 345
Lillafüred 345
Mád 346
Majkpuszta 346
Makó 347
Martonvásár 347
Mátrafüred 347
Miskolc 348
Mohács (Mohatsch) 349
Mór 350
Mosonmagyaróvár 350
Nagycenk (Großzinkendorf) 350
Nagyharsány 351
Nagykarácsony 351
Nagynyárád (Großnaarad) 351
Nagyvázsony 351
Noszvaj 351
Nyíregyháza 352
Ópusztaszer 352
Pácin 352
Paks 352
Pannonhalma 353
Pápa 353
Parád 353
Pécs (Fünfkirchen) 354
Pécsvárad 355
Poroszló 356
Ráckeve 356
Salföld 356
Sárospatak 356
Sárvár 357
Siklós 358
Siófok 358
Sirok 358

Sopron (Ödenburg) 359	Tiszafüred 368
Sümeg 360	Tokaj 368
Százhalombatta 360	Tolcsva 369
Szeged 361	Vác (Waitzen) 369
Székesfehérvár (Stuhlweißenburg) 362	Várgesztes 370
Szekszárd (Seksard) 362	Vasszécseny 370
Szentendre 363	Velence 370
Szentgotthárd .364	Vértesszőlős 370
Szigetvár 364	Veszprém 370
Szilvásvárad 364	Villány (Willand) 371
Szirák 365	Visegrád 371
Szombathely (Steinamanger) 365	Zalakaros 372
Tapolca 366	Zirc 372
Tata 366	Zsámbék 372
Tihany 367	

■ **Reiseinformationen von A bis Z**	National- und Naturparks 382
Anreise 373	Notfälle 382
... mit dem Flugzeug 373	Öffnungszeiten 382
... mit der Bahn 373	Polizei 382
... mit dem Bus 373	Preisniveau 383
... mit dem Schiff 373	Reisezeit 383
... mit dem Auto 373	Sicherheit 383
Apotheken 374	Souvenirs 383
Ärztliche Versorgung 374	Sport/Urlaubsaktivitäten 384
Auskunft 374	... Angeln 384
... in Deutschland 374	... Golf 384
... in Österreich 374	... Jagd 384
... in der Schweiz 374	... Kutschfahrten 384
... in Ungarn 374	... Radfahren 385
... Hungary Card 375	... Reiten 385
Autofahren 375	... Schwimmen 385
Behinderte 376	... Segeln 385
Botschaften der Republik Ungarn 376	... Tennis 385
... in Deutschland 376	... Wandern 385
... in Österreich 376	Telefonieren 386
... in der Schweiz 376	Trinkgeld 386
Diplomatische Vertretungen	Unterkunft 386
in Ungarn 376	Verkehrsmittel .386
Einreise und Zollbestimmungen 376	... Schiffe und Fähren 387
Elektrizität 376	... Züge 387
Essen und Trinken 376	... Busse 387
Feiertage und Feste 377	Zeit 387
... Gesetzliche Feiertage 377	Zeitungen und Zeitschriften 387
... Feste und Festspiele 377	
Geld und Banken 378	**Kleiner Sprachführer** 388
Gesundheit 378	**Abbildungsnachweis** 391
Karten 379	**Register** 391
Kinder 379	Ortsregister .391
Kur- und Heilbäder 379	Personenregister 395
Lesetipps 380	**Impressum** 400

Inhalt

Adressen und Tipps von Ort zu Ort

■ **Preiskategorien Unterkunft**
sehr preiswert: bis ca. 4600 Ft. (ca. 18 €)
günstig: bis ca. 8000 Ft. (ca. 30 €)
moderat: bis ca. 12 000 Ft. (ca. 56 €)
teuer: bis ca. 17 000 Ft. (ca. 66 €)
sehr teuer: über ca. 17 000 Ft. (ca. 66 €)

(für zwei Personen im Doppelzimmer, in Pensionen und kleineren Hotels in der Regel mit Frühstück)

■ **Preiskategorien Restaurants**
günstig: bis ca. 1300 Ft. (ca. 5 €)
moderat: bis ca. 2000 Ft. (ca. 7,5 €)
teuer: über ca. 2000 Ft. (ca. 7,5 €)
zusätzl. Kategorie in Budapest (s. S. 316f.):
sehr teuer: über ca. 3000 Ft. (ca. 11,3 €)

(für ein durchschnittliches Hauptgericht mit Vorspeise ohne Getränke)

■ **Ungarische Telefonnummern**
Bei den ungarischen Telefonnummern ist Folgendes zu beachten:
Vom Ausland aus wählt man nach der Landesvorwahl (00 36) die jeweilige Ortsvorwahl und anschließend die Nummer des gewünschen Teilnehmers.
Innerhalb Ungarns wählt man hingegen: 06 + Ortsvorwahl + Nummer des Teilnehmers, falls man sich in einem anderen Ort befindet. Auch bei Mobiltelefonnummern, die meist mit den Ziffern 20 oder 30 beginnen, ist die 06 vorzuwählen. Ein Ortsgespräch funktioniert ohne jegliche Vorwahl.

Abaliget

Lage: bei Pécs C2
Vorwahl: 72
Postleitzahl: 7678

 Barlang Hotel, Motel, Camping,
Üdülőterület, Tel. 327-928,
15. April–10. Okt., sehr preiswert.
Einfache Übernachtungsmöglichkeiten in schöner Natur im Zelt, Zimmer oder Appartement. Dazu gibt es ein Restaurant und Möglichkeiten zum Tretbootfahren und Minigolfspielen.

 Tropfsteinhöhle (Cseppkő-barlang),
im Dorf ausgeschildert, Mai–Aug. tgl. 10–18 Uhr, Sept.–April tgl. 10–16 Uhr.

Aggtelek

Lage: G7
Vorwahl: 48
Postleitzahl: 3759

Privatzimmer bei **Kovácshe**
(Frau Kovács), Demeter Emőke Vass
I. utca 23, Tel. 343-118, sehr preiswert.
Familiäre Übernachtungsmöglichkeit im Dorf, saubere Zimmer. Der Vermieter ist zudem »höhlenkundig«.

Cseppkő Hotel,
Tel. 343-075, Fax 343-044, moderat.
Im 70er-Jahre-Hotel »Tropfstein« nahe der Baradla-Höhle herrscht noch ein sozialistisches Ambiente. Außerhalb der Saison gilt ein Spezialangebot: Man übernachtet siebenmal und zahlt nur fünf Nächte. Größeres Hotel mit Garten, Restaurant und vielfältigem Freizeitangebot: Sauna, Solarium, Tennis, Billard, Reiten und Kutschfahrten.

Camping: Baradla Camping,
Baradla oldal 1, Tel./Fax 343-073,
info.anp@mail.matav.hu,
www.hotels.hu/baradla, sehr preiswert.
Nahe der Baradla-Höhle gelegener Campingplatz mit Bungalowvermietung.

 Baradla-Höhle
(Baradla Cseppkő-barlang),

Tel. 343-029, April–Sept. tgl. 8–18 Uhr, Okt. So–Fr 8–16, Sa 8–18 Uhr, Nov.–März tgl. 8–16 Uhr, nur mit Führung (s. u.). Naturinform (Infozentrum für Naturschutz und Tourismus), Baradla oldal 1 (beim Höhleneingang), Tel. 343-073, 343-029. Die Nationalparkverwaltung organisiert verschiedene ein- bis siebenstündige Führungen. Die kurze Tour beginnt tgl. um 10, 13 und 15 Uhr, im Sommer und an Samstagen im Okt. auch um 17 Uhr.

Bábolna

Lage: bei Győr C5/C6
Vorwahl: 34
Postleitzahl: 2943

Verein der Araberzüchter Ungarns,
Veselenyi utca 46, Geschäftsführer Tomás Rumbauer, Tel. 369-316.

Badacsony und Badacsonytomaj

Lage: B4
Vorwahl: 87
Postleitzahl: 8261

Tourinform,
Római út 55, Badacsonytomaj,
Tel. 471-682, Tel./Fax 472-023,
badacsonytomaj@tourinform.hu.
midiTourist,
Park utca 53, Badacsony,
Tel. 431-028, Fax 431-614.
Ganzjährig geöffnetes, privates Reisebüro.

Pension Erika, Familie Páros,
Tancsis Mihály utca 16,
Badacsonytomaj, Tel. 472-017, günstig.
Freundliche Familienpension, einfach, aber gut ausgestattet.
Panorama-Restaurant und Pension,
Hegyalja út 14, Badacsony,
Tel./Fax 431-593,
www.hotels.hu/panorama_badacsony,
günstig bis moderat (je nach Saison).
Zurzeit nur in der Saison geöffnet.
Etwas abgelegene, bezaubernde Lage,
mit kleinem, gutem Restaurant und einer romantischen Panoramaterrasse; fantastischer Seeblick, eigener Weinkeller mit Weinverkauf und Lokal im Keller für kühle Tage. Zu erreichen über die unterhalb vom Kisfaludy Ház weiter geradeaus führende Basaltstraße (Richtung Bórmúzeum und dann ca. 400 m weiter).
Club Hotel Badacsony,
Balatoni út 14, Tel. 471-040, Fax 471-088,
www.hotels.hu/club_hotel_badacsony,
April–Okt., 27. Dez.–3. Jan., moderat bis sehr teuer (je nach Saison).
Modernes Hotel mit Strand, Surfmöglichkeit, Pool, Vermietung von Sportausrüstungen; vegetarische Küche.

Camping: Badacsony-Camping,
ca. 400 m vom Zentrum Badacsony in Richtung Keszthely, Tel./Fax 431-091,
www.balatontourist.hu, 22. Mai–9. Sept., sehr preiswert.
Kleiner schattiger Platz mit eigenem Strand, gutem Standard und Kinderprogramm.

Halászkert,
Park utca 5, Badacsony,
April–Nov. tgl., moderat.
Wie der Name »Fischergarten« verrät, sind Fischgerichte die Spezialität, frisch und gut. Großes Lokal mit Folkloreprogramm.
Kisfaludy Ház,
Szegedy Róza utca 87, Badacsony,
Tel. 431-016, an der Római utca ausgeschildert, steiler Aufstieg, auch mit dem Pkw oder Jeep-Taxi möglich, moderat.
Herrlicher Seeblick, gute Weine und Küche mit Salatbar, nicht nur die Kellner im Frack machen die eher feinere Atmosphäre aus, die leider in der Hochsaison wenig zum Tragen kommt.
Szent Orbán Borház,
Szegedi Róza utca 22, Badacsony,
Tel. 431-382, Di–So 12–22 Uhr, moderat.
Restaurant einer bekannten Weinkellerei, die auch kulinarisch verwöhnt.

József-Egry-Gedenkmuseum (Emlékmúzeum),
Egri sétány 12, Badacsony,
Mai–Sept. Di–So 10–18 Uhr.

Tipps von Ort zu Ort

Die Ausstellung ist József Egry (1883–1951) gewidmet, der vor allem durch seine Balaton-Bilder berühmt wurde.

 Wein direkt vom Winzer: Panorama-Restaurant und Pension (s. o.), Empfehlung: Grauer Mönch *(Szürkebarát)*.
Kellerei Németh,
Római út 127, Badacsony, Tel. 431-274.
Traditionelle Reben: Blaustengler *(Kéknyelű)*, Lämmerschwanz *(Juhfark)* und Budai Zöld.
Kellerei Orbán (mit Pension),
Egri sétány 2, Badacsony, Tel. 431-188.
Grauer Mönch *(Szürkebarát)*, Welschriesling *(Olaszrizling)*, Muskateller.
Kellerei Weller,
Római út 30, Badacsonytomaj, Mobiltel. 30/956-6274.
Chardonnay, Welschriesling *(Olaszrizling)*, Muskateller.
Ansonsten gibt es in Badacsony an der **Romai út** viele Winzer, die an der Straße ihren Wein anbieten.

 Verschiedene **Strände,** an der Straße ausgeschildert.

 Bahnhof, direkt im Zentrum von Badacsony, Zugverbindung nach Tapolca und Budapest (Bahnstationen gibt es auch in den anderen vier zum Badacsony-Berg gehörenden Orten).
Personenfähre nach Fonyód; besonders reizvoll ist eine Bootstour nach Keszthely, Abfahrt: 11.35 Uhr, Dauer ca. 2 Std., beide Schiffe ab Anleger im Hafen. Aktuelle Abfahrtszeiten bitte direkt am Anleger erfragen oder unter Tel. 431-240.

Baja (Frankenstadt)

Lage: D3
Vorwahl: 79
Postleitzahl: 6500
Einwohner: 40 000

 Info-Tourist,
Halászpart,
Tel. 427-533, Fax 422-790.

Tourist Information,
Szent Imre tér 2, Tel. 324-144, Fax 324-181.

 Kolibri Panzió,
Batthyány utca 18,
Tel./Fax 321-628, sehr preiswert.
Kleine Familienpension mit Cafébar direkt im Zentrum. Freundlich eingerichtete Zimmer mit Etagendusche, Frühstücksraum.
Duna Hotel, Szentháromság tér 6,
Tel. 323-224, Fax 324-844, günstig.
Saubere Zimmer ohne großen Komfort. Am Hauptplatz gelegenes, schönes eklektisches Gebäude mit Restaurantterrasse.
Sugovica Hotel und Camping,
Petőfi-sziget Pf. 32, Tel. 321-755, moderat.
Auf einer Insel in Ufernähe gelegen mit Zelt- und Wohnmobilstellplätzen, gute Ausstattung, Tennis-, Kegel-, Schwimm- und Angelmöglichkeiten.

Jugendzeltlager
auf der Petőfi-Insel (Ifjúsági Tábor), Petőfi-sziget 5, Tel./Fax 324-022, sehr preiswert.
Badestrand und Kanuverleih, kein Komfort, aber Natur pur.

 El Greco,
Babits M. utca/Ecke Batthyány utca, tgl. 11–24 Uhr, moderat.
Griechische Küche mit ungarischem Einfluss für Leute, die mal etwas anderes probieren möchten.
Halászcsárda,
Damjanich utca 1, Tel. 325-788,
tgl. 11–23 Uhr, moderat.
Gemütliches Restaurant; zu empfehlen ist die Spezialität des Hauses: Fischgerichte.
Otthon Vendéglő,
Dózsa Gy. utca 34, Tel. 325-242,
tgl. 9–21 Uhr, moderat.
Gute ungarische Küche.
Sobri Halászcsárda,
Bajcsy Zs. utca 8, Tel. 420-654, moderat.
Der Besitzer J. Farkas konnte schon manche Auszeichnung vom Fischsuppen-Fest nach Hause tragen. Zigeunermusik.

 Stadtbibliothek Endre Ady (Városi Könyvtár),
Munkácsy Mihály utca, in der ehemaligen, noch gut erkennbaren Synagoge.

Mo–Do 13–18, Fr 10–18,
Sa 8–12 Uhr.

 Éber-Gedenkhaus (Emlékház),
Jokai utca 19, Di–So 10–16 Uhr.
Erinnerung an den hiesigen Maler Sándor Éber.

Heimatmuseum der Bunjewatzen (Néprajzi Múzeum Bunyevác),
Pandúr utca 51, Tel. 324-173,
Di–So 10–16 Uhr.
Die Ausstellung zeigt die Kultur der in Baja lebenden Minderheit der Bunjewatzen, katholischer Kroaten aus der Umgebung von Split.

István-Nagy-Galerie (Képtár),
Arany Janos utca 1, Tel. 325-649,
Di–So 10–16 Uhr.
Ausgestellt sind Arbeiten von István Nagy und der örtlichen, von dem Maler Gyula Rudnay gegründeten Künstlerkolonie.

István-Türr-Museum,
Deák Ferenc utca 1, Di–So 10–16 Uhr.
Umfangreiche archäologische, folkloristische, Foto-, Dokumentations- und Kunstsammlungen.

Observatorium (Csillagvizsgáló),
Tóth Kálmán utca 19, Tel. 424-027,
jeden Fr 17–23 Uhr.

 Főnix Klub,
Deák Ferenc utca 5, Tel. 428-117,
18–2 Uhr, Di, Fr Disko, So Ruhetag.

 Fischsuppen-Fest (Halászlé ünnepek) am zweiten Samstag im Juli: Auf dem Hauptplatz brodeln Hunderte von Fischsuppen in ihren Kesseln. Volksfest mit Feuerwerk. Der genaue Termin ist bei der Touristeninformation zu erfragen.
16. Mai: **Prozessionsfestzug** auf der Donau zu Ehren des hl. Johann von Nepomuk (Jánoska eresztés hagyományőrző). Das Programm ist bei der Touristeninformation erhältlich.

 Nimród-Wildpark (Vadaspark),
Bokodi út, an der Straße nach Bácsbokod, Mátéházapuszta, Tel. 20/974-2939.
Exotische Tiere und Wild aus Mitteleuropa. Angebote: Ausritte, Kutschfahrten und Kesselgerichte.

Ausflug per Schmalspurbahn und/oder Schiff in den **Gemencer Wald** (s. S. 333), Mai–Okt. jedes Wochenende; Info über Szent Imre tér 2, Tel. 324-144.

 Verein für Nonius-Zucht Ungarns,
Árpád tér 3, Tel./Fax 325-972. Berühmte ungarische Pferderasse.

 Die von der Sugovica gebildete **Petőfi-Insel** besitzt einen Badestrand; Bootsverleih, Tennisplatz und gute Angelmöglichkeiten. Sportangler-Verein, Petőfi-sziget 1, Tel. 321-343.

Balatonboglár

Lage: C4
Vorwahl: 85
Postleitzahl: 8630

 Tourinform,
Erzsébet utca 12–14, Tel./Fax 353-230, balatonboglar@tourinform.hu.

 Hunguest Sirály Panzió,
Honvéd utca 62, 6638 Balatonlelle, Tel./Fax 351-492, reserve@balaton.hunguest.hu, 15. April–15. Okt., teuer (Nebensaison 50% Ermäßigung).
Schöne Bauhaus-Villa mit Restaurant, Garten, Strand und Tennisplatz. Bequeme, einfache, aber helle Zimmer, familiär.

Camping: Sellő Kemping,
Tel./Fax 350-800, reserve@balaton.hunguest.hu, 15. April–15. Okt., moderat (Nebensaison günstig).

Balatonföldvár

Lage: C4
Vorwahl: 84
Postleitzahl: 8623

 Tourinform,
Széchenyi I. utca 1,
Tel. 342-410, Fax 340-916,
balatonföldvár@tourinform.hu.

Hunguest Balaton Panzió,
Rákóczi utca 17,
Tel. 350-702, Fax 351-095,
reserve@balaton.hunguest.hu,
15. April–15. Okt., moderat (Nebensaison günstig).
Das einfache Hotel mit Strand, Garten und Restaurant hat einen hübschen alten Trakt.
Hunguest Hotel Park,
Széchenyi utca 2,
Tel. 350-793, Fax 351-095,
reserve@balaton.hunguest.hu,
15. April–15. Okt., moderat bis teuer (Nebensaison 50% Ermäßigung).
Stilvolles, villenartiges Haus mit Garten, Tennisplatz und gutem Restaurant; luxuriös. Noch angenehm, weil nicht sehr groß (43 Zimmer).

Balatonfüred

Lage: C4
Vorwahl: 87
Postleitzahl: 8230
Einwohner: 15 000

Tourinform,
Petőfi Sándor utca 8, Tel. 342-237, Fax 340-566, balatonfured@tourinform.hu.

Balázs Villa,
Deák Ferenc utca 1,
Tel. 580-060, Fax 580-061, moderat.
Komfortable Zimmer in einer stilvollen Villa. Ruhige Lage mit Pool und Sauna.
Hotel Blaha Lujza,
Blaha Lujza utca 4,
Tel. 343-094, Fax 343-700,
www.hotels.hu/balha_lujza, moderat.
Für Liebhaber von Altertümchen, ehemaliges, klassizistisches Sommerhaus der gleichnamigen Schauspielerin. Atmosphäre geht hier vor Perfektion. Aircondition, Sauna, kleiner Fitnessraum. Empfehlenswertes Restaurant (vegetarische Gerichte).
Hotel Flamingó,
Széchenyi utca 16,
Tel. 434-707, Fax 343-318, teuer.
Gepflegtes, modernes Hotel in Flamingorosa. Großzügige Zimmer und Pool mit Blick auf den Balaton. Zentrumsnähe.
Gutes Restaurant mit Zigeunermusik in der Saison.
Hotel Park,
Jókai utca 24, Tel. 343-203, Fax 342-005, nur April–Sept., teuer.
Schönes Hotel mit geschmackvoll eingerichteten Zimmern.

Am Hafenanleger und der Promenade Tagore sétány gibt es zahlreiche Restaurants mit Terrasse und Blick auf den See; das **Borcsa** ist wegen seiner köstlichen Grillgerichte empfehlenswert.
Aranykorona Vendéglő és Gösser Söröző (»Gasthof zur goldenen Krone und Bierstube«),
Kossuth Lajos utca 11, Tel./Fax 343-916, tgl. 9–23 Uhr, moderat.
Tipp für Bierfreunde. Außer ungarischer Hausmannskost sind die Spezialitäten des Hauses zu empfehlen.
Koloska Csárda,
Koloskavölgy, Tel. 481-833,
1. April–31. Okt., moderat.
Der für seine traditionsreiche Küche bekannte große Gasthof liegt idyllisch im Wald oberhalb des Orts. Zu empfehlen sind die Fleischspieße.

Heimatmuseum (Tájház),
Arany János utca 12, Tel. 340-744, Di–So 10–17 Uhr.
Jókai-Mór-Gedenkmuseum (Emlékmúzeum),
Honvéd utca 1, Mai–Okt. Di–So 10–18 Uhr.
In der schönen Villa des großen Romanciers Jókai Mór ist eine Gedenkausstellung zu sehen.

Juli/Aug.: Abendliche **Diskoschiffstour** auf dem See, Info am Hafen, bei Tourinform oder in der Zentrale in Siófok Tel. 84/310-050.

Eröffnungsfest der Segelsaison
Mitte Mai: Die Eröffnung der Segelsaison wird jedes Jahr mit Folklore und Konzerten an der Mole gefeiert.
26. Juli: Berühmtestes und traditionsreiches Ereignis ist der seit 1825 pompös gefeierte **Annenball.** Ein Fest der Sinne in elegantem Ambiente mit feinem Menü

und Tanzdarbietungen. Kartenvorbestellung möglich, Info bei Tourinform.

 Bootsausflug tgl. nach Siófok oder Tihany und zurück vom Schiffsanleger, Info am Hafen, Tel. 342-230, oder bei der Zentrale in Siófok, Tel. 84/310-050. Zu empfehlen ist auch eine Promenadenfahrt.

 Busbahnhof, Castricium tér, Überlandbusse nach Budapest.
Bahnverbindung nach Budapest.

Balatonszárszó

Lage: bei Balatonlelle C4
Vorwahl: 84
Postleitzahl: 8624

 Attila-József-Gedenkmuseum (Emlékmúzeum),
József Attila utca 7, Mai–Okt. Di–So 10–18 Uhr, Nov.–April Di–So 10–14 Uhr. Museum für den Autor Attila József.

Békéscsaba

Lage: G3
Vorwahl: 66
Postleitzahl: 5600
Einwohner: 70 000

 Pension im Slowakischen Kulturhaus (Szlovák Kultúra Háza),
Kossuth tér 10, Tel./Fax 441-750, günstig. Helle Zimmer mit neuer Einrichtung und komfortabel, angeschlossenes Restaurant mit schmackhafter slowakischer Küche und slowakischem Bier vom Fass (So Ruhetag). Ca. 10 Min. zu Fuß bis ins Zentrum.
Hotel Fiume,
Szent István tér 2, Tel. 443-243,
Fax 441-116, moderat bis teuer.
Bestes Hotel der Stadt in einem stilvollen Gebäude von 1870. Gutes Restaurant und Straßenterrasse.

 Arany Bambusz,
Szent István tér 8, Tel. 447-164, günstig.
Sehr gute und wenig europäisierte chinesische Küche für Probierfreudige. Spezialität: Ente von der heißen Eisenplatte.

 Gabona-Múzeum,
Freilichtmuseum, ca. 500 m rechts hinter dem Ortsausgang an der Straße 44. Mai–Sept. Di, Mi, Fr–So 10–16 Uhr.
Märchenhaus (Meseház),
Békési út 17, Mo–Fr 8–16 Uhr.
Nicht nur für Kinder ein Erlebnis: reizvolle Puppen- und Marionettensammlung.
Mihály-Munkácsy-Museum,
Széchenyi utca 9, Tel. 323-377, Sommer Di–So 10–18 Uhr, Winter Di–So 10–16 Uhr. Gemälde und persönliche Gegenstände des Malers sowie eine ethnografische Sammlung. Sehenswert ist auch die ca. 500 m entfernte Villa, in der der Künstler eine Zeit lang wohnte: Munkácsy M. Emlékház, Gyulai út 5.
Slowakisches Heimatmuseum (Szlovák Tájhaz),
Garay utca 21, Tel. 327-038, April–Sept. Di–So 9–17 Uhr.

 Eine lokale Spezialität ist **Csabaer Kolbász,** eine gut gewürzte Wurst. In **Csorvás,** ca. 20 km südwestlich, kann man eine traditionelle Weberei besuchen. Aus den handgewebten Stoffen werden auch Kleidungsstücke genäht. Hudák Józsefné, Szövő Népi Iparművész, Ady Endre utca 9, Tel. 259-303, 258-176.

 Jókai Színház (Theater),
Andrássy út 1, Tel. 448-348.
Filhármónia (Philharmonie),
Andrássy út 24–28, Tel. 442-120.

 Ende Okt.: **Kolbászfestivál** (Wurstfestival) mit Musik, Info bei Tourinform in Gyula, Tel. 66/463-421.

 Strandbad mit Thermalbecken (Árpád Fürdő),
Árpád sor 3, Tel. 443-643.

Bahnhof, Andrássy út 58,
Tel. 325-400.
Busbahnhof, Andrássy út 58,
Tel. 447-347.

Bélapátfalva

Lage: F6
Vorwahl: 36
Postleitzahl: 3346

 Privatunterkunft im **Hutás Gästehaus** (»Dorftourismus«, Falusi Turizmus), IV. Béla út 82 (direkt an der Hauptstraße), Tel. 354-645, sehr preiswert. Einfache, saubere, geräumige Zimmer mit neuem Bad; Gemeinschaftsküche. Herzliche Aufnahme. Auf Wunsch wird man vorzüglich mit ungarischer Hausmannskost beköstigt. Grillen im Garten möglich. Fragen Sie, wie man zum örtlichen Badesee *(tó)* kommt. Wegen des nahen Skigebiets im Bükk-Gebirge ganzjährig geöffnet.

 Romanische Zisterzienserabteikirche (Apátsági templom), an der Durchfahrtsstraße als Museum ausgeschildert, April–Okt. Di–So 10–16 Uhr.

Bóly (Bohl)

Lage: D2
Vorwahl: 69
Postleitzahl: 7754
Einwohner: ca. 4000

 Tourinform, Erzsébet tér 1, Tel./Fax 368-100, tourinform@boly.hu.

 Privatunterkunft bei **Familie Schubert,** Rózsa utca 12, Tel. 368-277, Mobiltel. 30/901-4597, sehr preiswert. Separate, komplett ausgestattete Wohnung mit Terrassenbenutzung. Gastfreundschaft wird hier groß geschrieben. Hauseigener Wein, die Familie spricht Deutsch.
Békás-Panzió,
Békáspuszta, Tel. 369-565, Fax 368-088, moderat.
Pension im Jagdhaus mit Restaurant (gute Wildspezialitäten), rustikale, komfortable Einrichtung. Ruhige Lage im Wald.

 Restaurant im **Erzsébet Vigadó** (Kulturzentrum),
am Erzsébet tér 1, tgl. bis 22 Uhr, moderat.
Stimmungsvolles Restaurant mit guter Küche.

 Békáspuszta,
2 km von Bóly, Tel. 369-566, Fax 368-088, bólyvad@bolyrt.hu.
Landwirtschaftsmuseum, römische Straße und Gestüt mit 100 Hannoveranern in malerischer Landschaft. Reitturniere, Pferdeprogramme und Kutschfahrten. Im Ort ausgeschildert an der Straße Richtung Borjád, Villány. **Kellerdorf** *(pincefalu)* an der Straße Richtung Mohács.

 Ostermontag: **Emmaus-Fest** im Kellerdorf mit Tanz, Wein und Musik. **Weinlesefest** im Herbst, Info bei Tourinform (s. o.).

 34 000 ha großes **Jagdrevier von Békáspuszta,** Jagdbüro (Vadgazdálkodási és Idegenforgalmi Ágazat), Tel./Fax 368-088, bólyvad@bolyrt.hu.

Budapest

Lage: E5
Vorwahl: 1
Postleitzahl: 10++ (je nach Stadtbezirk)
Einwohner: 10 092 000

Tourinform: Hauptbüro, V., Vörösmarty tér, tgl. durchgehend; Tourinform, V., Sütő utca 2 (50 m vom Deák tér), Tel. 317-9800, Fax 317-9656, tgl. 8–20 Uhr; Tourinform im Internet: tourinform@mail.hungarytourism.hu, www.hungarytourism.hu;
Übernachtungsservice: www.hotels.hu.
Die Touristeninformation hält aktuelles Prospekt- und Kartenmaterial bereit, informiert über die Attraktionen der Stadt und hilft bei der Zimmersuche.
Weitere Tourinform-Büros (tgl. 9–18 Uhr):
I., Szentharomság tér,
Tel. 488-0453, Fax 488-0474;
VI., Liszt Ferenc tér 11,
Tel. 322-4098, Fax 342-2541;
XIII., Nyugati-Bahnhof (Westbahnhof),

Tel./Fax 302-8580;
VII., Király utca 93, Tel./Fax 352-1433.
IBUSZ Reisebüro,
V., Vörösmarty tér 6,
Tel. 317-0532, Fax 317-1474.
Großer Reiseveranstalter, Rundfahrten, Privatzimmervermittlung.
Budapest Tourist,
V., Roosevelt tér 5, Tel. 317-3535.
Stadtführungen, Privatzimmervermittlung. Außerdem gibt es in der Stadt als Orientierungshilfe **Touchscreen Informationsbildschirme**, z. B. am Südbahnhof, in der Großen Markthalle, in der U-Bahn-Station Astoria und am Flughafen.

Budapest Card
In Tourinform-Büros, in Reisebüros sowie an Fahrkartenschaltern und in Museen kann man die **Budapest Card** (Kártya) erwerben, eine 2-Tages-Karte (ca. 3400 Ft.) oder 3-Tages-Karte (ca. 4000 Ft.) mit vielen Vergünstigungen für Leute, die Budapest ganz intensiv erleben wollen (gültig für einen Erwachsenen plus ein Kind bis 14 Jahre). Eingeschlossen ist die freie Benutzung der öffentlichen Verkehrsmittel, freier Eintritt in die meisten Museen, Preisnachlass bei vielen kulturellen Veranstaltungen, bei bestimmten Sehenswürdigkeiten sowie in einigen Hotels und Restaurants.

 Privatzimmer sind sehr preiswert bis günstig und werden von Tourinform und anderen Reisebüros vermittelt. Fragen Sie unbedingt nach der Lage der Unterkunft und der Verkehrsanbindung.
Amadeus Apartments,
V., József nádor tér 10,
Mobiltel. 30/942-2893, Fax 302-8268, amadeus@elender.hu, sehr preiswert bis moderat.
Im Herzen von Budapest gelegen. Nicht gerade geschmackvoll eingerichtet, aber sauber.
Alfa Hotel,
III., Kossuth L. Üdölőpart 102,
Tel. 388-2143, Fax 240-8150,
alfa_royal@elender.hu,
www.hotels.hu/alfa, günstig.
Gut ausgestattetes Hotel in Aquincum an der Donau, mit Restaurant, auch vegetarische Küche. Ins Zentrum gelangt man mit dem Nahverkehrsboot oder der Vorortbahn HÉV.
Dominik Panzió,
VII., Cházár András utca 3,
Tel. 343-4419, Fax 343-7655, günstig.
Zentral gelegen, dafür einfach mit Etagendusche. Historisierender Ziegelbau gleich am Stadtwäldchen (Városliget). Mit Restaurant.
Plusz Panzió,
XV., Klebelsberg Kúnó utca 17,
Tel./Fax 410-5852, günstig.
Nordöstlich des Stadtwäldchens (Városliget) in einem ruhigen Viertel gelegene kleine Pension. Komfortabel mit kleiner Gartenterrasse.
Gárdonyi Panzió,
II., Bimbó út 25/b, Tel. 326-7742,
Fax 326-8895, günstig bis moderat.
Kleine Pension in ruhiger, schöner Lage am Rózsadomb (Rosenhügel). Nette Atmosphäre mit allem nötigen Komfort und Babysitter. Zentrale Lage bei der Margaretenbrücke.
Citadella Hotel,
Citadella sétány, Tel. 466-5794,
Fax 386-0505, moderat.
Das Schönste an diesem eher einfachen Hotel ist die Aussicht. Es liegt auf dem Gellért-Berg in der alten Zitadelle. Tanzfreudige können sich in der Diskothek austoben. Im Hotel befindet sich zudem ein elegantes Restaurant mit ungarischer und internationaler Küche und Zigeunermusik. Zu erreichen per Pkw oder Buslinie 27 ab Móricz Zsigmond körtér.
Hotel Délibáb,
VI., Délibáb utca 35, Tel. 322-8763,
Fax 342-8153, moderat (gestaffelte Preise).
Sehr zentral gelegenes Hotel in einem alten Stadtpalais nahe des Heldenplatzes (Hősök tere). Altmodische, aber ordentliche Zimmer. Nichts für geräuschempfindliche Menschen (Straßenlärm).
Kulturinnov,
I., Szentháromság tér 6,
Tel. 355-0122, Fax 375-1886, moderat.
Gerade richtig für diejenigen, die im Burgviertel bei moderaten Preisen übernachten wollen und die dafür auch schlicht eingerichtete Zimmer in Kauf nehmen.

Papillon Hotel,
II., Rózsahegy utca 3/b, Tel./Fax 212-4750, rozsahegy@mail.matav.hu, www.hotels.hu/papillon, moderat bis teuer (Nebensaison ermäßigt).
Hotel mit einem Hauch legerer Pariser Atmosphäre in schöner Lage am Fuß des Rózsadomb (Rosenhügel) auf der Budaer Seite, nahe Straßenbahn- und Bushalte-stelle. Ordentliche Zimmer, gutes Restau-rant und Pool.

Radio Inn Budapest,
VI., Benczúr utca 19, Tel. 342-8347, Fax 322-8284, moderat bis teuer (je nach Saison).
Familiäres Appartementhaus in ruhiger Lage im Diplomatenviertel. Die 1- bzw. 2-Zimmer-Wohnungen haben eine kom-plett ausgestattete Kochecke und Bad; ein Frühstücksbüfett wird bereitgestellt.

Hotel Centrál,
VI., Munkácsy utca 5–7, Tel. 321-2000, Fax 322-9445, moderat bis sehr teuer.
Unterschiedliche Preiskategorien bietet dieses Hotel im Diplomatenviertel an.

Swing Hotel,
V., Ferenc körút 19–21, Tel. 217-4436, Fax 216-3310, HotelSwing@matavnet.hu, www.hotels.hu/swingcity, teuer.
Elegantes Hotel mit nur 18 Zimmern, Wellness-Angeboten und Businesscenter, Bar und Restaurant, modern, dynamisches Ambiente.

Hotel Dunapart,
I., Szilágyi Dezső tér alsó rakpart, Tel. 355-9001, Fax 355-3770, teuer bis sehr teuer.
Ein ganz besonderes Erlebnis ist eine Nacht auf dem Donauschiff. Auf Komfort muss man trotz kleiner Kabinen nicht ver-zichten. Restaurant mit Donaublick.

Hotel Astoria,
V., Kossuth Lajos utca 19–21, Tel. 317-3411, Fax 318-6798, astoria@hungary.net, www.danubiusgroup.com/astoria, sehr teuer.
Nobelhotel mit dem Charme und Pomp der Jahrhundertwende. Mit allem Komfort, Babysitterservice und gediegenem Restau-rant mit vegetarischen Gerichten.

Hotel Gellért,
XI., Szent Gellért tér 1, Tel. 385-2200,

Fax 466-6631, resoff@gellert.hu, www.danubiusgroup.com/danubius/gellert.html, sehr teuer.
Jugendstiltraditionshotel mit dem berühmten Gellért-Heilbad unter einem Dach. Elegantes Ambiente ohne Steifheit. Herrlicher Ausblick auf die Elisabeth-brücke. Zentrale Lage.

Jugendherbergen:
Zentrale Informationen bei Hungarohos-tels, VII., Almássy tér 6, Tel./Fax 352-1572.
Sirály Youth Hostel,
XIII., Margitsziget, Hajós Alfréd sétány, Tel. 329-3952, Fax 322-2801.
Man kann sich glücklich schätzen, in dieser kleinen Jugendherberge ein Bett zu ergat-tern; 36 Personen verteilen sich auf drei Schlafräume. Toll ist die zentrale Lage im Grünen auf der Margareteninsel. Von Sü-den nach Norden fährt die Linie 26 über die Insel.

Camping:
Római Camping,
III., Szentendrei út 189, Tel. 368-6260, Fax 250-0426, ganzjährig.
Gut ausgestattet mit Pool und Ferienhäu-sern. Liegt in der Nähe der Römerstadt Aquincum; zu erreichen mit der Vorort-bahn HÉV.
Zugligeti Niche,
XII., Zugligeti út 101, Tel./Fax 200-8346, Mitte März–Mitte Okt.
Campingplatz in schöner Lage in den Budaer Bergen, schattig. Gute Ausstat-tung. Originell: eine alte Straßenbahnsta-tion dient als Restaurant. In die Stadt kommt man mit dem Bus 158 bis Moszkva tér.

Die Ungarn essen gerne und gut. Das zeigt sich in Budapest allein schon an der Fülle von hervorragenden Restaurants aller Preisklassen, einge-schlossen der Hotelrestaurants, die im Fol-genden nicht extra berücksichtigt werden. Für Gourmets und Liebhaber eines ent-sprechend edlen Ambientes gibt es zahl-reiche feine Adressen, für die eigens die Kategorie »sehr teuer« hinzugefügt (s. S. 308) wurde, weil sie das in Ungarn übliche

Preisniveau übersteigen. Insgesamt gesehen ist Essen und Trinken in Budapest teurer als im restlichen Ungarn.

Csarnok,
V., Hold utca 11, Tel. 269-4906,
Mo–Fr 9–22 Uhr, günstig.
Gute Gaststätte mit einfacher Küche, benannt nach der nahen Markthalle (nicht Zentrale Markthalle!).

Kádár Étkezde,
VII., Klauzál tér 9, tgl. 11.30–15.30 Uhr, günstig.
Traditionelles einfaches Restaurant, in dem ein ausgezeichnetes Mittagessen serviert wird. Bezahlt wird am Ausgang.

Kék Rózsa,
VII., Wesselényi utca 9, Tel. 342-8981, tgl. 11–22 Uhr, günstig.
Die »Blaue Rose« ist ein schlichtes Lokal über einer Bierstube mit guter ungarischer Küche.

Gandhi Restaurant,
V., Vigyázó Ferenc utca 4, Tel. 269-1625, Di–Sa 12–22.30 Uhr, moderat.
Vegetarisches Restaurant mit esoterischem Ambiente.

Horgásztanya,
I., Fő utca 27, Tel. 201-0683,
tgl. 12–24 Uhr, moderat.
In dem einfachen Restaurant mit Namen »Fischerhütte« gibt es gute Fischspezialitäten.

Jazz-Garden,
V., Veres Pálné utca 44/a, Tel. 266-7364, moderat.
Zum guten Essen gibt es tgl. ab 20.30 Uhr Jazzmusik.

Resti Kocsma,
V., Deák F. utca 2, im Keller des Vigadó, Tel. 266-6210, tgl. 12–6 Uhr, moderat.
Unter den Restaurants ein Kuriosum. In dem kommunistischen, musealen Ambiente kann man vom einfachen Arbeiteressen die ganze Palette der ungarischen Kochkunst kosten – und zwar in durchaus guter Qualität. Zuweilen ist die Musik etwas laut. Auch ein Lokal für Nachtschwärmer.

Szeged Vendeglő,
XI., Bartók Béla út 1, Tel. 209-1668, moderat.

Typisch ungarisches Lokal in der Nähe des Gellért-Bades. Tradtionelle ungarische Küche im netten folkloristischen Ambiente.

Wekerle Étterem,
XIX., Pannónia út 15, Tel. 282-9625, tgl. 11–23 Uhr, moderat.
Sehr gute Küche und angenehmer Service. Herrliche Gartenterrasse, auch innen sitzt es sich angenehm. Weit außerhalb, aber in einem interessanten Stadtteil (Metro 3, Hátar utca und gut 20 Min. zu Fuß).

Vendéglő a Vörös Postakocsihoz,
IX., Ráday utca 15, Tel. 217-6756, tgl. 9–24 Uhr, moderat.
Traditionslokal, benannt nach Gyula Krudys Roman »Die rote Postkutsche«. Auf den auch als Feinschmecker bekannten Autor berufen sich auch noch andere Lokale.

Bagolyvár,
XV., Állatkerti körút 3, Tel. 321-3550, tgl. 12–24 Uhr, moderat bis teuer.
Das »Eulenschloss« ist Nachbar des exklusiven Gundel, aber auch eine gute Adresse. Hier wird traditionell ungarisch nach Großmutters Art gekocht, gemütliches Ambiente.

Kispipa,
VII., Akácfa utca 38, Tel. 342-2587, tgl. 12–24 Uhr, moderat bis teuer.
Uriges, charmantes Restaurant mit ausgezeichneter Küche.

Carmel Pince Étterem,
VII., Kazinczy utca 31, Tel. 322-1834, tgl. 12–23 Uhr, teuer.
Im alten jüdischen Viertel gelegen. Hier werden hervorragende jüdische Spezialitäten serviert (nicht koscher).

Múzeum,
VIII., Múzeum körút 12, Tel. 267-0375, tgl. 10–2 Uhr, teuer.
Das 1885 gegründete Restaurant hat Stil und eine hervorragende Küche.

New York, Café und Restaurant,
VII., Erzsébet körút 9–11, Tel. 332-3849, teuer.
Das ehemalige Literatencafé steht wegen seiner pompösen Jahrhundertwende-Einrichtung als Sehenswürdigkeit in jedem Reisebuch. Derzeit wird das Haus renoviert. Das Café soll spätestens im Januar 2002 wieder eröffnet werden.

Tipps von Ort zu Ort

Belcanto,
VI., Dalszínház utca 8, Tel. 269-2786,
tgl. 18–2 Uhr, sehr teuer.
Neben vorzüglichen Speisen bedienen die
Kellner die Gäste auch mit Gesang, unterstützt von Opernsängern. Selbst die Speisekarte zeigt mit Gerichten wie *Tournedos
à la Rossini* die Nähe zur Oper.

Cyrano,
V., Kristóf tér 7–8, Tel. 266-3096,
tgl. 11–24 Uhr, sehr teuer.
Seinen Namen verdankt es dem Kron-
leuchter, der im Film »Cyrano de Berge-
rac« als Requisite zu sehen war. Hervorragende, auch vegetarische Gerichte. Kühle
Eleganz von Glas und Stahl unter einer
Stuckdecke, mit Galerie.

Faustó,
VII., Dohányi utca 5, Tel. 269-6806,
Mo–Sa 12–15, 19–23 Uhr, sehr teuer.
Italienische Küche der Spitzenklasse in
venezianischem Ambiente, sehr chic.
Unbedingt reservieren.

Gundel,
XIV., Állatkert körút 2, Tel. 266-0340,
tgl. 12–16, 19–24 Uhr, sehr teuer.
Die kulinarische Krönung des alten und
neuen Budapest. Seit der Wiedereröffnung
1992 konnte es im Dezember 2000 schon
seinen 1 000 000. Gast begrüßen, einen
Budapester Schuhmacher. Die Wände zieren Bilder bedeutender ungarischer Maler.
Ein Erlebnis ist auch der Garten mit hundert Jahre altem Baumbestand und Platz
für 400 Personen.

Le Légrádi Antique,
V., Bárczy István utca 3–5, Tel. 266-4993,
Mo–Fr 12–15, 19–24 Uhr, sehr teuer.
Das kleine, elegante Lokal hat etwas von
einem geheimen Treffpunkt, denn man
muss erst einen feinen Antiquitätenladen
im Souterrain durchqueren, bevor man
den antik eingerichteten Speiseraum
betritt. Ausgezeichnete Küche.

Budaer Burg (Vár) mit Burgviertel
und Burgpalast (Király palota). Für
die Besichtigung sollte man mindestens
einen halben Tag einplanen; außerdem
gibt es hier verschiedene Museen und
andere Attraktionen. Herrliche Aussicht,
vor allem ins nächtliche Lichtermeer. Auf-

stieg zu Fuß oder per Standseilbahn (Sikló) vom Clark Ádám tér, für Pkw gesperrt.

Burghöhle (Várbarlang),
I., Ecke Országház utca/Dárda utca im
Burgviertel, Di–So 10–18 Uhr (deutsch-
sprachige Führungen).

Fischerbastei (Halászbástya), der Aussichtspunkt von Budapest auf der Burg.

Grabmal (Türbe) des Gül Baba,
II., Mecset utca 14, Mai–Sept. Di–So
10–18 Uhr, Okt. Di–So 10–16 Uhr.
Das Grabmal des Derwisch Gül Baba (um
1545) dient als Museum und Pilgerstätte.

Große Synagoge (Nagy zsinagóga),
VII., Dóhany utca 2–8, Mai–Okt. Mo–Do
10–17, Fr 10–15, So 10–14 Uhr,
Nov.–April Mo–Fr 10–15, So 10–13 Uhr.
Die größte noch funktionierende Syna-
goge in Europa, mit Museum.

**Heldenplatz (Hősök tere) und Stadt-
wäldchen (Városliget):** Der Platz bildet
mit dem pompösen Millenniumsdenkmal
den krönenden Abschluss der Andrássy út.
An den Heldenplatz schließt sich der Aus-
flugspark der Budapester mit zahlreichen
Attraktionen an.

Kettenbrücke (Széchenyi lánchíd):
Die erste feste Donaubrücke zwischen Pest
und Buda, benannt nach ihrem Initiator
Graf István Széchenyi, ist heute das Wahrzeichen von Budapest.

**Labyrinth der Budaer Burg
(Budavári Labirintus),**
Úri utca 9, tgl. 9.30–19.30 Uhr.
Ein mysteriöser Ort voller Überraschun-
gen, dazu sphärische Klänge.

Margareteninsel (Margitsziget):
Budapests grüne Lunge, ideal zum Jog-
gen, Spazieren und Radfahren; Verleih von
Fahrradrikschas *(Bringóhintó, Japán-kert).*
Kein Autoverkehr.

Matthiaskirche (Mátyás templom),
I., Szentháromság tér, tgl. 9.30–17.30 Uhr,
Mitte Jan.–Mitte Feb. geschl.
In der Kirche auf der Burg finden häufig
Konzerte statt; mit sehenswerter Schatz-
kammer, die kostbare Goldschmiedearbei-
ten enthält.

Neuer Zentralfriedhof (Új köztemető)
Auf der Parzelle 301 sind Imre Nagy und
andere Opfer des Aufstands von 1956 beigesetzt. Sehr schöner und weitläufiger

Friedhof. Fahrrad oder Auto sind empfehlenswert. Die Straßenbahn 37 (Abfahrt ab Blaha Lujza tér) hält direkt vor dem Eingang des benachbarten **Jüdischen Friedhofs (Iszraelita temető)** (Mo–Do 7–16, Fr, So 7–15 Uhr). Schöne Jugendstilgrabmäler.
Parlament (Országház),
V., Kossuth Lajos tér 1–3.
Es gibt von Parlamentssitzungen abhängige Gruppenführungen, auch in Deutsch und Englisch, Info bei Tourinform (s. S. 314); Führungen werden auch vom Parlament organisiert, Treffpunkt am Tor, Jan.–Juni und Okt.–Dez. deutschsprachige Führung tgl. um 11 Uhr, Juli–Sept. Mo–Fr auch um 15 Uhr. Wegen des großen Andrangs kann es schwierig sein, noch eine Eintrittskarte zu bekommen.
Sankt-Stephans-Basilika (Szent István bazilika),
V., Szent István tér, Schatzkammer: Mai–Okt. 9–17 Uhr, Nov.–April 10–16 Uhr; Aussichtsturm: April, Mai. tgl. 10–16.30 Uhr, Juni–Aug. 9.30–18 Uhr, Sept.–Okt. 10–17.30 Uhr.
Die Sankt-Stephans-Basilika bietet Platz für 8500 Personen und ist die größte Kirche der Stadt.
Ungarische Staatsoper (Magyar Állami Operaház),
VI., Andrássy út 22, Innenbesichtigung tgl. 15 und 16 Uhr (auch deutsche Führung), Treffpunkt am Eingang hinter der Sphinx.
Váci utca: Budapests Hauptflaniermeile im Herzen von Pest.
Zeitrad,
XIV., Dózsa György út.
Dies ist die neueste Sehenswürdigkeit der Stadt: ein 2,5 m breites mobiles Kunstwerk, das die Zeit nicht misst, sondern darstellt.
Zentrale Markthalle (Központi vásárcsarnok),
IX., Vámház körút,
Mo 6–17, Di–Fr 6–18, Sa 6–14 Uhr.
Allein das Bauwerk ist schon einen Besuch wert. Im Inneren werden unter einer filigranen Stahlkonstruktion Lebensmittel aller Art und Volkskunst angeboten; an den Imbissständen kann man den kleinen Hunger stillen.

Zoo (Állatkert),
XIV., Állatkerti út 6–12, Mai–Aug. tgl. 9–19 Uhr, April, Sept. 9–18 Uhr, Mai, Okt. 9–17 Uhr, Nov.–Feb. tgl. 9–16 Uhr; die Tierhäuser öffnen ab 10 Uhr. Zum Tiergarten gehört auch ein Botanischer Garten (seit 1872). Die Elefanten wohnen in einer Jugendstilvilla.
Gleich nebenan gibt es einen **Vergnügungspark (Vidámpark)** mit Riesenrad, Karussell, Autoskooter etc. (April–Sept. 10–20 Uhr, Okt.–März 10–18 Uhr) und einen **Zirkus (Nagycirkusz),** Vorstellungen gibt es Mo, Do, Fr um 15 Uhr, Sa 10, 15, 19 Uhr und So 10 und 15 Uhr.

Apothekenmuseum (Patikamúzeum),
I., Tárnok utca 18, Tel. 375-9772, Di–So 10.30–17.30 Uhr.
Aquincum, Museum und Ruinengarten, III., Szentendrei út 139, Mai–Sept. Di–So 9–18 Uhr, 15.–30. April, Okt. Di–So 9–17 Uhr. Ruinen der einst blühenden römischen Bürgerstadt Aquincum. Im Museum sind die Ausgrabungsfunde zu sehen (Kultobjekte, Schmuck etc.). Zu erreichen mit der HÉV (Vorortbahn) vom Batthyány tér.
Béla-Bartók-Gedenkhaus (Emlékház),
II., Csalán út 29, Di–So 10–17 Uhr.
Die Wohnstätte des Komponisten bis zu seiner Emigration im Zweiten Weltkrieg.
Budapester Historisches Museum (Budapesti Történeti Múzeum),
I., Szent György tér 6, im Burgpalast, 15. Mai–15. Sept. tgl. 10–18 Uhr, 1. März–14. Mai, 16. Sept.–31. Okt. Mi–Mo 10–18 Uhr, Nov.–Feb. Mi–Mo 10–16 Uhr. Anschauliche Sammlung zur Stadtgeschichte. Attraktion sind die wiederhergestellten Teile des mittelalterlichen Königspalastes.
Ethnografisches Museum (Néprajzi Múzeum),
V., Kossuth tér 12, März–Okt. Di–So 10–18 Uhr; Nov.–Feb. Di–So 10–17 Uhr. Die ständige Ausstellung zeigt ungarische Kultur und Bräuche zu Beginn des 20. Jh.; sehenswert ist auch die prunkvolle Aula.
Evangelisches Landesmuseum (Evangélikus Országos Múzeum),
V., Deák tér 4, tgl. Di–So 10–18 Uhr.

Kunstdenkmäler der evangelischen Kirche von der Reformation bis zum Ende des Zweiten Weltkriegs, u.a. das originale Testament Martin Luthers.

Ferenc-Liszt-Gedenkmuseum (Emlékmúzeum),
VI., Vörösmarty utca 35, Mo–Fr 10–18, Sa 9–17 Uhr, 1.–20. Aug. geschl.
Ehemalige Wohnung von Franz Liszt mit seinem Klavier und Schreibtisch.

Jüdisches Museum (Zsido Múzeum),
s. Große Synagoge S. 318.

Kassák-Museum,
III., Fő tér 1,
16. März–31. Okt. Di–So 10–18 Uhr,
1. Nov.–15. März Di–So 10–17 Uhr.
Die im Óbudaer Schloss eingerichtete kleine Ausstellung zeigt literarische und künstlerische Arbeiten von Lajos Kassák, dem Kopf der ungarischen Avantgarde, sowie Werke seiner Künstlerkollegen. Zu erreichen mit der Vorortbahn HÉV.

Kiscelli-Museum und Hauptstädtische Bildergalerie (Fővárosi képtár),
III., Kiscelli út 108, April–Okt. Di–So 10–18 Uhr, Nov.–März Di–So 10–16 Uhr.
Umfangreiche und schöne Objekte alter Wohnkultur, Druckmaschinen, eine eindrucksvolle Sammlung ungarischer bildender Kunst des 20. Jh. und eine als Raum für Wechselausstellungen dienende Kirche im Rohzustand. Und das alles in einem schönen Barockkloster. Zu erreichen mit der Straßenbahnlinie 17, Abfahrt an der HÉV-Haltestelle Margit Híd.

Kodály-Gedenkhaus (Emlékház),
VI., Kodály köröND 1,
Mi 10–16, Do–Sa 10–18, So 10–14 Uhr.
Die ehemalige Wohnung des Komponisten Zoltán Kodály ist zu besichtigen.

Kriegshistorisches Museum (Hadtörténeti Múzeum),
I., Tóth Árpád sétány 40, April–Sept. Di–So 10–18 Uhr, Okt.–März 10–16 Uhr.

Kunstgewerbemuseum (Iparművészeti Múzeum),
IX., Üllői út 33–37,
15. März–14. Dez. Di–So 10–18 Uhr,
15. Dez.–14. März Di–So 10–16 Uhr.
Allein schon das Jugendstilgebäude ist innen und außen ein Juwel.

Kunsthalle (Műcsarnok),
XIV., Hősök tere, Di–So 10–18 Uhr.
Zeitweilige Ausstellungen zeitgenössischer, ungarischer und internationaler Künstler.

Museum der bildenden Künste (Szépművészeti Múzeum),
XIV., Hősök tere, Di–So 10–17.30 Uhr.
Sammlungen des 19./20. Jh., antike Ausstellung. Die Alte Galerie zeigt beachtliche spanische Gemälde (El Greco).

Museum für Musikgeschichte (Zene-Történeti-Múzeum),
I., Tácsics Mihály utca 7, Tel. 214-6770, Di–So 10–18 Uhr.
Instrumente aus verschiedenen Epochen der Musik und Ausstellung über Béla Bartóks Leben.

Petőfi-Museum für Literatur und Zentrum der zeitgenössischen Literatur,
V., Károlyi Mihály utca 16,
Di–So 10–18 Uhr.

Postmuseum (Posta Múzeum),
VI., Andrássy út 3,
April–Okt. Di–So 10–18 Uhr,
Nov.–März Di–So 10–16 Uhr.

Sammlung Ludwig (Ludwig gyűjtemény),
I., Szent György tér 6, im Burgschloss Flügel A, Di–So 10–18 Uhr.
Amerikanische Pop-Art, deutsche, französische und amerikanische Künstler der 80er Jahre und ungarische Künstler der 90er Jahre des 20. Jh.

Skulpturenpark (Szoborpark),
XXII., Ecke Balatoni út/Szabadkai út, tgl. ab 10 Uhr bis Einbruch der Dunkelheit.
Unter freiem Himmel wurden Skulpturen aus der kommunistischen Ära aufgestellt. Erreichbar mit der Buslinie 50 ab Jókai Mór utca bis zur Endstation.

U-Bahn-Museum,
V., Deák tér, Fußgängerunterführung, Di–So 10–17 Uhr.

Ungarische Nationalgalerie (Magyar Nemzeti Galéria),
I., Szent György tér 6,
im Burgschloss, Flügel B, C, und D,
16. März–30. Nov. Di–So 10–18 Uhr,
1. Dez.–15. März Di–So 10–16 Uhr.
Ungarische bildende Kunst vom 10. Jh. bis heute.

Ungarisches Landwirtschaftliches Museum (Magyar Mezőgazdasági Múzeum),
XIV., Vajdahunyad-Burg im Stadtwäldchen (Városliget), 1. April–15. Nov. Di–Sa 10–17, So 10–18 Uhr, 16. Nov.–31. März Di–Sa 10–16, So 10–17 Uhr.
Das größte landwirtschaftliche Fachmuseum Europas. Führungen auch auf Deutsch.

Ungarisches Museum für Handel und Gastgewerbe (Magyar Kereskedelmi és Vendéglátóipari Múzeum),
I., Fortuna utca 4, im Burgviertel, Mi–Fr 10–17, Sa, So 10–18 Uhr.
Möbel und Dekorationsgegenstände aus Hotels, Bädern, Cafés etc. der Jahrhundertwende. Rekonstruiert wurde u. a. ein Zimmer von 1918 aus dem Hotel Gellért.

Ungarisches Nationalmuseum (Magyar Nemzeti Múzeum),
VIII., Múzeum körút 14–16, 15. März–15. Okt. Di–So 10–18 Uhr, 16. Okt.–14. März Mi–So 10–17 Uhr.
Die Geschichte Ungarns von der Staatsgründung bis 1990. Größte Kostbarkeit sind die Krönungsinsignien.

Vasarely-Museum,
III., Szentlélek tér 6, 15. März–31. Okt. Di–So 10–18 Uhr, 1. Nov.–14. März Di–So 10–17 Uhr.
400 Originalwerke des aus Ungarn stammenden Künstlers Victor Vasarely. Zu erreichen mit der Vorortbahn HÉV bis Óbuda.

Verkehrsmuseum (Magyar Közlekedési Múzeum),
XIV., Városligeti körút 11, Mai–Sept. Di–Fr 10–17, Sa, So 10–18 Uhr, Okt.–April Di–Fr 10–16, Sa, So 10–17 Uhr.
Die Besonderheit sind Lokomotivmodelle im Verhältnis 1:5.

 Alte und neue Bücher:
Fókusz,
VII., Rákóczi út 14, Mo–Fr 10–18, Sa 10–13 Uhr.
Größter Buchladen der Stadt mit einer großen Auswahl ungarischer Bücher in Übersetzungen und Kartenmaterial.

Font,
VI., Andrássy út 56, Mo–Fr 10–18, Sa 10–13 Uhr.

Das kleine Antiquariat lädt zum Verweilen ein; Schwerpunkte sind alte Kunstbücher und Postkarten.

Forgács,
V., Stollár Béla utca 8, Mo–Fr 10–19, Sa 10–16 Uhr.
Außer Übersetzungen von ungarischer Literatur gibt es ein gutes Sortiment an Architekturbänden.

Központi Antiquariat,
V., Múzeum körút 15, Mo–Fr 10–18, Sa 10–14 Uhr.
Riesige Auswahl an alten Büchern. Beim Stöbern kann man einige Raritäten entdecken; auch deutsche Bücher.

Litea,
I., Hess András tér 4, im Burgviertel, (gegenüber dem Hotel Hilton in einem Hof), Mo–Fr 10–18, Sa 10–3 Uhr.
Hier bekommen die Kunden Literatur und Tee. Gute Auswahl ungarischer Literatur in Übersetzungen.
Auch in der **Váci utca** findet man Buchläden, Stände mit Reiseführern (Budapest, Ungarn) und in Hausnr. 78–80 eine gute Auswahl an deutschsprachigen Zeitungen.

Antiquitäten:
In der **Váci utca** und in der **Falk Miksa utca** im Diplomatenviertel gibt es eine Reihe exklusiver Antiquitätenläden. Achtung: Bei besonderen Stücken braucht man eine Ausfuhrgenehmigung, das gilt auch bei Büchern und Kunst!

Einkaufszentren:
Duna Plaza,
XIII., Váci út 178, Mo–Sa 10–21 Uhr.
Moderner Glaspalast mit ca. 150 Geschäften, Restaurants und Bars in der Váci út (nicht mit der Váci utca zu verwechseln!).

Mammut,
II., Lövőház utca 2–6, tgl. geöffnet.
Riesiges Einkaufszentrum mit über 180 Geschäften, Cafés, Restaurants etc. in der Nähe des Moszkva tér.

Märkte:
Zentrale Markthalle (Központi vásárcsarnok),
IX., Vámház körút, Mo 6–17, Di–Fr 6–18, Sa 6–14 Uhr.

In dem wunderschönen Gebäude kann man sich an dem bunten Angebot an Obst und Gemüse gar nicht satt sehen. Hier kann man auch Souvenirs (Paprika, Aprikosenschnaps und Kunsthandwerk) erwerben und an den zahlreichen Ständen seinen Hunger und Durst stillen.

Asia-Markt (Asia piac),
Józsefvárosi pályaúdvár/Köbányai út (Straßenbahnlinie 28, erste Haltestelle nach Orczy tér aussteigen).
Der Markt soll zukünftig durch den Bau eines Asia-Centers ersetzt werden.

Petőfi Csarnok,
Zichy Mihály út, Sa, So 7–14 Uhr.
Bunter Flohmarkt mit Altem und Neuem im Stadtwäldchen (Városliget).

Ecseri piac,
XIX., Nagykőrösi út 156,
Mo–Fr 8–16, Sa 8–15 Uhr.
Größter Budapester Flohmarkt, aber weit außerhalb gelegen. Hier findet man Leninbüsten und Ikonen sowie allerlei Kitsch und Kunst. Ab Boráros tér oder ab der U-Bahn-Haltestelle Határ utca (Linie 3) mit der Buslinie 54 zu erreichen.

Mode und Schuhe:
Hemdenschneider Fleischer,
VI., Ecke Paulay Ede utca/Nagymező utca.
Traditioneller Laden aus den 20er Jahren, dessen Besitzer sein Handwerk versteht.

Hutmacherin Heigliné Kertész Judit,
VII., Rumbach S. utca 10 (im Hof),
Mo–Fr 9–16 Uhr.
Handgefertigte Damen- und Herrenhüte.

Knopfmacher D. Vándorffy,
V., Váci utca 75.
Tausende kleiner Schubladen sind voll herrlicher Knöpfe. Man sieht gleich, der Besitzer kennt sich aus. Auf Bestellung Extra-Anfertigungen.

Sáska Art Design Stúdió,
XII., Istenhegyi út 6, Tel./Fax 355-1925 (auch Englisch), saska@matavnet.hu, Mo–Fr 9–17 Uhr, Sa auf telefonische Anfrage.
Die Designerin Ildikó Sáska entwirft Damenmode und macht gleichzeitig Stilberatung.

Schuhmacher Vass,
V., Haris Köz 2, Tel. 318-2375,
Mo–Fr 10–18, Sa 10–14 Uhr.

Hier werden Schuhe noch per Hand und nach Maß angefertigt. Nicht gerade billig, dafür aber einzigartig.

Musik:
Fotex Records,
V., Szervita tér 2,
Mo–Fr 10–18, Sa 10–13 Uhr.
Große Auswahl an Musikkassetten und CDs aller Stilrichtungen, auch ungarische Zigeunermusik.

Porzellan und Keramik:
Herendi Márkabolt,
V., Kígyó utca 5, Mo–Fr 10–18, Sa 9–13 Uhr.
Das berühmte Porzellan aus Herend kann man nahe der Váci utca erstehen.

Zsolnay Márkabolt,
V., Kígyó utca 4, Mo–Fr 10–18, Sa 9–13 Uhr.
Das Markengeschäft des edlen Pécser Porzellans findet sich gleich neben Herend.

Kerámica, V.,
Irányi utca 17, Mo–Fr 10–20, Sa 10–13 Uhr.
Ungarische Keramiken und Töpferwaren in reichhaltiger Auswahl zu moderaten Preisen.

Wein und Feinkost:
Haus des ungarischen Weines (Magyar Borok Háza),
I., Szentháromság tér 6, Tel. 212-1031,
Mo–Sa 11–19 Uhr.
In diesem Weinhaus kann man 470 Sorten aus 22 ungarischen Weinbaugebieten kosten und kaufen.

Marcipán,
V., Párizsi utca 3, Mo–Sa 10–19 Uhr.
Ein Laden für Schleckermäuler; hier gibt es hervorragende Süßwaren, Eisspezialitäten und Marzipan in allen Formen und Farben.

Diverses:
1001 Kefe BT.,
VII., Dob utca 3, Mo–Fr 9–18, Sa 9–12 Uhr.
Hier gibt es Bürsten, Besen und Pinsel aller Art in 1001 Formen und Ausführungen.

Geigenbauer Baranyi Gyula,
VII., Kertész utca 41, Tel. 268-0023,
Mo–Sa 8–18 Uhr.
Hier kann man seine Geige zur Reparatur geben, aber auch eine neue erwerben.

In Budapest spielt sich ein großer Teil des Nachtlebens in der Innenstadt um den **Vörösmarty tér** und die **Váci utca** ab. Im Sommer haben viele Restaurants und Cafés ihre Stühle draußen. Szenecafés findet man an der **Andrássy út** und auf dem **Liszt Ferenc tér**.

Arató Disco,
V., Váci utca 33, Tel. 266-9937,
Fr, Sa 21–4 Uhr.
Diskomusik und Oldies bis zum Morgen.

Café Miró,
I., Úri utca 30, Tel. 345-8061, tgl. 9–24 Uhr.
Flottes Café im Burgviertel, ab 20 Uhr Livemusik.

Crazy Café,
VI., Jókai utca 30, Tel. 302-4003,
tgl. 12–1 Uhr.
Ein lang gestrecktes Gewölbe mit verrücktem Outfit und Stimmung. 145 Porträts ungarischer Prominenter. Es gibt 100 Sorten Bier und fast jeden Abend Veranstaltungen: Konzerte (Blues, Funk, Afro), Karaoke und Varieté.

Fat Mo's Music Club,
V., Nyári Pál utca 11, Tel. 267-3199,
Mo–Fr 12–2, Sa, So 18–4 Uhr.
Livekonzerte gibt es erst um Mitternacht. Am Wochenende oft jazzig oder funkig.

Fregatt Pub,
V., Molnár utca 26, Tel. 318-9997,
Mo–Fr 15–1, Sa, So 17–1 Uhr.
Gemütliche Szenekneipe im Stil eines englischen Pubs.

Kisrabló Pub,
XI., Zenta utca 3, Tel. 209-1588,
tgl. 12–2 Uhr.
Beliebte Kneipe, deren Einrichtung den Bauch eines Schiffes kopiert. Do–Sa ist im Untergeschoss Disko angesagt.

Old Man's Music Pub,
VII., Akácfa utca 13, Tel. 322-7645,
tgl. ab 15 Uhr bis zum Morgengrauen.
Bekannter Musikkeller. Livekonzerte beginnen um 21 Uhr (Jazz, Blues, Soul und Rock). Später gibt es Diskomusik. Kein Eintritt.

The Long Jazz Club,
VII., Dohány utca 22–24, Tel. 322-0006,
tgl. 18–2 Uhr. Livekonzerte ab 21.30 Uhr (Jazz, Funk, Soul).

Underground,
VI., Teréz körút 30, Tel. 311-1481,
So–Di 20–1, Mi–Sa 20–5 Uhr.
Ab 20 Uhr Livemusik; Mo, Di ungarischer Jazz. Ab 22 Uhr Disko.

In den Touristenbüros und den beiden deutschsprachigen Wochenzeitungen – »Der Neue Pester Lloyd« und »Budapester Zeitung« – kann man sich über aktuelle Programme und Spielpläne informieren.

Ungarische Staatsoper (Magyar Állami Operaház),
VI., Andrássy út 22, Tel. 353-0170.
Klassisches und zeitgenössisches Repertoire.

Musikakademie (Zeneakadémia),
VI., Liszt Ferenc tér 8, Tel. 342-0179.
Die Akademie steht im Mittelpunkt des Budapester Konzertlebens. Allein schon der große Jugendstilsaal und das Vestibül sind sehenswert. Gute Akustik, aber nicht sehr bequem.

Pester Redoute (Pesti Vigadó),
V., Vigadó tér 1, Tel. 317-5067.
Das romantisch verspielte Gebäude ist ein idealer Rahmen für stimmungsvolle Folklore- und Operettenaufführungen.

Bábszínház (Puppentheater),
VI., Andrássy út 69, Tel. 321-5200.
Das Puppentheater bietet außerdem Gastspiele der Deutschen Bühne aus Szekszárd sowie Aufführungen des Staatlichen Folkloreensembles.

Operettentheater (Fővárosi Operettszínház),
VI., Nagymező utca 17, Tel. 269-3870.
Zum Repertoire gehören neben Operetten auch Musicals.

Am besten informiert man sich bei Tourinform (s. S. 314) über die jeweiligen Feste und die aktuellen Termine, da die Daten von Jahr zu Jahr oft variieren.

Neujahrskonzert (1. Jan.) in der Oper. Das neue Jahr wird mit Werken international bekannter Komponisten begrüßt.

Frühlingsfestival (Mitte März bis Anfang April): Ein seit über 20 Jahren stattfindendes Musikfestival von internationalem

Rang. Dazu gibt es Theater, Tanztheater, Oper, Film und andere künstlerische Darbietungen.
Inselfestival (Anfang Aug.): Etwa eine Woche lang wird die stille Margareteninsel zum Schauplatz von rund 800 Programmen (Jazz, Blues, Folklore, modernes Ballett, Kinderprogramme etc.). Auf der großen Bühne präsentieren sich Stars von Weltrang.
BudaFest (erste Augusthälfte): Sommerfestival der Oper und des Balletts. Ausgezeichnete Oper-, Ballett- und Konzertaufführungen machen das Festival zu einem Erlebnis.
Forum der Volkskunst (zweite Augusthälfte): Fest der Handwerksberufe. An drei Tagen zeigen Künstler und Handwerker ihr Können auf der Budaer Burg.
Budapest Grand Prix (zweite Augusthälfte): Formel-1-Weltmeisterschaft. Auf dem Hungaroring (Mogyoród) treten die besten Rennfahrer gegeneinander an.
Jüdisches Sommerfestival (Ende Aug./Anfang Sept.): Zahlreiche Veranstaltungen (Konzerte, Ballett, Ausstellungen etc.) präsentieren die jüdische Kultur.
Internationales Budapester Weinfest (Anfang Sept.).
Herbstfestival (Mitte Okt.–Nov.): Das Festival der experimentierenden, neue Formen suchenden Kunst zeigt ein breites Spektrum zeitgenössischer Kunst.
Silvesterball: Seit Jahrzehnten veranstaltet die Ungarische Staatsoper eine pompöse Silvestergala mit Ball.

 Bäder:
Gellért Gyógyfürdő (Heilbad), XI., Kelenhegyi út 2–4, Tel. 466-6166, Schwimmbad: Mai–Sept. tgl. 6–19 Uhr; Heilbad: Mo–Fr 6–19, Sa, So 6–17 Uhr. Baden mit Musik: Juli, Aug. Fr, Sa 20–24 Uhr. Die Heilquellen eignen sich mit ihrem säurehaltigen und radioaktiven Wasser zur Heilung von Rheumatismus.
Király Gyógyfürdő (Heilbad), II., Fő utca 82–86, Tel. 201-4392, Damen: Di, Do 6.30–18, Sa 6.30–12 Uhr; Herren: Mo, Mi, Fr 9–20 Uhr.
Das Wasser in den Thermalbecken ist 30–39 °C warm. Es gibt auch Kaltwasserbecken (26 °C) sowie Heißluft- und Dampfkammern (60–70 °C). Das Wasser heilt Erkrankungen der Bewegungsorgane und hilft zu entspannen.
Palatinus Strandfürdő (Freibad), XIII., Margitsziget, Tel. 340-4505, Mai–Aug. 8–19 Uhr, 1.–15. Sept. 10–18 Uhr. Beliebtes Freibad mit verschiedenen Thermal- und Schwimmbecken.
Rudas Gyógyfürdő (Heilbad), I., Döbrentei tér 9, Tel. 375-8373, Mo–Fr 6–18, Sa, So 6–13 Uhr. Thermalbad aus der Türkenzeit nur für Männer! Wassertemperatur: 28–40 °C.
Széchenyi Gyógyfürdő (Heilbad), XIV., Állatkerti körút 11, Tel. 321-0310, Thermalschwimmbad: Mai–Sept. tgl. 6–19 Uhr, Okt.–April Mo–Fr 6–19, Sa, So 6–17 Uhr; Thermalheilbad mit medizinischen Anwendungen: Mo–Fr 6–18, Sa, So 6–13 Uhr. Bezaubernder Badekomplex im Stadtwäldchen (Városliget) mit therapeutischen Anwendungen im Hallenbereich und einem Thermalfreibad, berühmt für seine Schachspieler.

Radfahren:
Bei der Touristeninformation gibt es eine spezielle Karte »Budapest mit dem Fahrrad« *(Kerékpárral Budapesten)* mit zahlreichen Infos, auch in Buchhandlungen erhältlich.
Fahrradverleih:
Charles Rent a Bike Accomodation, XI., Hegyalja út 23, Tel. 201-1796.
T. Bike, VII., Dohány utca 28, Tel. 351-3983.

Allgemein empfiehlt es sich, in Budapest möglichst auf den eigenen Pkw zu verzichten. Die Stadt verfügt über ein sehr gut ausgebautes öffentliches Nahverkehrssystem.
Öffentliche Verkehrsmittel fahren zwischen 4.30 und 23 Uhr, danach verkehren spezielle Nachtbusse. Pro Fahrt muss ein Fahrschein entwertet werden, den man in den Metrostationen, am Kiosk und in Tabakläden kaufen kann. Günstigere Tages- und Mehrtageskarten bekommt man u. a. an den Fahrkartenschaltern in

den Metrostationen oder in der Touristeninformation (s. S. 314).

Insgesamt gibt es drei Metrolinien, zahlreiche Busse und Trolleybusse, ein umfassendes Straßenbahnnetz sowie die Vorortbahnen HÉV nach Szentendre (ab Batthyány tér), Gödöllő (ab Örs Vezér tere, Endstation der Metrolinie 2) und zur Csepel-Insel (ab Boráros tér).

Ein besonderes wie angenehmes Verkehrsmittel sind die **Linienschiffe** auf der Donau. Sie verkehren in den Monaten Mai bis August Do–So 9–18 Uhr zwischen den Anlegern Boráros tér und Rómaifürdő. Wichtige Haltestellen sind Szent Gellért tér, Batthyány tér und Casino Margitsziget. Außerdem gibt es einen regelmäßigen Schiffsverkehr auf der Strecke Wien–Bratislava–Budapest (s. S. 373).

Taxi:
Főtaxi Tel. 222-2222,
Rádiotaxi Tel. 377-7777,
City Taxi Tel. 211-1111,
Buda Taxi Tel. 233-3333.
Die Zähleruhr sollte man im Auge behalten; eventuell vorher Preis aushandeln.

Mietwagen:
Am Flughafen sind die international bekannten Mietwagenfirmen wie Avis, Budget, Europcar und Hertz vertreten. Empfehlenswert, günstig und flexibel ist Fox Autorent (Autókölcsönző Kft.), Wolfgang Bartesch, XI., Vegyész utca 17–25, Reservierung Tel. 382-9000, Fax 382-9003, Tel. Büro 382-9004, fox@fox-autorent.com, www.fox-autorent.com. Vorbestellte Autos werden zum gewünschten Ort gebracht.

Bugac

Lage: E3
Vorwahl: 76
Postleitzahl: 6114

 Informationen zum Buacpuszta-Nationalpark, zu den Verkehrsverbindungen und Unterkunftsmöglichkeiten erteilt: **Bugac Tours Kft.,** Szabadság tér 5/A, 6000 Kecskemét, Tel./Fax 482-500.

 Hirtenmuseum (Pásztormúzeum) & Reitervorführung,
Tel. 372-583, in der Saison Di–So 10–17 Uhr.
Ausstellung über die Nomadenkultur der Hirten in der Tiefebene. Von Frühjahr bis Herbst finden zudem tgl. ab 13.15 Uhr Reitervorführungen statt (im April/Okt. ist eine telefonische Anfrage ratsam).

Bük (Bükfürdő)

Lage: bei Kőszeg B5
Vorwahl: 94
Postleitzahl: 9740
Einwohner: 3000

 Hotel Kastély Bük,
Nagy Pál utca 17, Tel. 358-099, Fax 359-161, günstig bis moderat.
Stimmungsvolles Hotel in einem Park mit mäßigem Komfort, aber guter Küche.

 Thermal- und Heilbad (Büki Gyógyfürdő Rt.),
9740 Bükfürdő, Termál körút 2,
Tel. 358-022, Fax 358-023,
bgyrt@mail.matav.hu.
Heilbad: ganzjährig 8–17 Uhr geöffnet; Thermalfreibad: April–Sept. 8–18 Uhr.
Birdland Golf + Country Club,
Termál körút 10, 9740 Bükfürdő,
Tel. 358-060, Fax 359-000.

 Tgl. **Busverbindungen** von Kőszeg.

Csongrád

Lage: F3
Vorwahl: 63
Postleitzahl: 6640
Einwohner: 20 000

 Tourinform,
Fő utca 16, Tel./Fax 481-008,
csongrad@tourinform.hu.

Hotel Erzsébet,
Fő utca 3, Tel. 483-960, Fax 483-631,

sehr preiswert (Bad auf dem Gang) bis günstig (mit Bad).
Einfache, saubere Zimmer in einem älteren Hotel mit sozialistischem Flair. Im Haus gibt es eine gute Konditorei.

 Kertvendéglő,
Dózsa Gy. tér 4–6,
Tel. 483-199, günstig.
Versteckt gelegenes Gartenlokal, zentrale Lage; einfache, aber gute Küche.

 Belsőváros-Halászfalu:
altes Fischerdorf an der Theiß.

 Heimat- und Volkskundesammlung,
Széchenyi utca 29, Di–So 10–16 Uhr.
László-Tari-Museum,
Iskola utca 2, Tel. 383-103, Di–Fr 13–17, Sa 8–12, So 8–12, 13–17 Uhr.
Anschauliche Dokumentation über die Theißregulierung.
Museumshaus,
Gyökér utca 1, Tel. 383-103,
Di–So 10–16 Uhr.
Traditionell eingerichtetes, ländliches Wohnhaus aus dem 19. Jh.

 Körös Toroki Üdülőterület:
Erholungsgebiet mit Freibad an der Körös-Mündung.
**Heil- und Schwimmbad
(Gyógyfürdő és uszoda),**
Dob utca 3–5, Tel. 481-918, Fax 383-631.

Debrecen

Lage: H5
Vorwahl: 52
Postleitzahl: 4024
Einwohner: 217 000

 Tourinform,
Piac utca 20, Tel. 412-250,
Fax 314-139, debrecen@tourinform.hu.

 Stop Hotel,
Batthyány utca 18,
Tel. 420-301, günstig.
Kleines Hotel an der Fußgängerzone, freundliche Atmosphäre, nette Zimmer; Parkplatz im Hof.
Centrum Panzió,
Péterfia utca 37a,
Tel. 416-193, Fax 442-843,
centrumpanzio@matavnet.hu,
www.hotels.hu/centrum_debrecen,
moderat.
Hübscher Gasthof im Zentrum, sauber, modern. Zimmer zum Garten.
Grand Hotel Aranybika,
Piac utca 11–15, Tel. 416-777, Fax 421-834,
civisrt@mail.datanet.hu,
www.datanet.hu/civishotel,
moderat bis sehr teuer (je nach Saison und Ausstattung).
Das schönste Hotel am Platz, großzügiges, helles Interieur mit dem Charme der Jahrhundertwende. Mit allem Komfort, Café, Fitness, ausgezeichnetem, elegantem Restaurant und einer Diskothek.
Termál Hotel Debrecen,
Nagyerdei park 1, Tel. 411-888,
Fax 311-730, debrcn@debrecen.com,
www.debrecen.com/dbgyogy,
teuer bis sehr teuer (je nach Komfort).
Herrliche Lage im Park direkt neben dem Heilbad. Hier wird Wellness groß geschrieben.

 Beppe Régiposta Étterem,
Széchenyi utca 6,
Tel. 417-292, günstig.
Einfaches Gasthaus mit Tradition. Im Sommer kann man romantisch im Laubengang speisen. Gute Küche, freundliche Bedienung.
Flaska Söröző,
Miklós utca 4, Tel. 414-582, günstig.
Volkstümliches, einfaches Kellerrestaurant mit schmackhafter Küche.
Govinda,
Ecke Szepességi utca/Széchenyi utca,
Tel. 315-804, Mo–Sa 12–21 Uhr, günstig.
Indisch-vegetarisches Restaurant.
Leveles Csárda,
Barakonyi utca 14, Tel. 324-482,
tgl. 11–24 Uhr (12–22 Uhr im Winter), günstig.
Gartenlokal mitten im Stadtwald (Nagyerdő). Ideal nach einem Spaziergang oder einem Besuch der Universität. Gute Küche,

nette Ausflugsatmosphäre, wenig Touristen.
Lucullus Étterem,
Piac utca 41, Tel. 418-513, moderat.
Rustikale Einrichtung und feine Gerichte. Zu den Spezialitäten gehören Rehfilet mit Preiselbeeren, Debrecener Gefülltes Kraut und Gänseleber auf ungarische Art.

 Große Reformierte Kirche (Református Nagytemplom),
Kossuth tér, Sommer Di–Fr 9–16, Sa 9–12, So 13–18 Uhr, Winter Di–Sa 9–12 Uhr.
Beeindruckend großer Innenraum.
Hauptgebäude der Lajos-Kossuth-Universität (Egyetem),
Egyetem tér, während der Vorlesungszeiten geöffnet.
Schlossartige Anlage mit Brunnen. Schöne Spazierwege. Zu erreichen mit der Straßenbahnlinie 1 bis Nagyerdei körút.

 Déri-Museum,
Déri tér, Sommer Di–So 10–18 Uhr, Winter 10–16 Uhr.
Das Museum beherbergt umfangreiche Sammlungen zu antiken Kulturen, asiatischer Kunst, Kunstgewerbe sowie Gebrauchsgegenstände und alte Waffen.
Medgyessy-Gedenkmuseum (Emlékmúzeum),
Péterfia utca 28, Sommer Di–So 10–18 Uhr, Winter Di–So 10–16 Uhr.
In einem alten Laubenganghaus sind Skulpturen des Bildhauers Ferenc Medgyessy ausgestellt.
Museum des Reformierten Kollegiums (Református Kollégium),
Kalvin tér 16, Di–Sa 9–17, So 9–13 Uhr.
Sammlung sakraler Kunst.

 Vormittags (6–11 Uhr) gibt es einen bunten **Obst- und Gemüsemarkt** (Piac) in der Vár utca. Spezialität ist sauer Eingelegtes direkt vom Fass.

 Yes Jazz Bár,
Kálvin tér 4, Tel. 418-522,
tgl. 17–2 Uhr, am Wochenende Jazz.

 20. Aug.: **Blumenkarneval.** Der ganze Tag ist ein Fest. Vormittags findet ein langer Umzug statt: Die Wagen, mit Blüten geschmückt, sind wahre Kunstwerke, dazu laufen Musik- und Tanzgruppen. Anschließend Volksfest im Stadtwäldchen und abends Feuerwerk.

 Heilbad (Gyógyfürdő),
Nagyerdei Park 1, Tel. 346-000, Fax 346-883.

 Busbahnhof, Külső Vásártér 12, Info-Tel. 413-999.
Bahnhof, Petőfi tér 2, Info-Tel. 346-777.

Dévaványa

Lage: G4
Vorwahl: 66
Postleitzahl: 5510

 Besucherzentrum Réhely, Dévaványa, Tel. 483-083, 483-077.
Das Besucherzentrum Réhely für Ausflüge in den nördlichen **Körös-Maros-Nationalpark** befindet sich an der Straße nach Ecsegfalva. Hier kann man Pusztatiere beobachten. Fahrradverleih vorhanden. Eine Sondererlaubnis für den Besuch des Trappenreservats kann man bei der Direktion des Nationalparks erhalten:
5540 Szarvas, Anna liget 1,
Tel. 66/313-855, Fax 311-658.

Dunaföldvár

Lage: D4
Vorwahl: 75
Postleitzahl: 7020
Einwohner: 8000

 Tourinform,
Rákóczi utca 2, Tel./Fax 341-176,
dunafoldvar@tourinform.hu.

 Campingplatz mit kleinen Bungalows an der Donau,
Hősök tere 12, Tel. 341-529, sehr preiswert. Einfache Übernachtung auf der Durchreise, wenig Schatten und einfache Ausstattung.

Halászcsárda,
am Donauufer nahe der Brücke, günstig.
Einfache Gaststätte mit hervorragenden Fischgerichten.

 Burgmuseum (Vármúzeum),
Di–So 10–18 Uhr.
Historische Waffen und Gebrauchsgegenstände aus der Türkenzeit.

Dunaújváros (Donauneustadt)

Lage: D4
Vorwahl: 25
Postleitzahl: 2400
Einwohner: 57 000

 Halászcsárda,
Szalki-sziget, Tel. 281-562, moderat.
Stimmungsvolles Lokal am Donauufer mit Terrasse, reiches Angebot an Fischspezialitäten bei Zigeunermusik.

Napsúgar Taverna,
Vasmű út 9–11, Tel. 409-945, moderat.
Original griechische Küche mit ungarischem Einfluss. Durchaus eine Kostprobe wert.

Intercisa-Museum,
Városháza tér 1, Tel. 411-315, Di–So 14–18 Uhr.
Funde aus der Bronzezeit, aus dem Römerlager Intercisia und gesammelte Objekte aus der sozialistischen Ära. Römische Steine sind im Freien aufgestellt.

Institut für zeitgenössische Kunst (Kortárs Művészeti Intézet),
Városháza tér 4, Tel. 408-070, Di–So 14–18 Uhr.

Eger (Erlau)

Lage: F6
Vorwahl: 36
Postleitzahl: 3300
Einwohner: 66 000

 Tourinform,
Dobó István tér 2,
Tel. 321-807, Fax 321-304, eger@tourinform.hu, www.ektf.hu.

Egertourist,
Bajcsy-Zs. utca 9, Tel. 411-724,
Fax 411-768, egertourist@mail.agria.hu.
Infos über »Dorftourismus« (Falusi Turizmus), Unterkünfte auf dem Land; Stadtführungen im Mai sowie Juli bis Mitte Sept. (Tel. 430-550), Treffpunkt Di, Do 10.30 Uhr vor Tourinform auf dem Dobó István tér, Dauer ca. 2,5–3 Std. (ca. 1300 Ft. inkl. Eintrittskarte für die Burg).

 Hotel Junior (Tanszálloda),
Pozsonyi utca 4–6, Tel./Fax 424-202,
Fax 324-025, suli462@miskolc.sulinet.hu, sehr preiswert.
Ein Hotel mit Restaurant der besonderen Art: Sie werden von Schülern des Hotel- und Gaststättengewerbes, die den Betrieb engagiert unter der Aufsicht von Lehrern führen, hervorragend bedient.

Dobó Vendégház,
Dobó István utca 19, Tel. 321-407, csillagd@mail.matav.hu, günstig.
Pension in zentraler Lage mit Parkplatz, einfache, aber ordentliche Zimmer.

Hotel Minaret,
Knézich K. utca 4, Tel. 410-233,
Fax 410-473, moderat.
Zentral gelegenes Hotel beim türkischen Minarett mit Schwimmbecken im Garten.

Hotel Senator Ház,
Dobó István tér 11, Tel./Fax 320-466, moderat.
Kleines angenehmes Hotel in einem Patrizierhaus aus dem 18. Jh. unterhalb der Burg mit Restaurantterrasse am zentralen Platz.

Offi Ház Hotel,
Dobó István tér 5, Tel./Fax 311-005,
311-330, offihaz@mail.matav.hu, teuer.
Elegantes, kleines Hotel im Zentrum direkt unterhalb der Burg in einem Barockhaus, bequeme Zimmer mit Internetanschluss und Klimaanlage; bewachter Parkplatz, gutes Restaurant mit Straßenterrasse.

Camping: Tulipán Kemping
(Campingplatz und Appartements),
Szépasszonyvölgy 71, Tel./Fax 410-480, sehr preiswert.

Teilweise schattiger Platz mit Schwimmbecken im »Tal der schönen Frau« inmitten des Weinkellerdorfes.

 Várkertétterem,
Dózsa György tér 6,
Tel. 313-436, günstig.
Burggarten-Restaurant, gutes ungarisches Lokal mit Terrasse und ruhigem Garten im Hof, zentral, unterhalb der Burg gelegen.

 Burg (Vár),
tgl. 9–17 Uhr.
Sie thront über der Stadt, oberhalb des Dobó István tér. Zu sehen sind verschiedene Museen, Ruinen, Kasematten (Kazamaták) und der Saal der Helden (Hősök terme), der sich im Bischofspalast befindet (tgl. 9–17 Uhr).
Kathedrale (Érseki Főszékesegyház),
Eszterházy tér, tgl. 10–17 Uhr.
Minarett,
Knézich K. utca, Tel. 410-233,
April–Okt. 10–18 Uhr.
Baudenkmal aus dem 17. Jh., schöne Aussicht.
Minoritenkirche (Minorita templom),
Dobó István tér, Sommer tgl. 10–17 Uhr, Winter Mo–Sa 10–18 Uhr.
Raizenkirche (Rác templom),
Vitkovics utca 30, Di–So 10–16 Uhr.
Griechisch-orthodoxe Barockkirche mit schöner Ikonostase.

 Tal der schönen Frau (Szépasszony völgy):
Dieses Tal westlich des Stadtzentrums ist bekannt für seine traditionellen, in Tuffgestein gegrabenen Weinkeller, eine Bühne (Színpad) und zahlreiche Restaurants mit ungarischer Küche und lokalen Weinen, Zigeunermusik und manchmal Folkloreveranstaltungen. Außerdem gibt es ein Weinmuseum (Pincemúzeum) in der Straße Tulipánkert, in der Nähe vom Campingplatz.

 Burgmuseum (Vármúzeum),
Tel. 312-744, April–Aug. Di–So 8–20 Uhr, Sept. Di–So 8–19 Uhr, März, Okt. Di–So 8–18 Uhr, Nov.–Feb. Di–So 8–17 Uhr.

Sammlung über die Geschichte von Eger im alten Bischofspalast.
Erzbischöfliche Bibliothek (Főegyházmegyei Könyvtár) und Sternwarte (Csillagvizsgáló),
Eszterházy tér 1,
April–Sept. Di–So 9.30–15 Uhr,
1. Okt.–22. Dez., 6. Jan.–31. März Sa, So 9.30–13.30 Uhr.
Erzdiözesanmuseum (Főegyházi Múzeum),
Széchenyi utca 5, April–Okt. Di–Sa 9–17 Uhr, Nov.–März Mo–Fr 8–16 Uhr.
Geschichte des Bistums Eger (1699–1943).
Gefängnismuseum (Börtönmúzeum) und Gemäldegalerie (Képtár),
April–Okt. Di–So 9–17 Uhr,
Nov.–März Di–So 9–15 Uhr.
In der Galerie sind Werke der niederländischen und italienischen Malerei des 16.–18. Jh. sowie der ungarischen Malerei des 18.–20. Jh. ausgestellt.
Géza-Gárdonyi-Gedenkmuseum (Emlékmúzeum),
Gárdonyi utca 28, März–Okt. Di–So 9–17 Uhr, Nov.–Feb. Di–So 9–15 Uhr.
Ausstellung im ehemaligen Wohnhaus des Schriftstellers.
Ehemaliges Komitatshaus,
Kossuth utca 9, April–Okt. Di–So 9–17 Uhr.
Ortsgeschichtliche Ausstellung und Sportmuseum.
Palozenmuseum (Palóc Népművészeti Kiállítás),
Dobó István tér 6,
April–Okt. Di–So 9–17 Uhr.
Meisterwerke der Volkskunst der Palozen im 19. und 20. Jh.
Telekessy-Apothekenmuseum (Patikamúzeum),
Széchenyi utca 14,
April–Okt. Di–So 9–17 Uhr.
Barockapotheke mit originaler Innenausstattung.
Vitkovics-Haus,
Széchenyi utca 55, Mo–Sa 10–16 Uhr,
23. Dez.–2. Jan. geschl.
Gedenkausstellung an den zeitgenössischen Künstler György Kepes.
**Weinmuseum (Pincemúzeum),
200 Jahre István-Keller,**
Tündérpart 5, Tel. 313-670, tgl. 10–22 Uhr.

Ausstellung alter Weinbaugeräte und Bekanntmachen mit der örtlichen Weinbautradition.

 Wochenmarkt, Katona István tér, Mo–Fr 6–17, Sa 6–13, So 6–10 Uhr.
Egervin Bor-Mintabolt (Weinhandlung), Dobó István tér 2, Tel. 411-861.

  Ispotály Pince (Hospitalkeller) auf der Burg (Vár). Im ehemaligen Lazarett der Burgbesatzung eingerichteter Weinkeller. Neben der Verkostung eines *Egri bikavér* (Erlauer Stierblut) hat man hier die Möglichkeit, sich im Bogenschießen zu üben.

 Orgelkonzerte (30 Min.) in der Kathedrale, Eszterházy tér, 15. Mai–15. Okt. 11.30 Uhr (So 12.45 Uhr), Werke von Bach, Pachelbel, Telemann etc.

 6.–9. Juli: **Fest des Erlauer Stierbluts** am Tag des hl. Donatus. Weinfest mit zahlreichen Folkloreveranstaltungen.
22.–30. Juli: **Grenzburg – Vergnügungen von Eger.** Ritterspiele, Musik und Handwerkermarkt.
24. Juli–8. Aug.: **Barockfestwochen,** ein breites Spektrum an Barockkonzerten.
21.–27. Aug.: **Internationales Klarinetten- und Blasinstrumente-Treffen.**
15. Sept.–21. Okt.: **Weinlesefest** mit Musik und Tanz.

 Strandfürdő (Freibad), Petőfi tér 2, Tel. 411-699, Mai–Sept. Mo–Fr 6–19.30, Sa, So 8–19 Uhr, Okt.–April tgl. 9–18 Uhr.
Schöne Freibadanlage mit Thermalbecken und Parkanlage neben dem Stadtpark.
Török-fürdő (Türkisches Bad), Fürdő utca 1–3, Tel. 413-356.
Nur mit ärztlicher Verordnung (Erkrankungen der Bewegungsorgane, Frauenkrankheiten und Erkrankungen der Wirbelsäule).

   Lipizzaner-Reiterhof (Lipica Lovastanya), an der Straße nach Noszvaj, 2 km von Eger, Tel./Fax 312-804.

Mit dem 1984 gegründeten Hof verwirklichte der früher bekannte Viergespannfahrer Viktor Mátyus einen Traum. Heute zählt das Gestüt 85 Pferde. Reitkurse gibt es für Anfänger ebenso wie Ausritte für Fortgeschrittene. Zum Hof gehören eine Pension sowie eine Csárda (Gasthaus).

 Bahnhof, Állomás tér, Tel. 314-264, über Füzesabony Verbindung nach Budapest, Miskolc, Debrecen.
Busbahnhof, Pyrker tér, Tel. 313-070, Direktverbindung nach Budapest, Miskolc, Szilvásvárad und in andere Orte.

Esztergom (Gran)

Lage: D6
Vorwahl: 33
Postleitzahl: 2500
Einwohner: 34 000

 Gran Tours Reisebüro, Széchenyi tér 25, Tel./Fax 413-756, grantour@mail.holop.hu.

 Platán Panzió, Kis Duna sétány 11, Tel. 411-355, sehr preiswert.
Einfache Pension, zentral an einer Platanenallee gelegen, schöne Lage an einem Donauarm.
Privatzimmer bei **Prohászka László,** József A. tér 2, Tel./Fax 530-033, sehr preiswert.
Sehr romantisch am Kanal gelegen, mitten im Zentrum und doch ruhig.
Alabárdos Panzió, Bajcsy-Zsilinszky utca 49, Tel./Fax 312-640, günstig.
Saubere Zimmer in zentraler Lage, für Weinliebhaber.
Ria Panzió, Batthány Lajos utca 11, Tel. 313-115, günstig bis moderat.
Gemütliche Pension unterhalb des Burghügels, mit Fahrradvermietung.

 Arany Eléfánt Étterem, Petőfi utca 15, günstig.

Gemütliches Gasthaus mit leckerer, einfacher Küche. Hier kehren vor allem die Einheimischen ein.
Anonim Vendéglő,
Berényi Zsigmond utca 4,
Di–So 12–21 Uhr, moderat.
In einer malerischen Gasse gelegen, bietet das Lokal schmackhafte ungarische und internationale Küche.
Csülök Csárda,
Batthyány utca 9, Tel. 312-420,
bis 24 Uhr, moderat.
Hier wird gut, aber deftig gegessen. Die Spezialität ist gebratene *Csülök* (Schweinshaxe).
Prímás Pince Étterem,
Szent István tér 4, Tel./Fax 313-495,
11–22 Uhr, moderat.
Gute internationale Küche in einem stimmungsvollen Gewölbe. Stark von Touristen frequentiert.

 Domkirche (Főszékesegyház),
tgl. 9–16.30 Uhr.
In dem gigantischen Bauwerk ist vor allem die Bakócz-Kapelle aus rotem Marmor beachtenswert. Eine herrliche Aussicht belohnt den mühsamen Aufstieg auf die Kuppel.

 Burgmuseum (Várműzeum),
Szent István tér 1, Tel. 415-986,
Di–So 10–17 Uhr.
Neben der Ausstellung zur Burggeschichte findet man auch freigelegte mittelalterliche Palasträume, sehenswert.
**Christliches Museum
(Keresztény Múzeum),**
Mindszenty tér 2, Tel. 413-880,
Sommer Di–So 10–17.30 Uhr, Winter Di–So 10–16.30 Uhr, 3. Jan.–1. März geschl.
Eine der bedeutendsten Kirchenkunstsammlungen des Landes.
Donau-Museum (Duna-Múzeum),
Kölcsey utca 2, derzeit wegen Restaurierung geschl.
Die Ausstellung ist eine historische Betrachtung des Miteinanders von Fluss und Mensch.
Schatzkammer (Kincstár),
in der Domkirche, Szent István tér 1,
tgl. 9–16.30 Uhr.

 Belvárosi Kávéház,
Vörösmarty utca 2,
So–Do bis 22 Uhr, Fr, Sa bis 24 Uhr.
Traditionscafé (seit 1896), viele Kaffeespezialitäten, kleine Gerichte und Frühstück.
Maláia Bár,
Vörösmarty utca 5, tgl. 11–2 Uhr.
Beliebter Treffpunkt vor allem bei jungen Leuten.

 Konzerte in der Basilika im Juli und Aug.

Fehérgyarmat

*Lage: J6
Vorwahl: 44
Postleitzahl: 4900*

 Szamos Étterem Szálloda,
Móricz Zs. utca 8,
Tel. 362-211, Fax 361-993,
www.hotels.hu/szamos_fehergyarmat,
günstig.
Obwohl das Gebäude dieses Hotelrestaurants äußerlich wenig freundlich erscheint, ist es der Service umso mehr. Einfache und saubere Zimmer und ein gutes Restaurant. Die Bedienung ist prima (Kellnerschule).

Fertőd

*Lage: bei Kapuvár B5
Vorwahl: 99
Postleitzahl: 9431*

 Tourinform,
Madách sétány 1, Tel./Fax 370-544,
fertod@tourinform.hu.

 Schlosshotel (Kastélyszálló),
Tel. 370-971, sehr preiswert.
Einfache Zimmer im zweiten Stock des Eszterházy-Schlosses, Bad im Gang, aber sensationeller Ort.

 Schloss Esterházy (Kastély),
16. April–15. Okt. Di–So 9–17 Uhr,
16. Okt.–15. April Di–So 9–16 Uhr.

Die Besichtigung ist nur im Rahmen einer Führung möglich.

 Musikerhaus (Muzsikaház),
Madách sétány 1,
16. April–15. Okt. Di–So 9–17 Uhr,
16. Okt.–15. April Di–So 9–16 Uhr.
In drei Zimmern des einstigen Musikerhauses bewohnte Haydn drei Zimmer, heute Museum.

 Juni–Sept.: **Internationales Haydn-Festival** und **Musikwochen.** Konzerte klassischer Musik, Tel. 370-971, Fax 370-120.

Fertőrákos (Kroisbach)

Lage: A6
Vorwahl: 99
Postleitzahl: 9421

 Im Ort werden zahlreiche **Privatzimmer** angeboten.
Horváth ház Panzió,
Fő utca 194-196, Tel./Fax 311-383, günstig. Angenehme Zimmer in familiärer Umgebung. Es wird Deutsch gesprochen.

 Steinbruch (Kőfejtő),
im Ort gut ausgeschildert,
Mai–Sept. tgl. 8–19 Uhr,
März, April, Okt. tgl. 8–17 Uhr,
Feb., Nov., Dez. tgl. 8–16 Uhr, Jan. geschl.
Eindrucksvoller historischer Steinbruch, bekannt als fantastische Konzertkulisse. Programme bei Tourinform in Sopron erhältlich (s. S. 359).
**Mithras-Heiligtum
(Mithrasz Szentély),**
Mörbischi határátkelő, Tel. 311-327,
Mai–Sept. Di–So 9–17 Uhr.
Im Ort an der Straße nach Mörbisch (Österreich) als Mithreum ausgeschildert, ca. 2 km geradeaus.

 Fertő-tó (Neusiedler See),
Freizeitpark im Naturschutzgebiet (Bootsfahrt, Restaurant etc.), Eintritt. Am Ortsende Richtung Bahnhof ausgeschildert.

Fülöpháza

Lage: bei Kecskemét E4
Vorwahl: 76
Postleitzahl: 6042

 Somodi Tanya,
Reiterhof, im Ort ausgeschildert, einige Kilometer über eine schlechte Sandstraße, Tel. 377-095, Fax 377-094, Somodi@mail.matav.hu, www.hotels.hu/somodi.
Reittouren und Kutschfahrten für Anfänger bis Fortgeschrittene. Mit Csárda (Gasthof), Camping und Fremdenzimmer, günstige, einfache Zimmer mit Etagendusche. Das Restaurant nimmt moderate Preise. Ausritt pro Std. 1600 Ft. Der im Naturschutzgebiet gelegene Hof wird von einem ungarisch-schweizerischen Paar umsichtig geführt.

Galya-tető

Lage: bei Gyöngyös F6
Vorwahl: 37
Postleitzahl: 3234

 Hotel Galyatető,
Zoltán sétány 10, Tel. 376-011,
Fax 376-015, reserve@hotelgalyateto.hunguesthotels.hu, www.hunguesthotels.hu, moderat.
Das im traditionellen Stil aus Basaltsteinen gebaute Hotel bietet vielseitige Erholungsmöglichkeiten: Schwimmhalle, Fitnessraum, Fahrradverleih, Tischtennis, Skibahn mit eigenem Skiaufzug sowie zwei Restaurants und eine Espressobar mit Livemusik.

Gemenci-Erdő (Gemencer Wald)

Lage: D3

 Trófea Étterem,
Bárányfok (Endstation der Gemencer Waldbahn), tgl. 10–22 Uhr.
In unberührter Natur gelegenes Restaurant mit verschiedenen Unterhaltungsprogrammen. Übernachtungsmöglichkeiten in Blockhäusern (günstig).

Fahrt mit der **Gemencer Waldbahn** (Gemenci Erdei Vasút), Fahrdienstbüro (Forgalmi Iroda), 7142 Pörböly, Bajai út 100, Tel./Fax 74/491-483.
In der Regel fährt die Bahn Mai–Okt. tgl. Abfahrt: 7.50 Uhr bzw. 9.20 Uhr in Pörböly, Rückfahrt von Bárányfok 15.35 Uhr, Ankunft in Pörböly 17.38 Uhr.
Die Fahrt führt durch das wildromantische Überschwemmungsgebiet der Donau (unter Naturschutz gestellt). Danach erwartet an der Endstation das Waldrestaurant Trófea Étterem seine Gäste (s. o.). Zum angebotenen Programm gehören Reiten und Kutschfahrten. Außer einer ungestörten Natur kann man den Pflanzengarten bewundern und ein Trophäenmuseum besuchen.
Info zu **Promenadenfahrten:**
Baja, Halászpart 4/C, Tel. 79/427-533.
Der Gemencer Wald bietet auch **Jagderlebnisse** an. Info über 6500 Baja, Szent Imre tér 2, Tel. 79/324-144, Fax 324-181.

Gödöllő

Lage: E5
Vorwahl: 28
Postleitzahl: 2100

 Tourinform,
Királyi Kastély, Tel. 415-402, Fax 415-403, godollo@tourinform.hu.

 Königliches Schloss (Királyi Kastély),
an der Hauptstraße gut ausgeschildert, nicht weit von der Bahnstation, April–Okt. Di–So 10–18 Uhr, Nov.–März Di–So 10–17 Uhr, 24.–26., 31. Dez. geschl. Im stilvollen Café im Schloss wird ausgezeichneter Kuchen serviert.

Gorsium

Lage: bei Tác D4

 Römische Ausgrabungsstätte Gorsium-Herculia, bei Tác.
Besichtigung des Ruinenfelds: Sommer tgl. 8–18 Uhr, Winter tgl. 8–16 Uhr. Ausstellungen: 28. April–31. Okt. Di–So 10–17 Uhr, 1. Nov.–27. April Di–So 8–16 Uhr.

 Im Frühjahr wird das **Floralia-Fest** (Blumenfest) begangen, Besucher werden mit Blumensträußchen empfangen. Auf einer Freilichtbühne werden im Sommer antike **römische Dramen** aufgeführt (Info über Tourinform Székesfehérvár, s. S. 362).

Gyomaendrőd

Lage: bei Szarvas G4
Vorwahl: 66

 www.gyomaendrod.hu.

 Druckereimuseum (Kner Nyomdaipari Múzeum),
Kossuth utca 16, 15. März–31. Okt. Di–So 9–15 Uhr, 1. Nov.–14. März 9–13 Uhr.
Motorradmuseum,
Hősök útja 58, Juli–Sept. tgl. bis 18 Uhr, Okt.–Juni nur Sa, So und feiertags. Kleine, kuriose Privatsammlung.

 Meisterschaften im **Motorcross** am 18. Juli.

Gyöngyös

Lage: F6
Vorwahl: 37
Postleitzahl: 3200
Einwohner: 37 000

 Tourinform,
Fő tér 13, Tel./Fax 311-155, gyongyos@tourinform.hu.
Wer den Kontakt zur Bevölkerung sucht, sollte nach Privatzimmern fragen, die zum Verein »Dorftourismus« (Falusi Turizmus) gehören.
Avar-Komplex, Büro für Touren, Városkert utca 22, Tel. 20/410-102. Tourentipps für Radfahrer und Wanderer.

Hotel Mátra,
Mátyás király utca 2,
Tel./Fax 313-063, günstig.
Gemütliches Hotel in einem stilvollen
Jahrhundertwendebau, mit Kaffeehaus
und Restaurant.
Lajosháza Vadászház,
Lajosköz 3, Tel. 370-012, Fax 328-092,
info@aranynap.hu, www.aranynap.hu,
günstig.
Kleine Jagdpension im nördlichen Stadt-
teil Solymos mit solider Küche und Gar-
ten. Reit- und Jagdmöglichkeiten.

 Regélő Bórház-Csárda,
im Norden der Stadt in
Farkasmály (rechts der Straße 24).
In einem alten Weinkeller werden die
Gäste mit guten lokalen Weinen und
Zigeunermusik verwöhnt.
Günstige Schlafmöglichkeiten in der **Vin-
cellér Panzió,** Erzsébet királyné utca 22,
beide Tel. 311-691.

 Im nordöstlichen Ortsteil Farkasmály (an der Straße 24) gibt es eine
schöne Kellerreihe *(pincesor)* im **Kellerdorf** *(pincefalu)*.

 **Kirchliche Schatzkammer
(Kincstár),**
Szent Bertalan utca 3, Tel. 311-143,
Di–So 9–12, 14–17 Uhr.
Zweitgrößte kirchliche Sammlung Un-
garns in der Sankt-Bartholomäus-Kirche.
Mátra-Museum,
Kossuth Lajos utca 40, Tel. 311-447,
März–Okt. Di–So 9–17 Uhr,
Nov.–Feb. Di–So 10–14 Uhr.
Ausstellung über das Mátra-Gebirge sowie
Stadt- und Schulgeschichte. Mit dem »Pro-
Natura-Preis« 1996 ausgezeichnet.

 **Szőlőskert Rt.
(Weingut »Weingarten«),**
Atkári út 89, 3214 Nagyréde,
Tel./Fax 373-892, www.szoloskert.hu,
Di–Fr 9–17, Sa 8–12 Uhr.
Das Weingut oberhalb des nahen Dorfes
Nagyréde ist eine ausgezeichnete Möglich-
keit, sich mit den Mátra-Weinen bekannt
zu machen. Verkauf und Probierstube.

 Per **Schmalspurbahn** kann man
nach Mátrafüred oder Lajosháza
fahren; auch ein Tipp für Autofahrer.
Station (Mátravasút) in der Kossuth utca
gleich hinter dem Orczy-Schloss. Regel-
mäßiger Fahrplan.

Gyöngyöspata

Lage: F6
Vorwahl: 37
Postleitzahl: 3035
Einwohner: 3000

 Patavár Panzió Étterem,
Fő út 47, Tel. 364-486,
sehr preiswert.
Kleine, moderne Pension mit ungarischer
Küche, Familienbetrieb.
Privatunterkunft bei **Frau Béres-Deák
Ferencné,** Arany Janos utca 10,
Tel. 364-012, sehr preiswert.
Sympathische Unterkunftsmöglichkeit,
hübsche Zimmer mit Bad und separater
Terrasse. Die Gastgeberin spricht Deutsch.
Auf Anfrage Möglichkeiten zum ungari-
schen Grill, Besuche bei traditionellen
Handwerkern sowie im eigenen, 400-jähri-
gen Weinkeller (mit Weinverkauf).

 Spätgotische **Pfarrkirche** mit Wur-
zel-Jesse-Altar (um 1650), Schlüssel
im Pfarrhaus: Plébánia Hivatal, Fö út 61,
schräg oberhalb der Kirche, hinter dem
grünen Zaun mit dem schwarzen Kreuz.

Győr (Raab)

Lage: C5/C6
Vorwahl: 96
Postleitzahl: 9021
Einwohner: 130 000

 Tourinform,
Árpád utca 32, Tel./Fax 311-771,
gyor@tourinform.hu.

 Gróf Cziráky Panzió,
Bécsi Kapu tér 8, Tel./Fax 310-688,
günstig.

Zentrale und romantische Lage, nette Zimmer.
Hotelrestaurant Fonte,
Schweidel utca 17, Tel. 513-810,
Fax 513-820, moderat.
Stilvoll renoviertes Gebäude (18. Jh.) beim Nationaltheater mit guter Küche.
Hoteria Tia Maria,
Eörsy Péter utca 17, Tel./Fax 439-611, moderat.
Zehn Autominuten vom Zentrum, südlich vom Bahnhof gelegen. Hier nächtigt man in spanischem Ambiente. Zum Hotel gehört das bei Einheimischen beliebte, spanische Restaurant Tio Pepe.
Klastrom Hotel,
Zechmeister utca 1, Tel. 315-611, Fax 327-030, moderat bis sehr teuer.
Edles Hotel im ehemaligen Karmeliterkloster direkt am Rába-Ufer, sehr zentral und ruhig.
Hotel Schweizer Hof,
Sarkantyú köz 11–13, Tel. 329-171, Fax 326-544, sehr teuer.
Vier-Sterne-Hotel in hübschen, sorgfältig renovierten Altstadthäuschen mit Komfort, eigenes Restaurant.

 In den angegebenen Hotels kann man auch ausgezeichnet speisen. Günstiger, aber auch empfehlenswert sind:
Matróz Csárda,
Duna kapu tér 3, günstig.
Kellerrestaurant mit urigem Marinedekor. Spezialität sind Fischgerichte.
Várkapu Vendeglő,
Bécsi kapu tér 7, günstig.
Kleiner gemütlicher Gasthof mit Terrasse. Serviert werden gute ungarische Spezialitäten.

 Domkirche (Székesegyház),
Káptalan-domb.
Rathaus (Városháza),
Szent István út.
Der prächtige Ratssaal kann im Rahmen einer Führung besichtigt werden.
Széchenyi-Apotheke,
Széchenyi tér 9, Mo–Fr 7.30–16 Uhr.
Eine funktionierende Museumsapotheke *(patika)*.

Diozösanmuseum (Egyházmegyei kincstár),
Káptalandomb 26.
Liturgische Geräte des 14.–18. Jh. und Bibliothek.
Imre-Patkó-Sammlung (Gyűjtemény),
Széchenyi tér, Eingang Stelzer köz.
Exponate aus Ostasien, Afrika und von den Südseeinseln.
Lapidarium (Kőtár),
Bécsi kapu tér 5, in der Sforza-Bastei, April–Okt. Di–So 10–18 Uhr.
Steinmetzarbeiten aus der Burg und Stadtgeschichte in den Kasematten.
Margit-Kovács-Ausstellung (Állandó kiállítás),
Apáca utca 1, Di–So 10–18 Uhr.
Keramiken von Margit Kovács.
Miklós-Borsos-Museum,
Apor Vilmos püspök tere 2, Di–So 10–18 Uhr.
Arbeiten des zeitgenössischen Bildhauers Miklós Borsos.
Städtische Bildergalerie (Városi képtár),
Király utca 17, Di–So 10–18 Uhr.
Wechselausstellungen.
Xantus-János-Museum,
Széchenyi tér 5, Di–So 10–18 Uhr.
Ausstellung zur Ortsgeschichte.

 Englischer Pub im **Golden Ball Club** (Hotel), Szent István utca 4, Tel. 322-360. Gilt als chic.
Irish Pub Söröző, Bécsi kapu tér 8.
Bierkneipe *(Söröző)* in der Altstadt.

 Nationaltheater (Nemzeti Színház),
Czuczor Gergely utca.
Mit viel Glück kann man Karten für das berühmte Győri-Ballett bekommen, das oft im Ausland gastiert.

 Győrer Sommer: Internationales Kulturfestival (Győri Nyár nemzetközi művészeti fesztivál) im Juni und Juli mit Musik, Tanz, Theater und vielem mehr in den Straßen der Altstadt, Information und aktueller Festkalender zu erfragen unter Tel. 320-289, Fax 431-390, www.gyor_ph.hu.

Bahnhof, Révai Miklós utca, in der Nähe des Rathauses, liegt an der Hauptstrecke Wien–Budapest. Tgl. auch Zugverbindungen mit Sopron und Szombathely.

Gyula

Lage: H3
Vorwahl: 66
Postleitzahl: 5700
Einwohner: 34 000

 Tourinform,
Kossuth L. utca 7, Tel./Fax 463-421, bekes-m@tourinform.hu.
Békéstourist,
Vásárhelyi utca 2, Tel. 463-028.
Gyulatourist,
Eszperantó tér 1, Tel. 463-026.

 Hotel Corvin,
Jókai utca 9–11, Tel. 362-044, Fax 362-158, corvin@westel900.net, günstig.
Kleines gemütliches Hotel mit hübschen, kleinen Zimmern in einem alten, renovierten Haus am Kanal.
In dem Kurort gibt es zahlreiche große **Komforthotels.**

 Százéves cukrászda,
Erkel tér 1,
In der »hundertjährigen Konditorei« mit originaler Biedermeier-Einrichtung gibt es sehr leckere Kuchen und guten Kaffee in musealem Ambiente.

 Burg (Vár) mit Aussichtsturm, im Burggarten (Várkert),
Mai–Sept. Di–So 9–17 Uhr,
Okt.–April Di–So 10–16 Uhr.

 Dürer-Saal (Terem) und Museum,
Kossuth utca 17, Wechselausstellungen und Konzerte, Mai–Sept. Di–So 9–17 Uhr, Okt.–April Di–So 10–16 Uhr.
Ferenc-Erkel-Gedenkhaus (Emlékház),
Apor Vilmos tér 7, Mai–Sept. Di–So 9–17 Uhr, Okt.–April Di–So 10–16 Uhr.

Gehöftsmuseum (Tanyamúzeum),
Szabadka tanya 32, Tel. 463-032,
Mai–Sept. Di–So 9–17 Uhr,
Okt.–April Di–So 10–16 Uhr.
György-Kohán-Bildergalerie (Képtár),
Béke sugárvt 35, Mai–Sept. Di–So
9–17 Uhr, Okt.–April Di–So 10–16 Uhr.
Bilder des Malers und Kossuth-Preisträgers György Kohán.
Ladics-Haus,
Jókai utca 4, Mai–Sept. Di–So 9–17 Uhr,
Okt.–April Di–So 10–16 Uhr.
Bürgerliche Wohnkultur des 19. Jh.
Sammlung von Andachts- und Erinnerungsstücken zur Jungfrau Maria (Szüz Mária Kegy- és Emléktárgyak),
Apor Vilmos tér 11, Mai–Sept. Di–So
9–17 Uhr, Okt.–April Di–So 10–16 Uhr.
Städtische Bildergalerie (Városi képtár),
Károlyi Mihály utca 13, Mai–Sept. Di–So 9–17 Uhr, Okt.–April Di–So 10–16 Uhr.
Gemäldesammlung aus dem 19. und 20. Jh.

 Lokale Spezialität: **Gyulai kolbász,** eine würzige grobe Paprikawurst.

 In den Sommermonaten gibt es **Theateraufführungen** in der Burg (Seebühne). Kossuth utca 13,
Info-Tel. 463-148.

 Várfürdő (Burgbad),
Várfürdő utca 2, Tel./Fax 361-766.
Thermalwasser für Freizeit und Kuren.

 Bahnhof, Halácsy út 2,
Tel. 361-212.
Busbahnhof, Vásárhelyi P. utca,
Tel. 361-385.

Hajdúböszörmény

Lage: H5
Vorwahl: 52
Postleitzahl: 4220
Einwohner: 32 000

 Hajdútourist,
Kossuth utca 17, Tel./Fax 371-416.

Káplár Miklós Kemping,
Polgári utca 92–100,
Tel./Fax 371-388, sehr preiswert.
Übernachten in alten Bauernhäusern.

Hajdú Hotel & Restaurant,
Petőfi Sándor utca 2,
Tel. 228-307, Fax 228-345, günstig.
Kleines, nettes Hotel mit Gartenlokal und
traditioneller ungarischer Küche.

**Heiducken-Museum
(Hajdúsági Múzeum),**
Kossuth utca 1, Di–So 10–16 Uhr.
Informationen über Leben und Kultur der
Heiducken.

Bahnhof, Baross G. tér 2,
Tel. 371-354.

Hajdúszoboszló

Lage: H5
Vorwahl: 52
Postleitzahl: 4200
Einwohner: 25 000

Tourinform,
Szilfákalja utca 2, Tel./Fax 361-612,
hajduszoboszlo@tourinform.hu.

Start Panzió,
József Attila utca 22,
Tel./Fax 365-981, moderat.
Kleine Pension in Badnähe, mit Restaurant.
Cívís Hotel Délibáb,
József Attila utca 4, Tel. 360-366,
Fax 362-059, hdelibab@debrecen.com,
www.datanet.hu/civishotel, moderat bis
sehr teuer (Nebensaison stark ermäßigt).
Neueres großes Komforthotel in der Nähe
des Heilbades.

Kemencés Csárda,
Szifákalja utca 40, Tel./Fax 362-221,
moderat.
Traditionell eingerichtetes Lokal im Zentrum.
Attraktion sind die im Holzofen
zubereiteten Gerichte wie Gänse- und
Schweinebraten oder gefüllte Krautblätter
mit Räucherschinken. Jeden Mo und Fr
werden ab 18 Uhr frische Fladen gebacken.

Bocskai-Museum,
Bocskai utca 12 u. 21,
Sommer Di–So 9–13, 15–19 Uhr,
Winter Di–So 14–18 Uhr.
Sammlungen zur Stadtgeschichte, Tradition und Kultur der Region.

**Hajdúszoboszlói Gyógyfürdő
(Thermalbad),**
Szent István Park 1–3, Tel. 360-344,
Fax 360-039, gyogyfur@elender.hu.
Informationen bei Thermal Tourist,
Tel./Fax 360-589.

Hajós

Lage: E3
Vorwahl: 78
Postleitzahl: 6344

s. Kalocsa, S. 340f.

Das **Weinkellerdorf** *(pincefalu)*,
berühmt für seine vollmundigen
Rotweine, ist in seiner Größe und Schönheit einzigartig und steht unter Denkmalschutz. Es gibt ein **Weinkellermuseum
(Bormúzeum),** Présház utca 93, und eine
Weinstube mit Restaurant am Hirrlingen tér. Wer hier übernachten möchte,
wende sich bitte an Korona Tours in
Kalocsa (s. u.).

Am **Sankt-Urban-Tag** (Orbán-napi
borünnep) am letzten Sonntag im
Mai findet alljährlich ein Weinfest zu Ehren
des Heiligen statt. Info bei Korona Tours
Utazási Iroda in Kalocsa, Tel. 78/461-819.

Die Weinbaugegend von
Hajós-Baja erstreckt sich auf
insgesamt 2200 ha. Neben den bekannten
Hajóser Weinen ist auch ein Besuch der
Privatkellerei von István Valter empfehlenswert: Császártöltés (nordöstlich,
ca. 9 km), Keceli utca 36, Tel./Fax 343-271.

Harkány

Lage: C2
Vorwahl: 72
Postleitzahl: 7815

 Auskunft über therapeutische Anwendungen und Privatzimmervermittlung: **Mecsek-Tours-Büro,** Kossuth Lajos utca 5, Tel. 480-251, Fax 480-435, Mo–Do 8–16, Fr 8–15 Uhr; oder bei der Zweigstelle am Schwimmbadeingang, Bajcsy Zsilinszky utca, Tel. 480-322, Juni–Aug. Mo–Fr 8–18, Sa 8–14, So 8–12 Uhr, Sept.–Mai Mo–Do 8–16, Fr 8–15 Uhr.

Hévíz

Lage: B4
Vorwahl: 83
Postleitzahl: 8380

 Zalatour-Büro,
Rákóczi utca 8, Tel./Fax 342-865.
Staatliches Rheumakrankenhaus und Kurklinik, Dr. Schulhof Vilmos sétány 1, Tel. 340-455, Fax 340-464.

 Astoria Hévíz,
Rákóczi utca 11, Tel./Fax 340-393, günstig bis moderat (Kinderermäßigung). An der Fußgängerzone gelegene Pension, 200 m bis zum Thermalsee. Die zum Hof hinausgehenden Zimmer sind hell und freundlich. Zur Pension gehört auch ein hübsches Café mit hervorragenden Back- und Eisspezialitäten.
Hotel Erzsébet,
Erzsébet királyné út 13–15,
Tel./Fax 342-040, teuer bis sehr teuer (je nach Saison).
Dezent feines Hotel hinter himmelblauer Fassade mit Restaurant. Helle, geschmackvolle Zimmer. An der Fußgängerzone gelegen, keine 300 m bis zum Thermalsee. Gesundheits- und Fitnessbehandlungen (Massage, Sauna, Aromatherapie, Salzhöhle) und kosmetische Behandlungen. Frühstücken im Freien und Ausruhen im Hof.

Camping: Castrum Camping,
Ady Endre utca, Tel. 343-198, Fax 314-422, sehr preiswert.
Wenige Minuten zu Fuß bis zum See, mit Restaurant und etwas Schatten.

 Natürlicher Thermalsee,
Dr. Schulhof Vilmos sétány (Haupteingang) und Ady Endre utca (Nebeneingang, nur im Sommer geöffnet).
Tgl. 8–17 Uhr.

 Busbahnhof, Deák tér, in unmittelbarer Nähe zum See. Ständige Busverbindungen nach Keszthely.

Hódmezővásárhely

Lage: F3
Vorwahl: 62
Postleitzahl: 6800

 Tourinform,
Szegfű utca 3, Tel./Fax 249-350, hodmezövasarhely@tourinform.hu.

 Fáma Hotel,
Szeremlei utca 7, Tel. 222-231, Fax 222-344, www.hotels.hu/fama, günstig.
Familiäres Hotel.

Camping: Termál Kemping,
Ady Endre utca 1, Tel. 345-033,
Fax 341-356, April–Okt., sehr preiswert. Gut ausgestatteter Campingplatz neben einem Thermalbad.

 Bildergalerie der Tiefebene (Képtár),
Kossuth tér 8, Tel. 342-277,
Di–So 10–17 Uhr.
János-Tornyai-Museum,
Szántó K. J. utca 16–18, Di–So 10–17 Uhr. Volkskundliche Sammlungen, darunter eine weibliche Tonstatuette aus der Jungsteinzeit.

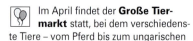 Im April findet der **Große Tiermarkt** statt, bei dem verschiedenste Tiere – vom Pferd bis zum ungarischen

Hirtenhund – den Besitzer wechseln. Auskunft bei Tourinform (s. o.).

Hollóháza

Lage: bei Sárospatak H7
Vorwahl: 47
Postleitzahl: 3999

 Porzellanmuseum (Porcelánmúzeum),
Károlyi utca 13 (direkt an der Durchgangsstraße), tgl. 9.30–16.30 Uhr.
Die Fabrikausstellung zeigt herrliche handbemalte Stücke von den Anfängen des Unternehmens bis heute. Daneben gibt es ein Musterwarengeschäft.

Hollókő (Rabenstein)

Lage: E6
Vorwahl: 32
Postleitzahl: 3176

 Informationsbüro von Hollókő, Kossuth utca 68, Tel./Fax 379-266. Informationen über Folkloreveranstaltungen, Oster- und Erntefest etc., Privatzimmervermittlung im Dorf (sehr preiswert bis günstig).

 Várétterem (Burgrestaurant), Petőfi utca 4, bis 21 Uhr, moderat. Sehr gute Küche, empfehlenswert ist die Spezialität des Hauses: *Nógrádi palócpecsenye* (Nograder Steak nach Palozenart) mit Knoblauch und Senf gewürzt.
Teaház,
Kossuth utca.
In einem schönen alten Palozenhaus an der Hauptstraße eingerichtetes Teehaus mit Möglichkeit zum Draußensitzen.

 Burg (Vár),
tgl. bis 17.30 Uhr. Dez.–Feb. geschl.

 Dorfmuseum (Falumúzeum),
Kossuth utca 82, April–Sept. Di–So 10–16 Uhr, Okt.–März Do 10–14, Fr 12–14, Sa, So 10–16 Uhr, Mo–Mi geschl.

 Von Hollókő führt ein Pfad, traktorentauglich, durch die »Berge« ins Nachbardorf **Rimóc**. Man muss dort, wo das Pflaster der Kossuth utca in einen einfachen Erdweg übergeht, weiter geradeaus gehen (ca. 8 km), gute Karte ist wichtig.

Hortobágy

Lage: H5
Vorwahl: 52
Postleitzahl: 4071

 Tourinform,
beim Hirtenmuseum,
Tel./Fax 369-119, 369-105, mit Unterkunftvermittlung, Informationen und gutes Kartenmaterial.
Direktion des **Hortobágy-Nationalparks (Hortobágyi Nemzeti Park),**
4024 Debrecen, Sumen utca 2,
Tel. 349-922, Fax 410-645.
Westliches Empfangshaus des Hortobágy-Nationalparks (Nyugati Fogadó), ca. 7 km von Tiszafüred, Tel. 378-054.
Infomaterial und Auskünfte über Programme des Nationalparks.

 Kaparó Csárda,
an der Straße 33 zwischen km 52 und km 53, günstig.
Kleine, etwa hundertjährige Schenke mit traditioneller ungarischer Küche.
Kadarcsi Csárda,
an der Straße 33 bei km 86, moderat.
Traditionell eingerichtetes Lokal, besonders bekannt für seine feinen Geflügelgerichte.

 Museumscsárda (Meggyes Csárda Múzeum),
von Tiszafüred links Museumshinweisschild vor km 60.
Das rund 300 Jahre alte Gasthaus ist als Museum zu besichtigen.

 Wachhaus Szálkahalom an der Straße 33 bei km 79. Hier kann man schwarze Keramik direkt aus der Werkstatt erwerben.

Brückenmarkt an der Hortobágy Brücke um den 20. Aug., genaue Termine bei Tourinform (s. o.) erfragen.

Wanderungen, Fahrradtouren, Kutschfahrten, Vogelbeobachtung, Reitervorführungen und Reiten im Nationalpark. Kartenmaterial, alle wichtigen Informationen und Eintrittskarten bei Tourinform. Die Saison endet normalerweise Ende September. In der übrigen Zeit sollte man sich ebenfalls an das Informationsbüro wenden.

Kalocsa

Lage: D3/E3
Vorwahl: 78
Postleitzahl: 6300
Einwohner: 20 000

Pusztatourist,
Szent István Király utca 35,
Tel./Fax 461-407.
Korona Tours Utazási Iroda,
Szent István király utca 6,
Tel./Fax 461-819.

 Hotel Piros Arany,
Szent István Király utca 37,
Tel. 462-220, Fax 462-621, sehr preiswert (Etagendusche), günstig (mit Bad). Zentrale Lage an der Fußgängerzone, einfache, saubere Zimmer. Kein Restaurant.
Beta Hotel Kalocsa,
Szentháromság tér 4, Tel./Fax 461-244, moderat.
Elegantes Hotel am zentralen Domplatz mit gediegenem Restaurant und sehr guter Küche.

 Diófa Véndeglő,
Petőfi utca 67, günstig.
Deftige, aber gute ungarische Hausmannskost.
Trófea Söröző,
Híd utca 9, Mo geschl., günstig.
Wild- und Bierspezialitäten.
Juca néni Csárdája,
Meszes Dunapart, Tel. 462-893, moderat.
Das Ausflugslokal »Csárda zur Tante Juca« ist ein schmuckes Gehöft von 1826 mit Weinkellermuseum, außerhalb des Orts an der Donaufährstation. Touristisches, aber gutes Traditionslokal mit folkloristischen Darbietungen. Frauen fertigen vor Ort kostbare Stickereien, Wandmalereien und verzierte Eier an. Zufahrt über eine schöne Kopfsteinpflasterallee. Zu erreichen bei einem Spaziergang (hinter dem großen Platz die Kadarka utca entlang) oder mit der Buslinie 13.

 Bahnhof (Vasútállomás),
Mártírok tere, an der Straße Richtung Szakmár.
Das Bahnhofsgebäude aus dem 19. Jh. ist im traditionellen Stil bunt bemalt.

 Erzbischöfliche Schatzkammer (Érseki kincstár),
Szentháromság tér 1, Di–So 9–17 Uhr.
Grabfunde, barocke Messkleidung, Hirtenstöcke.
Erzbischöfliches Palais (Érseki palota),
Szentháromság tér 1.
Die prächtige Bibliothek ist Di–So 12–14 Uhr öffentlich zugänglich.
Paprikamuseum,
Szent István Király utca 6, Tel. 462-351, 15. April–15. Okt. Di–So 10–17 Uhr.
Geschichte der ungarischen Paprikaverarbeitung.
Schöffer-Sammlung,
Szent István Király utca 76,
Di–So 10–12, 14–17 Uhr.
Ausgestellt sind Arbeiten des im Jahr 1912 hier geborenen Lichtkünstlers Nicolaus Schöffer.
Städtische Gemäldegalerie (Városi képtár),
Szent István Király utca 12–14,
Di–So 10–12, 15–18 Uhr.
Wechselausstellungen.
Haus der Volkskunst (Népművészeti Tájház),
s. S. 201.
Visiki-Károly-Museum,
Szent István Király utca 25,
Di–So 9–17 Uhr.
Heimatkundliche Sammlung, Mineralien, Edelsteine und Münzen.

Porcelántfestő KFT,
Malatin tér 5, Tel. 462-017.
Handbemaltes Porzellan vom Hersteller.
Lokale Spezialität ist **Gewürzpaprika.**
Beim Busbahnhof gibt es sogar einen
Paprika-Diskount.

Club N° 502 S&M,
Szent István Király utca 64.
Jugendtreff, Kneipe mit Pizza-Angebot.

Paprika-Ernte-Festival im Sept.
mit verschiedenen Folklorepro-
grammen, einem Kochwettstreit und
einem Festumzug.

Busbahnhof, Szent István Király
utca/Malatin tér.
Bahnhof, Mártírok tere, Zugverbindung
nach Budapest.
Schiffsverbindungen: Fähranleger,
etwa 6 km von Kalocsa entfernt. Von der
Straße 51 Richtung Baja vor dem Ortsausgang in Richtung Gerjen abbiegen. Zwischen Budapest und Kalocsa verkehren
Touristenschiffe. Info über Tourinform.

Kaposvár

Lage: C3
Vorwahl: 82
Postleitzahl: 7400
Einwohner: 74 000

Tourinform (Städtisches Büro),
Fő utca 8, Tel./Fax 320-404,
kaposvar@tourinform.hu;
Tourinform (Komitatsbüro),
Csokonai utca 3, Tel./Fax 317-133,
somogy-m@tourinform.hu.

Csokonai Szálló,
Fő utca 1, Tel. 312-011, Fax 312-459,
siotour@mail.datanet.hu,
www.datanet.hu/siotour, günstig.
Angenehmes Hotel in einem alten Haus
(18. Jh.) mit Tradition und gutem Restaurant in der Fußgängerzone.

Csiky Gergely Színház,
Rákóczi tér 2, Tel. 320-833.

Sehenswertes Jugendstiltheater aus dem
Jahr 1911.
Schönes **Jugendstilwohnhaus** in der
Kontrássy utca 4, mit Adam-und-Eva-
Relief.

**Komitatsmuseum
(Somogy Megyei Múzeum),**
Fő utca 10, Di–So 10–16 Uhr.
Heimatkundliche Sammlung, Volkskunst
und Galerie.
**Rippl-Rónai-Gedenkmuseum
(Emlékmúzeum),**
Romahegy 88, Tel. 422-144, April–Okt. Di–
So 10–18 Uhr, Nov.–März Di–So 10–16 Uhr.
Atelier des Malers József Rippl-Rónai
(1861–1927).

Auf den Spuren königlicher Köche:
Kochfestival Anfang Aug. im
50 km westlich gelegenen Dorf Nagysza-
kácsi (Großkoch). Besucher werden mit
mittelalterlichen Speisen und mit wieder-
belebter Renaissancekultur (Musik, Ritterspiele) verwöhnt. Auskunft erteilt Tourinform in Kaposvár (s. o.).

Kecskemét

Lage: F4
Vorwahl: 76
Postleitzahl: 6000
Einwohner: 110 000

Tourinform,
Kossuth tér 1, Tel./Fax 481-065.
**Nationalpark Kleinkumanien
(Kiskunsági Nemzeti Park),**
Igazgatósága, Liszt F. utca 19,
Tel. 482-611, Fax 481-074,
Kecskemet@tourinform.hu.
Hier erhält man Adressen und Genehmi-
gungen zum Besuch der speziell geschüt-
zten Gebiete des Nationalparks. Es können
auch fachliche Führungen bestellt werden.

Pálma Hotel,
Arany J. utca 3, Tel. 321-045,
Fax 417-298, sehr preiswert.
Einfache Unterkunft, ordentlich und zen-
tral.

Fábián Panzió,
Kápolna utca 14, Tel. 477-677, günstig.
Zentral gelegene Pension mit Innenhof, gemütlich.
Hotelrestaurant Három Gúnár,
Batthyány utca 1–7, Tel. 483-611,
Fax 481-253, moderat.
Zentral gelegenes, stilvolles Hotel mit guter Küche, Spezialität: Gänseplatte.
Gerébi Kúria Hotel,
Alsólajos, 15 km außerhalb Richtung Lajosmizse, Tel. 356-555, 356-045, moderat bis teuer (je nach Saison).
Ruhige, schöne Lage inmitten herrlicher Natur. In der Nähe gibt es einen Reitclub. Zu erreichen über die Straße 5, nach ca. 11 km geht eine kleine Straße rechts ab, kreuzt die Autobahn und führt nach Alsólajos.

 Csárda Kisbugaci,
Munkácsy utca 10,
Tel. 486-782, günstig.
Gute Küche.
Liberté Café und Restaurant,
Szabadság tér 2, Tel. 480-350, moderat.
Am zentralen Platz gelegen mit Terrasse. Stilvolles, elegantes Ambiente, gepflegte Küche.

 Bozsó-Sammlung (Bozsógyűjtemény),
Klapka utca 34, Tel. 324-625, Mitte März–Mitte Dez. Fr–So 10–18 Uhr.
Kuriose wie interessante Privatsammlung (Stiftung des gleichnamigen regionalen Malers) in schöner Villa außerhalb des Zentrums.
Instrumentensammlung Leskowsky (Hangszergyűjtemény),
Zimay László utca 6/A, Tel. 486-616,
Mo–Sa 9–17 Uhr.
József-Katona-Museum,
Katona-József Park, Bethlen körút 1,
Tel. 481-350, Di–So 10–17 Uhr.
Heimatmuseum.
Kecskeméter Bildergalerie (Képtár),
Rákóczi utca 1, Tel. 480-776,
Di–So 10–17 Uhr.
Sehenswerte Sammlung ungarischer Kunst (19./20. Jh.) im Cifra palota (Bunten Palast).

Michelangelo-Galerie,
Rákóczi út 2, Tel. 487-611,
Mo–Fr 8–21.30 Uhr.
Kopien der bekanntesten Skulpturen Michelangelos in der ehemaligen Synagoge, heute Haus der Technik (Technika háza).
Museum für Naive Kunst (Magyar Naív Művészek),
Gáspár András utca 11, Di–So 10–17 Uhr.
Ungarisches Fotomuseum (Magyar Fotográfiai Múzeum),
Katona József tér 12, Tel. 483-221,
Di–So 10–17 Uhr.
Wechselnde Ausstellungen.
Ungarisches Volkskunstgewerbemuseum (Nepi Iparművészeti Múzeum),
Serfőző utca 19a, Tel. 327-203,
15. März–15. Okt. Di–Sa 10–18 Uhr,
16. Okt.–14. März Di–Sa 10–17 Uhr.
Kunstgewerbe und Handwerk: Schnitzerei, Töpferei, Stickerei und Weberei.

 Lokale Spezialitäten: Aprikosenschnaps *(Barackpálinka)*, *Erős Pista* und *Edes Anna* (scharfe und milde Paprikacreme).

 Casino Kecskemét,
Kossuth tér 3, Tel. 480-160,
ab 18 Uhr.
Kilele Music Café,
Jókai utca 34, Tel. 326-774,
Mo–Fr 17–24, Sa, So 18–1 Uhr.
Rolling Rock Café,
Jókai utca, Budai kapu, Tel. 506-190,
tgl. 9–5 Uhr.

 Im **Kodály Institut** werden regelmäßig Konzerte gegeben.
Alle zwei Jahre findet im Juni das **Zeichentrickfilmfestival** statt.

 März: **Frühlingsfestival;**
Juni, Juli: **Internationales Kodály Seminar und Musikfestival;**
Ende August: **Hírös-Festival-Woche** mit traditionellen Umzügen und vielseitigem Programmangebot.

 Eine **Schmalspurbahn** fährt direkt zum Bugacpuszta-Nationalpark, Information bei Tourinfom.

Bahnhof, Kodály Z. tér 7, Tel. 322-460.
Busbahnhof, Noszlopy Gáspár park 1, Tel. 321-777.

Kékes-tető

Lage: bei Gyöngyös F6

Fernsehturm (TV-kilató),
April–Sept. tgl. 9–18 Uhr,
Nov.–März tgl. 9–16 Uhr.
Höchster Punkt des Landes in Nordungarn, 1014 m über NN.

Kerekegyháza

Lage: E4
Vorwahl: 76
Postleitzahl: 6041

Pongrácz Major,
Kunpuszta 76, Tel./Fax 371-240, www.hotels.hu/Pongracz, März–Okt., moderat.
Komfortable Übernachtungsmöglichkeit mitten in der Natur. Reiten, angeln, schwimmen bei einem Pusztadorf, rollstuhlgerechte Ausstattung.

Varga Tanya,
Kunpuszta 150, Tel. 371-030, Fax 371-330, moderat.
Angenehme Erholung mit Reitmöglichkeit, Pferdevorführungen und traditioneller ungarischer Küche.

April: **Reitertage** (u. a. Gespannfahrten), Auskunft Tel. 371-011; 20. Aug.: **Kirmes, Feier des Brotes**; erster Sa im Okt.: **Dorftag,** Winzerfest, Ball.

Keszthely

Lage: B4
Vorwahl: 83
Postleitzahl: 8360
Einwohner: 25 000

Tourinform,
Kossuth utca 28,
Tel./Fax 314-144,
keszthely@tourinform.hu.

Forrás Panzió,
Római út 1, Tel. 311-418,
Fax 314-617, sehr preiswert bis günstig.
Pension mit Garten; Babysitterdienst.

Balatongyöröki Kastély Üdöllőszálló,
Balatongyörök, 10 km östlich von Keszthely, Petőfi utca 2,
Tel. 349-510, Fax 346-001, günstig.
Erholungshotel in einem neobarocken Herrenhaus, ruhige Lage, in Seenähe.

Bacchus,
Erzsébet királyné utca 18, Tel. 510-450, Fax 314-097, bacchush@mail.matav.hu, www.bacchushotel.hu, moderat.
Zentrales Hotel in ruhiger Lage, mit netten Zimmern und Terrassen. Mit ausgezeichnetem Restaurant und hervorragender Weinkarte.

Hullám,
Balatonpart, Tel. 312-644, Fax 315-950, www.danubius.group.com/hullam, April–Okt., moderat.
Direkt am Plattenseeufer gelegenes, stilvolles Gebäude der Jahrhundertwende mit dem noblen Charme des alten Badeorts.

Oázis,
Rákóczi tér 3, günstig.
Schmackhafte Vollwertküche.

Hungaricum Borház,
Helikon utca 4, moderat.
Ein Tipp für Weinliebhaber! Wunderschöner Weinkeller und Sommerterrasse. Zur leckeren Küche gibt es eine umfangreiche Karte ungarischer Weine.
In und um die Fußgängerzone sowie am Seeufer gibt es zahlreiche gute Lokale.

Schloss Festetics (Kastély),
Kastély utca 1, Tel./Fax 312-190,
Innenbesichtigung: Juli, Aug. Di–So 9–18 Uhr, Sept.–Juni Di–So 9–17 Uhr.
Prächtiges Schloss in einem hübschen Park. Konzertprogramme.

Balatonmuseum,
Múzeum utca 2, Tel./Fax 312-351,
Mai–Okt. Di–So 10–18 Uhr,
Nov.–April Di–Sa 9–17 Uhr.

Pflanzen- und Tierwelt des Balaton und die Bevölkerungsgeschichte der Region. Beschriftungen auch in Deutsch.
Gutshofmuseum (Georgikon Majormúzeum), Bercsényi Miklós utca 67, April–Okt. Di–Sa 10–17, So 10–18 Uhr. Die Wirtschaftsgebäude des ehemaligen Guts der Festetics dienen heute als Museum. Zu sehen sind Speicher, Werkstätten, Kutschen, Traktoren und mehrere interessante Ausstellungen. Das benachbarte **Georgikon,** die ehemalige Landwirtschaftliche Hochschule, ist heute ein Hotel (moderat).
Puppenmuseum (Babamúzeum), Kossuth utca 11, Tel. 318-855, tgl. 10–17 Uhr.
500 Volkstrachten des historischen Ungarn.

 Auf dem bunten **Wochenmarkt** stammt vieles aus dem eigenen Garten oder ist hausgemacht: Paprikapulver, Marmelade, sauer Eingelegtes, Honig, Obst, Tomaten etc.

 Internationales Helikon-Festival (1. Juni–30. Aug.), Kammer- und Orchestermusik im Schloss Festetics. Karten und die genauen Termine sind direkt im Schloss erhältlich.

 Fahrt mit dem **Nostalgiezug.** In der Hauptsaison startet vom Keszthelyer Bahnhof ein von einer Dampflok gezogener alter Zug zu einer romantischen Reise nach Tapolca. Auskunft am örtlichen Bahnhof oder über den Budapester Westbahnhof (Nyugati pályaudvar), Tel./Fax 1/269-5242, www.travelport.hu.
Fahrt mit dem Linienschiff entlang des Nordufers bis Badacsony, auch kürzere Strecken sind möglich. Abfahrt vom Anleger, wo auch die Fahrpläne aushängen.

 Im Hochsommer ist der öffentliche, städtische Strand leider immer überfüllt. Es gibt hier aber einen Surfbrett-, Boots- und Fahrradverleih.

 Bahnhof, Tel. 293-460.
Taxis, Fő tér, Tel. 311-154.

Kiskunhalas

Lage: E3
Vorwahl: 77
Postleitzahl: 6400

 Írisz-Regionalbüro, Hősök tere 1, Tel. 423-185, Fax 423-612, kotony@mail.matav.hu.

 Sáfrik-Windmühle, Ecke Kölcsey/Linhardt utca.
Spitzenhaus (Csipkeház), Kossuth Lajos utca 39, tgl. 9–12, 13–16 Uhr. Einzigartige, kostbare genähte Spitzen.

 Thorma-Museum, Köztársaság utca 2, März–Okt. Di–Sa 9–17 Uhr. Ortsgeschichte und Werke des Malers János Thorma.

Kisnána

Lage: bei Eger F6
Vorwahl: 36

 Privatunterkunft in einem kleinen separaten Haus bei **Sztankó Laszlóné,** Alkotmány utca 19, Tel. 324-036, sehr preiswert.
Gemütliches, familiäres Wohnen im Dorf.

 Burgruine (Várrom), Béké út 1, Tel. 312-744 (Info über Veranstaltungen, z. B. Theater), April–Sept. Di–So 9–17 Uhr, Nov.–März Di–So 10–14 Uhr; und benachbartes, als Museum eingerichtetes **Bauernhaus (Parasztház).**

Komárom

Lage: C6
Vorwahl: 34
Postleitzahl: 2900

 Monostori Festung (Erőd), Tel. 344-152, info@fort-monostor.hu, www.fort-monostor.hu, Di–So 9–16 Uhr. Lohnend ist ein Fremdenführer.

Kőszeg (Güns)

Lage: A5
Vorwahl: 94
Postleitzahl: 9730
Einwohner: 12 000

 Savaria Tourist,
Várkör utca 69, Tel./Fax 360-238.

 Várturistaszálló,
Várudvar (im Burghof),
Tel. 360-227, sehr preiswert.
Romantisch in der Burg gelegenes kleines, einfaches Hotel.
Csikar Csárda Panzió,
Alsó körút 12, Tel. 362-444, Fax 363-959, www.hotels.hu/csikar, günstig.
Etwas weiter vom Zentrum gelegene, typisch ungarische Csárda mit Strohdach.
Gasthof zur streunenden Katze (Fogadó a Kóbor Mackához),
Várkör 100, Tel./Fax 362-273, günstig.
Gemütlich und zentral.
Hotel zum goldenen Strauß (Szálloda az Arany Strucc),
Várkör utca 124, Tel. 360-323, Fax 360-139, günstig.
Älteres, einst feines Hotel beim Heldentor. Glockenläuten ist hörbar. Hier logierte einst Ferenc Liszt. Das Kávéház (Bierausschank) ist bis 2 Uhr morgens geöffnet.

Gyöngyvirág Panzió és Camping,
Bajcsy Zsilinsky utca 6, Tel./Fax 360-454, www.hotels.hu/gyongyvirag, günstig.
Gepflegtes Haus mit Garten, familiäre Atmosphäre, mit Campingmöglichkeit.
Ifjúsági Szálló (Jugendhotel),
Ürhajósok útja 2, Tel. 360-169,
sehr preiswert.
Einfache Unterkunft in einem schlossartigen Gebäude mit Park.

 Bécsi Kapu Étterem, Söröző,
Rajnis utca 5, Tel. 563-122,
tgl. 11–22 Uhr, günstig.
Gute traditionelle Küche in rustikalem Ambiente, mit Garten.
Gesztenyés Étterem,
Rákóczi út 23, Tel. 360-369, tgl. 9–22 Uhr, günstig.
Serviert wird eine leckere traditionelle Küche.
Kulacs Vendéglő,
Várkör 12, Tel. 563-290, tgl. 8–22 Uhr, moderat.
Schmackhafte Hausmannskost, mit Terrasse.
Café Garabonciás,
Jurisics tér 7.
Der »Salon des Zauberers« ist ein hübsches Café in einem alten Sgraffito-Haus, ideal für eine kurze Pause.

 Burganlage (Jurisics vár),
Rajnis utca 9; Burgmuseum:
Tel. 360-240, Di–So 10–17 Uhr;
Burgtheater: Tel. 360-113.
Apothekenmuseum (Patikamúzeum),
Jurisics tér 11, Di–So 10–17 Uhr.
Jurisics-Museum im Generalshaus (Tábornokház), Jurisics tér 6,
Di–So 10–17 Uhr.
Handwerks- und Zunftmuseum mit einigen Werkstätten.

 Traditionelles internationales **Blasorchestertreffen** am letzten Wochenende im Sept.

 Juni–Sept.: **Burgfestspiele;**
erstes Wochenende im Aug.:
Renaissance-Vergnügungen.

 Bahnhof, am Alsó Körút (Straße 87), tgl. Züge nach Szombathely.
Busbahnhof, Liszt Ferenc utca, zentrale Lage, tgl. Verbindungen nach Szombathely, Bükfürdő und Sopron.

Lillafüred

Lage: G6
Vorwahl: 46
Postleitzahl: 3517

 Ózon Pension,
Erzsébet sétány 19, Tel./Fax 379-200, www.hotels.hu/ozon_lillafured,
sehr preiswert.
Die am Ufer des Baches Szinva gelegene Pension bietet Möglichkeiten einer speziel-

len Behandlung von Atemwegserkrankungen, besonders für Kinder, außerdem Sauna und Solarium vorhanden.
Tókert Pension,
Erzsébet sétány 3, Tel./Fax 531-202, moderat.
Hübsche Pension direkt am Seeufer; auf der Gartenterrasse gibt es eine »Schauküche«, zu den Spezialitäten gehören Wildgerichte.
Hámor Holiday Fitness Park Szeleta Hotel & Camping,
Alsóhamor, Szeleta utca 12–14,
Tel. 530-130, Fax 530-120,
www.hamorholiday.hu, moderat bis teuer (je nach Saison).
Die von einem Garten umgebene Anlage bietet angenehme Zimmer, Appartements sowie einen gut ausgestatteten **Campingplatz.** Für das Wohlergehen der Gäste sorgen Sauna, Fitnessraum, eine Salzhöhle und ein beheiztes Sprudelbad im Freien sowie das Restaurant Fridolin.
Hunguest Hotel Palota,
Erzsébet sétány 1,
Tel. 331-411, Fax 379-273,
reserve@hotelpalota.hunguest.hu,
www.hunguest.hu/Palota/index.html,
sehr teuer (Nebensaison ermäßigt).
Malerisch gelegenes, romantisches Luxushotel am See mit gepflegtem Garten, Sauna, Solarium, Schwimmhalle, Whirlpool, Fitnessraum. Dazu zwei Spitzenrestaurants, Autovermietung sowie Jagd- und Angelmöglichkeiten.

 Szent-István-Höhle (Barlang),
Tel. 334-130, 15. April–15. Okt tgl. 9–17 Uhr, 16. Okt.–14. April tgl. 9–16 Uhr. Für die **Anna-Kalktuffhöhle** gelten die gleichen Öffnungszeiten, Pullover nicht vergessen.

 Massa Múzeum in Újmassa,
15. April–31. Okt. Di–So 9–17 Uhr. Hochofen (1770) mit angeschlossenem kleinen Museum über die Eisenherstellung, gleich an der Hauptstraße in Újmassa, ausgeschildert.

 Aktivitäten: Kahnfahren auf dem Hámori-tó, Wandern oder ein Ausflug zum Hochofen (Massa Múzeum) von Újmassa (s. o.).

 Die **Schmalspurbahn** zwischen Miskolc-Diósgyőr und Ómassa hält auch in Lillafüred. Informationen unter Tel. 370-345.

Mád

Lage: H6
Vorwahl: 47
Postleitzahl: 3909

 Jüdischer Friedhof (Zsidó temető).
Zu finden: Im Ort rechts an der Kirche mit dem weißen Turm vorbei, geradeaus, dabei eher links halten, bis man den Friedhof am Hang hinter einer Mauer sieht. Den Schlüssel *(kulcs)* bekommt man rechts oben beim Friedhof in einem Privathaus.

 Weinkeller (Borpince),
Rákóczi út 35,
Tel. 348-011, Mo–Sa 9–16 Uhr.
Hier gibt es gute Tokajerweine.

Majkpuszta

Lage: bei Tatabánya D5
Vorwahl: 34
Postleitzahl: 2840

 Komturistbüro, in Tatabánya, Tel./Fax 311-936; oder
Büro in Oroszlány, Tel./Fax 361-575.

 Kloster: Besichtigung April–Okt., Führungen Di–So 10–18 Uhr (letzter Einlass 17 Uhr). Übernachten in Einsiedlerklausen, sehr preiswert, Reservierung möglich unter Tel. 360-971.

 Im Sommer gibt es zahlreiche **Konzerte,** Info und Kartenbestellung in Tatabánya, Tel. 316-644, oder Budapest, Music Mix Büro, Váci utca 33, Tel. 1/117-7736.

Makó

Lage: G2
Vorwahl: 62
Postleitzahl: 6900

Unmittelbar an der Grenze nach Rumänien gibt es zahlreiche Pensionen (an der Hauptstraße ausgeschildert), alle etwa gleich günstiges Preisniveau. Empfehlenswert: **Kerekes Pension,** Megyeház utca 37, Tel. 216-687, Mobiltel. 30/985-3910, günstig. Kleine und freundliche Familienpension in zentraler Lage.

Kalász Étterem,
Csanád tér 4, günstig.
Nettes Lokal mit einfacher, aber hervorragender ungarischer Küche, mit Terrasse.
Taverna Borozó,
Hunyadi utca 2, Tel. 212-003, moderat. Zentral gelegene Weinstube mit Keller und Terrasse. Sorgfältig ausgewählte Weine aus ganz Ungarn.
Makó ist eine Stadt der **Cafés.** Empfehlenswert ist z. B. das Café im Kulturhaus (Zwiebelhaus Posta utca); ein elegantes Café für den Abend findet man an der Ecke Csanád utca/Csanád tér.

Zwiebelhaus (Hagymaház),
Posta utca 4.
Zwiebelförmiger Bau von Imre Makovecz.

Attila-József-Museum,
Megyeház utca 4,
Tel. 213-540, Di–So 10–17 Uhr. Stadtgeschichte und Bauernkultur mit »Mini-Skansen«.

Lokale Spezialität sind Zwiebeln *(makói hagyma).*
Wochenmarkt: Mi, Fr, So bis ca. 11 Uhr, Deák Ferenc út/Ecke Hajnal utca. Buntes Angebot: Obst, Gemüse, Kleidung, Trödel.

Zwiebelfest im Sept.: An drei Tagen gibt es Folklore, Tanz, einen Zwiebelfestumzug und Feuerwerk. Informationen über Tel. 213-255, Fax 211-221, www.mako.hu.

Termál és Gyógyfürdő (Thermal- und Heilbad),
Marcibányi tér 6, Tel. 212-590. Heilbehandlungen und ganzjährig geöffnetes Schwimmbad, im Sommer Fr bis 24 Uhr.

Bahnhof, Állomás tér 15,
Tel. 212-211.
Busbahnhof, Csanád vezér tér 21, Tel. 212-844.

Martonvásár

Lage: D5
Vorwahl: 22
Postleitzahl: 2462

Informationsbüro für Dorftourismus,
Budai út 213, auf dem Bürgermeisteramt (Polgármesteri Hivatal), Tel. 460-229.

Schloss Brunswick (Kastély) mit englischem Park und Beethoven-Gedenkausstellung, Brunszvik utca 2, Tel. 460-016, Auskunft über Konzertveranstaltungen auch bei Tourinform von Székesfehérvár, Tel. 312-818, Fax 502-772.

Mátrafüred

Lage: bei Gyöngyös F6
Vorwahl: 37
Postleitzahl: 3232

Avar-Komplex,
Büro für Rad- und Wandertouren, Kallók Völgye, Tel. 320-448, 320-244. Über Wandertouren kann man sich auch in Gyöngyös erkundigen, bei: Egertourist Reisebüro, Haník tér 2, Tel. 311-565 oder bei Avar, Városkert utca 22, Tel. 20/410-102.

Franko Panzió,
Pálosvörösmarti utca 19,
Tel. 520-050, 311-339, günstig. Schlichtes Gebäude in ruhiger Gegend, helle Zimmer, besondere Berücksichtigung von Behinderten.

Hotel Hegyalja,
Béke út 7, Tel. 320-028, Fax 320-348, reserve@hotelhegyalja.hungest.hu, www.hungest.hu, günstig.
Das zur Hunguest-Kette gehörende Hotel ist zwar mit 79 Zimmern schon groß, aber dennoch angenehm. Stilvolles, traditionelles Gebäude mit Restaurant und Garten.

 Docke-Sammlung (Gyűjtemény),
Pálosvörösmarti utca 2,
Mo–Sa 9–17 Uhr.
Zu sehen sind Objekte der Palozenkultur.

 Gute **Wandermöglichkeiten** in der Umgebung. Am Teich Nagy Sástó kann man **Ruderboot fahren** und angeln. Der **Flugplatz Pipisberg** (Pipishegyi repülőtér), an der Straße 24 rechts kurz vor dem Ortseingang, ist Basis der Segelflieger.

 Eine **Schmalspurbahn** verkehrt regelmäßig zwischen Gyöngyös und Mátrafüred. Station gleich an der Hauptstraße.

Miskolc

Lage: G6
Vorwahl: 46
Postleitzahl: 3530
Einwohner: 280 000

 Tourinform,
Rákóczi utca 2, Tel. 350-425, Tel./Fax 350-439, miskolc@tourinform.hu;
Borsod Tourist, Széchenyi utca 35, Tel. 350-666, Fax 350-617.

 Gösser Panzió, Déryné utca 7, Tel./Fax 344-425, Tel. 357-111, www.hotels.hu/gosser_miskolc, günstig.
Zentral gelegen, angenehme Zimmer. Wer früh schlafen geht, muss jedoch vor allem am Wochenende mit etwas Lärm von der kleinen Terrasse rechnen. Hervorragendes Restaurant mit ungarischer Küche. Auf der Speisekarte wird sogar das jüdische Gericht *Solet* (Gänsekeule oder anderes Fleisch auf Bohnenbett) angeboten. Außerdem gibt es Pizza aus dem Steinofen.

Sétány Panzió,
Miskolc-Tapolca, Pazár I. sétány,
Tel. 362-178, Fax 304-890, www.hotels.hu/setany, günstig.
Gemütliche kleine Pension in ruhiger Lage, nur 100 m zum Höhlenbad.

Hotel Pannonia,
Kossuth utca 2, Tel. 329-811, Fax 329-877, www.hotels.hu/pannonia_miskolc, teuer.
Traditionelles Stadthotel der Luxusklasse an der Fußgängerzone mit Sauna, Restaurant und Bar.

 **Vigadó Étterem,**
Görgey A. utca 23, Tel./Fax 358-845, www.travelport.hu/vigado, moderat.
Südlich des Zentrums unter alten Bäumen des Volksgartens (Népkert) gelegen. Elegantes Gebäude von 1888. Gute Küche, egal ob im Biedermeier-Restaurant, im Turmsaal oder auf der Gartenterrasse.

Restaurant Alabárdos,
Kisavas 1. sor 15, Tel. 412-215, So geschl., moderat.
Auf dem Kisavas-Berg gelegenes stilvolles Restaurant in einem denkmalgeschützten Haus über einem für Besucher eingerichteten alten Weinkeller. Die letzten Kunstgriffe der Zubereitung werden oft am Tisch zelebriert, hervorragende Weinkarte. Diskrete Geigen- oder Orgelmusik im Hintergrund.

 Die **gotische Avas-Kirche** mit Glockenturm auf dem Avas-Berg, Papszer utca 14, ist das Wahrzeichen der Stadt.

 Diósgyőrer Burg (Vár) und Burgmuseum,
Vorort Diósgyőr, Vár utca 24, Tel. 370-735, vom Zentrum mit der Straßenbahnlinie 1, April–Okt. Di–So 9–17 Uhr.

Herman-Ottó-Múzeum,
Papszer utca 1, Di–So 10–17 Uhr.
Archäologische, naturhistorische und volkskundliche Sammlungen.

Museum für Theatergeschichte und Schauspieler (Színháztörténeti és Színés Múzeum),
Dérnyé utca 3, Di–Sa 9–17 Uhr.

Das Museum erlaubt einen Blick hinter die Kulissen des Theaters.
Sammlung der Papierwerke,
Hegyalja út 203/1, Besichtigung nach Voranmeldung Tel. 370-707.
Auch handgeschöpftes Papier.

 In warmen Sommernächten verwandelt sich die **Széchenyi utca** in eine Flaniermeile. Zahlreiche Lokale, vor allem für Jugendliche, haben rund um die Fußgängerzone geöffnet.
Amsterdam Söröző,
Széchenyi utca 28.
Etwas zurückliegende, kleine, verrauchte Studentenkneipe.
Shannon Pub,
Széchenyi utca 54, tgl. 8–24 Uhr.
Von der Terrasse kann man wunderbar das bunte Treiben drumherum beobachten.

 Nationaltheater (Nemzeti Színház),
Széchenyi utca 21/23, Tel. 344-862.
Eleganter, in Weiß-Gold gehaltener Theatersaal mit Balkonen.
Nationale Philharmonie,
Kossuth utca 4, Tel. 329-600.
Puppentheater (Bábszínház),
Kossuth utca 11, Tel. 359-469.

 Der **11. Mai,** der Tag, an dem Kaiser Franz Joseph (1907) Miskolc das Munizipalrecht verliehen hat, wird seit 1993 groß gefeiert. Info über Tourinform.
In der Stadt und der Burg Diósgyőr finden von Frühling bis Herbst zahlreiche **Musikfestivals** (Blasorchester, Dixieland etc.), **Burgspiele** (Ritterspiele, Jahr- und Handwerkermarkt), **Theater- und Gastronomiefeste** statt. Informationen und aktuelle Termine über Tourinform.

 Höhlenbad (Barlangfürdő),
s. S. 296.
Heilwirkung bei Knochen-, Atmungs- und Hauterkrankungen, Rheuma.
Bánkút Ski-Club,
Bánkút, Tel. 390-135.

Bahnhof, Állomás utca. Auskünfte: Kandó Kálmán tér, Tel. 412-665;
Fahrkartenbüro: Arany János utca 2, Tel. 354-488.
Busbahnhof, Búza tér, Info-Tel. 341-088 (Stadtbusse) und 340-245 (Fernbusse) oder József Attila út 70, Tel. 343-211.
Endstation der **Schmalspurbahn,** Dorottya utca 1, Tel. 379-086, Verbindung nach Lillafüred und Újmassa.
Taxi: City Taxi, Tel. 303-303,
Helló Taxi, Tel. 333-444.

Mohács (Mohatsch)

Lage: D2
Vorwahl: 69
Postleitzahl: 7700
Einwohner: 22 500

 Tourinform,
Széchenyi tér, im Bürgermeisteramt (Polgármester hivatal), Tel. 322-722.

 Hotel Csele,
Szent Mihály tér 6–7, Tel. 511-020, Fax 511-023, moderat.
Stadthotel, zufriedenstellend ausgestattet, ohne großen Luxus.

 Révkapu Csárda,
am Fähranleger.
Das Lokal ist für seine Fischgerichte berühmt.

 Historische Gedenkstätte (Történelmi Emlékpark),
7 km südlich an der Straße nach Sátorhely. Volkstümlich und kultisch geschnitzte Grabhölzer auf dem einstigen Schlachtfeld (1526); im Museum informiert eine kriegsgeschichtliche und archäologische Ausstellung (April–Okt. Di–So 9–17 Uhr).

 Ethnografisches Museum (Néprajzi Múzeum),
Deák tér, in der 1. Etage des Kossuth-Kinos, Di–So 10–18 Uhr.
Kanizsay-Dorottya-Múzeum,
Szerb utca 2, Di–So 9–17 Uhr.
Ausstellung über die Schlacht von Móhacs.
Die **Heimatausstellung** findet man in der Városház utca 1.

Busójárás: traditioneller Maskenumzug am letzten Karnevalssonntag, Infos über Tourinform in Mohács oder Tourinform in Bóly, Tel./Fax 69/368-100.

Mór

Lage: C5
Vorwahl: 22
Postleitzahl: 8060

 Fogadó az Öreg Préshez,
Arany J. utca 4,
Tel. 407-726, Fax 407-832, sehr teuer.
In hübschen Kellerhäuschen schlafen und auf keinen Komfort verzichten müssen.

 Restaurant mit Weinmuseum,
Ezerjó utca 5, Tel. 407-796, moderat.
Hervorragende Weine des kleinen Weinbaugebietes.

 Weinkeller Geszler Család,
Pince utca 39, Tel. 407-721.
Vom guten Weinangebot dieses Familienbetriebs sind vor allem die traditionellen Reben Eszérjó und Királyleanka als Besonderheit zu empfehlen.

 Großes **Weinfest** am ersten Wochenende im Okt. mit Festumzug, Folklore und Handwerkermarkt, Info bei Tourinform in Székesfehérvár (s. S. 362).

Mosonmagyaróvár

Lage: B6
Vorwahl: 96
Postleitzahl: 9200
Einwohner: 35 000

 Tourinform,
Kápolna tér 16,
Tel. 206-304, Fax 206-304,
mosonmagyarovar@tourinform.hu.

 Szent István Hotel,
Istvánpuszta Pf. 140,
Tel. 213-011, Fax 215-057, moderat.

Komfortable Übernachtung in einem kleinen Herrenhaus mit Restaurant (vegetarische Gerichte).
Hédervári-Schlosshotel (Kastélyhotel),
Fő utca 47, Tel. 213-578, Fax 213-433,
alfa_royal@elender.hu,
www.hotels.hu/hedervar, sehr teuer
(Nebensaison ermäßigt).
Malerisches Nobelhotel in Hédervár, ca. 20 km östlich von Mosonmagyaróvár, in einem Park gelegen, mit stilvoller Einrichtung, Kachelöfen und einem stimmungsvollen Innenhof. In der Barockkapelle können sich Brautpaare kirchlich trauen lassen. Feines Restaurant. Besichtigung nach Voranmeldung möglich.

 Burgmuseum,
im Park an der Cserháti utca,
Di–So 13–17 Uhr.
Wissenswertes über die Burggeschichte.
Hanság-Heimatmuseum (Hansági Múzeum),
Szent István út 1, Sommer Di–So 10–18 Uhr, Winter Di–So 10–14 Uhr.
Ortsgeschichtliche Ausstellung, Sammlung bildender Kunst und Volkskunst.

Nagycenk (Großzinkendorf)

Lage: bei Sopron A6
Vorwahl: 99
Postleitzahl: 9485

  Hunguest Kastély Hotel (Schlosshotel),
Kiscenki út 3, Tel./Fax 360-061,
hotel@syneco.hu, teuer bis sehr teuer
(Nebensaison moderat).
Gehobenes Restaurant und Café im ehemaligen Wintergarten. Ruhige und schöne Lage unmittelbar an der Straße 84. Das Gestüt bietet Möglichkeiten für Ausritte.

 Széchenyi-István-Gedenkmuseum (Emlékmúzeum),
Kiscenki út 3, Tel. 360-023, Fax 360-260,
Di–So 10–18 Uhr.
Die Ausstellung im alten Schloss informiert über das Leben und Wirken des großen Reformers von 1848.

Széchenyi-Museumseisenbahn:
Die 100 Jahre alte Schmalspurbahn verkehrt zwischen dem Schloss und Fertőboz entlang einer Lindenallee. Fahrtdauer ca. 30 Min., April–Okt.

Nagyharsány

Lage: bei Siklós D2
Vorwahl: 72
Postleitzahl: 7822

 Gotische Kirche in der Dorfmitte, Schlüssel beim Pfarramt erhältlich. **Skulpturenpark (Szoborpark)** in einem Steinbruch zwischen Villány und Nagyharsány. An der Straße als Museum ausgeschildert. Kontaktadresse: Baranya Kunstwerkstätten (Baranyai Alkotótelepek), Vajda J. tér 2, 7800 Siklós, Tel. 352-736, Fax 352-257.

Nagykarácsony

Lage: bei Dunaföldvár D4
Vorwahl: 25
Postleitzahl: 2425

 Tourinform,
Rákóczi utca 2, Tel./Fax 341-176, dunafoldvar@tourinform.hu.

 Nikolaushaus (Mikulás ház),
Petőfi utca 14,
1. Nov.–31. Jan. tgl. 9–18 Uhr,
Postadresse: Mikulás ház,
2425 Nagykarácsony, Nikolaus-Hotline: 241-206, Auskunft: Tel. 60/394-811.

Nagynyárád (Großnaarad)

Lage: bei Bóly D2
Vorwahl: 69
Postleitzahl: 7784

 Besuch bei Meister János Sárdi in seiner **Blaufärberwerkstatt** (Kékfestő). Das Haus erkennt man an seiner blau-weißen Fahne (evtl. im Ort nachfragen). Mit Verkauf, auch Sonderanfertigungen möglich. Tel. 374-142 (spricht Deutsch).

Nagyvázsony

Lage: bei Veszprém C4
Vorwahl: 88
Postleitzahl: 8291

 Zichy-Schlosshotel und Reitschule (Kastélyszálló és Lovasiskola),
Kossuth utca 12, Tel./Fax 264-109, roomsales@hotel.rubin.com, www.travelport.hu, teuer bis sehr teuer. Noble Unterkunft im renovierten Schloss; mit Gestüt.

 An der Burg und am zentralen Platz gibt es preiswerte bis moderate **Restaurants** mit der Möglichkeit, im Freien zu speisen.

 Burg (Vár),
Vár utca 9, Tel./Fax 364-318 21, April–Okt. Di–So 10–18 Uhr.

 Postmuseum (Postamúzeum),
April–Okt. Di–So 10–18 Uhr.
Postmuseum liegt oberhalb der Burg.
**Volkskundemuseum
(Néprajzi Múzeum),**
Bercsényi utca 21, April–Okt. Di–So 10–18 Uhr.

 In dem kleinen Supermarkt am Rand des großen Platzes bekommt man **Kürbiskernöl** *(tökmagolaj),* eine lokale Spezialität.

 1.–3. Aug.: **Kinizsi-Tage,** Ritterspiele auf der Burg.
20. Sept.: **Weinleseumzug.**

Noszvaj

Lage: bei Eger F6
Vorwahl: 36
Postleitzahl: 3325

Schlosshotel (Kastélyszálló),
Dobo út 10, Tel. 463-017,
Fax 463-090, oktint@matav.hu,
günstig bis moderat.
Im Hauptgebäude des hübschen Barockschlosses gibt es drei exklusive Appartements und im Seitenflügel ein kleines Hotel. Das alte Gebäude ist durch einen Glasgang mit dem modernen Hotelkomplex Panoráma Hotel (s. u.) verbunden.
Panoráma Hotel, Dobó út 10A,
Tel. 563-010, Fax 563-012,
panhotel.noszvaj@mail.datanet.hu, www.panorama.guards.hu, DZ Hauptsaison sehr teuer (Nebensaison teuer). Komforthotel mit Schwimmbecken, Tennis, Sauna, Solarium und Restaurant in ruhiger Lage inmitten eines Parks.

 Schloss de la Motte (Kastély),
Dobó út 10, Di–So 10–15 Uhr.
Schönes Interieur.

Nyíregyháza

Lage: H6
Vorwahl: 42
Postleitzahl: 4400
Einwohner: 120 000

 Tourinform,
Országzászló tér 6, Tel./Fax 312-606, außerhalb der Saison: Hősök tere 9, Tel./Fax 402-115,
sostofurdo@tourinform.hu.

 Erzsébet Étterem és Szálloda,
Sóstófürdő, Blaha L. sétány 37, Tel./Fax 479-700, moderat.
Am Seeufer gelegenes Hotel mit **Campingmöglichkeit,** Gartenlokal, Restaurant und Bar.
Európa Hotel,
Hunyadi utca 2, Tel. 403-676, Fax 405-030, moderat.
Modernes Drei-Sterne-Hotel in zentraler Lage. Das Restaurant bietet vegetarische Gerichte an.
Senator Panzió,
Búza tér 11, Tel. 311-796, moderat.

Am Marktplatz gelegene Pension mit 15 Zimmern.

 Museumsdorf Sóstó,
Tölgyes utca 1, Tel. 479-704,
Di–So 10–17 Uhr.

Ópusztaszer

Lage: F3
Vorwahl: 62

 Nationaler Historischer Gedenkpark (Nemzeti Történeti Emlékpark),
Szoborkert 68, Tel. 275-133, April–Okt. tgl. 9–19 Uhr, Nov.–März tgl. 9–17 Uhr.
Gedenkpark mit historischem Panoramabild, Ausgrabungen, Ausstellungen und Freilichtmuseum.

 Am **Sankt-Stephans-Tag** am 20. Aug. gibt es neben Politikeransprachen ein großes Volksfest mit Reitervorführungen, Folklore und einem Basar.

Pácin

Lage: bei Sárospatak H7
Vorwahl: 47
Postleitzahl: 3964

 Schlossmuseum (Kastélymúzeum),
Kossuth kert 1, Tel. 342-014,
Di–So 10–16 Uhr.
Museum der Bodrog-Region: Schlossgeschichte, Wohnkultur des Adels, Volkskunst und alte Kachelöfen.

Paks

Lage: D3
Vorwahl: 75
Postleitzahl: 7030
Einwohner: 25 000

 Tourinform,
Szent István tér 2,

Tel./Fax 421-575,
paks@tourinform.hu.

 Paksi Halászcsárda,
Dunaföldvári út oberhalb des Fähranlegers, Tel. 311-272, günstig.
Der eher hässliche Kastenbau dieses Fischrestaurants kann der Qualität der Küche, vor allem der Fischgerichte, keinen Abbruch tun.

 Besichtigung des **Atomkraftwerks** (Paksi Atomerőmű Rt.), 7031 Paks, an der Straße 6 den südlichen Eingang (Deli bejaró) nehmen, ausgeschildert, Mo–Fr 9–15, Sa 9–13 Uhr.

 Eisenbahnmuseum (Vasúti Múzeum),
Dunaföldvári út, hinter dem Fähranleger *(komp),* 15. März–31. Okt. Di–So 10–18 Uhr.

 Die **Fähre** fährt stündlich zwischen 6 und 18 Uhr.

Pannonhalma

Lage: bei Győr C5
Vorwahl: 96
Postleitzahl: 9090
Einwohner: 3600

 Pax Tourist,
Fremdenverkehrsbüro an der Abtei, Vár 1, Tel. 370-191, auch Vermittlung von Privatzimmern.

 Benediktiner-Erzabtei Pannonhalma,
Vár 1, 15. März–31. Mai, 1. Okt.–15. Nov. Di–So 9–16 Uhr, Juni–Sept., 15. Nov.–14. März Di–So 9–15 Uhr.
Die Klosteranlage mit der Bibliothek und einer Gemäldegalerie ist nur im Rahmen einer ca. einstündigen Führung zu besichtigen.

 Weinkeller Pannonhalma,
Szabadság tér, Tel. 471-240.
Weinkellerführung, Grill und Kesselgulasch im Hof.

Pápa

Lage: C5
Vorwahl: 89
Postleitzahl: 8500
Einwohner: 34 000

 Tourinform,
Fő utca 12 (Eingang Ruszek köz), Tel./Fax 311-535, papa@tourinform.hu;
Balatontourist, Kossuth utca 18, Tel./Fax 324-282.

 Arany Griff,
Fő tér 15, Tel. 312-000, Fax 312-005, moderat bis teuer.
Zentrales, neu eröffnetes Traditionshotel mit Flair. Komfortabel, mit gepflegtem Restaurant und Konditorei. Hier verliebte sich 1842 der Dichter Petőfi in eine Schauspielerin.

 Kis Pipa Vendeglő,
Vásár utca 4, Tel. 323-536, moderat.
Im »Gasthaus zur kleinen Pfeife« wird gute ungarische Küche serviert.

 Blaufärbermuseum (Kékfestő Múzeum),
Március 15. tér 12, Tel. 324-390, Sommer Di–So 9–17 Uhr, Winter Di–So 9–16 Uhr.
Esterházy-Schloss (Kastély),
Fő tér 1, Tel. 313-584, derzeit geschl. (sonst 15. März–31. Okt. Di–So 9–17 Uhr, 1. Nov.–14. März 9–13 Uhr.)
Museum für reformierte Kirchengeschichte und Kirchenkunst,
Március 15. tér 9, Mai–Okt. Di–So 9–17 Uhr.

 Landwirtschaftsausstellung im Frühling, auf der Pferde und andere Tiere vorgeführt werden. Info: Tourinform.

 Überlandbusse nach Veszprém, gute **Zugverbindung** mit Győr und Budapest.

Parád

Lage: bei Gyöngyös F6
Vorwahl: 36

Palozenhaus (Palóc ház),
Ifjúság utca 12 (Richtung Bodony, dann in die erste Straße links einbiegen), Sommer tgl. 9–17 Uhr, Winter 10–14 Uhr. Traditionelles Bauernhaus der Palozen.
Kutschenmuseum (Kocsimúzeum),
im Cifraistálló, Kossuth utca 217, an der Straße 24, April–Okt. tgl. 9–17 Uhr, Nov.–März Di–So 10–16 Uhr.
Schöne Sammlung von Kutschen, Schlitten und Zubehör (auch deutsche Beschriftung).

 Thermalbad, in Parádfürdő,
Trink- und Badekuren; es werden auch ausländische Gäste angenommen. Info: Rehabilitationszentrum Fachkrankenhaus (Rehabilitációs Szakkórház Parádfürdő), Kossuth utca 221, Tel. 364-104, Fax 364-272.
Im Haus gibt es eine Mineralwassersammlung: 350 verschiedene Flaschen aus 25 Ländern (nach Anmeldung zu besichtigen).

Pécs (Fünfkirchen)

Lage: C2
Vorwahl: 72
Postleitzahl: 7621
Einwohner: 180 000

 Tourinform,
Széchenyi tér 9, Tel. 213-315, Fax 212-632, baranya-m@tourinform.hu.

Szinpád Panzió,
Klimó Gy. utca 9, Tel. 334-033, günstig.
Zentrale, ordentliche und einfache Pension mit gutem Restaurant.
Fönix Panzió,
Hunyadi utca 2, Tel. 311 680, günstig bis moderat.
Zentral gelegene kleine Pension; einfache, saubere Zimmer, nette Atmosphäre.
Hotel Palatinus,
Király utca 5, Tel. 233-022, Fax 232-261, palatinuspatria@mail.matav.hu, teuer.
Schöner, nobler Jugendstilkomplex an der Fußgängerzone, mit Restaurant, Bierstube und Terrasse.

Camping: Familia Camping,
im östlichen Stadtteil Diós, Nähe Puskin tér, Gyöngyösi István utca 6, Tel. 327-034, Mai–Sept., günstig.
Kleiner Zeltplatz mit Bungalows unter Obstbäumen, Bus zum Zentrum.

 Tettye Vendéglő,
Tettye tér 4 (Buslinie 33), Tel. 310-438, tgl. 11–23 Uhr, günstig. Gemütlicher Gasthof beim Arboretum, im Sommer Biergarten, gute schwäbisch-ungarische Küche.
Café-Restaurant im Fernsehturm (Televíziót torony),
Mesina-Berg (vom Hauptbahnhof oder Széchenyi tér Buslinie 35), So–Do 9.30–18 Uhr, Fr, Sa 9.30–19.30 Uhr, moderat.
Café und Restaurant mit Aussicht aus 524 m Höhe.
Cellárium Étterem,
Hunyadi utca 2, Tel. 314-453, moderat.
Lokal in einem alten Keller. Gute Küche, erlesene Weine.
Dóm Vendéglő,
Király utca 3, Tel. 310-732, 11–23 Uhr, So geschl., moderat.
Holzeinrichtung im Stil des »Neuen Bauens« der Pécser Architektengruppe, gute Küche.
Aranykacsa (»Zur goldenen Gans«),
Teréz utca 4, Tel. 315-868, tgl. 11–23 Uhr, teuer.
Exklusives Lokal mit internationaler und ungarischer Küche, serviert auf Zsolnay-Porzellan.

 Frühchristliches Mausoleum (Ókeresztény mauzoleum),
Szent István tér, Di–So 10–18 Uhr.
Domkirche Sankt Peter (Szent Peter Székesegyház),
Dom tér, Mo–Fr 9–17, So 13–17 Uhr, Sa oft Hochzeiten, im Winter nur bis 16 Uhr.
Es werden auch deutschsprachige Führungen angeboten.
Innerstädtische Pfarrkirche (Belvárosi templom),
Széchenyi tér, 16. April–15. Okt. tgl. 10–16 Uhr, 16. Okt.–15. April tgl. 10–12 Uhr. Ehemalige Moschee des Kassim Gasi Pascha.

Moschee des Jokowali Hassan Pascha (Jakováli Hasszán pasa dzsámija),
Rákóczi út 2, April–Okt. Do–Di 10–17 Uhr.
Osmanische Kunst und Kultur in einer Moschee mit Minarett aus dem 16. Jh.
Spätrömische Grabkammern (Késő római sírépítmények),
Apáca utca 8 sowie im Hof der Hausnr. 14, Mai–Okt. Di–So 10–13, 15–18 Uhr.
Synagoge (Zsinagóga),
Kossuth tér, 15. April–15. Okt., Mo, Do, So 9–13, 14–17.30, Fr bis 16 Uhr.
Zsolnay-Brunnen,
Széchenyi tér.
Brunnen im ungarischen Jugendstil am südlichen Ende des Széchenyi tér. Am Platz lohnt ein Einkauf in der sehr schönen Granatapfel-Apotheke (Gránátalma Patika).

 Endre-Nemes-Museum,
Káptalan utca 5,
Mai–Sept. Di–So 14–18 Uhr.
Arbeiten des vom Surrealismus beeinflussten Künstlers sowie der Künstlerin Erzsébet Schaár.
Ferenc-Martyn-Museum,
Káptalan utca Nr. 6, derzeit geschl. (sonst Mai–Sept. Di–So 14–18 Uhr).
Werke des abstrakten Künstlers Ferenc Martyn.
Großpropsteipalast (Nagypréposti palota),
Káptalan utca 2, Di–So 10–18 Uhr.
Eine Ausstellung des zeitgenössischen Bildhauers Amerigo Tot sowie beeindruckende Keramik- und Porzellanobjekte der Firma Zsolnay.
Moderne Ungarische Galerie (Modern Magyar Képtár),
Káptalan utca 4, Di–So 12–18 Uhr.
Ungarische Kunst des 19. und 20. Jh.
Stadtmuseum (Várostörténeti Múzeum),
Felsőmalom utca 6, Di–So 10–16 Uhr.
Dokumentiert wird die Entwicklung von der Siedlung zur Stadt Pécs und die Geschichte der örtlichen Lederverarbeitung.
Tivadar-Csontváry-Kosztka-Museum,
Janus Pannonius utca 1, Di–So 10–18 Uhr.
Arbeiten eines der bedeutendsten ungarischen Maler der Wende zum 20. Jh.

Victor-Vasarély-Museum,
Káptalan utca 3, Di–So 10–18 Uhr.
Werke des Vaters der Op-Art.

 Am ersten Wochenende (Sa/So) des Monats gibt es vormittags einen großen **Flohmarkt (Zsibvásár)** südlich des Zentrums am Vásártér im Stadtteil Kertváros.
Große Markthalle (Nagy vásárcsarnok),
Bajcsy-Zsilinsky utca 25,
Mo 5–16, Di–Fr 5–18, Sa 5–14 Uhr.
Bunter Wochenmarkt.
Kleine Markthalle (Kis vásárcsarnok),
Felsőmalom utca 5, auch außerhalb der Halle, April–Okt. Mo–Fr 5–17, Sa 5–14, So 6–10 Uhr, Nov.–März Mo–Fr 6–17, Sa 6–14 Uhr.
Zsolnay-Porzellanfabrik,
Felsővámház utca 72a,
Verkauf ab Fabrik Mo–Fr 8–12, 13–16 Uhr.
Geschäft der **Lederfabrik (Hunor Divatház),** Ferencesek utcája 14,
Mo–Fr 9–18, Sa 9–13 Uhr.
Jacken, Handschuhe, Taschen direkt ab Fabrik erhältlich.

 Informationen über Theater- und Konzertprogramme bei Tourinform (s. o.).

 Pintér-Arboretum,
Tettye tér 9.
Auf dem ca. 2 ha großen Gelände sind rund 240 exotische und einheimische Baum- und Straucharten anzuschauen.
Zoo (Állatkert),
Ángyán János utca, Ecke Dömörkapu,
April–Sept. tgl. 9–18 Uhr,
Okt.–März tgl. 9–17 Uhr.

Pécsvárad

Lage: D2
Vorwahl: 72
Postleitzahl: 7720

 Tourinform,
Kossuth utca 22, Tel./Fax 466-487,
pecsvarad@tourinform.hu.

István Király Hotel,
Vár utca 45,
Tel./Fax 465-121, 466-577, moderat.
Das »König-Stephan-Hotel« empfängt seine Gäste in einem mittelalterlichen Gebäude der ehemaligen Benediktinerabtei, angenehmer Komfort, herrliche Lage, mit Restaurant.

 Ehemalige Benediktinerabtei,
Vár utca 45, Tel. 465-121,
Di–So April–Okt. 9–17 Uhr.
Burghistorische Ausstellung und Unterkirche der ehemaligen Abtei.

Poroszló

Lage: bei Tiszafüred G5
Vorwahl: 36
Postleitzahl: 3388

 Fűzfa Panzió,
Kossuth utca 81, Tel. 353-132,
Fax 353-738, moderat.
Die Pension, an der Brücke über den Tisza-See gelegen, bietet außer Restaurant und Bierstube Gelegenheit zum Angeln, Reiten und Tennis. Behindertenfreundlich ausgestattet.
Im Ort gibt es außerdem viele **private Unterkunftsmöglichkeiten**.

 Öreg Pákász Étterem,
Fő utca 15, Tel. 353-633.
Diese Fischer-Csárda besteht seit 1957. In dem schönen Gartenlokal werden vorzügliche Fisch- und Wildspezialitäten angeboten. Möglichkeiten zum Angeln und zur Teilnahme an Ausflügen; Bootsverleih.

 Landhausmuseum (Tájház),
Kossuth út 25, tgl. 8–17 Uhr.
Bauernhaus aus dem 19. Jh. mit Originaleinrichtung.

 Nagyálláser-Reiterhof (Lovastanya),
Fő út 4, Tel. 353-011, Lajos Kis, und Tel. 353-465, László Halász.
Genossenschaftlich betriebener Hof in der malerischen Gegend des Puszta-Nationalparks. Vorkommen der seltenen Trappen (europäische Straußvögel). Angeboten werden: Unterricht für Anfänger und Fortgeschrittene, Geländeritte, Gespannfahrten sowie winterliche Ausflüge mit dem Pferdeschlitten.

Ráckeve

Lage: E4
Vorwahl: 24
Postleitzahl: 2300

 Savoyai-Kastély Hotel,
Kossuth Lajos utca 95,
Tel. 385-253, Fax 385-341, teuer.
Elegantes Schlosshotel mit entsprechend gutem Restaurant.

 Serbisch-orthodoxe Kirche (Szerb templom),
Viola utca 1.
Eindrucksvoll bemalter Innenraum. Wenn die Kirche geschlossen ist, bekommt man den Schlüssel nebenan.

Salföld

Lage: bei Balatonfüred C4
Vorwahl: 87
Postleitzahl: 8256

 Naturschutz-Bauernhof (Salföld Természetvédelmi Major) mit Reitervorführungen (5. Juli–1. Sept. Di, Do, Fr, Sa 18 Uhr, Okt. nur Sa 15 Uhr, Eintritt), außerdem Ausritte und Kutschfahrten. Auskunft unter Tel. 20/965-4525.

Sárospatak

Lage: H7
Vorwahl: 47
Postleitzahl: 3950
Einwohner: 15 000

 Tourinform,
Eötvös utca 6, Tel. 315-316,
Fax 315-317, sarospatak@tourinform.hu.

Stadtpläne und Informationen gibt es auch im Souvenirladen auf der Burg.

Fehér Bástya Panzió és Étterem,
Rákóczi út 39, günstig.
Zentrale kleine Pension mit gemütlicher Restaurantterrasse.
Hotel Bodrog,
Rákóczi út 58, Tel. 311-744, Fax 311-527, moderat.
Zentral gelegenes Gebäude mit hellen Zimmern, Restaurant, Sauna, Fitnessraum.

Camping: Termálfürdő Kemping,
Virág utca/Ecke Herceg utca,
Tel. 20/688-091, April–Sept.,
sehr preiswert.
Halb schattiger Platz mit hübschen roten Holzhäuschen beim Thermalbad.

Árpád Vezér Gimnásium,
Arany János út, in der Grünanlage südlich des Burgparks (Várkert).
Typisches Gebäude des bekannten Architekten Imre Makovecz.
Pfarrkirche bzw. Burgkirche (Vártemplom), Szent Erzsébet tér.
Hinter der grauen Fassade verbirgt sich eine schöne gotische Hallenkirche.

Rákóczi-Museum,
im Burgschloss, Szent Erzsébet utca, Tel. 311-345, Di–So 10–18 Uhr.
Kostbare Einrichtungsgegenstände in gut restaurierten Räumlichkeiten; Dokumentation der Geschichte des Rákóczi-Befreiungskampfes.

Weinkeller Rákóczi Pince,
Kádár K. utca 26, Tel. 311-345, Fax 312-320, Di–So 10–17 Uhr.
Angeboten wird eine Kellerbesichtigung mit Weinprobe; Einkaufsmöglichkeit.

In den Sommermonaten finden auf der Burg **Musikveranstaltungen** statt.

Thermalstrandbad (Termálfürdő),
Fürdő utca, Tel. 323-639, tgl. 8–18 Uhr.
Auf dem Gelände sorgen verschiedene Becken und Liegewiesen für Erholung, das Heilwasser wird u. a. zur Therapie von Glieder- und Frauenkrankheiten angewandt.
Abenteuerlustige können versuchen das **Tengerszem (Meeresauge),** einen malerischen See in einem mittelalterlichen Steinbruch, zu finden. Kartenmaterial gibt es im Laden auf der Burg.

Bahnhof und Busbahnhof liegen zusammen am Ende der Csokonai utca; Züge über Miskolcs nach Budapest.

Sárvár

Lage: B5
Vorwahl: 95
Postleitzahl: 9600
Einwohner: 16 000

Savaria Tourist Büro,
Várkerület 33, Tel. 320-578.

Várkapu Vendéglő-Panzió,
Várkerület 5, Tel./Fax 320-475, günstig.
Netter, kleiner Gasthof mit guter Hausmannskost. Ordentliche Zimmer; es gibt sogar Sauna und Solarium.
Danubius Thermalhotel Sárvár,
Rákóczi út 1, Tel. 323-999, Fax 320-406, thermal@savaria.hu, sehr teuer.
Luxushotel direkt am Heilbad, mit Restaurant.

Camping: Városi Gyógyfürdő és Kemping (Städtisches Heilbad und Camping), Vadkert utca 1, Tel./Fax 320-228, sehr preiswert.
Gut ausgestatteter Platz.

Nádasdy-Burg (Vár),
Várkerület 1, Di–So 10–17 Uhr.
Die Burg beherbergt heute ein Museum und ein Kulturzentrum. Zu besichtigen sind das Schlossinterieur (Prunksaal) und die Ausstellung zur Stadtgeschichte.

Durch Destillierung des salzigen Thermalwassers werden Heilsalze gewonnen; Produkte für Heilanwendungen zu Hause sind das **Sárvárer Thermalkristall**, das sich zum Baden und Inhalieren eignet, sowie die Thermalkristallcreme.

 Die **Mittsommernachtsparty** am Raba-Ufer wird u. a. mit einem großen Feuerwerk begangen.

 Bahnhof, Selyemgyári út, Tel. 320-058, Züge nach Pápa, Győr und Szombathely.
Busbahnhof, Laktanya utca 11, Tel. 320-244.

Siklós

Lage: D2
Vorwahl: 72
Postleitzahl: 7800
Einwohner: 11 000

 Piramis Étterem,
Felszadadulás utca 86, Tel. 20/957-1106, günstig.
Kleines untouristisches Restaurant im Wohngebiet, hier kocht László deftige, schmackhafte Speisen.

 Burg (Vár),
9–16.30 Uhr. Die Burgmuseen (Rittersaal, Lapidarium, Gemäldesammlung, Waffen) sind Mo geschl., Kapelle und Folterkammer sind jedoch zugänglich.
Malkotsch-Bej-Moschee (Malkocs bejdzsámija), Vörösmarty utca, Di–So und während der Gebetszeiten 9–16 Uhr.

Siófok

Lage: C4
Vorwahl: 84
Postleitzahl: 8600
Einwohner: 25 000

 Tourinform,
im Wasserturm (Víztorony), Pf. 75 Szabadság tér, Tel. 315-355, Fax 310-117. Auch Zimmervermittlung.

Siófok ist der Urlaubsort par excellence für Bade- und Unterhaltungslustige. Zahlreiche Hotels, Restaurants und Diskotheken sorgen für einen abwechslungsreichen Zeitvertreib. Wer dennoch Ruhe sucht, ist bestens aufgehoben in der **Rózsa Panzió,** einer hübschen Villa mit Garten, Karinthy F. út 5, Tel./Fax 310-722, www.extra.hu/papfa, moderat. Hübsche, gut ausgestattete Zimmer.

 Imre-Kálmán-Gedenkmuseum (Emlékmúzeum),
Kálmán Imre sétány 5, Di–So 8–16 Uhr.

 3.–21. Aug. tgl. Schifffahrten mit Livemusik und Programm ab Schiffstation um 19 und 21 Uhr, Diskoschiff Abfahrt 21.30 Uhr; Info-Tel. 310-050.

 Den ganzen Sommer über finden Operetten, Orgelkonzerte, Historische Reiterspiele und Popkonzerte statt; Programme und Termine bei Tourinform.

 Pfingsten: Eröffnungsfeier der Saison mit Musik und Tanz. Anfang Juli: **Internationales Folklorefestival Aranykagyló** (»Goldene Muschel«); eine klangreiche Woche mit Volkstanz und Musik aus aller Welt. Info bei Tourinform.

 Das etwa 15 km lange Ufer ist in Hafen, Promenade sowie in freie, städtische, Hotel- und Campingstrände unterteilt. Über Sport- und Freizeitmöglichkeiten wie z. B. Wassersport, Tennis, Minigolf und Reiten informieren die Touristenbüros. Rundflüge kann man vom Flughafen von Balatonkiliti aus unternehmen.

Sirok

Lage: F6
Vorwahl: 36
Postleitzahl: 3333

 Privatunterkunft,
Széchenyi utca 58, Tel. 361-312, sehr preiswert.

Übernachten in einem hübschen Bauernhaus, gut ausgestattet und behindertenfreundlich eingerichtet, mit Küche.

Camping: Vár-Camping,
Dobó István utca 30, Tel./Fax 361-558, Mai–Sept., sehr preiswert.
Halb schattiger Zeltplatz mit Bungalows und Restaurant.

 Zur **Burgruine (Várrom)** führt auch ein Wanderweg.

 Im 6 km entfernten Bükkszék gibt es ein **Thermalbad** im Freien mit einer Riesenrutsche.

Sopron (Ödenburg)

Lage: A6
Vorwahl: 99
Postleitzahl: 9400
Einwohner: 57 000

 Tourinform,
Előkapu utca 11, Tel./Fax 338-892, Tel. 338-592, sopron@tourinform.hu.

 Sas Fogadó,
Lővér körút 69, Tel. 316-183, Fax 341-068, günstig.
Familiäre Pension mit Restaurant, Speiseterrasse. Komfortable Zimmer.

Hotel Wollner,
Templom utca 20, Tel. 524-400, Fax 524-401, Wollner@fullnet.hu, www.hotels.hu/wollner, teuer.
Junges, geschmackvolles Hotel in altem Ambiente in einer Altstadtgasse mit Innenhof und romantischem Garten; stilvolle Zimmer mit Computeranschluss (Nichtraucher); Sauna und Restaurant (moderat).

Best Western Pannonia Med Hotel,
Várkerület 75, Tel. 312-180, Fax 340-766, pannonia_med_hotel@sopron.hu, www.sopron.hu/hotels/pannonia_med_hotel/, teuer bis sehr teuer.
Luxushotel im eklektischen Stil im Zentrum. Charme des Alten und Komfort des Neuen bilden hier eine Einheit. Bekannt für seine exzellente Küche.

 Gabriel Étterem,
Előkapu 2–4, Tel. 340-311, günstig.
Einfach, günstig, gut. Wenig touristisch.

Gambrinus,
Fő tér 3, moderat.
Am Hauptplatz gelegenes Restaurant mit Terrasse. Sehr schmackhafte üppige Küche.

Cézár borozó,
Hátsókapu 2, 10–21 Uhr, moderat.
Traditionell eingerichtete Weinstube in der Altstadt mit guten regionalen Weinen und kleinen Gerichten.

 Benediktinerkirche (Bencés templom), auch Ziegenkirche (Kecske templom), Fő tér.
Sehenswerter Kapitelsaal im angeschlossenen Kloster, Eingang Templom utca 1.

Alte Synagoge (Ó zsinagóga),
Új utca 22, Mai–Sept. Mi–Mo 9–17 Uhr.
Betsaal, Frauensynagoge, Ritualbad und jüdisches Museum.

 Apothekenmuseum (Patikamúzeum),
Fő tér 2, Mai–Sept. Di–So 9.30–12, 12.30–14 Uhr.

Bäckerei- und Konditoreimuseum (Pékmúzeum),
Bécsi út 5, Di–So 10–14 Uhr.
Historische Bäckereieinrichtung und Ausstellung über das Bäckerhandwerk.

Fabricius-Haus,
Fő tér 6, Mai–Aug. Di–So 10–18 Uhr, Sept.–April Di–So 10–14 Uhr.
Archäologische Abteilung des Ferenc-Liszt-Museums, römisches Lapidarium, Ausstellung zur Wohnkultur des 18. Jh.

Feuerturm (Tűztorony),
Fő tér, April–Sept. Di–So 10–18 Uhr.
Schöner Ausblick vom Turm, Funde aus der Römerzeit.

Katholische Kirchenkunstsammlung (Katolikus Egyházművészeti Gyűjtemény),
Orsolyatér 2, Mo, Do 10–16, So 11–16 Uhr.

Storno-Haus,
Fő tér 8, April–Sept. Di–So 10–18 Uhr, Okt.–März Di–So 10–14 Uhr, Führungen jede halbe Stunde.
Möbel, Gemälde, Kachelöfen.

**Zentrales Bergbaumuseum
(Központi Bányászati Múzeum),**
Mai–Aug. Di, Do, Fr 13–17, Sa, So
10–18 Uhr, Sept.–April Do–Di 10–13 Uhr.
Maschinen, Modelle, Fotos, Gesteinsproben sowie kleine Kunstwerke zum Thema Bergbau.
Zettl-Langer-Privatsammlung,
Balfi utca 11, tgl. 10–12 Uhr.
Porzellan, Keramiken, Gemälde und Skulpturen.

 Das **Frühlingsfestival** wird mit Konzerten, Theateraufführungen, und Ausstellungen begangen, dazu gibt es kulinarische Spezialitäten.
Im **Mai** wird es mit Weinfest, Straßenumzügen und Folkloremärkten festlich.
Die **Soproner Festwochen** – Oper, Konzerte, Folklore – finden im Juni/Juli statt.
Auskünfte über alle Veranstaltungen erteilen Tourinform (s. o.) oder das Festivalbüro, Széchenyi tér 17–18, Tel. 338-673.

 Sommerbobbahn, an der Straße 84 (ausgeschildert).

 Bahnhof, Állomás utca 19, regelmäßige Verbindungen nach Wien, Budapest, Szombathely und Győr.
Busbahnhof, Lackner K. utca, Überlandbusse nach Budapest, an den Balaton, nach Kőszeg, Pápa, Szombathely, Győr sowie zu den Orten Fertőd und Fertőrákos.
Taxi-Ruf: Tel. 312-034, 311-587, 312-222.

Sümeg

Lage: B4
Vorwahl: 87
Postleitzahl: 8330

 Tourinform,
Kossuth L. utca 13, Tel./Fax 352-481,
sumeg@tourinform.hu.

 Kapitány Hotel,
Tóth Tivadar utca 19,
Tel./Fax 351-101, hat-ep@elender.hu,
www.balatone.hu/gabinet/kapitany,
moderat.

Sehr schickes Hotel in einem ausgebauten Hof mit Pool, Möglichkeit zum Reiten und Tennis.

 Bischofspalast (Püspöki palota),
Szent István tér.
Weinkeller (s. u.) und Kapelle sind zu besichtigen (zzt. in Renovierung).

 Burg (Vár),
April, Mai, Sept., Okt. tgl. 8–17 Uhr,
Juni–Aug. tgl. 8–19 Uhr.
Stadtmuseum (Városi Múzeum) und **Kisfaludy-Gedenkhaus,** Kisfaludy tér 4, Di–So 10–18 Uhr.

 Weinkeller (Palota pince)
im Bischofspalast,
Szent István tér, Mobiltel. 20/964-9681,
www.travelport.hu/palota_pince,
tgl. 10–18 Uhr (je nach Besucherandrang).
Stilvoll eingerichteter historischer Weinkeller mit gutem Weinangebot.

 In den Sommermonaten gibt es auf der Burg **Ritterspiele und Theatervorführungen,** Programm und Termine bei Tourinform.

 Im südlich gelegenen Dorf **Sümegpräga** findet alljährlich zu Pfingsten in malerischer Landschaft (auf dem Csermely-Hügel) ein **Töpfertreffen und Keramikmarkt** mit Folkloreprogramm statt.

 Im **Burgstall (Váristalló)** unterhalb der Burg, Tel./Fax 352-367, kann man die Ausstellung des Husarenvereins und Gespannvorführungen sehen sowie Kutschfahrten und Ausritte unternehmen.

Százhalombatta

Lage: bei Budapest E5
Vorwahl: 23
Postleitzahl: 2440

 Archäologischer Park mit Hügelgräberfeld (Régészeti Park),

István Király utca 4, Tel. 354-591, April–Okt. tgl. 10–18 Uhr, in der Regel ist die Grabkammer alle halbe Stunde (Führungen auch in Deutsch) zu besichtigen. Mit dem Auto: Aus Richtung Budapest kommend an der Straße 6 die erste Abfahrt Richtung Stadt nehmen und ab dem Kreisverkehr der Ausschilderung in ein Wohngebiet folgen. Auch per Bahn von Budapest zu erreichen: Vom Budapester Südbahnhof (Déli Pályaudvar) bis Százhalombatta; von dort per Bus bis zur Altstadt (Óváros) bis zur Haltestelle Kindergarten (Óvoda) und dann 10 Min. zu Fuß. Per Bus: ab Budapester Busstation Kosztolányi tér und wieder bis zur Altstadt.
Der **Kirchenbau von Imre Makovecz** am zentralen Szent István tér ist vor allem wegen seiner eigenwilligen Formensprache sehenswert.

Matrica-Museum,
Gesztenyés utca 1–3, Tel. 354-591, April–Okt. Di–Fr 10–18 Uhr, Nov.–März Di–Fr 10–17 Uhr, Sa, So 13–17 Uhr.

Szeged

Lage: F2/F3
Vorwahl: 62
Postleitzahl: 6720
Einwohner: 185 000

Tourinform (Stadtbüro),
Oroszlán utca 2, Tel. 488-690, szeged@tourinform.hu; Tourinform (Komitatsbüro)/Csongrád megyei Tourinform, Victor Hugo utca 1, Tel./Fax 420-509.

Alfa Hotel,
Csemegi utca 4, Tel. 424-400, Fax 423-737, info@alfa-hotel.hu, www.alfa-hotel.hu, moderat.
Neues Hotel mit Chic, komfortable Zimmer. Außerhalb der Ringstraße Richtung Kábelgyári-See gelegen.
Royal Hotel,
Kölcsey utca 1–3, Tel. 475-275, Fax 420-223, royalhotel@mail.tiszanet.hu, teuer.
Altes Stadthotel im Zentrum. Gut ausgestattete Zimmer, nobles Ambiente.

Botond Restaurant,
Széchenyi tér 13, Tel. 312-435, moderat.
Zentrales nettes Lokal mit leckerer ungarischer Küche.
Halászcsárda,
Roosevelt tér 12–14, Tel. 424-111, teuer.
Fischrestaurant direkt an der Theiß mit romantischer Terrasse. Vorzügliche Küche, Spezialität: Szegeder Fischsuppe.

Neue Synagoge (Új zsinagóga),
Gutenberg utca 20, April–Sept. Mo–Fr, So 10–12, 13–17 Uhr, bei Tourinform über Führungen erkundigen.
Eine prächtige und gigantische Synagoge.
Reök-Palast,
Tisza Lajos körút 56.
Wunderschöner Jugendstilbau mit Liliendekor.
Votivkirche (Fogadalmi templom),
Dóm tér, Mo–Sa 10–18, So 9–10, 11–11.30, 12.30–18 Uhr.

Móra Ferenc Múzeum,
Roosevelt tér 1–3, Di–So 10–17 Uhr.
Interessante volkskundliche Sammlung sowie Gemäldegalerie (19./20. Jh.).

Großmarkt (Nagy piac), Mars tér.
Bunter Früchte- und Gemüsemarkt, Salami und vieles mehr findet man hier am Vormittag.
Traditionelle bestickte **Damen-Pantöffelchen,** wie sie noch von Volkstänzerinnen getragen werden, fertigt: Herr Sándor Rátkal, Munkácsy utca 5, Tel. 325-698, zu erwerben bei Folkart-Souvenir in der Karasz utca 9.
Die betriebshistorische Schau der **Salamifabrik** (Felső-Tiszapart 10) gibt Einblick in die Fertigung der Pick-Salami, Auskunft erteilt Tourinform.

Im Sommer verwandelt sich der **Domplatz** in ein riesiges Freilufttheater für Konzerte, Tanz- und Theateraufführungen.

Parken: In der Innenstadt gibt es ein Parkzonensystem. Die Parkscheine kann man in Geschäften, z. B. Zei-

tungs- und Tabakläden, kaufen. Die Scheine müssen selbst entwertet werden (Gebrauchsanweisung auf Deutsch auf der Rückseite).
Tgl. **Züge** nach Budapest.

Székesfehérvár (Stuhlweißenburg)

Lage: D4
Vorwahl: 22
Postleitzahl: 8000
Einwohner: 106 000

 Tourinform,
Városház tér 1, Tel. 312-818, Fax 502-772, fejer-m@tourinform.hu.

 Magyar Király,
Fő utca 10, Tel. 311-262, Fax 327-788, moderat.
Sehr schöne Fassade und Treppenhaus. Dagegen sind die Zimmer schlicht. Zentrale Lage.
Szárcsa Csárda,
Szárcsa utca 1, Tel. 325-700, Fax 325-801, moderat.
Die kleine, nette Pension ist für ihre gute Küche bekannt, der Speiseraum ist rustikal angehaucht.

 Vastija Vendéglő,
Kossuth utca 3, Tel. 315-091, moderat.
Originelles Restaurant im Zentrum mit solider ungarischer Küche.

 Die **Blumenuhr** in der Fő utca (Hauptstraße) ist ein beliebter Treff für Liebespaare.
Bory-Burg (Vár),
Máriavölgy 54 (an der Straße 7 ausgeschildert), Tel. 305-570, April–Okt. tgl. 9–17 Uhr.
Die Ausstellung (Képtár) mit Bildern und Skulpturen etc. ist nur Sa, So und feiertags geöffnet (10–12, 15–17 Uhr). Zu erreichen über die Straße 8 Richtung Balaton, dann rechts Straße 811 Richtung Lovasberény, dann die dritte rechts direkt hinter »Videoton« und die erste Straße links abbiegen.
Raitzenstadt (Rácváros),
Rác utca, westlich außerhalb der Stadtmauern gelegene denkmalgeschützte Bauernhäuser mit Kirche; Museum: Rác utca 11, Mi–So 10–16 Uhr.

 Apothekenmuseum Fekete Sas (Schwarzer Adler),
Fő utca 5, Di–So 10–18 Uhr.
Budenz-Haus mit Ybl-Sammlung,
Arany János utca 12, Di–So 10–14 Uhr (wird derzeit renoviert).
Nachlass des Architekten Miklós Ybl: Möbel, Wertgegenstände, kleine Kunstsammlung.
Mittelalterliches Lapidarium und Ruinen der **Königlichen Basilika,**
Koronázó tér, April–Okt. Di–So 9–17 Uhr.
Museum Szent István Király,
im Ordenshaus, Fő utca 6, Tel. 315-583, April–Okt. Di–So 10–16 Uhr, Nov.–März Di–So 10–14 Uhr (auch Zweigstelle am Országzászló tér 3).
Archäologische, orts- und volksgeschichtliche Sammlungen.
Feuerwehrmuseum (Tűzoltók Múzeum),
Szent Flórián körút 2, tgl. 10–12, 14–16 Uhr.

 Kasino: Forintos Casino Székesfehérvár, Fő utca 10, Tel. 317-487, tgl. 16–4 Uhr.

 Bahnhof, Béke tér 5–7, und Busbahnhof, Piac tér. Gute Verkehrsanbindung Richtung Budapest und Balaton. Parkscheine für gebührenpflichtige **Parkplätze** sind im Voraus zu kaufen, erhältlich an Tankstellen, Zeitungskiosken, in ABC-Läden.

Szekszárd (Seksard)

Lage: D3
Vorwahl: 74
Postleitzahl: 7100
Einwohner: 45 000

 Fritz Pincészet,
Szőlőhegy, Tel./Fax 312-806, sehr preiswert.
Ein besonderes Erlebnis ist diese Übernachtungsmöglichkeit im Weinberg – für

Leute, die auf Luxus verzichten können und einmal etwas anderes erleben wollen. Wein gibt's frisch vom Fass.

 Komitatshaus (Megyeháza), heute Kreisamt, Béla tér, teilweise musealisch genutzt: Ferenc-Liszt-Gedenkraum, Kreismuseum und Arbeiten von Eszter Mattioni (Di–So 9–17 Uhr).

Mihály-Babits-Gedenkmuseum (Emlékmúzeum), Babits M. utca 13, April–Sept. Di–Sa 9–17 Uhr, Okt.–März Di–Sa 9–15 Uhr. Geburtshaus des Schriftstellers Mihály Babits.

Wosinszky-Mór-Múzeum, Mártírok tere 26, April–Sept. Di–So 10–18 Uhr, Okt.–März Di–Sa 10–16 Uhr. Heimatkundliche und archäologische Ausstellung.

 Weinkeller Garay Pince, Garay tér 19, Tel./Fax 412-828. Großer, rund 250 Jahre alter Keller mit Holzfässern. Hervorragende Weine der Region. Im Zentrum.

 Alisca-Weintage im Juni mit Präsentation preisgekrönter Weine, Handwerkermarkt und Kochwettbewerb. **Weinlesefest** im Sept. mit Folkloreprogramm.

Szentendre

Lage: E5
Vorwahl: 26
Postleitzahl: 2000
Einwohner: 20 000

 Tourinform, Dumtsa Jenő utca 22, Tel. 317-965, Fax 317-966, szentendre@tourinform.hu.

Nostalgie-Café mit Museum, Bogdányi utca 2, März–Okt. tgl. 10–18 Uhr, Nov.–Feb. Sa, So 10–18 Uhr.

Rab Ráby, Péter Pál utca 1, Tel. 310-819, günstig. Gemütliches kleines Lokal mit guter Küche.

Aranysárkány, Alkotmány utca 1, Tel. 301-479, moderat. Im Restaurant »Zum goldenen Drachen« wird eine feine Küche zu moderaten Preisen serviert.

Görög Kancsó, Görög utca 1, Tel. 315-528, tgl. 12–24 Uhr, sehr teuer.
In der »Griechischen Kanne« kann man ausgezeichnet in elegantem Ambiente speisen, wie in einer großbürgerlichen Wohnung der Jahrhundertwende. Mit Terrasse. Der Name ist übrigens nicht als Hinweis auf die Stilrichtung der Küche zu verstehen, sondern bezieht sich lediglich auf den Straßennamen.

 Ferenczy-Museum, Fő tér 6, März–Okt. Di–So 10–16 Uhr, Nov.–Feb. Fr–So 10–16 Uhr. Gemälde, Gobelins und Grafiken der Künstlerfamilie.

Freilichtmuseum (Skanzen), Sztaravodai út, Tel. 312-304, April–Okt. Di–So 9–17 Uhr.

Kulturzentrum Kunstmühle (Művészet Malom), Bogdányi utca 32, Tel. 319-128, tgl. 10–18 Uhr, Mo Eintritt frei, wechselnde Kunstausstellungen.

Margit-Kovács-Sammlung (Gyűjtemény), Vastag Gy. utca 1, Di–So 10–18 Uhr. Keramiken der Künstlerin.

Marzipan-Museum, Dumtsa J. utca 12, März–Okt. tgl. 10–18 Uhr, Nov.–Feb. Mo geschl.

Serbisch-orthodoxe Kirchenkunstsammlung (Szerb Egyházművészeti Gyűjtemény), Pátriárka utca 5, März–Okt. Di–So 10–16 Uhr, Nov.–Feb. Fr–So 10–16 Uhr. Zu sehen sind Ikonen aus ganz Ungarn und kunstvolle Schnitzereien, u. a. der Mönche vom Berg Athos.

Szántó Gedenkstätte und Synagoge, Hunyadi utca 2, Di–So 11–17 Uhr. Gedenkausstellung für die Holocaustopfer von Szentendre.

 Kunst, Kunsthandwerk und Volkskunst: Wer die Wahl hat, hat die

Qual, zahlreiche Souvenirgeschäfte und Stände.
Papiermühle,
Angyal utca 5, Tel. 314-328.
Hier gibt es handgeschöpftes Papier.

 Im Norden der Szentendre-Insel befindet sich in Kisoroszi ein schöner **Golfplatz,** zu erreichen über die Brücke bei Tahitótfalu oder mit der Fähre.

 Die **Vorortbahn HÉV** ist eine schnelle Verbindung zwischen Budapest und Szentendre, Haltestelle am Állomás tér, dort ist auch der Busbahnhof. Im Sommer gibt es **Ausflugsschiffe, Tragflügelboote** oder **Wasserbusse.** Haltestelle: Szentendre-Belváros und Budapest, Batthyány tér.

Szentgotthárd

Lage: A4
Vorwahl: 94
Postleitzahl: 9970

 Savaria Tourist,
Kossuth L. utca 2, Tel. 380-029.

Szigetvár

Lage: C2
Vorwahl: 73
Postleitzahl: 7900
Einwohner: 12 000

 Hotel Oroszlán,
Zrínyi tér 2, Tel. 310-116,
Fax 312-817, günstig.
Einfaches Hotel am Hauptplatz. Ordentliche Zimmer, gutes Restaurant.
Schlosshotel Domolos,
Domolospuszta 1, PF. 108, Tel. 311-221, Fax 311-250, www.hotels.hu/domolos, moderat.
Kleines Familienschloss vom Ende des 19. Jh. im Grünen. Zu erreichen über die Straße 67 Richtung Kaposvár, nach ca. 1 km rechts nach Zsibot abbiegen und von dort noch 300 m fahren.

 Burg (Vár): Die Ziegelfestung im Zentrum ist ausgeschildert; mit Museum.
Ungarisch-Türkischer Freundschaftspark (Magyar-Török-Barátság-Park),
an der Straße 67 nach Kaposvár (ca. 4 km).

Szilvásvárad

Lage: bei Miskolc G6
Vorwahl: 36
Postleitzahl: 3348
Einwohner: 1800

 Grignani Agriturismo,
Petőfi utca 2, Tel./Fax 355-178, grignani@matavnet.hu, günstig.
In einem traditionellen Laubenhaus eingerichtetes kleines Hotel mit Weinstube, Sauna und Reitmöglichkeit.
Hunguest Hotel Szilvás,
im ehemaligen Schloss (Kastély),
Park út 6, Tel. 355-211, Fax 355-324, reserve@hotelszilvas.hunguest.hu, moderat.
Schöne Zimmer, aber nicht luxuriös. Das zentrale, ruhig in einem Park gelegene Hotel bietet Reit-, Jagd- und Angelmöglichkeiten. Im Restaurant bekommt man auch vegetarische Gerichte.

Camping: Hegyi Camping,
Egri utca 36/a Tel./Fax 355-207, egertour@mail.agria.hu, 15. April–15. Okt., sehr preiswert.
Schön gelegener halb schattiger Rasenplatz mit Reit- und Tennismöglichkeiten, Restaurant und Lebensmittelgeschäft. Man kann auch Bungalows mieten.

 Lipizzanermuseum und Pferdeschauen,
Park út 8, April–Okt. Di–So 9–12, 13–17 Uhr, Nov.–März Sa, So 9–12, 13–17 Uhr.
Lehrreiches über die Geschichte der Lipizzaner, Pferdegeschirr, Zuchthengststall und Pferdeschauen (Termine über Info-Tel. 355-153).

 Gefängnismuseum (Börtönmúzeum),

Szalajka-Tal, tgl. 9–18 Uhr.
Im Wachsfigurenkabinett wird's gruselig.
Orbán-Haus (Orbán-Ház),
Miskolci út 60, Tel. 355-133,
Mai–Okt. Di–So 9–17 Uhr.
Gesteine, Tier- und Pflanzenwelt des Bükk-Gebirges, darunter urzeitliche Bären- und Mammutknochen.

 Lipizzanerreiterfestival Anfang September (Info-Tel. 355-153 oder bei Tourinform Eger, Tel. 321-807).

 Das **Szalajka-Tal** ist ein guter Ausgangspunkt für Wanderungen. Vom Ende des Tals *(völgy)* fährt eine Schmalspurbahn ab 8.20 Uhr ungefähr stündlich eine romantische Waldstrecke hinauf. Zeitvertreib bieten Ess- und Souvenirstände.
Mountainbike-Verleih und **Tourenführung** im Szalajka-Tal, Csaba Tarnai, Tel. 60/352-695.

 Szilvásvárad ist von Eger per Bahn oder Überlandbus zu erreichen.

Szirák

Lage: bei Gödöllő E5
Vorwahl: 32
Postleitzahl: 3044

 Kastély Hotel (Schlosshotel),
Petőfi utca 26, Tel. 485-300,
Fax 485-285, www.molhotels.hu.,
moderat bis sehr teuer.
Nobelhotel, helle Zimmer, mit einem weitläufigen Park, Tennisplätzen, Reitmöglichkeit und feinem Restaurant.

Szombathely (Steinamanger)

Lage: A5
Vorwahl: 94
Postleitzahl: 9700
Einwohner: 90 000

 Savaria Tourist,
Mártírok tére 1,
Tel. 312-264, Fax 311-315, Stadtführungen;

Tourinform,
Király utca 11, Tel. 341-810.

 Hotel Savaria,
Mártírok tere 4, Tel. 311-440,
Fax 324-532, günstig bis teuer.
Schönes Jugendstilhotel mit Flair und gutem Restaurant.

 Iseum (Ruine), Rákoczi Ferenc utca, Di–So 10–18 Uhr.

 Freilichtmuseum (Vasi Múzeumfalu),
Árpád utca 30, Tel. 311-004,
April–Okt. Di–So 10–18 Uhr,
Nov.–März Di–So 10–16 Uhr.
Charakteristische Bauten aus der Region. Im Zentrum ausgeschildert.
Ruinengarten (Romkert),
Templom tér 1–3, Tel. 313-369,
Di–Sa 9–17 Uhr.
Sehenswert.
Savaria-Museum,
Kisfaludy Sándor utca 9, Di–So 10–18 Uhr.
Archäologische und naturkundliche Sammlungen.
Smidt-Museum,
Hollán E. utca 2, Tel. 311-038,
Di–So 10–17 Uhr.
Geschichte der Heilkunst, alte Gläser und Bücher, Möbel, Mode und vieles mehr.

 Markthalle, Hunyadi út 5–7,
Wochenmarkt: 16. April–14. Okt.
Di, Do, Fr 5–17, Mi 5–13, Sa 5–14, So 5–12 Uhr; 15. Okt.–15. April Di, Do, Fr 5–15, Mi 5–13, Sa 5–14, So 5–12 Uhr; Mo geschl.
Eine lokale Spezialität ist **Kombu-Teaital,** ein auf alten fernöstlichen Rezepten basierendes Teegetränk, das erfrischt, die Gesundheit stärkt und den Organismus entgiftet.

 Sport-Nightclub (Diskothek),
Március 15. tér, Do, Fr, Sa 22–5 Uhr.
Disco Romkert, Ady tér, am Busbahnhof, Fr, Sa bis 4 Uhr. Beliebter Teenagertreff.

 Ostern, Pfingsten und Sankt-Martinstag: Folklore, Jahrmarkt und traditionelle Bräuche im Freilichtmuseum.

Mitte Sept. bis Anfang Okt.: **Savaria-Herbstfestival** mit Theater, Konzerten und Ausstellungen.

 Kámoni-Arborétum,
Szent Imre herceg útja 102, Tel. 311-352, tgl. 9–18 Uhr. Zu erreichen über die Straße nach Paragvári ca. 2 km nördlich oder mit der Buslinie 2.

 Bahnhof, Éhen Gyula tér, Tel. 312-050. Direkte Verbindungen nach Budapest, Sopron und Pécs.
Busbahnhof, Ady Endre tér, Fernauskunft: Tel. 312-054, Nahauskunft: Tel. 314-342. Gute Verbindungen mit allen Orten in der Umgebung sowie nach Budapest.

Tapolca

Lage: B4
Vorwahl: 87
Postleitzahl: 8300
Einwohner: 20 000

 Tourinform,
Fő tér 17, Tel. 510-777, Fax 510-778, tapolca@tourinform.hu.

 Privatzimmer bei **Jenő und Heidi Szarka,** Csabi Malom 1, Tapolca-Dizsel, Tel. 411-592, günstig. Das abgelegene Haus inmitten eines großen Gartens findet man an der Straße nach Veszprém, am Schild »Artemisz« abbiegen.
Szent György Panzió-Étterem,
Kisfaludy utca 1, Tel. 413-809, günstig. Pension mit Restaurant; stilvolles Haus mit Terrasse, schönem Speisesaal, sehr gute Küche und Weine.
Hotel Gabriella,
Batsányi tér 7, Tel. 511-070, Fax 511-077, mludasz@mail.elender.hu, moderat. Romantisch am Teich gelegenes altes Mühlengebäude, mit sehr gutem Restaurant.

 Kávéház a Vörös Lóhoz (»Café zum roten Pferd«),
Tapolca-Diszel (ca. 4 km, an der Straße Richtung Veszprém, dem Schild »Látványtár« folgen), Templom tér, tgl., moderat. Gemütliches Ambiente in geschmackvollem Altertümchen, mit Terrasse. Zum ausgezeichneten Kaffee werden hausgemachte Kuchen sowie kleine feine Gerichte serviert. Daneben gibt es eine Galerie (s. u.) und eine kleine Reitschule.

 Erste Ungarische Erlebnisgalerie (Első Magyar Látványtár Galéria),
Tapolca-Dizsel, Templom tér, Tel. 414-120, Di–So 10–18 Uhr.
Interessante Kunstausstellung in einer alten Mühle mit »Café zum roten Pferd« (s. o.).
Städtisches Museum (Tapolcai Városi Múzeum),
Batsányi utca 11, Di–So 10–16 Uhr. Für Kinder interessant ist die dortige Schulausstellung (Iskolamúzeum).
Weinmuseum (Borászati Múzeum),
Tópart (am Mühlenteich), Tel. 412-246, Mo–Fr 12–17 Uhr.

 Wochenmarkt (Piac),
Bajcsy Zs. utca, Di–Sa 7–11 Uhr. Am größten ist der Markt Di und Fr. Geboten werden gute Bauernprodukte (Obst, Gemüse, Honig, Paprika), Kleider und Haushaltswaren, mit Flohmarkt.

 Seehöhle (Tavasbarlang),
s. S. 185.

Tata

Lage: D5
Vorwahl: 34
Postleitzahl: 2890
Einwohner: 25 000

 Tourinform,
Ady Endre utca 9, Tel./Fax 384-806, komarom-m@tourinform.hu.

 Öreg-tó Club Hotel és Étterem,
Fáklya utca 4, Tel. 487-960, sehr preiswert.

Hotel und Restaurant, 200 m vom Alten See entfernt in einem Erholungsgebiet mit **Campingplatz** (Tel. 383-496).
Gösser Panzió, Eötvös utca 27/D, Tel. 381-639, günstig.
Sehr einfaches Zimmer, aber mit kleinem Balkon und Seeblick.
Tóvárosi Fogadó,
Tópart utca 11, Tel. 381-599, günstig.
In einer alten Mühle am Seeufer, für Romantiker.
Hotel Kristály,
Ady Endre utca 22, Tel. 383-577, moderat.
Mehr als 220 Jahre altes Nobelhotel im Zentrum. Einfache Zimmer, dafür schönes Ambiente und gutes Restaurant.

 Zsigmond Borozó,
Várudvar, Tel. 30/969-0949, moderat.
Restaurant in einem mittelalterlichen Keller, mit Zigeunermusik.
Halászcsárda,
Tópart utca, moderat.
Fischlokal mit Gartenbetrieb, malerisch am Ufer des Alten Sees gelegen.
Barta Kávéház,
Sport utca 1, beim Eingang zum Englischen Garten, Tel. 384-264.
Für Kaffeehausfans beinahe ein Muss. Kuchen nach Art des Hauses.

 Domokos-Kuny-Museum,
in der **Burg (Vár),** am Öreg-tó (See), Tel. 381-251, Di–So 10–18 Uhr.
Römische und mittelalterliche Steinmetzarbeiten, Fayencen, Stadtgeschichte, Volkskunst und Werke des Malers Ferenc Martyn.
Englischer Garten (Angolpark),
am Cseke-See;
Kalvarienhügel (Kálvária Domb)
mit Aussichtsturm (Mai–Sept. Di–So 9–17 Uhr), westlich des Alten Sees über die Kálvária utca.

 Geologisches Freilichtmuseum (Szabadtéri Geológiai Múzeum),
am Kalvarienhügel, Fekete út, Tel. 381-587, April–Okt. Di–So 10–16 Uhr, So, feiertags 10–18 Uhr.

Museum griechisch-römischer Statuen (Görög-római szobormásolatok Múzeum),
Hősök tere 7, Di–So 10–18 Uhr.
Ungarndeutsches Museum (Német Nemzetiségi Múzeum),
Alkotmány utca 2, Tel. 487-682, Di–So 10–18 Uhr.

 Kneipen und Disko am Ufer des Öreg-Sees, Fr, Sa Highlife.

 Golf Club,
Remeteség Pf. 127, Tel. 380-684.
Auch Einzel- und Gruppenunterricht.

Tihany

Lage: bei Balatonfüred C4
Vorwahl: 87
Postleitzahl: 8237
Einwohner: 1700

 Tourinform,
Kossuth utca 20, Tel. 438-016, Fax 448-804, tihany@tourinform.hu.
Unterkunftsvermittlung, Programme, Infos.

 Kurtaxe müssen Personen zwischen 18 und 70 Jahren zahlen: ca. 130 Ft. im Dorf und 260 Ft. am See.
Künstlerheim der Ungarischen Hochschule,
Major utca 63, Tel. 438-821, 448-952, sehr preiswert.
Bei Studententreffen manchmal ausgebucht. Zwei Wohngebäude um einen großen Hof, Kochmöglichkeit. Zentrale, aber ruhige Lage.
Kastély Hotel (Schlosshotel),
Fürdőtelepi utca 1, Tel. 448-611, Fax 448-409, hotel.fured@mail.matavnet.hu, www.hotelfured.hu, moderat bis sehr teuer (Nebensaison ermäßigt).
Zauberhaft in einem Park mit eigenem Strand gelegen. 1926 als Sommerresidenz des Kronprinzen Joseph von Habsburg erbaut, hat es die Atmosphäre der Jahrhundertwende bewahrt. Luxus rundum.

Im Zentrum von Tihany sorgen Restaurants aller Preisklassen für das leibliche Wohl der Gäste. Lokale Spezialität sind Fischgerichte. Wer mit Blick auf den See speisen möchte, sollte bis zur Pisky-Promenade zum **Écho Étterem** gehen. Die älteste Csárda ist die **Fogas Csárda** (um 1800), Kossuth utca 9. Etwas abseits mit Seeblick bietet die **Ferenc Pince,** Cserhegy, Tihanyer Weine aus dem eigenen Keller mit Restaurant (April–Okt. 12–23 Uhr).

 Benediktinerabtei mit spätbarocker Kirche und Klostergebäuden (heute Museum).
András tér 1, Tel. 448-650,
April–Sept. Di–So 10–18 Uhr,
Nov.–März Di–So 10–15 Uhr.

 Freilichtmuseum (Halászcéhház) und Ethnografisches Museum (Szabadtéri Néprajzi Múzeum),
Batthyány utca 20,
Mai–Okt. Di–So 10–18 Uhr.
Wohnkultur der Bauern und Fischer in traditionellen Häusern.

 Der Ort ist bekannt für seine **Lavendelprodukte.** Bereits die Mönche legten große Lavendelfelder an.

 In der Benediktinerabtei finden in den Sommermonaten **Orgelkonzerte** statt.

 Eine lohnende Tagestour bietet der **Lajos-Lóczy-Naturlehrpfad:** Er führt vorbei an einer mittelalterlichen Kirchenruine, toten Geysiren, dem Inneren See und den Mönchszellen (Wanderkarte bei Tourinform erhältlich).

 Am Ostufer gibt es drei öffentliche **Strandbäder** und im Süden den **Club Tihany** mit Strand, Surfbrettverleih sowie Hotel, Bungalows und Appartements (Tel. 448-088).

 Autofähre (Komp), Rév utca, Tel. 448-307. Verbindung nach Szántód am Südufer.

Tiszafüred

Lage: G5
Vorwahl: 59
Postleitzahl: 5350
Einwohner: 15 000

 Tourinform,
Örvényi utca 6, Tel./Fax 353-000,
tiszafured@tourinform.hu.

 Privatzimmer bei
Frau Kovács Nándorné,
Széchenyi kert 15, Tel. 352-341,
sehr preiswert.
Großes Zimmer mit eigenem Bad, kleiner Küche und Balkon.
Füzes Panzió,
Húszöles út 31/b, Tel. 351-854, Fax 353-772,
www.hotels.hu/fuzes, günstig.
Nette kleine Pension, bekannt für ihre gute Küche.
Hotel Hableány,
Tiszafüred-Örvény, Hunyadi út 2,
Tel./Fax 353-333,
www.hotels.hu/hableany,
günstig bis moderat.
Neues Hotel (»Meerjungfrau«) direkt am See. Angenehme, helle Zimmer und hervorragendes Restaurant. Bootsverleih und Angelmöglichkeiten.

Tokaj

Lage: H6
Vorwahl: 47
Postleitzahl: 3910
Einwohner: 5500

 Tourinform,
Serház utca 1, Tel./Fax 352-259,
tokaj@tourinform.hu.

 Lux Panzió Étterem,
Serház út 14, Tel./Fax 352-533,
sehr preiswert.
Kleine freundliche Familienpension mit abgeschlossenem Parkplatz. Die Speisekarte enthält manchmal nur wenige, aber gute Gerichte, Wein aus privater Herstellung.

Novák Panzió,
Tarcali út 62, Tel./Fax 352-961,
www.hotels.hu/novakpanzio, günstig.
Kleine Pension mit gutem Service und
vielfältigem Freizeitangebot: Bootfahren,
Reiten, Angeln, Jagen sowie Sauna, Solarium und Garage.

Tokaj Hotel,
Rákóczi út 5, Tel. 352-795, Fax 352-344,
moderat.
Zentral gelegenes, kleineres Hotel mit
Chic. Nette, saubere Zimmer, gutes
Restaurant.

 Taverna Pince Étterem,
Hősök tére 1 (an der Brücke),
Tel. 352-346, günstig.
Restaurant in einem weit verzweigten,
rund 300 bis 400 Jahre alten Keller. Ausgezeichnete, aber einfache Fischgerichte, die
hervorragend zum Tokajer passen.

 Tokaj-Museum,
Bethelen Gábor utca 7,
Di–So 9–17 Uhr.
Die Sammlung informiert über die Geschichte und Herstellung des Tokajer
Weins.

 Disznokő,
ca. 10 km von Tokaj an der
Straße 37 nach Szerencs (über Bodrogkisfalud), Tel. 361-371.
Das seit dem 18. Jh. bestehende Weingut
wurde vollkommen modernisiert. Der alte
Keller und das Herrenhaus, heute Restaurant der Spitzenklasse, sind erhalten.
Besichtigung und Weinprobe sind möglich.

Rákóczi Pince,
Kossuth tér 15, Tel. 352-408,
15. März–15. Okt. tgl. 10–18 Uhr.
In dem ca. 700 Jahre alten Kellerlabyrinth
lagern bis heute Spitzenweine. Unter den
früheren Besitzern war der namengebende
Ferenc Rákóczi. Es ist auch möglich, sich
einer Weinprobe mit Führung anzuschließen. Um die Ecke gibt es im Keller eine
urtümliche **Weinstube** *(borozó).*

 Jedes Jahr im Herbst findet in Tokaj
ein **Weinlesefest** statt.

 Im Sommer gibt es einen **Fährbetrieb** nach Sárospatak. Info über
Abfahrtzeiten bei Tourinform.

Tolcsva

Lage: bei Tokaj H6
Vorwahl: 47
Postleitzahl: 3934

 Királyné Panzió,
Búza Barna tér 1, Tel. 384-604,
www.hotels.hu/kiralyne_panzio, günstig.
Kinderfreundliche Pension mit Restaurant,
Babysitterservice, eigenem Garten, Reit-
und Angelmöglichkeiten. Gegenüber gibt
es einen privaten Weinverkauf.

 Weinmuseum (Tolcsvai
Borászati Múzeum),
Rákóczi út 55, Di–So 10–16 Uhr.

 Tokaj Oremus Kellerei,
Bajcsy-Zsilinszky utca 45,
Tel./Fax 384-504.
Nobles Weingut mit Weinprobe.

Vác (Waitzen)

Lage: E6
Vorwahl: 27
Postleitzahl: 2600
Einwohner: 35 000

 Tourinform,
Dr. Csányi körút 45, Tel. 316-160,
Fax 316-464, vac@tourinform.hu.

 Pokol Csárda (»Zur Hölle«),
Tahitótfalu, Pököl sziget,
Tel. 26/327-102, 1. März–15. Nov.
12–23 Uhr, günstig.
In der auf der anderen Donauseite gelegenen Csárda (direkt an der Fähre, *rév*) sitzt
man himmlisch unter schattigen Kastanienbäumen. Die kleine Speisekarte bietet
gute ungarische Gerichte; Spezialität des
Hauses ist Fischsuppe. Dazu wird Zigeunermusik gespielt. Herrlicher Panoramablick auf Vác.

Vácer Kathedrale (Székesegyház), Konstantin tér.
Vácrátót: Botanischer Garten (Botanikus Kert), ca. 10 km entfernt, Alkotmány utca 2–4, Tel. 360-122, April–Sept. 8–18 Uhr, Okt. 8–17 Uhr, Nov.–März 8–16 Uhr. Es gibt von Budapest einen direkten Bus von der Endstation der Metrolinie 3.

 Bahnhof, am Ende der Széchenyi utca, Tel. 311-420.
Busbahnhof, Szent István tér 4, Tel. 304-554.
Schiffsanleger (Hajóállomas), Ady Endre sétány, Tel. 315-495, Autofähre. Ab Vác 6–21 Uhr stündlich, von der Insel 6.15–21.15 Uhr stündlich.

Várgesztes

Lage: bei Oroszlány D5
Vorwahl: 34

  Attraktion des kleinen abgelegenen Örtchens im Vértes-Gebirge ist die **Burg (Vár)** aus dem 14. Jh. Als guter Ausgangspunkt für **Wanderungen** bietet sie einfache Übernachtungsmöglichkeiten in den Schlafsälen ihrer **Touristenherberge** (Turistaszálló, sehr preiswert und sehr einfach) sowie eine einfache, aber schmackhafte traditionelle Küche: Tel. 493-881.

Vasszécseny

Lage: bei Szombathely A5
Vorwahl: 94
Postleitzahl: 9763

 Ó-Ebergényi-Kastélyszálló (Schlosshotel),
Fasor utca, Tel. 377-944, Sept.–Feb., moderat.
Schlosshotel, romantisch in einem Park gelegen, mit Restaurant, Pool und Reitschule. Angenehme Atmosphäre. (Achtung: nicht Új-Ebergényi!)

Velence

Lage: D5
Vorwahl: 22
Postleitzahl: 2484

 Sol Tours,
Ország utca 25, Tel. 470-497, 589-069.
Zimmervermittlung, organisierte Ausflüge und Infos über den Ort und den Velencei-tó (Velencer See).

Vértesszőlős

Lage: bei Tata D5

 Archäologisches Freilichtmuseum,
April–Aug. Di–So 10–18 Uhr, Sept. 10–17 Uhr, Okt. 10–16 Uhr.

Veszprém

Lage: C4
Vorwahl: 88
Postleitzahl: 8200
Einwohner: 65 000

 Tourinform,
Vár utca 4, Tel./Fax 404-548, tourinform@veszprem.hu.

 Betekints Hotel és Étterem,
Veszprémvölgyi utca 4, Tel. 406-628, Fax 406-630, betekints@infornax.hu, www.infornax.hu/betekints, teuer.
In einem gepflegten Garten mit Pool gelegenes kleines Hotel mit viel Komfort und hauseigenem Restaurant.

 Nemesvámosi Betyárcsárda,
Tel. 265-087, Ostern bis Herbst 12–23 Uhr, moderat.
Die Gasthaustradition der »Räubercsárda« von Nemesvámos (an der Straße nach Tapolca, ca. 14 km) geht auf das Jahr 1834 zurück. Schmackhafte ungarische Küche begleitet von Zigeunermusik; Spezialität ist hausgemachter Ziegenkäse. Folkloristi-

sches Ambiente mit Veranstaltungen (z. B. Bauernhochzeit) ab 18 Uhr. Reitmöglichkeiten. In der Nähe lädt eine **römische Villa** zur Besichtigung ein: Baláca-Puszta, an der Straße Richtung Veszprémfajsz, Di–So 9–16 Uhr, im Winter geschl.

 Feuerturm (Tűztorony), am Burgeingang, tgl. 10–18 Uhr.
Giselakapelle (Gizella Kápolna), Vár utca 18, Sommer 9–17 Uhr.
Kapelle des hl. Georg (Szent György kápolna), Vár utca 22, Sommer 9–17 Uhr.
Sankt-Michaels-Dom (Székesegyház), Szentháromság tér, tgl. 10–16 Uhr, Führungen beginnen jede volle Stunde.

 Dezső-Laczkó-Museum und traditionelles **Bakony-Haus,** Erzsébet sétány 1, Tel. 424-411, Di–So 10–18 Uhr.
Volkskundliche Sammlung und Wechselausstellungen.
Königin-Gisela-Museum (Gizella Királyné Múzeum), Vár utca 35, Tel. 426-088, Mai–Okt. Di–So 9–17 Uhr.
Museum der Ungarischen Bauindustrie (Épitőipari), Szent István utca 7, Tel. 329-461, Mo–Fr 9–15 Uhr oder nach telefonischer Vereinbarung.
Museum in einem alten Ofensetzerhaus.

 Sonntagsmarkt, an der Ringstraße beim Autokino, aus der Innenstadt Richtung Bahnhof, vor dem Bahnhof an der Ringstraße links, 7–11 Uhr: Kleidung, Gebrauchsgegenstände aller Art und Trödel.

 Im Sommer finden vor dem Dom Konzerte statt. Programm und Termine bei Tourinform.

 Gisela-Tage (7.–12. Mai): Konzerte und andere Veranstaltungen.

 Zoo (Állatkert), Kittenberger K. út 17 (zu erreichen mit den Buslinien 5 und 10), Tel. 421-088, Sommer tgl. 9–18 Uhr, Winter tgl. 9–15 Uhr.

 Busbahnhof, Jutasi út 4, Tel. 327-777. Tgl. Busse u. a. nach Budapest, Hevíz, Sümeg, Pápa, Balatonfüred.
Bahnhof, Jutasi út 34, Tel. 329-999; Direktzüge nach Budapest.
Bakony Taxi, Tel. 444-444, 422-222.

Villány (Willand)

Lage: bei Siklós D2
Vorwahl: 72
Postleitzahl: 7773

 Weinmuseum (Bormúzeum), Bem utca 8, Di–So 8–17 Uhr. Sammlung alter Winzergeräte, Etiketten und Diplome, Weinverkauf.

 Polgár Pince, in Villánykövesd, Tel. 492-860, Tel./Fax 492-194, Mai–Okt. Do–So 15–21 Uhr.
Wein direkt vom Winzer: Eine der bekanntesten Privatkellereien Ungarns, 1996 erhielt Zoltán Polgár den Titel »Winzer des Jahres«. Hervorragende Rot- und Weißweine, hohes Preisniveau.

Visegrád

Lage: D6
Vorwahl: 26
Postleitzahl: 2025
Einwohner: 2100

 Hungaro-Reisen, Fő utca 68, Tel. 398-112, Fax 397-133.

 Königspalast (Királyi palota), Fő utca 29, Di–So 9–17 Uhr.
Interessante Ausgrabung des alten Königspalastes.
Salomon-Turm (Salamon torony), 1. Mai–15. Sept. Di–So 9–17 Uhr. Lapidarium der Burg und des Palastes.
Obere Burg (Fellegvár), Je nach Witterung (nicht bei Schnee) März–Nov. tgl. 9.30–18 Uhr.

Kleine Museen, darunter eine Folterkammer, und eine herrliche Aussicht auf die Donau.

 Lepence Thermalbad (Termálfürdő),
3 km westlich an der Straße 11, Tel. 398-208, 1. Mai–15. Okt. tgl. 9–18 Uhr. Terrassenförmig angelegte Becken mit schönem Ausblick, 39 °C warmes Heilwasser.
Sommerrodelbahn (Nyári Bob),
Panoráma Autóút bis zum 378 m hohen Nagy-Villám-Berg mit Aussichtsturm, April–Sept. tgl. 10–17 Uhr, Okt.–März tgl. 10–16 Uhr.

Zalakaros

Lage: beim Kis-Balaton B4
Vorwahl: 93
Postleitzahl: 8749

 Tourinform,
Gyógyfürdő tér 1, Tel./Fax 340-421. Auskunft für Kuren, Unterkunftsservice.

Zirc

Lage: C5
Vorwahl: 88
Postleitzahl: 8420

 Tourinform,
Rákóczi tér 1, Tel. 416-816, Fax 416-817, zirc@tourinform.hu.

 Abteikirche,
Rákóczi tér 1, Tel. 414-445, Mo 14–17, Di–So 10–12, 14–17 Uhr.
Arboretum,
Damjanich utca 19, Tel. 414-569, 15. März–30. April Di–So 9–16 Uhr, Mai–Okt. Di–So 9–17 Uhr.
Bibliothekssaal des Klosters,
in der Abtei, Tel. 414-953, Di–So 10–12, 14–16 Uhr.

 Antal-Reguly-Volkskundemuseum,
Rákoczi tér 10, Tel. 415-422, Di–So 9–12, 13–16 Uhr.
Naturwissenschaftliches Museum des Bakony,
Rákóczi tér 1, in der Abtei, Tel. 414-157, tgl. 9–17 Uhr.

 Musikfestival mit Pop, Pock, Jazz und Handwerkskunst am ersten Samstag im Juli.
Zu den **Betyáren-Tagen** am ersten Wochenende im Aug. gibt es ein Folkloreprogramm, Reitervorführungen, einen Wildgerichte-Kochwettbewerb, traditionelles Handwerk und einen Straßenball. Auskunft über Termine erteilt Tourinform.

 Tipp für Pferdeliebhaber: im 9 km westlich gelegenen Pénzesgyőr liegt das für den Pferdesport berühmte **Gestüt Kertéskő.**

 Bahnhof, Állomás utca 6, Tel. 414-655, Zirc liegt an der Bahnstrecke zwischen Veszprém und Győr.
Busbahnhof, Rákóczi tér 2, Tel. 414-300.

Zsámbék

Lage: bei Budapest D5
Vorwahl: 23
Postleitzahl: 2072

 Tourinform,
Etyeki út 2, Tel./Fax 342-318, zsambek@tourinform.hu.

 Der Ort wartet mit einer beeindruckenden **Kirchenruine** aus dem 13. Jh. auf (Di–So 9–17 Uhr).

 Lampenmuseum,
Magyar utca 18, Tel. 342-212, Di–So 9–17 Uhr.

 Juni–Aug. gibt es zu den **Zsámbéker Samstagen** Theater- und Musikveranstaltungen in der Kirchenruine.

Reiseinformationen von A bis Z

Ein Nachschlagewerk – von A wie Anreise über N wie Notfälle bis Z wie Zeitungen – mit vielen nützlichen Hinweisen, Tipps und Antworten auf Fragen, die sich vor oder während der Reise stellen. Ein Ratgeber für die verschiedensten Reisesituationen.

Anreise

■ ... mit dem Flugzeug

Alle großen Fluglinien sowie Ungarns nationale Fluggesellschaft Malév bieten täglich Flüge von Düsseldorf, Köln, Hamburg, München, Frankfurt/M. und Berlin nach Budapest an, Ungarns einzigem internationalen Flughafen *(repülőtér)* Ferihegy.

■ **Zentrale Flughafeninformation** Ferihegy: Tel. 1/296-9696.

Für die **Fahrt ins Stadtzentrum** (24 km) gibt es neben Taxis und Mietwagen folgende Möglichkeiten:

■ **Per Airport Minibus,** der für 1200 Ft./Person zu jeder beliebigen Budapester Adresse fährt. Karten bekommt man am Schalter LRI (Airport Passenger Service), Tel. 1/296-8555.

■ **Per Citybus,** dem Zubringerbus, bis zum Erzsébet tér, nahe der zentralen Metrostation Deák tér (Abfahrt halbstündlich vom Flughafen 6–22 Uhr und vom Erzsébet tér 5.30–21 Uhr).

■ **Per Linienbus 93** (rote Ziffern) bis zur Metrolinie M 3 (Fahrkartenautomat, Trafik auf dem Flughafen).

■ ... mit der Bahn

Von Deutschland, Österreich und der Schweiz gibt es täglich InterCity- und Schnellzug-Verbindungen nach Budapest und Győr. Zwischen dem 13. Juli und 31. August verkehrt der Autoreisezug »Saxonia Express« zwischen Berlin und Siófok am Balaton.

In Budapest gibt es drei große **Bahnhöfe** *(pályaudvar),* den Südbahnhof (Déli Pályaudvar, Magyar Jakobinusok tere), Ostbahnhof (Keleti Pályaudvar, Baross tér) und Westbahnhof (Nyugati Pályaudvar, Nyugati tér). Ein **Rail-Bus-Service** verbindet die verschiedenen Bahnhöfe untereinander und mit dem Flughafen oder bringt Fahrgäste für 700–1100 Ft./Pers. zu jeder beliebigen Adresse in Budapest. Haltestellen befinden sich vor den Bahnhöfen. Telefonische Auskunft und Platzbestellung: Tel. 1/353-2722, Fax 353-2187, Auskunft über internationale Züge Tel. 1/461-5500.

■ ... mit dem Bus

Neben Pauschalbusreisen, die von den meisten größeren Reiseveranstaltern angeboten werden, gibt es auch Linienbusse der ungarischen Verkehrs-AG Volánbusz, die 20 Länder anfährt, darunter auch Deutschland und Österreich. Auskunft über Fahrpläne und Fahrkartenverkauf erhält man bei den Vertretungen des Ungarischen Tourismusamtes oder in Budapest, Erzsébet tér, Tel. 1/317-2562.

■ ... mit dem Schiff

Zwischen Budapest und Wien, über Bratislava, verkehren täglich Tragflügelboote. Auskunft in Budapest: Mahart Passnave, V., Belgrád rakpart, Internationale Anlegestelle, Tel. 1/318-1953;
Auskunft in Wien: 1020 Wien, Handelskai 340, Tel. 1/729 21 61.

■ ... mit dem Auto

Die meisten Grenzstationen zwischen Österreich und Ungarn sind Tag und Nacht geöffnet. In Österreich und der Slowakei braucht man eine Autobahnplakette. Notwendig für die Einreise sind Führerschein, Fahrzeugpapiere und Landeskennzeichen.

Die größten **Grenzübergänge** sind Nickelsdorf–Hegyeshalom (Budapest) und Klingenbach–Sopron (Balaton). Nur für den Personenverkehr ist Pamhagen–Fertőd. Weitere Grenzübergänge: Deutschkreutz–Kópháza, Rattersdorf–Kőszeg, Rechnitz–Bozsok (6–22 Uhr, nur für Staatsbürger aus Ungarn und EU-Ländern, kein Güterverkehr), Sachendorf–Bucsu, Eberau–Szentpéterfa (6–22 Uhr, nur für Staatsbürger aus Ungarn und EU-Ländern, kein Güterverkehr), Heiligenkreutz–Rábafüzes und Mogersdorf–Szentgotthárd (0–21 Uhr). Aus der Slowakei sind auch die Übergänge Rusovce–Rajka (von Bratislava) und Komarno–Komárom interessant.

Apotheken

Apotheken *(gyógyszertár* oder *patika)* findet man in den meisten Städten und auch in großen Dörfern im Zentrum oder in der Nähe von Krankenhäusern. In größeren Städten gibt es immer auch einen Apothekennotdienst. Arzneimittel sind in Ungarn zwar wesentlich kostengünstiger als in Deutschland, doch sind viele Medikamente auch hier rezeptpflichtig. Chronisch Kranke sollten, nach Absprache mit ihrem Arzt, genügend Medikamente im Reisegepäck haben. Im Allgemeinen sind die Apotheken gut sortiert, doch bekommt man nicht immer alle Präparate. Viele Medikamente haben in Ungarn zudem einen anderen Namen, der Beipackzettel hilft bei der Identifizierung.

Ärztliche Versorgung

Insgesamt kann man die ärztliche Versorgung in Ungarn als gut bezeichnen. Da die meisten Mediziner Deutsch oder Englisch sprechen, gibt es für Ausländer selten Verständigungsprobleme.

Ungarn gehört nicht zur Europäischen Union, Auslandskrankenscheine werden daher nicht anerkannt und die Krankenkassen erstatten eventuell anfallende Behand-lungskosten nicht. Der Abschluss einer Reisekranken- bzw. Reiseunfallversicherung ist daher unbedingt zu empfehlen. Erste-Hilfe-Leistungen und ein Ambulanz-Transport im Notfall sind dagegen unentgeltlich.

Notruf, Rettungsdienst: 104.

Auskunft

■ … in Deutschland
Info-Hotline, Tel. 01805/140150 (gebührenpflichtig), Internet: www.ungarn-tourismus.de.
Ungarisches Fremdenverkehrsamt,
Berliner Straße 72,
60311 Frankfurt/M.,
Tel. 069/929119-0, Fax 929119 18,
htfrankfurt@hungarytourism.hu.
Ungarisches Tourismusamt,
Karl-Liebknecht-Straße 34,
10178 Berlin,
Tel. 030/243 1460, Fax 2431 4613,
htberlin@hungarytourism.hu,
ungarn-info.berlin@t-online.de.
Ungarisches Tourismusamt,
Dom-Pedro-Straße 17,
80637 München,
Tel. 089/12115230, Fax 12115251,
htmunich@hungarytourism.hu,
ungarn-info.muc@t-online.de.

■ … in Österreich
Ungarisches Fremdenverkehrsamt,
Opernring 5/2, 1010 Wien,
Tel. 01/585201213, 585201214,
Fax 585201215,
htvienna@hungarytourism.hu.

■ … in der Schweiz
Ungarisches Verkehrsbüro,
Stampfenbachstrasse 78, 8035 Zürich,
Tel. 01/3611414, Fax 3613939,
htzurich@hungarytourism.hu.

■ … in Ungarn
Das Ungarische Fremdenverkehrsamt heißt **Tourinform** und unterhält in der Hauptstadt sowie in zahlreichen Orten des Landes Zweigstellen.

Tourinfom-Hotline (24 Std.),
innerhalb Ungarns: 06/8066-0044;
vom Ausland aus: 36/6055-0044.
Tourinform Tel.-Zentrale (24 Std.):
1/438-8080.
Postanschrift: Tourinform, 1548 Budapest.
Fax 1/356-1964, hungary@tourinform.hu,
Internet: www.tourinform.hu,
www.hungarytourism.hu
(hier findet man auch alle nützlichen wei-
terführenden Links),
www.travelport.hu (für Übernachtungen).

■ … Hungary Card

Mit der **Ungarn-Karte** (Magyar Turizmus
Kártya, ca. 6000 Ft.) kann man Ungarn be-
quemer und preiswerter bereisen. Karten-
inhaber bekommen z. B. Prozente auf die
Autobahngebühr (Matrica) und bei Mietwagenfirmen, in bestimmten Restaurants
und Hotels genießen sie Ermäßigungen
sowie freien bzw. ermäßigten Eintritt in
Museen. Informationen und Verkauf bei
Tourinform oder im Internet:
www.hungarycard.hu. Für den Besuch in
Budapest kann man die Budapest Card
erwerben (s. S. 315).

Autofahren

Die **Autobahnen** sind gebührenpflichtig:
M 1: Hegyeshalom (Grenze)–Győr (43 km),
gebührenpflichtig, und Győr–Budapest
(117 km), gebührenfrei;
M 3: Budapest–Füzesabony (100 km),
gebührenpflichtig;
M 5: Budapest–Kiskunfélegyháza (96 km),
gebührenpflichtig;
M 7: Budapest–Balatonvilágos (86 km),
gebührenfrei;
M 0: Budapester Ring, gebührenfrei.
Vignetten (Matrica) gibt es für Kurz- und
Langzeit an den Tankstellen zu kaufen.

Im Allgemeinen gelten die internationalen
Verkehrsregeln. Besonders zu beachten
ist, dass auf Autobahnen für Pkw eine
Höchstgeschwindigkeit von 120 km/h (mit
Hänger 80 km/h) gilt, auf Schnellstraßen
100 km/h (70 km/h) und in Ortschaften
50 km/h. Außerhalb geschlossener Ort-

schaften ist immer mit Abblendlicht zu
fahren, das gilt auch für Motorräder. Ein
Signal mit der Lichthupe bedeutet, dass
jemand auf seine Vorfahrt verzichtet (dennoch aufpassen!). Handys dürfen vom
Fahrer nur über eine Freisprechanlage
benutzt werden. Es herrscht Anschnall-
pflicht, und Kinder unter zwölf Jahren
dürfen nur auf der Rückbank mitfahren.

Die gesetzliche Promillegrenze beträgt
in Ungarn 0,0 % Blutalkohol.

Achtung: Es ist damit zu rechnen, dass
auf Land- und Schnellstraßen unvermittelt
Pferdewagen auf die Straße einbiegen
bzw. plötzlich zum Schritttempo zwingen.
Vorsicht ist auch vor dem riskanten Fahr-
stil und gefährlichen Überholmanövern
einiger Autofahrer geboten, die leider an
der Tagesordnung sind und erhöhte Aufmerksamkeit erfordern.

In den meisten Städten werden Parkge-
bühren nicht mehr persönlich abkassiert;
meist gibt es Parkscheinautomaten oder
die umständlicheren Parkzonensysteme,
für die man die Parkscheine in Geschäften
(u. a. Tabakläden) oder an Tankstellen kaufen kann. Bußgelder müssen quittiert werden. Lassen Sie sich den Ausweis des Poli-
zeibeamten zeigen (s. S. 383)! Strafzettel
können oft auch direkt am Automaten
bezahlt werden. Geschwindigkeitsübertre-
tungen bis zu 20 km/h werden mit bis zu
30 000 Ft. geahndet. Verstöße gegen das
Überholverbot oder das Überfahren einer
roten Ampel werden mit bis zu 100 000 Ft.
Bußgeld (ohne Gewähr) belegt.

Informationen für Autofahrer im **Internet:** www.adac.de, www.verreisen.de/rat,
www.oeamtc.at.

Wichtige Rufnummern:

An den Autobahnen gibt es alle 2 km
Notrufsäulen.
Zentraler Polizeiruf: 107,
Rettungsdienst (auch medizinisch): 104,
Verkehrsunfallabteilung des Landespolizei-
präsidiums: (06) 1/343-8473.
Landesweite Rufnummer des Technischen
Service des Ungarischen Autoclubs: 088,
für Mitglieder des ADAC, ÖAMTC:
(06) 1/212-5167 und Mitglieder des
AMWB Autoclubs: (06) 1/212-4923.

Infos von A bis Z

Behinderte

Straßenüberwege, Eingänge in öffentliche Gebäude, öffentliche Verkehrsmittel und sanitäre Einrichtungen, vor allem in ländlichen Gebieten, sind selten rollstuhlgerecht. Auf Anfrage hilft man gerne. Einige Hotels haben sich eigens auf behinderte Gäste eingestellt.

Weitere Auskünfte erteilt der **Ungarische Behindertenverband** (Mozgássérültek Egyesületeinek Országos Szövetsége (MEOSZ), III., 1032 Budapest, San Marco utca 76, Tel. 250-9013.

In Budapest gibt es auch einen **Ungarischen Verband für therapeutisches Reiten,** Tel. 269-5359 (s. S. 385).

Botschaften der Republik Ungarn

▨ ... in Deutschland
Turmstraße 30,
53175 Bonn,
Tel. 02 28/37 11 12, Fax 37 10 29;
Unter den Linden 76,
10117 Berlin,
Tel. 030/203 10-0, Fax 229 13 14.

▨ ... in Österreich
Bankgasse 4–6,
1010 Wien,
Tel. 01/533 26 31, Fax 535 99 40.

▨ ... in der Schweiz
Muristraße 31,
3006 Bern,
Tel. 031/352 85 72, Fax 351 20 01.

Diplomatische Vertretungen in Ungarn

Deutsche Botschaft,
XIV., Stefánia út 101–103,
1143 Budapest,
Tel. 1/467-3500.

Botschaft der Republik Österreich,
VI., Benczúr út 16,
1068 Budapest,
Tel. 1/351-6700.

Botschaft der Schweizer Eidgenossenschaft,
XIV., Stefánia út 107,
1143 Budapest,
Tel. 1/460-7040.

Einreise und Zollbestimmungen

Für die Einreise nach Ungarn benötigen die Staatsbürger der meisten Länder einen gültigen Reisepass. Für Belgier, Deutsche, Franzosen, Italiener, Liechtensteiner, Luxemburger, Österreicher, Schweizer, Slowenen und Spanier genügt der Personalausweis. Albaner und Türken brauchen ein Einreisevisum. Der Verlust des Passes ist unverzüglich beim Konsulat der Botschaft des zuständigen Landes zu melden.

Gegenstände für den persönlichen Bedarf sind zollfrei. Haustiere sind als Reisebegleiter zugelassen, wenn sie einen gültigen Impfschein besitzen. Pro Person dürfen 350 000 Ft. in beliebigen Scheinen eingeführt werden, aber es bedarf einer Bestätigung, wenn im Gegenwert mehr als 400 US-$ ausgeführt werden sollen.

Zollfrei bei der Ausfuhr sind pro Person (über 16 Jahre): 2 l Wein, 1 l Spirituosen, 250 Zigaretten oder 50 Zigarren oder 250 g Tabak, 1 kg Kaffee, 1 l Kölnischwasser und 100 ml Parfüm. Für Antiquitäten benötigt man eine Ausfuhrerlaubnis. Außerdem gibt es Möglichkeiten der Mehrwertsteuer-Rückerstattung. Man sollte sich bei der Einreise nach den aktuellen Zollbestimmungen erkundigen (Zollmerkblatt).

Elektrizität

Die Spannung beträgt 220 Volt/50 Hz und entspricht der EU-Norm.

Essen und Trinken

Essen und Trinken wird in Ungarn groß geschrieben. Die Ungarn essen gerne, oft und reichlich. In den Städten und auf dem Land findet man überall Restaurants, die zu jeder Tageszeit eine Mahlzeit servieren.

Wie in südlichen Ländern ist es auch in Ungarn üblich, am Abend eine warme Mahlzeit zu sich zu nehmen. Auch den Morgen begrüßen viele Ungarn mit einer deftigen Mahlzeit, vor allem auf dem Land: Würste, gebackene Eier und Speck oder ein Rest Suppe vom Vortag sind üblich. In Pensionen und Hotels bekommt der Gast in der Regel ein internationales Frühstück oder Frühstücksbüfett, bei privater Unterkunft werden schon mal heiße Würstchen aufgetischt.

Achtung: Die meisten Lokale schließen bereits um 22 Uhr, manchmal sogar früher. Die teuersten und luxuriösesten Restaurants findet man in Budapest, aber auch am Balaton und in exklusiven Hotels. Außer der internationalen Bezeichnung Restaurant unterscheidet man in Ungarn: **Étterem** (Speiselokal), **Vendéglő** (Gaststätte, Gasthaus), **Csárda** (Landgasthaus), **Halászcsárda** (Fischerhaus, Fischlokal), **Bisztros** und **Büfés** (Schnellgaststätten bzw. Imbiss). Das Preisniveau lässt sich anhand dieser Differenzierung nicht immer eindeutig ablesen. Man sollte vor dem Eintritt einen Blick auf die aushängende Speisekarte werfen. Bei der Auswahl des Restaurants empfiehlt es sich, nicht nur nach dem Äußeren zu gehen. Die Küche einer kleinen Kneipe, wo die Wirtin selbst kocht, kann hervorragend sein. In den meisten Restaurants, auch den einfachen, gibt es eine Speisekarte auf Deutsch.

Die typisch ungarische Küche ist herzhaft, viele Gerichte werden aus Schweinefleisch zubereitet, aber auch aus Rind- und Kalbfleisch, Fisch, Geflügel und Wild, selten Lammfleisch. Auch Innereien haben ihren festen Platz auf der Speisekarte. Suppen werden als Vorspeise gegessen, Kesselgulasch und Bohnensuppe auch als Hauptmahlzeit. Dazu gehört ein frischer Salat der Saison oder das von Ungarn bevorzugte, oft hausgemachte »Sauereingelegte«. Das Essen begleiten meist einheimische Weine, mittags gerne mit Sodawasser *(fröccs)* verdünnt, aber auch Bier, Wasser und Erfrischungsgetränke *(üdítő italok)*. Palacsinta (hauchdünne Pfannkuchen) und Kaffee (in der Regel Espresso) schließen das Mahl ab.

Vor allem in Nobelrestaurants findet man neben feinen ungarischen Speisen die breite Palette der internationalen Gerichte. In den letzten Jahren haben auch zahlreiche ausländische Restaurants eröffnet, überwiegend Chinesen und Italiener.

Für den kleinen Hunger sind *langos* (in Fett ausgebackene Fladen) oder *melegszendvics* (mit Käse überbackenes Weißbrot, z. B. mit Pilzen oder Schinken) zu empfehlen. Frisches Obst und Gemüse kauft man am besten bei kleinen Bauern auf den Wochenmärkten oder an Verkaufsständen an der Straße. Ihre Produkte sind meist nur wenig oder gar nicht behandelt und besonders schmackhaft. Hat man erst einmal von den duftenden Tomaten oder den süßen Kirschen gekostet, vermisst man das von zu Hause gewohnte, jederzeit so reichliche und exotische Angebot bald nicht mehr. Von der Vorliebe der Ungarn für Süßes zeugen die vielen Konditoreien (Cukrászda), die es beinah in jedem Dorf gibt und die verlockende Torten-, Gebäck- und Eisspezialitäten anbieten.

Feiertage und Feste

■ Gesetzliche Feiertage
1. Januar: Neujahr
15. März: Nationalfeiertag (Gedenktag an die Revolution von 1848/49)
Ostermontag
1. Mai: Tag der Arbeit
Pfingstmontag
20. August: Nationalfeiertag (Fest des hl. Stephan, erster König und Staatsgründer von Ungarn)
23. Oktober: Tag der Republik (Gedenktag an den Volksaufstand 1956)
25./26. Dezember: Weihnachten.

■ Feste und Festspiele
Über die größeren, jedes Jahr stattfindenden Musik-, Theater- und Sportfestivals gibt Tourinform alljährlich ein Programm heraus. Über die regionalen Veranstaltungen (Konzerte, Ritterspiele, Weinfeste, Folklore, Handwerkermärkte, Kochwettbewerbe etc.) informieren die Tourinform-Zweigstellen vor Ort.

Infos von A bis Z

377

1. Januar: traditionelles Neujahrskonzert im Budapester Vigadó (Redoute), Operettengala.
Februar: Heiduckenfasching in Debrecen, Busójárás (Maskenumzug) in Mohács.
März: Budapester Musikfrühling.
April: Osterfest in Hollókő, Passionsfestspiele in Magyarpolány.
Juli: Aranykagyló (»Goldene Muschel«), Folklorefestival in Siófok, Fischsuppenfestival in Baja.
28. Juli: Anna-Ball in Balatonfüred.
Juli/August: Freilichtspiele in Szeged.
August: Sziget-Festival in Budapest (Rock, Blues, Jazz …), Großer Preis von Ungarn: Formel-1-Weltmeisterschaft in Mogyoród bei Budapest.
20. August: Nationalfeiertag, großes Feuerwerk in Budapest, Blumenkarneval in Debrecen, Brückenmarkt in Hortobágy.
August/September: Jüdisches Sommerfestival in Budapest.
September: Weinfest in Budapest, Paprika-Tage in Kalocsa, Zwiebelfest in Makó, Reitfestival der Lipizzaner in Szilvásvárad.

Geld und Banken

Die ungarische Währungseinheit ist der Forint (Ft., international HUF); ein Forint hat 100 Filler, die heute nahezu bedeutungslos sind. Es gibt Scheine im Wert von 200, 500, 1000, 2000, 5000 und 10 000 Ft. sowie Münzen im Wert von 1, 2, 5, 10, 20, 50, 100 und 200 Ft.

Gängige Kreditkarten (American Express, Visa, Mastercard, Eurocard, Diners) werden überall angenommen. Mit diesen Karten kann man auch an den Geldautomaten (Bankomat) Bargeld abheben. Die meisten Automaten haben eine deutsche oder englische Bedienerführung.

Auch Reise- oder Barschecks (max. drei Schecks und pro Scheck max. 35 000 Ft.) werden von Banken, Postämtern und Wechselstuben akzeptiert. Im Allgemeinen ist jedoch von Wechselstuben abzuraten. Sie werben mit guten Kursen und »no commission«, doch verbirgt sich der Haken oft im Kleingedruckten. So gilt der gute Kurs z. B. nur ab 250 000 Ft., während bei kleineren Summen ein bis zu 20 % schlechterer Kurs zur Anwendung kommt. Wenn man den winzigen Hinweis entdeckt, dass man den Umtausch nicht rückgängig machen kann, ist es meist schon zu spät. – Übrigens, Schwarztauschen lohnt sich nicht und ist mit dem Risiko eines Betrugs verbunden!

Ungarische Forint kann man auch an deutschen, österreichischen und Schweizer Geldinstituten bekommen, doch muss man diese in der Regel vorbestellen und man bekommt einen schlechteren Kurs als in Ungarn. Vom Rücktausch übrig gebliebener Forint ist dringend abzuraten. Es ist besser, alles auszugeben oder aber das Geld bis zur nächsten Reise aufzuheben. Der Wechselkurs unterliegt zwar ständigen Schwankungen, doch ist er in den letzten Jahren erstaunlich stabil.

Gesundheit

In die Reiseapotheke gehören Sonnencremes mit einem hohen Lichtschutzfaktor (in Ungarn teurer) und Mittel gegen Mückenstiche. Einfache Schmerzmittel sowie Pflaster etc. kann man dagegen in Ungarn in der Regel günstiger kaufen.

Achtung: Ungarn gehört zu den **zecken**gefährdeten Ländern. Zecken können durch ihren Biss verschiedene Krankheitserreger auf den Menschen übertragen, so auch Borreliose und Hirnhautentzündung FSME (Frühsommer-Meningoenzephalitis). Borreliose wird durch ein Bakterium verursacht und ist meist an einer ringförmigen Rötung der Haut um die Einstichstelle oder auch an anderen Körperstellen zu erkennen. Der Arzt ist sofort aufzusuchen, um Spätfolgen zu verhindern. Eine durch ein Virus verursachte FSME-Erkrankung beginnt häufig wie eine Sommergrippe. Auch wenn man sich an keinen Zeckenbiss erinnern kann, sollte man den Arzt bei Zweifeln auf jeden Fall auf seinen Verdacht aufmerksam machen.

Vor einer Ungarnreise sollte man mit dem Hausarzt über eine mögliche Impfung sprechen, besonders bei Kindern. Bisher ist eine Impfung jedoch nur für bestimmte Zeckenunterarten möglich. Zecken leben in Bodennähe. Sie sitzen auf Gräsern, Blumen und Sträuchern. Beim Vorbeigehen streift man sie leicht ab – die Zecke kann mit dem Blutsaugen beginnen. Zecken können vom Frühjahr bis Spätherbst aktiv sein. Mit oder ohne Impfung sollte man sich nach Wanderungen, Angeln, Radfahren und anderen Aktivitäten im Freien nach den lästigen Tierchen absuchen.

Karten

Landkarten in unterschiedlichen Maßstäben und von verschiedenen Regionen in Ungarn und Stadtpläne u. a. von Budapest gibt der Budapester Verlag Cartographia heraus (auch in Deutschland erhältlich). Stadtpläne und Landkarten bekommt man in Ungarn an Tankstellen, bei der Touristeninformation Tourinform und in Buchläden. Erhältlich sind zudem spezielle Karten für Wanderer und Radfahrer.

Kinder

Ungarn ist ein kinderfreundliches Land. Das bedeutet nicht, dass Kinderstühlchen zur Restaurantausstattung und Spielecken zum Kundendienst von Kaufhäusern und Ärzten gehören. Doch sind die kleinen Gäste in der Regel gern gesehen. Anstelle von Abenteuerspielplätzen warten Burgen und Burgruinen (Sárospatak, Sümeg, Szigliget, Füszer), Höhlen (Aggtelek, Tapolca) und Freilichtmuseen, die oft auch einen kleinen Tierpark besitzen (z. B. Szombathely, Szenna), auf die jungen Entdecker. Fahrten mit der Dampfeisenbahn von Keszthely, mit der Schmalspurbahn durch den Gemencer Wald oder einem vom Pferd gezogenen Planwagen zählen nicht nur für Kinder zu den schönsten Urlaubserlebnissen. Die flachen Strände des Balaton werden vor allem von Eltern mit Kleinkindern bevorzugt; für die Jugendlichen gibt es Sport- und Diskovergnügen.

Allein schon die weitläufige Landschaft, die üppige Natur mit ihrer Vielfalt an Pflanzen und Tieren ist vor allem für Stadtkinder ein einzigartiges Erlebnis. Frösche und Störche beobachten, frei umherlaufen, auf Bäume klettern, Freundschaft mit Hühnern, Pferden und Schweinen schließen. Wer Urlaub auf dem Land machen möchte, kann sich bei Tourinform über »Dorftourismus« (Falusi Turizmus, s. S. 20f.) erkundigen. Selbst in Budapest müssen Kinder sich nicht langweilen: Im Stadtwäldchen gibt es einen riesigen Zoo, einen Zirkus und einen Vergnügungspark. Einige Hotels und Pensionen bieten Babysitterdienste an.

Im Allgemeinen gibt es (nach Altersstufen) Kinderermäßigungen bei Übernachtungen, bei der Benutzung öffentlicher Verkehrsmittel und beim Eintritt für Museen und Veranstaltungen.

Kur- und Heilbäder

Ungarn kann auf eine 2000 Jahre alte Badekultur zurückblicken. *In balneis salis* (»Baden ist Gesundheit«) haben schon die Römer gesagt. Von ihren Bädern zeugen noch die Ruinen im Budapester Stadtteil Aquincum. Auch die Türken haben prächtige Bäder errichtet, denn sie wussten bereits um die heilenden Kräfte des Thermalwassers. Ungarn ist so außerordentlich reich an Heilwasser, weil die Erdkruste in Ungarn ca. 8–10 km dünner ist als in Europa üblich. In Ungarn werden 135 Quellen therapeutisch genutzt, und 35 Heilbäder bieten verschiedene medizinische Behandlungen einschließlich Kuren an. Die Zusammensetzung der Thermalwässer ist ganz unterschiedlich; und was dem einen hilft, darf der andere nicht nutzen. Die meisten Heilwässer haben eine positive Wirkung auf Beschwerden des Bewegungsapparates sowie bei Magen-Darm- und Hautkrankheiten. Bluthochdruckpatienten und Schwangere sollten auf jeden Fall einen Arzt oder Mitarbeiter des Bades konsultieren. Einige Quellen werden zudem als Mineralwasser abgefüllt; zu den bekanntesten zählt »Theódora«.

Die meisten Heilbäder haben Schwimmbecken im Freien, die auch en passant – also ohne Kur – genutzt werden können.

Infos von A bis Z

Allein in Budapest gibt es zahlreiche Thermalbäder, von denen das Gellért-Bad das bekannteste ist. Einige gehen auf die Türkenzeit zurück, andere entstanden in herrlichem Jugendstil. Hévíz besitzt den größten Thermalwassersee Europas. Weitere beliebte Bäder sind Bükfürdő, Gyula, Sárvár, Zalakaros, Balatonfüred und Harkány.

Siehe auch www.hungarytourism.hu unter Gesundheitstourismus.

Lesetipps

Die mit einer ISBN-Nummer versehenen Bücher des ungarischen Corvina Verlages sind auch in deutschen Buchhandlungen erhältlich.

■ Sachbuch
Csorba, Estók, Salamon: *Die illustrierte Geschichte Ungarns.* Magyar Könyvclub 1999 (in ungarischen Buchläden erhältlich).
Gyula Fekete: *Ungarn* (Bildband). Corvina Verlag, Budapest, ISBN 9631342794.
Károly Gundel: *Kleines ungarisches Kochbuch.* Corvina Verlag, Budapest, ISBN 9631345394.
Peter Haber (Hrsg.): *Jüdisches Städtebild Budapest,* Jüdischer Verlag 1999.
Géza Hegedűs: *Ungarische Jahrhunderte. Ein kulturhistorischer Streifzug.* Edition q, Quintessenz 1999.
György Kapocsy: *Die Ungarische Puszta.* Corvina Verlag, Budapest, ISBN 9631343391.
Tibor Klaniczay (Hrsg.): *Vom Besten der ungarischen Literatur. Vom 11. bis zum 18. Jahrhundert.* Corvina Verlag, Budapest, ISBN 9631335305.
György Klösz: *Budapest Anno ...* Corvina Verlag, Budapest, ISBN 9631337049.
Péter Korniss und István Lázár: *Ungarn* (Bildband). Magyar Könyvclub, Budapest 1999 (in ungarischen Buchläden erhältlich).
István Lázár: *Kleine Geschichte Ungarns.* Corvina Verlag, Budapest, ISBN 9631348431.
Paul Lendvai: *Die Ungarn. Ein Jahrtausend Sieger in Niederlagen.*

Bertelsmann 1999.
István Nemeskürty: *Wir Ungarn* (Essayistische Geschichte der Ungarn), Akadémiai Kiadó, Budapest 1999.
Theresia Ott: *Mein Lebensweg.* Autobiografische Geschichte einer Ungarndeutschen. Hrsg.: Schorokscharer-Grassalkovich-Kreis des Budapester Vereins für Städteschutz.
Rohály's Weinführer von Ungarn. Borkollégium, Budapest 1999.
Barbara Sietz (Hrsg.): *Zeitgenössische Kunst aus Ungarn. Installation, Malerei, Skulptur, Videokunst 1968–1999.* Matthes und Seitz Verlag 1999.

■ Belletristik
György Dalos: *Die Beschneidung. Eine Geschichte.* Suhrkamp 1999.
Ders.: *Der Gottsucher.* Insel 1999.
Ders.: *Der Versteckspieler.* Insel 1997.
Ders.: *Vom Roten Stern zur Stephanskrone.* Suhrkamp 1997.
Ders. (Hrsg.): *Ungarn von Montag bis Freitag. Geschichten.* Suhrkamp 1999.
Tibor Déry: *Gefängnisbriefe (1957–1960).* Gabriele Schäfer 1999.
Ders.: *Fröhliches Begräbnis.* Fünf Erzählungen. Arsenal 1995.
Ders.: *Niki oder die Geschichte eines Hundes* (nur antiquarisch).
Péter Eszterházy: *Fuhrleute.* Residenz, Wien 1988.
Ders.: *Wer haftet für die Sicherheit der Lady* (Erzählung). Fischer 1989.
Ders.: *Donau abwärts* (Roman). Fischer 1995.
Ders.: *Thomas Mann mampft Kebab am Fuße des Holstentors.* Geschichten und Aufsätze. Residenz, Wien 1999.
László F. Földényi: *Ein Foto aus Berlin.* Matthes und Seitz 1996.
László Garaczi: *Die wunderbare Busfahrt. Bekenntnisse eines Lemuren.* Droschl, Graz 1999.
Géza Gárdonyi: *Die Sterne von Eger.* Corvina Verlag, Budapest, ISBN 96347737.
Andor Endre Gelléri: *Budapest und andere Prosa.* Suhrkamp 1999.
Árpád Göncz: *Sandalenträger.* Aufbau 1999.

Gyula Illyés: *Die Puszta. Nachricht aus einer verschwundenen Welt.* Suhrkamp 1999.
Mór Jókai: *Die beiden Trenck.* Corvina Verlag, Budapest, ISBN 9631318899.
Imre Kertész: *Kaddisch für ein nicht geborenes Kind.* Rowohlt 1999.
Ders.: *Roman eines Schicksallosen.* Rowohlt 1999.
Ders.: *Die Englische Flagge.* Rowohlt 1999.
György Konrád: *Geisterfest.* Suhrkamp 1999.
Ders.: *Der Besucher.* Suhrkamp 1999.
Ders.: *Der Komplize.* Suhrkamp 1999.
Dezső Kosztolányi: *Schachmatt* (Novellen), Corvina Verlag, ISBN 9631348385.
Ders.: *Anna Édes* (Roman). Aufbau 1999.
Ders.: *Der goldene Drachen* (Roman), Edition q, Quintessenz 1999.
Gyula Krúdy: *Die rote Postkutsche.* Suhrkamp 1999.
Ders.: *Meinerzeit.* dtv 1999.
Imre Madách: *Die Tragödie des Menschen.* Corvina Verlag, Budapest, ISBN 963134732x.
Sándor Márai: *Die Glut.* Piper 2001.
Ders.: *Das Vermächtnis der Ezster.* Piper 2000.
Ders.: *Himmel und Erde.* Piper 2001.
Ders.: *Ohne Anfang und Ende.* Piper 2000.
Miklós Mészöly: *Rückblenden.* Suhrkamp 1999.
Ferenc Molnár: *Die Jungen aus der Paulstraße* (derzeit nur auf Englisch).
Terézia Mora (Ingeborg-Bachmann-Preisträgerin): *Seltsame Materie* (Erzählungen). Rowohlt 1999.
Zsigmond Móricz: *Herr Bovary* (Roman), Corvina Verlag, Budapest, ISBN 9631348393.
Ders.: *Verwandte* (Roman). Suhrkamp 1999.
Péter Nadas: *Liebe. Eine Erzählung.* Rowohlt 1999.
Ders.: *Der Lebensläufer* (Ein Jahrbuch). Rowohlt 1999.
Géza Ottlik: *Die Schule an der Grenze.* (derzeit nur antiquarisch).
Sándor Petőfi: *Held János* (Märchenepos, auch für Kinder). RS-Druck Roland Schlichenmaier 1992.
Miklós Radnóti: *Monat der Zwillinge* (Prosa, Fotos, Gedichte, Dokumente).

Oberbaumverlag 1993.
Ders.: *Offenen Haars fliegt der Frühling* (Tagebücher, Fotos, Gedichte, Dokumente). Förster & Borries 1993.
Ders.: *Kein Blick zurück, kein Zauber.* Kirsten Gutke 1999.
Joseph Roth: *Radetzkymarsch.* dtv 1998.
Magda Szabó: *Hinter der Tür.* Suhrkamp 1999.
Sándor Tar: *Ein Bier für mein Pferd.* Volk und Welt 1999.

István Bart (Hrsg.): *Liebe. Ungarische Kurzprosa aus dem 20. Jahrhundert.* Corvina Verlag, Budapest, ISBN 9631337316.
Wilhelm Droste (Hrsg.): *Budapest, ein literarisches Porträt.* Insel 1998.
Gerhard Falkner, Orsolya Kalasz: *Budapester Szenen.* Junge ungarische Lyrik. DuMont 1999.
Andreas Oplatka (Hrsg.): *Ungarische Erzähler.* Manesse, Zürich 1994.
Hans-Henning Paetzke (Hrsg.): *Ungarisches Lesebuch.* Insel 1995 (nur antiquarisch).
Lajos Szakolczay (Hrsg.): *Brillant. Ungarische Erzähler der Gegenwart.* Corvina Verlag, Budapest, ISBN 9631342867.
Budapester Cocktail. *Literatur, Kunst, Humor 1900–1945.* Corvina Verlag, Budapest ISBN 9631326047.

■ Kinderbücher
Gábor Görgey: *Hektor, der Heldenbock.* Holnap Kiadó, Budapest 1999.
Endre, Gyárfás: *Der Zauberkloß.* Falukönyv-Cicero, Budapest 1999.
Éva Janikovszky: *Große dürfen alles.* Móra, Budapest 1999.
Menyhért Lakatos: *Märchen der langen Nächte* (Romamärchen), Wieser 1999.
Katalin Mezey: *Paule Werbistedenn im Lande Gehtjanicht.* Új Kézirat Kiadó, Budapest 1999.
Miklós Mészöly: *Das verzauberte Feuerwehrorchester* (Märchen und Geschichten), Sanssouci 1999.
Ungarische Volksmärchen. Grimm Kiadó, Szeged 1999.
Zsigmond Móricz: *Die Pfeife des Silberkönigs.* Corvina Verlag, Budapest, ISBN 9631333531.

Infos von A bis Z

National- und Naturparks

In Ungarn gibt es neun Nationalparks
(Nemzeti park), die sowohl dem Schutz der
Landschaft mit ihrer Flora und Fauna
sowie der Erholung dienen. Zu den Nationalparks gehören Bergregionen (siehe
folgende Liste Ziffern 1.–3.), Feuchtgebiete
(siehe 4.–6.) und Pusztaregionen (siehe
7.–9.).

1. Aggtelek-Nationalpark,
Tengerszem oldal 1, 3758 Jósvafő,
Tel./Fax 48/350-006.
2. Balaton-Oberland-Nationalpark,
Vár utca 31, 8200 Veszprém,
Tel. 88/427-855, Fax 427-056.
3. Bükk-Nationalpark,
Sánc utca 6, 3304 Eger,
Tel. 36/411-581, Fax 412-791.
4. Donau-Drau-Nationalpark,
Tettye tér 9, 7625 Pécs,
Tel. 72/326-148, Fax 324-249.
5. Donau-Eipel-Nationalpark
(Danube-Ipoly),
II., III., Szépvölgyi út 162, 1025 Budapest,
Tel. 1/325-9503, Fax 325-9506.
**6. Nationalpark Neusiedler See
(Fertő tó) und Hanság,**
Pf. 4 Kócsagvár, 9435 Sarród,
Tel. 99/370-926, Fax 371-590.
7. Hortobágy-Nationalpark,
Sumen utca 2, 4024 Debrecen,
Tel. 52/349-922, Fax 410-645.
8. Nationalpark Kleinkumanien (Kis-
kunsági), Liszt F. utca 19, 6001 Kecskemét,
Tel. 76/482-611, Fax 481-074.
9. Körös-Maros-Nationalpark,
Pf. 72 Anna liget 1, 5540 Szarvas,
Tel. 66/313-855, Fax 311-658.

Zusätzlich zu den ungarischen Nationalparks existieren großflächige **Land-
schaftsschutzgebiete** (Tájvédelmi kör-
zet) und kleinere, streng geschützte **Naturschutzgebiete** (Természetvédelmi
terület), die oft nur mit Genehmigung
betreten werden dürfen.
   Als **Naturdenkmäler** (Természeti
emlék) sind besondere Naturschöpfungen
wie uralte Bäume oder seltsame Felsfor-
mationen gekennzeichnet.

Notfälle

Rettungsdienst: 104
Polizei: 107
Feuerwehr: 105

Öffnungszeiten

In Ungarn gibt es kein Ladenschlussge-
setz. In Budapest und in anderen größeren
Städten sind **Geschäfte** in der Regel länger geöffnet als auf dem Land, manche
kleinen privaten Lebensmittelgeschäfte
sogar rund um die Uhr. Die allgemeinen
Öffnungszeiten sind Mo–Fr 7–19 Uhr und
Sa bis 13 Uhr. In den Dörfern schließen
viele Geschäfte Mo–Fr jedoch schon um
16 oder 17 Uhr und Sa um 12 Uhr. Die
großen Einkaufszentren haben So bis 13
bzw. 14 Uhr geöffnet. Aber auch in manchen Dörfern findet man am Sonntagvormittag einen geöffneten Laden.
   Auch bei den **Banken** sind die Öffnungszeiten nicht einheitlich. In der Regel
gilt für Handelsbanken: Mo–Do 8–14 Uhr
und Fr 8–13 Uhr. **Postämter** sind generell
Mo–Fr 8–18 Uhr und Sa 8–12 Uhr geöffnet.
   Die Öffnungszeiten von **Museen** und
anderen Sehenswürdigkeiten variieren
sehr stark, manchmal sogar von Jahr zu
Jahr. Kulturelle Einrichtungen werden
nicht selten Opfer eines gekürzten Etats. In
der Regel haben Museen Di–So 10–18 Uhr,
im Winter bis 16 Uhr geöffnet. Manche
Sehenswürdigkeiten sind außerhalb der
Saison geschlossen. Falls möglich, empfiehlt sich vor dem Besuch von kleineren
und abgelegenen Objekten ein Anruf.
Unter »Adressen und Tipps von Ort zu
Ort« sind jeweils die Öffnungszeiten und
ggf. Telefonnummern angegeben. Leider
unterliegen auch die Telefonnummern
schnellen Veränderungen, die z. B. auf den
Ausbau des Telefonnetzes oder den
Umzug einer Institution zurückgehen.

Polizei

Polizeiwachen und -streifenwagen erkennt
man an dem Schriftzug *Rendőrség*. Vor-

sicht vor falschen Beamten, die sich als Polizisten ausgeben (s. Sicherheit)! Zentraler Polizeiruf: 107.

Preisniveau

Insgesamt ist das Preisniveau in Ungarn niedriger als in Deutschland, Österreich und der Schweiz. Dementsprechend sind Hotels, Restaurants, Eintrittsgelder und viele Waren für den Urlauber günstiger als im Heimatland. Die Benzin- und Dieselpreise sind jedoch davon ausgenommen. Gleichzeitig gibt es in Ungarn große soziale Unterschiede. So findet man nicht nur in Budapest Luxus aller Art, der aber auch seinen Preis hat.

Reisezeit

Das angenehme, ausgewogene Klima Ungarns würde eine Reisezeit von April bis Oktober nahe legen, doch konzentriert sich die Saison auf die heißesten Monate Juli und August, in denen das Thermometer oft auf über 33 °C ansteigt. Hauptreiseziel sind dann die Badeorte am Balaton. Vor allem für Weinliebhaber und Kulturinteressierte bieten der milde und schon warme Frühling und der sonnenverwöhnte Herbst die schönste Reisezeit, wenn auch mit einigen geschlossenen Lokalen und Unterkünften gerechnet werden muss. Zwischen Anfang November und Anfang April sind viele Sehenswürdigkeiten und Museen geschlossen. Nur in Budapest ist das ganze Jahr über Saison.

Sicherheit

Allgemein ist das Reisen in Ungarn nicht gefährlicher als in anderen europäischen Ländern. Generell sollte man, wie in anderen Urlaubsorten auch, grundsätzliche Vorsichtsmaßnahmen treffen: Man sollte keine Handtaschen und Kameras im Auto liegen lassen, im Gedränge keinen teuren Schmuck tragen und keine Wertgegenstände im Rucksack aufbewahren, vom

Schwarztauschen Abstand nehmen etc. Vor allem für Budapest gilt, dass man neuere Autos, besonders teurere Modelle, auf bewachten Parkplätzen oder in Garagen abstellen sollte. Auskunft über sichere Parkmöglichkeiten erteilen die Hotels, falls diese über keinen sicheren hauseigenen Abstellplatz verfügen. Die meisten Hotels haben für kleine Wertsachen einen Safe.

Mit kleinen Betrügereien muss in Touristenzentren gerechnet werden. Um keine unliebsamen Überraschungen zu erleben, sollten Sie das Wechselgeld nachzählen, mit dem Taxifahrer den Preis vor der Fahrt aushandeln und die ungefähr zu erwartende Restaurantrechnung abschätzen.

Der ADAC warnt neuerdings vor einem Trick, der aus dem Mittelmeerraum importiert wurde. Vermeintliche Helfer machen Autofahrer auf eine angebliche Panne aufmerksam. Wer daraufhin anhält, um nachzusehen, kann Opfer eines Diebstahls werden.

Achtung: Vertrauen Sie nie einer offiziellen Mütze! Denn darunter kann sich zuweilen ein Gauner und unter ihm vorgegeben ein Polizist *(rendőr)* verbergen. Lassen Sie sich stets einen Ausweis zeigen und zahlen Sie eine Strafe nicht vorschnell. Wenn Sie unsicher sind, sollten Sie versuchen, andere Passanten einzubeziehen.

Souvenirs

Will man alles mitnehmen, was Ungarn an Spezialitäten bietet, braucht man viel Platz im Koffer. Neben Paprika – als Pulver, Schnüre, Creme, eingelegt oder als frische Früchte – locken die ungarischen Weine, Honig, Salami, Gänseleber und Aprikosenschnaps, auch der ungarische Senf ist nicht zu verachten. Dazu kommt ein reiches Angebot an Volkskunst, Stickereien aus Kalocsa, handgeflochtene Körbe, Sessel und Truhen, schwarze Keramiken aus Nádudvár (Hortobágy-Region) und andere Töpferwaren, gestickte Decken in allen Farben und Formen, Halaser Spitzen, Holzschnitzereien, edles Porzellan aus Herend, Zsolnay oder Hollóháza, Kristall aus Ajka und Parádsasvár.

Infos von A bis Z

Sport/Urlaubsaktivitäten

■ Angeln

Angeln ist in Ungarn eine Art Volkssport: kein Fluss, kein See, kein Tümpel, an dem nicht geangelt wird. Dennoch gilt es, einige gesetzliche Bestimmungen zu beachten. Zum Angeln benötigt man einen Angelschein sowie eine örtliche Genehmigung, für die man mindestens 18 Jahre alt sein muss. Man darf pro Person bis zu zwei Angeln mit je drei Haken benutzen. Die Fangmenge ist begrenzt. Abhängig von der Art der Fische und dem jeweiligen Gebiet gibt es besondere Schonzeiten. Die größten fischreichen Gewässer sind: Balaton (Aal, Hecht, Karpfen, Zander), Velence-tó (Aal, Hecht, Karpfen, Katzenwels, Zander) und Tisza-tó (Karpfen, Hecht, Silur, Zander).

Auskunft erteilen die Tourinform-Büros oder der Landesverband der Angler: Horgászvizek Magyarországon, XII., Korompai utca 17, 1124 Budapest, Tel. 1/248-5127, Fax 248-5128. Siehe auch Internetseite www.hungarytourism.hu unter Aktivtourismus und Fischen.

■ Golf

Freunde des Golfsports finden einige exklusive Clubs, die meist auch Unterkunft und Schulung anbieten:
Birdland Golf, 9737 Bük, 57 km von Sopron beim Heilbad Bükfürdő, Tel. 94/358-060, Fax 359-000, golfclub@mail.elender.hu, www.birdland.hu.
Hencse National, Kossuth utca 1–3, 7532 Hencse, Tel. 82/481-245, Fax 481-248, hencse@matavnet.hu, www.hencse.gc.com.
The Golf Club of Pécs, westlich von Pécs an der Straße 6 bei km 209, Tel. 72/464-136.
Pannonia Golf, Máriavölgy, 8087 Alcsútdoboz, Tel. 22/594-200, Fax 594-205, info@golfclub.hu, www.pannonia-golf.hu.
Old Lake Golf Club, Remeteségpuszta, P.O.B. 5, 2890 Tata, Tel. 34/380-684.
Princess Palace – The Hotel, Golf and Resort Club, P.O.B. 10, 9225 Dunakiliti, Tel. 96/671-071, Fax 671-072.

Siehe auch www.hungarytourism.hu unter Aktivtourismus und Golf.

■ Jagd

Ungarn ist aufgrund seines reichen Wildbestandes (Rot-, Dam- und Schwarzwild) auch ein beliebtes Reiseziel für Jäger. Bei Tourinform sind die Adressen der Jagdämter in den einzelnen Komitaten erhältlich. Hier nur eine kleine Auswahl:
Bóly RT, Jagdorganisation und Reisebüro, Békáspuszta, 7754 Bóly, Tel./Fax 69/368-088.
Anas Jagdorganisationsbüro, XII., Bürök utca 21, 1124 Budapest, Tel./Fax 1/375-8340.
Diana Hunts Jagdorganisationsbüro, I., Piroska utca 12, 1016 Budapest, Tel. 1/214-8690, Fax 356-8579.
Forstwirtschafts AG, Jagdorganisation, Zanati utca 26, 9700 Szombathely, Tel. 94/329-977, Fax 329-973.
Északerdő Jagdorganisationsbüro, Deák Ferenc tér 1, 3501 Miskolc, Tel. 46/501-510, Fax 501-511.
HM Verga Jagdorganisationsbüro, Jutasi utca 10, 8200 Veszprém, Tel. 88/427-266, Fax 424-670.

■ Kutschfahrten

Kutschfahrten sind eine gemütliche Art der Stadtbesichtigung (Budapester Burg, Szentendre). Sie werden auch von zahlreichen Reiterhöfen und in den Puszta-Nationalparks angeboten. Einige Höfe geben sogar Unterricht im Gespannfahren. Eine andere Möglichkeit, sich mit dem traditionellen Fortbewegungsmittel der Tiefebene bekannt zu machen, ist eine mehrtägige Tour durch abgelegene, sonst nur schwer zugängliche Gebiete mit dem Zigeunerwagen. Dazu werden ein komplett ausgestatteter Planwagen mit Pferd samt Betreuung gestellt (auch für Anfänger). Ausgangspunkt der Tour ist die **Zsivany Tanya von Joschka und Irina Kajdacsi,** Nagret 3, in 2375 Tatarszentgyörgy (ca. 60 km von Budapest), ein Einzelgehöft mit Pferden und anderen Tieren. Infos und Prospektmaterial auch in Deutschland erhältlich bei H. Bayer, Am Steinbach 10, 83131 Nussdorf, Tel./Fax 08034/2775.

Radfahren

Bei Tourinform ist eine Radwanderkarte mit Tourenvorschlägen, nützlichen Adressen und Hinweisen erhältlich. In Budapest gibt es nur wenige Radwege, z. B. auf der Margareteninsel, im Stadtwäldchen (Városliget) oder auf der Strecke nach Szentendre. Auf dem Land findet man dagegen ein ausgedehntes Netz an wenig befahrenen Landstraßen – ideal für Radfahrer. Besonders in der flachen Landschaft der Großen Tiefebene (Alföld) finden Radler ideale Bedingungen vor. Gegen die sengende Sonne sollte man auf jeden Fall eine Kopfbedeckung tragen. Manchmal kann einem der ungebremste Wind zu schaffen machen. Informationen erteilen:

Verband der Ungarischen Radwanderer, VI., Bajcsy-Zs. út 31, 1065 Budapest, Tel. 1/311-2467, Fax 353-1930, mktsz@dpg.hu.

Landesverband der Radfahrer, III., Miklós tér 1, 1035 Budapest, Tel. 1/250-0424.

Vereinigung der naturfreundlichen Touren-Radfahrer, II., Bem rakpart 51, 1027 Budapest, Tel. 1/316-5867, Mo–Fr 9–18 Uhr.

Ungarischer Mountainbike-Verband, Tel./Fax 1/339-9289, mtb@matavnet.hu, www.mountainbikesport.hu.
In der Natur dürfen nur extra gekennzeichnete Mountainbikewege befahren werden. Siehe auch www.hungarytourism.hu unter Aktivtourismus und Radfahren.

Reiten

Man sagt, Ungarn ist ein Reiterparadies – und es stimmt. Bei einer Reise durch das Land springen die Schilder bzw. handgeschriebenen Tafeln mit der Aufschrift »Lovasiskola« (Reitschule) förmlich ins Auge. Am beliebtesten sind Ausritte hoch zu Ross in die Natur, aber auch Kutsch- und Gespannfahrten. Neben zahlreichen Reitschulen jeder Preisklasse gibt es Reitsport- und Zuchtverbände.

Tourinform hat einen informativen Prospekt »Ungarn – Ein Pferdeparadies« herausgegeben. Auskünfte bekommt man auch bei **HETA,** Verband für ungarische Reittouristik, IX., Ráday utca 8,

1092 Budapest, Tel. 1/455-6183, 456-0444, Fax 456-0445, mltsz@mail.matav.hu, www.equi.hu.
Sportbüro, VIII., Kerepesi út 7, 1087 Budapest, Tel./Fax 1/313-0415, hunhorse@matavnet.hu, www.extra.hu/hunhorse.
Ungarischer Verband für therapeutisches Reiten, VI., Teréz körút 24 I/1., 1066 Budapest, Tel. 1/269-5359, Fax 302-4136.
Siehe auch www.hungarytourism.hu unter Aktivtourismus und Reiten.

Schwimmen

Die beliebtesten Erholungsgebiete für Badeurlauber sind der Balaton (Plattensee), der Velence-tó und der Tisza-tó. Das flache Südufer des Balaton wird besonders gerne von Familien mit Kindern aufgesucht. Jedes Jahr im Sommer gehört das »Durchschwimmen des Balaton« zu den besonderen Ereignissen. (Info: Mobiltel. 30/959-0750 und www.sarkany.hu). Zahlreiche Orte und Dörfer besitzen Freibäder, oft mit Thermalwasser gespeist. Hinweisschilder tragen die für Ausländer irreführende Bezeichnung »Strand«.

Segeln

Ungarns Zentrum für Segler und Surfer ist der Balaton. Die wichtigsten Häfen und Anlegestellen sind Keszthely, Tihany, Badacsony, Siófok und Balatonfüred. An deren Stränden, Häfen oder Campingplätzen gibt es Verleihstellen für Surfbretter, Segelboote und Tretboote. Auf dem Balaton sind nur Boote mit Elektromotor (kein Benzin oder Diesel) zugelassen. Siehe auch www.hungarytourism.hu unter Aktivtourismus und Wassertourismus.

Tennis

Die meisten höherklassigen Hotels verfügen über Tennisplätze und verleihen Tennisausrüstung.

Wandern

Lichte Buchenwälder, sanfte Hügel, schroffe Felsen, weite Felder und urtümliche Sumpfgebiete bieten Wanderfreunden ungeahnte Möglichkeiten, die nahezu

Infos von A bis Z

unberührte Natur Ungarns zu entdecken. Rund 10 000 km gekennzeichnete Wanderpfade durchziehen das Land. Auf gutes und detailliertes Kartenmaterial sollte man dennoch niemals verzichten. Der Verlag Cartographia, Budapest, gibt zu verschiedenen Naturregionen Karten im Maßstab 1 : 40 000 heraus, die auch in Deutschland erhältlich sind.

Zu den bevorzugten Wandergebieten zählen die Nationalparks (s. S. 382), Bakonybél (Info im Rathaus, Tel./Fax 88/461-033, bakonybel@infornax.hu) und Szilvásvárad (Auskunft über Tourinform in Eger).

Weitere Auskünfte erteilt der **Ungarische Naturfreundeverband,** Bajcsy-Zs. út 31, 1065 Budapest, Tel. 1/311-2467. Siehe auch www.hungarytourism.hu unter Aktivtourismus und Wandern.

Telefonieren

… vom Ausland nach Ungarn: 00 36.
… von Ungarn nach Deutschland: 00 49, Österreich: 00 43, in die Schweiz: 00 41.
… innerhalb Ungarns: 06 + Ortsvorwahl + Nummer des Teilnehmers, falls man sich in einem anderen Ort befindet. Ein Ortsgespräch funktioniert ohne jegliche Vorwahl. Ruft man ein Mobiltelefon in Ungarn an, gehört ebenfalls die Vorwahl 06 vor die Telefonnummer.

Budapest hat als einzige Stadt siebenstellige Telefonnummern; die Ortsnetzkennzahl ist die 1. Für das übrige Land gelten sechsstellige Telefonnummern.

Für **öffentliche Fernsprecher** benötigt man Münzen (20, 50, 100 Ft.) oder Telefonkarten, die im Wert von 50 und 120 Einheiten auf Postämtern, an Kiosken und in Trafikläden erhältlich sind.
Internationale Fernsprechauskunft (auch deutsch): 117-2200.
Mobilnetze: Westtel 900 GSM RT und Pannon GSM RT.

Trinkgeld

Im Allgemeinen enthalten Restaurantpreise keinen Bedienungszuschlag. Man

gibt dem Kellner/-in etwa 10–20 % des Rechnungsbetrags als Trinkgeld. Der gleiche Obulus ist im Frisier- oder Kosmetiksalon, für Taxifahrten und sonstige Dienstleistungen üblich.

Unterkunft

Ungarn bietet seinen Gästen eine Fülle von Übernachtungsmöglichkeiten, vom exklusiven Fünf-Sterne-Hotel bis zur einfachen Familienpension, vom ausgefallenen Schlosshotel über das exklusive Wellness-Kurhotel bis zu Appartements für Selbstversorger und Dorftourismus für Kontaktfreudige. Selbstverständlich stehen auch Campingplätze und Jugendherbergen zur Verfügung. In Budapest und rund um den Balaton ist das Netz der Unterkünfte am dichtesten, östlich der Donau nimmt die Dichte ab, sieht man von Städten wie Eger, Debrecen und Miskolc ab.

Die Übernachtung ist in der ungarischen Hauptstadt mit Abstand am teuersten. Im Allgemeinen ist davon auszugehen, dass sich bei sehr preiswerten Zimmern die Dusche, oft auch die Toilette, auf dem Gang befindet. Ansonsten kann man aber durchaus günstige Zimmer mit einfachem Komfort finden. Charme und Luxus versprühen einige der restaurierten Gründerzeithotels (Pécs, Debrecen). Schlosshotels sind im Übrigen größtenteils noch erschwinglich.

Informationen über die verschiedenen Unterkunftsmöglichkeiten erhalten Sie beim staatlichen Touristenbüro Tourinform, im Internet (www.travelport.hu) oder beim Ungarischen Landesverband für Dorftourismus (Falusi Turizmus Országos Szövetsége), 1077 Budapest, VII., Király utca 93, Tel. 1/352-9804, Fax 268-0592.

Verkehrsmittel

Ungarn ist ein zentralistisches Land. Im Mittelpunkt steht die ungarische Hauptstadt. Alle Wege gehen von Budapest aus bzw. führen dorthin. Der Budapester **Flughafen Ferihegy** (s. S. 373) wird von

27 ausländischen Luftfahrtgesellschaften angeflogen. In Budapest beginnen die Autobahnen, hier gibt es die meisten Donaubrücken, und von den drei Budapester Bahnhöfen (s. S. 373) erreicht man jede größere Stadt im Land. Überlandbusse bringen ihre Fahrgäste ebenso in kleine Dörfer wie ins Ausland. Öffentliche Verkehrsmittel sind günstig – vor allem, wenn man die hohen Benzinpreise bedenkt – und zuverlässig. In den größeren Städten kann man sich ein Taxi bestellen oder ein Auto mieten.

■ Schiffe und Fähren

Auch der Schiffsverkehr spielt in Ungarn eine wichtige Rolle. Neben dem regelmäßig verkehrenden Linienschiff in Budapest gibt es zahlreiche Fähren auf dem Balaton (lediglich die Fähre zwischen Tihany und Szántód nimmt auch Fahrzeuge auf). Informationen bekommt man über das zentrale Balatonhafenbüro: Mahart Balatoni Hajózási Rt., Sofok, Krúdy sétány 2, Tel./Fax 84/310-050, www.balaton.hu/mahart. Telefonische Auskünfte vor Ort: Tihanyrév, Tel. 87/448-307, und Szántódrév, Tel. 84/348-744.

Autofähren über die Donau verkehren meist im stündlichen Rhythmus bis 18 Uhr. Achtung, bei kleinen abgelegenen Orten kann man sich nicht darauf verlassen. Falls möglich, empfiehlt es sich, Erkundigungen bei dem nächstgelegenen Tourinform-Büro einzuziehen.

■ Züge

Eine weitere Besonderheit sind **Schmalspureisenbahnen** durch touristisch interessante Gebiete (Gemencer Wald, Szilvásvárad). Eine mehrtägige Reise mit dem **Royal Hungarian Express,** einem von einer Dampflokomotive gezogenen Luxuszug mit Stil, bietet MÁV Nosztalgia, VI., Jókai utca 38, 1066 Budapest, Tel. 1/302-3580, Fax 302-0069, nostalgia_trains@mail.matav.hu. **Zugauskunft Inlandsverkehr:** Tel. 1/461-5400 (rund um die Uhr).

Tipp: Es gibt einen ermäßigten personengebundenen **Touristenpass** für sieben oder zehn Tage, (Erste/Zweite Klasse: ca. 13 410 Ft./8940 Ft, ca. 19 320 Ft./12 880 Ft.). Eine **Balaton-Tageskarte** für unbegrenzte Fahrten um den See kostet 1308 Ft. Außerdem gibt es für Besitzer der Hungary Card Fahrpreisermäßigungen (s. S. 375).

■ Busse

Auskunft und Kartenvorverkauf bei der ungarischen Busgesellschaft **Volánbusz** in Budapest: Richtung Westungarn: Busterminal am V., Erzsébet tér, Tel. 317-2318, tgl. 6.30–21 Uhr, Verkauf Mo–Fr 6–18, Sa, So 6–16 Uhr. Richtung Ostungarn: Busterminal Népstadion, XIII., Hungária körút 48–52, Tel. 252-4496, tgl. 5.30–21 Uhr, Verkauf Mo–Fr 6–18, Sa, So 6–16 Uhr. Richtung Donauknie: Busterminal Árpádhíd, Tel. 329-1450, Mo–Fr 4–22, Sa, So 2–22 Uhr.

Zeit

In Ungarn gilt die Mitteleuropäische Zeit und die Umstellung auf Sommerzeit von Ende März bis Ende Oktober (+ 1 Std.).

Zeitungen und Zeitschriften

In Budapest gibt es an den Bahnhöfen und in der Váci utca ein gutes Angebot an internationalen Zeitungen und Zeitschriften. Tipp: Im Café Eckermann des Goethe-Instituts (Andrássy út 24, tgl. bis 22 Uhr) liegen die aktuellen deutschen Printmedien zum Lesen aus.

Auch in den größeren Ferienorten am Balaton und in größeren Städten kann man deutschsprachige Zeitungen bekommen, das Angebot ist jedoch nicht sehr groß. Die meisten Hotels und Pensionen sind dafür mit Satelliten-TV-Empfang ausgestattet, sodass man auch deutschsprachige Programme empfangen kann. Zudem gibt es zwei deutschsprachige Wochenzeitungen in Ungarn: »Der Neue Pester Lloyd« und die »Budapester Zeitung«.

Infos von A bis Z

Kleiner Sprachführer

Die Betonung der Wörter liegt grundsätzlich und unabhängig von Vokal- oder Konsonantlängen auf der ersten Silbe. Vokale ohne Akzent sind kurz, diejenigen mit Akzent sind lang; das gilt auch für die Umlaute **ő** und **ű**. Im Gegensatz zum Deutschen gibt es im Ungarischen lange Konsonanten, die doppelt geschrieben werden, wie z. B. ein langes **t** in *kettő* (zwei). Ein langer Konsonant bewirkt keine Verkürzung eines eventuell vorhergehenden Vokals: *étterem* (Restaurant). Das **y** hinter Konsonanten fungiert meist als eine Art Weichheitszeichen.

a	dieser Laut ist im Deutschen nicht vorhanden, er entspricht etwa dem offenen »o« wie in *Sonne* oder *hoffen*, jedoch ohne Lippenrundung.
á	wie in *Saal*
e	kurz, sehr offen, fast ein »ä«, wie in *Herr* oder *Ärger*
c	wie »z« in *Zeit*
cs	wie »tsch« in *rutschen*
gy	wie »dj« in *Nadja*
ly	wie »j« in *Juni*
ny	wie »nj« in *Sonja* oder *Cognac*
ty	wie »tj« in *Antje*
s	wie »sch« in *schön*
sz	wie stimmloses »s« in *groß* oder *heiß*
v	wie »v« in *Vase* oder »w« in *Wetter*
z	wie stimmhaftes »s« in *lesen*
zs	wie stimmhaftes »sch« in *Journal*, *Gelee* oder *Genie*

Zahlen

0	nulla
1	egy
2	kettő
3	három
4	négy
5	öt
6	hat
7	hét
8	nyolc
9	kilenc
10	tíz
20	húsz
30	harminc
40	negyven
50	ötven
60	hatvan
70	hetven
80	nyolcvan
90	kilencven
100	száz
1000	ezer

Wochentage und Zeitangaben

Montag	hétfő
Dienstag	kedd
Mittwoch	szerda
Donnerstag	csütürtök
Freitag	péntek
Samstag	szombat
Sonntag	vasárnap
Tag (Sonne)	nap
Woche	hét
Monat	hónap
Jahr	év
heute	ma
gestern	tegnap
morgen	holnap

Wichtige Wörter und Redewendungen

ja	igen
nein	nem
bitte	kérem
danke	köszönöm
Guten Morgen (wünsche ich)!	Jó reggelt (kivánok)!
Guten Tag (wünsche ich)!	Jó napot (kivánok)!
Guten Abend (wünsche ich)!	Jó estét (kivánok)!
Gute Nacht	Jó éjszakát (kivánok)!

(wünsche ich)!
Auf Wiedersehen! — Viszontlátásra!
(nur familiär) — Szia!
Entschuldigung — bocsánat
geöffnet — nyitva
geschlossen — zárva
besetzt — foglalt
teuer — drága
billig — olcsó
verboten — tilos
außer Betrieb — nem működik
alt — régi
alt (bei Menschen) — öreg
neu — új
groß — nagy
klein — kis, kicsi
schön — szép
gut — jó
schlecht — rossz
warm — meleg
kalt — hideg
nach links — balra
nach rechts — jobbra
Eingang — bejárat
Ausgang — kijárat

Farben

weiß — fehér
schwarz — fekete
rot — piros
rot (Wein, Haare) — vörös
blau — kék
grün — zöld
gelb — sárga
gold — arany

Nützliche Begriffe

Achtung — vigyázat, vigyázz oder figyelem
Apotheke — gyógyszertár, patika
Arzt — orvos
Bach — patak
Bad — fürdő
Bahnhof — vasútállomás, pályaudvar
Bauernhof (Einzelhof) — tanya
Berg — hegy
Boulevard — út
Briefkasten — postaláda
Briefmarke — bélyeg
Brücke — híd

Burg — vár
Denkmal — műemlék
Deutschland — Németország
Dorf — falu
Flughafen — repülőtér
Fluss — folyó
Frau — asszony, nő
Friedhof — temető
Gasse, Straße — utca
Haus — ház
Höhle — barlang
Insel — sziget
Kapelle — kápolna
Kirche — templom
Krankenhaus — kórház
Mann — úr, férfi
Markt — piac
Polizei — rendőrség
Post — posta
Schloss — kástely
See — tó
Stadt — város
Strand — Schwimm-, Freibad
Tal — völgy
Tankstelle — benzinkút
Theater — szinház
Ufer — rakpart
Ungarn — Magyarország
Zahnarzt — fogorvos
Zeit und Wetter — idő

Essen, Trinken und Übernachten

Hotel — hotel, szálló
Zimmer frei — szoba kiadó
Badezimmer — fürdőszoba
Bett — ágy
Dusche — zuhany
Toilette — vécé
Supermarkt — élelmiszer (-bolt), ABC (-bolt)
Restaurant — étterem, restaurant
Gaststätte — vendéglő
Landgasthof — csárda
Kneipe — kocsma
Konditorei — cukrászda
Bierstube — söröző
Weinkeller — borpince
Weinstube — borozó
Abendessen — vacsora
Frühstück — reggeli
Mittagessen — ebéd
Brot — kenyér

Butter	vaj
Ei	tojás
Omelett	omlett
Salami	salami
Geräucherte Wurst	kolbász
Speck	szalonna
Honig	méz
Marmelade	lekvár
Käse	sajt
Würstchen	virsli
Kellner	pincér
Speisekarte	étlap
Vorspeisen	előételek
Gebackene Champignons	rántott gombafejek
Gebackener Käse	rántott sajt
Palatschinken auf Hortobágyer Art	hortobágyi palacsinta
Suppen	**Levesek**
Kraftbrühe	erőleves
Knochensuppe	csontleves
Tomatensuppe	paradicsomleves
Fischsuppe	halászlé
Gemüsesuppe	zöldségleves
Bohnengulasch	babgulyás
Pfannengerichte	**Frissensültek**
Truthahnbrust natur	natúr pulykamell
Paniertes Schnitzel	rántott szelet
Zigeunerbraten	cigánypecsenye
Wiener Schnitzel	borjú bécsi
Gänsekeule	libacsomb
Fleisch	**Hús**
Schwein	sertés
Rind	marha
Rinderfilet	bélszín
Kalb	borjú
Schaf	birka
Hirsch	szarvas
Hase	nyúl
Wildschwein	vaddisznó
Huhn	csirke
Truthahn	pulykamell
Ente	kacsa
Gans	liba
Fischgerichte	**Halételek**
Fisch	hal
Karpfen	ponty
Karpfen gebacken	ponty rántva
Wels	harcsa
Welsgulasch	harcsapörkölt
Hecht	csuka

Forelle	pisztráng
Zander (als Ganzes gebraten)	süllő
Zanderfilet	fogas
Fertiggerichte	**Készételek**
Gefüllte Paprika	töltött paprika
Gefülltes Kraut	töltött káposzta
Rindspörkölt (-ragout)	marhapörkölt
Kuttelpörkölt (-ragout)	pacalpörkölt
Mehlspeisen	**Tészták**
Mohnnudeln	mákos tészta
Pflaumenknödel	szilvás gombóc
Quark-/ Topfennudeln	túrós tészta
Beilagen	**Köretek**
Nockerln	galuska
Salzkartoffeln	sósburgonya
Pommes frites	hasábburgonya
Gedünsteter Reis	párolt rizs
Salate	**Saláták**
Essiggurken	csemegeuborka
Krautsalat	káposztasaláta
Gurkensalat	uborkasaláta
Tomatensalat	paradicsomsaláta
Nachtisch	**desszert**
Eis	fagylalt
Kastanienpüree	gesztenyepüré
Palatschinken mit Marmelade	lekváros palacsinta
Palatschinken mit Quark	túrós palacsinta
Getränke	**Italok**
Kaffee	kávé
Kaffee mit Milch	tejeskávé
Tee mit Zitrone	citromos tea
Erfrischungs- getränke	**üdítő italok**
Fruchtsaft	gyümölcslé
Mineralwasser	ásványvíz
Orangensaft	narancslé
Alkoholische Getränke	**Szeszes italok**
Wein (weiß/rot)	bor (fehér/vörös)
süß/trocken	edes/szárasz
Bier	sör
gezapftes Bier	csapolt sör
Sekt	pezsgő
Aprikosenschnaps	barackpálinka
Pflaumenschnaps	szilvapálinka

Abbildungsnachweis

Alle **Abbildungen** stammen von
 Horst Schmeck, Köln

Karten und Pläne:
 Berndtson Productions GmbH,
 Fürstenfeldbruck
 © DuMontBuchverlag, Köln

Register

Ortsregister

Abaliget 222, 308
Aggtelek 297f., 308f.
Aggteleker Karst 297
Aggteleker Nationalpark **296ff.**
Alföld 17, 20, **232ff.**, 272

Bábolna 124, 309
Badacsony **163ff.**, 309f.
Badacsonytomaj 308f.
Baja 45, **203ff.**, 310f.
Bakonybél 180
Bakony-Gebirge 178, **179ff.**
Bakonynána 181
Baláca-Puszta 186
Balassagyarmat 277
Balaton 17, **154ff.**
Balatonboglár 188, 311
Balatonederics 162
Balatonfenyves 188
Balatonföldvár 188, 311f.
Balatonfüred **171ff.**, 312f.
Balatonkeresztúr 188
Balatonszárszó 188, 313
Balatonszemes 188
Balatonszentgyörgy 188f.
Balatonudvari 167
Baradla-Höhle 297
Békéscsaba 250f., 313
Bélapátfalva 292, 314
Blagovescenska-Kirche 91
Boldogkőváralja 299
Boldva 296
Bóly 223, 224, 314
Börzsöny-Gebirge 99
Buda 27, 30, 34
Budapest 20, 28, 30, 36, 38, **60ff.**, 314ff.
 – Apothekenmuseum 71
 – Budaer Labyrinth 67
 – Budaer Rathaus 71
 – Burg 66
 – Burgtheater 71
 – Fischerbastei 70
 – Gebetshaus 69
 – Haus des Ungarischen Weins 70
 – Kriegshistorisches Museum 66

Register

392

- Maria-Magdalena-Kirche 66
- Matthiaskirche 69
- Palais ErdŐdy 69
- Ungarisches Museum für Handel und Gaststättengewerbe 69
- Wiener Tor 66
- Aquincum 75
- Barockschloss Zichy 75
- Burg Vajdahunyad 86
- Burggarten-Basar 73
- Burgpalast 71
- Donaupromenade 78
- Ethnographisches Museum 83
- Evangelische Kirche 82
- Evangelisches Landesmuseum 82
- Gresham-Palais 83
- Griechisch-orthodoxe Kirche 77
- Große Synagoge 81
- Haus der Fotografie 85
- Haus des Stoffes 78
- Herkules-Villa 76
- Historisches Museum 72
- Hotel Gellert 74
- Innerstädtische Pfarrkirche 77
- Jüdischer Friedhof 87
- Kerepesi-Friedhof 87
- Kettenbrücke 74
- Keulenturm 72
- Kiscelli-Museum 76
- Klothilden-Palais 78
- Königsbad 75
- Kunstgewerbemuseum 80
- Kunsthalle 86
- Landwirtschaftsmuseum 86
- Leopoldstadt 82
- Margareteninsel 86f.
- Matthiasbrunnen 71
- Medizingeschichtliches Museum 72
- Museum der bildenden Künste 86
- Nationalbibliothek 72
- Neuer Zentralfriedhof 87
- Óbuda 75
- Oktogon 85
- Pariser Hof 78
- Parlament 83
- Postmuseum 85
- Postsparkasse 83
- Rathaus 78
- Rózsadomb 74
- Ruinenfeld 75
- Sammlund Ludwig 72

- Sándor-Palais 71
- Sankt Annen-Kirche 75
- Sankt-Peter-und-Paul-Kirche 75
- Sankt-Stephans-Basilika 83
- Serbisch-orthodoxe Kirche 78
- Skulpturenpark 76
- Staatsoper 85
- Stadtwäldchen 86
- Standseilbahn 71
- Széchenyi-Thermalbad 86
- Tabán 72
- Thermalbad 74
- Török-Bank 78
- Türbe von Gül Baba 75
- Ungarische Nationalgalerie 71
- Ungarisches Nationalmuseum 81
- Universitätskirche 78
- Váci utca 77
- Vigadó 78
- Víziváros 74
- Wekerle-Siedlung 79
- Westbahnhof 85
- Zentrale Markthalle 80
- Zoo 86

Bugac 241, 325
Bugacpuszta 241
Bük 142, 325
Bükk-Gebirge **291ff.**
Bükkszék 284
Buzsák 190

Csaroda 271
Csempeszkopács 148
Csenger 270
Cserhát-Gebirge **277ff.**
Cserháthaláp 277
Cserhátsurány 277
Cserhátszentiván 277
Cserkút 221
Csesznek 181
Csesztreg 151
Csillagvár 189
Csisztapuszta 188
Csongrád 248, 325f.
Csopak 173

Debrecen 30, **256ff.**, 326f.
Decs 207
Dévaványa 252, 327
Donau 17
Dörgicse 167
Duna-Dráva-Nationalpark 206

Dunaföldvár 198, 327f.
Dunaújváros 197, 328

Edelény 297
Eger 28, **284ff.**, 328ff.
Egerszalók 282
Esztergom 25, 33, **96ff.**, 330f.

Fehérgyarmat 269, 331
Feldebrő 284
Felsőhámor 293
Felsőörs 173
Fenyvespuszta 190
Fertőd 140, 331f.
Fertőrakos 138, 332
Fertőszéplak 140
Fonyód 188
Fülöpháza 239, 332
Füzér 300
Füzérradvány 300

Galya-tető 332
Gemencer Wald 206, 332f.
Gödöllő **102ff.**, 333
Gorsium-Herculia 109, 333
Grábóc 210
Großnaarad 46
Győr 18, 35, **118ff.**, 333ff.
Gyomaendrőd 252
Gyöngyös **279f.**, 333f.
Gyöngyöspata 281, 334
Gyula 20, 251f., 336

Hajdúböszörmény 266, 336f.
Hajdúdorog 266
Hajdúnánás 267
Hajdúszoboszló 20, 265, 337
Hajós 203, 337
Harkány 20, 228, 338
Hédervár 118
Herend 177
Hetvehely 221f.
Hévíz 20, 161, 338
Hódmezővársárhely 249, 338f.
Hollóháza 300, 339
Hollókő 277, 339
Hortobágy 45, 264, 339f.
Hortobágy-Nationalpark **261ff.**

Ipolytarnóc 278
Izsák 240

Ják 148f.
Jászberény 253f.
Jazygien 253

Kalocsa **200ff.**, 340f.
Kaposvár **190ff.**, 341
Karcsa 300
Kecszemét **233ff.**, 341ff.
Kékes-tető 343
Kékkút 167
Kemse 229
Kerekegyháza 239, 343
Keszthely **157ff.**, 343f.
Kisalföld 18, 116ff.
Kis-Balaton 189ff.
Kiskőrös 240
Kiskunfélegyháza 240
Kiskunhalas 240, 344
Kiskunsádi Nemzeti Park **239ff.**
Kismaros 99
Kisnána 284, 344
Klon-See 240
Kocs 124
Kőszeg **142ff.**, 345
Kővágószőlős 221
Komárno 125
Komárom 124f., 344
Kórós 229
Kovácshida 229

Lébény 118
Lillafüred 292f, 345f.

Mád 299, 346
Magyarpolány 182
Magycenk 138ff.
Majkpuszta 129, 346
Makó 249f., 347
Mánfa 222
Máriagy•d 228
Márianosztra 100
Máriapócs 268
Martonvásár 108, 347
Mátraalja 281
Mátrafüred 280f., 347f.
Mátra-Gebirge 279ff.
Mátraháza 283
Mecsek-Gebirge **221ff.**
Miskolc **293ff.**, 348f.
Mohács 45, 208, **210f.**, 349f.
Mór 45, 113, 350
Mosonmagyaróvár **117f.**, 350

Register

Register

394

Nagybajom 193
Nagybánya 42
Nagy-berek 188
Nagybörzsöny 100
Nagycenk 350f.
Nagyharsány 226f., 351
Nagykarácsony 198, 351
Nagymaros 99
Nagynyárád 46, 351
Nagyvázsony 186, 351
Nemeskér 141
Nemesnép 151
Nikla 190
Nógrád 100
Noszvaj 291, 351f.
Nyírbátor 268
Nyíregyháza 267f., 352

Ócsa 233
Ópusztaszer 247, 352
Ormánság 229
Oroszlany 129
Örvenyes 167

Pácin 300, 352
Paks 198, 352f.
Palkonya 226
Pankasz 151
Pannonhalma **122ff.**, 353
Pápa **181f.**, 353
Parád 283, 353f.
Parádfürdő 283
Parádsasvár 283
Pécs 28, 38, **214ff.**, 354f.
Pécsvárad 222, 355f.
Pest 35
Poroszló 254, 356
Pozsony 28, 34

Ráckeve 104, 356
Recsk 284
Réhely 252

Salföld 166f., 356
Sárköz 200, 203, 206
Sárospatak 300, 356f.
Sárvár 147, 357f.
Sátoraljaújhely 300
Sellye 229
Seregélyes 113
Siklós 28, 227f., 358
Siofók 187f., 358

Sirok 284, 358f.
Solt 200
Somló 183
Somogyvár 190
Sopron **132ff.**, 359f.
Sopronhorpács 142
Sümeg **183ff.**, 360
Szabadkígyos 251
Szada 104
Szalafő 151
Szalonna 297
Szamostatárfalva 270
Szántód 188
Szántódpuszta 188
Szarvas 252
Szatmár **269ff.**
Szatmárcseke 271
Százhalombatta 196f., 360f.
Szécsény 278
Szeged 20, **243ff.**, 361f.
Szegvár 249
Székesfehérvár 38, **105ff.**, 362
Szekszárd 207ff., 362f.
Szenna 193
Szentbékkálla 167
Szentendre **90ff.**, 363f.
Szentes 248f.
Szentgotthárd 150, 364
Szerencs 299
Szigetbecse 104, 113
Szigetvár 229, 364
Szigliget 162
Szilvásvárad 292, 364f.
Szirák 277, 365
Szombathely 38, **144ff.**, 365f.

Tákos 271
Tállya 299
Tapolca 185f., 366
Tarpa 271
Tata **125ff.**, 366f.
Tés 180
Theiß siehe Tisza
Tihany **168ff.**, 367f.
Tisza 17, **272f.**
Tiszacsécse 270
Tiszafüred 255, 368
Tisza-Örvény 255
Tisza-Stausee 19
Tisza-tó 254
Tokaj **298f.**, 368f.
Tolcsva 303, 369

Tornaszentandrás 297
Túristvándi 270

Újmassa 293

Vác **100ff.**, 369f.
Vácrátót 102
Várgesztes 129, 370
Vasszécseny 148, 370
Velemér 151
Velence 370
Velence-See 109
Vértes-Gebirge 117, 129
Vértesszőlős 129, 370
Veszprém 38, **173ff.**, 370f.
Villány 223f., 371
Villánykövesd 226
Visegrád 27, 30, 34, **95f.**, 371f.
Vízsoly 299
Vörösberény 173
Vörs 189

Zala 189, 193
Zalakaros 190, 372
Zalaszántó 162
Zanka 166
Zebegény 100
Zirc 180, 372
Zsámbék 129, 372

Personenregister

Albrecht von Habsburg, ung. König 34
Álmos, arpad. Fürst 26
Alpár, Ignác 86
Altomonte, Martino 120
Andreas II., ung. König 26, 33
Andreas III., ung. König 26, 33
Antall, József 37
Arany, Sándor 53
Árkay, Aladár 81, 210
Árkay, Bertalan 210
Árpád, arpad. Fürst 24, 26, 33, 61
Attila 32

Babits, Mihály 210
Bárczy, István 80
Bari, Károly 49
Bártók, Béla 48, 51, 218
Batsány, János 186

Batthyány, Graf Ludwig 35
Batu Khan, tatar. Fürst 26
Baumberg, Gabriele 186
Baumhorn, Lipót 247
Beatrix von Neapel-Aragon 27, 39
Beethoven, Ludwig van 110
Beke, László 44
Béla III., ung. König 26, 33
Béla IV., ung. König 26, 33, 61
Bernáth, Aurel 192
Berzsenyi, Dániel 190
Bethlen, Graf István 30
Bihari, János 50
Bocskay, István, siebenbürg. Fürst 34
Böll, Heinrich 249
Bono, Pietro 47
Borsos, Miklós 121, 219
Bory, Jenő 108

Canevale, Isidore 41, 101
Carlone, Giovanni Battista 259, 290, 294, 297
Comenius, Johann Amos 303
Corradini, Antonio 121
Csete, György 198
Cymbal, Johann 106

Dalai Lama, 14. 162
Deák, Ferenc 35, 103
Dékáni, Árpád 240
Derkovits, Gyula 146
Dévényi, Sándor 198, 220
Dezső, Ernő 216
Diana, engl. Prinzessin 177
Dientzenhofer, Kilian Ignaz 287
Dobó, István 285, 288
Dorffmeister, Stephan 137, 151, 229
Dorffmeister, Stephan d. J. 144
Dózsa, György 34
Dschingis Khan, mongol. Fürst 26

Egry, József 163, 165
Eichmann, Adolf 30
Eleőd, Ákos 76
Elisabeth (Sissi), österr. Kaiserin 102, 103, 177
Elisabeth von Thüringen 26
Erkel, Ferenc 50, 85, 252, 271
Escoffier, Georges Auguste 244
Esterházy, Fürst Miklós 136, 138
Esterházy, Joseph 127

Register

395

Esterházy, Péter 163
Eugen von Savoyen, Prinz 104

Fazola, Henrik 290
Fellner, Ferdinand 244
Fellner, Jakob 127, 128, 175, 181, 236
Ferdinand I., österr. Kaiser 27, 34, 35,
    141
Ferenc Rákóczi II., siebenb. Fürst 35,
    257, 302
Ferenczy, Béni 92
Ferenczy, István 41
Ferenczy, Károly 42, 92
Ferenczy, Olga 92
Ferenczy, Valér 92
Feszl, Frigyes 41, 218
Feszty, Árpád 248
Finta, Jószef 43
Fischer von Erlach, Joseph Emanuel 121
Fischer, Boldizsár 237
Fleischl, Róbert 81
Förster, Ludwig 81
Franz Joseph I., österr. Kaiser 35, 69f.,
    102, 103, 113
Friedrich II. von Österreich 26
Friedrich III., dt. König 27
Fruman, Antal 172

Gandhi, Indira 172
Gerhardus, Bischof 25
Gertrud von Andechs-Meranien 26
Géza, ung. Fürst 25, 33
Gisela von Bayern 25, 33
Goldmark, Karl 50, 157, 160
Gömbös, Gyula 30
Göncz, Árpád 37, 170
Grassalkovich, Graf Antal 102
Gropius, Walter 43
Grósz, Károly 37
Gustav Adolf, schwed. König 242

Hajós, Alfréd 259
Hartung, Hugo 52
Hauszmann, Alajos 71, 81, 83
Haydn, Joseph 47, 136, 138
Haynau, General 35
Hefele, Melchior 121, 146
Hegedus, Ármin 74
Helmer, Hermann 236, 244
Herzl, Theodor 81
Herzog, Philipp 86
Hess, Andreas 69

Hild, József 41, 83
Hildebrand, Lukas von 104
Hildebrandt, Franz Anton 106
Hofstätter, Christoph 188
Horn, Gyula 31, 37
Horthy, Miklós, ung. Reichsverweser
    29, 30, 36, 102
Horváth, Zsigmond 172
Huber, István Dési 146
Hugo, Victor 193
Humbold, Alexander von 177
Hunyadi, János, ung. Reichsverweser
    27, 34

Illyés, Gyula 53
Innozenz XI., Papst 29

Jánszky, Béla 100
Johannes von Capistrano 27
Jókai, Mór 53, 125, 165, 172, 181
Joseph I., röm.-dt. Kaiser 29, 35
Joseph II., röm.-dt. Kaiser 35
József, Attila 53, 165, 188
Jurisics, Miklós 143

Kádár, János 30, 31, 36
Kallina, Mór 82
Kálmán, Imre 50, 188
Karl der Große, röm.-dt. Kaiser 32
Karl I. Robert von Anjou, ung. König
    33, 39
Karl I., österr. Kaiser 69
Kassák, Lajos 42, 75
Kazinczy, Ferenc 53
Kepes, György 287
Kertész, André 104, 113
Kisfaludy, Károly 184
Kisfaludy, Sándor 165, 166, 171, 184
Klemperer, Otto 85
Kodály, Zoltán 48, 51, 69, 85, 236
Kölcsey, Ferenc 271
Kolozsvári Tamás 39
Komocsin, Ilona 108
Konrád, György 37
Kós, Károly 81, 100
Kossuth, Lajos 35, 62, 141, 259, 260
Kosztka, Mihály Tivadar Csontváry 42,
    220
Kovács, Margit 91, 121
Kozma, Lajos 43
Kracker, Johann Lukas 286, 287
Krauss, Johann Anton 287

Kun, Béla 36
Kuppelwieser, Leopold 202

Ladislaus I. 25, 33
Laislaus V. Posthumus 26, 33
Lajta, Béla 78, 87
Lechner, Ödön 41, 80, 83, 87, 233, 244
Léhar, Franz 50, 125
Lenau, Nikolaus 118
Leonow, Aleksej 172
Leopold I., röm.-dt. Kaiser 29
Liszt, Ferenc 48, 50, 70, 85, 96, 193,
    200, 202
Lotz, Károly 70
Ludwig I. der Große, ung. König 33
Ludwig II., ung. König 27, 34
Lujza, Blaha 165
Lutz, Carl 82

Madách, Imre 53
Mádl, Ferenc 37
Mahler, Gustav 85
Mai, Manó 85
Makovecz, Imre 43, 188, 197, 198, 229,
    250, 303
Margarete, hl. 26
Maria Theresia, röm.-dt. Kaiserin 35,
    136
Markovits, Mária 240
Márkus, Géza 237
Martinelli, Anton Erhard 78
Martinovics, Ignác 35
Martiyn, Ferenc 127
Marton, Láslό 186
Matthias I. Corvinus, ung. König 27, 34,
    39, 47, 61
Mattioni, Eszter 209
Maulbertsch, Franz Anton 101, 107, 121,
144, 180, 181, 184, 202
Mayerhoffer, Andreas 78, 102, 202
Medgyaszay, István 138, 172
Medgyessy, Ferenc 193, 205, 249, 260
Merse, Pal Szinyei 42
Mikszáth, Kálmán 53
Mildorfer, Ignaz 181
Moholy-Nagy, László 43
Mórics, Zsigmond 270
Mosonyi, Mihály 50
Munkácsy, Mihály 41, 85, 251

Nádasdy, Ferenc 147
Nagy, Imre 30, 36, 63, 83, 87, 192

Nagy, István 249
Nagy, Tamás 198
Napoleon, franz. Kaiser 35, 121
Nebbion, Henrik 86
Németh, Miklós 37

Orbán, Victor 37
Otto I., röm.-dt. Kaiser 25, 33

Packh, Johann 122
Pannonius, Janus 51, 214
Pártos, Gyula 233, 244
Pásztor, János 249
Pázmány, Péter 52
Pecz, Samu 80
Pege, Aladár 51
Petőfi, Sándor 35, 53, 77, 181, 240
Petrovics, Elek 41
Pilch, Andor 218
Pilgram, Franz Anton 101, 150
Pollack, Mihály 41, 81, 106, 209, 253,
    303
Pulitzer, József 249

Quasimodo, Salvatore 172

Radnóti, Miklós 53
Rákóczi, György, siebenb. Fürst 34
Rákosi, Mátyás 36
Rava, Giovanni B. 121
Richter, Franz 184
Rilke, Rainer Maria 151
Rippl-Rónay, József 41,, 192
Róna, Jószef 71
Rudolf II., röm.-dt. Kaiser 28, 34

Sárdi, János 46
Savanyó, Jóska 178
Schickedanz, Albert 86
Schmidt, Friedrich 219
Schulek, Frigyes 70, 104
Sebestyén, Artur 74
Sebestyen, Márta 51
Semmelweis, Ignaz 72
Senyei, Károly 72
Sigismund von Luxemburg, ung. König
    34
Silvester II., Papst 25, 33
Snétberger, Ferenc 51
Somogyi, József 197
Stephan I., ung. König 25, 33, 122
Sterk, Izidor 74

Register

397

Stingl, Vince 177
Stróbl, Alajos 70, 71
Strobl, Zsigmond Kisfaludy 73, 172
Stüler, Friedrich A. 83
Sulejman II., osman. Sultan 27, 34
Szabados, György 51
Szabó, István 197
Szakcsi-Lakatos, Béla 51
Szálasi, F. 30
Szász, Endre 300
Széchenyi, Graf Ferenc 140
Széchenyi, Graf István 35, 62, 138
Szeindl, Imre 85
Székely, Bertalan 70, 104, 108, 236
Szent-Györgyi, Albert 245

Tagore, Rabindranath 154, 172, 242
Thököly, Imre 35
Tot, Amerigo (Tóth, Imre) 170, 220
Trebitsch, Gyula
Troger, Paul 121
Türr, István 205

Vajda, Lajos 43
Varga, Imre 75, 81, 170, 219
Vasarély, Victor 43, 75, 122, 216, 220
Vásáshelyi, Dezső 81
Vass, József 240
Vaszary, János 191
Victoria, engl. Königin 177

Wagner, Otto 82
Wallenberg, Raoul 82
Wekerle, Sándor 80

Ybl, Miklós 41, 71, 73, 83, 85, 106, 251, 283, 292

Zala, György 86
Zápolya, János 27, 34
Zichy, Graf Ferenc 113, 186
Zichy, Mihály 41, 193
Zinsendorf, Konrad 223
Zrínyi, Miklós 52

Bitte schreiben Sie uns, wenn sich etwas geändert hat!

Alle in diesem Buch enthaltenen Angaben wur-den von den Autoren nach bestem Wissen erstellt und von ihnen und dem Verlag mit größtmöglicher Sorgfalt über-prüft. Gleichwohl sind – wie wir im Sinne des Produkthaftungsrechts betonen müssen – inhaltliche Fehler nicht vollständig auszuschließen. Daher erfolgen die Angaben ohne jegliche Verpflichtung oder Garantie des Verlages oder der Autoren. Beide übernehmen keinerlei Verantwortung und Haftung für etwaige inhaltliche Unstimmigkeiten. Wir bitten daher um Verständnis und werden Korrekturhinweise gerne aufgreifen:

DuMont Buchverlag, Postfach 10 10 45, 50450 Köln
E-mail: reise@dumontverlag.de

DUMONT
RICHTIG REISEN

»Den äußerst attraktiven Mittelweg zwischen kunsthistorisch orientiertem Sightseeing und touristischem Freilauf geht die inzwischen sehr umfangreich gewordene, blendend bebilderte Reihe ›Richtig Reisen‹. Die Bücher haben fast schon Bildbandqualität, sind nicht nur zum Nachschlagen, sondern auch zum Durchlesen konzipiert. Meist vorbildlich der Versuch, auch jenseits der ›Drei-Sterne-Attraktionen‹ auf versteckte Sehenswürdigkeiten hinzuweisen, die zum eigenständigen Entdecken abseits der ausgetrampelten Touristenpfade anregen.«
Abendzeitung, München

»Die Richtig Reisen-Bände gehören zur Grundausstattung für alle Entdeckungsreisenden.«
Ruhr-Nachrichten

Weitere Informationen über die Titel der Reihe DUMONT Richtig Reisen erhalten Sie bei Ihrem Buchhändler oder beim
DUMONT Buchverlag · Postfach 10 10 45 · 50450 Köln · www.dumontverlag.de

Titelbild: Blick von der Donauinsel auf das Barockstädtchen Vác
Foto S. 304: Briefkasten in Tokaj
Umschlaginnenklappe: Palozenfrauen in Gyöngyöspata

Über die Autorin: Anne Kotzan, geb. 1961, ist Dipl.-Psychologin (Studien in Landau/Pfalz, Oldenburg und Rom). Sie lebt und arbeitet als freie Autorin – Schwerpunkt Reise – in Köln. Sie publiziert vor allem Kunst-Reiseführer. Seit einigen Jahren hat sie ihre Liebe zu Ungarn entdeckt, wo sie einen großen Teil des Jahres verbringt.

Danksagung
Hiermit möchte ich mich herzlich für die engagierte Unterstützung bei der Arbeit an diesem Buch bedanken, bei Ágnes Klimó, Ildikó Harmathy, György Kertész, der Ungarischen Akademie der Wissenschaften, Dr. Ingo Breuer, zahlreichen Mitarbeitern der Ungarischen Tourinform-Büros, Mürsel Kutbay, Dr. S. Brandenburg vom Beethoven-Haus Bonn, Nora und Manfred Ruland sowie den Lektorinnen Susanne Völler und Annette Pundsack.

Die Deutsche Bibliothek - CIP-Einheitsaufnahme

Kotzan, Anne:
Ungarn / Anne Kotzan. -
Köln : DuMont, 2001
(Richtig reisen)
ISBN 3-7701-5244-1

© 2001 DuMont Buchverlag, Köln
Alle Rechte vorbehalten
Redaktion & Satz: Susanne Völler, Redaktion A–Z, Köln
Druck: Rasch, Bramsche
Buchbinderische Verarbeitung: Bramscher Buchbinder Betriebe

Printed in Germany   ISBN 3-7701-5244-1